AF592718

महानागर

महानगर

रमानाथ त्रिपाठी

राजपाल

1912-2012
100
वर्षों की
श्रेष्ठ प्रकाशन परम्परा
राजपाल

मूल्य : ₹ 325/- (तीन सौ पचीस रुपये)

प्रथम संस्करण : 2012 © रमानाथ त्रिपाठी
ISBN : 978-93-5064-002-9
MAHANAAGAR (Autobiography-Part Two) by Ramanath Tripathi
Printed at Deepika Enterprises, Delhi

राजपाल एण्ड सन्ज़, कश्मीरी गेट, दिल्ली-6
website : www.rajpalpublishing.com
e-mail : sales@rajpalpublishing.com

भूमिका

मेरी आत्मकथा का प्रथम भाग- 'वनफूल' पर्याप्त चर्चित और पुरस्कृत हुआ है। इस पर कई शोध-कार्य भी सम्पन्न हुए हैं। मेरा बचपन ग्रामीण परिवेश में बीता है। मैंने खुले आकाश के नीचे झुलसा देने वाली लू, मूसलाधार वृष्टि और दाँत किटकिटा देने वाली ठण्ड झेली है। धरती से जुड़े व्रत-पर्व-त्योहारों का गहरा प्रभाव आज भी मेरे मन पर है। पाठक 'वनफूल' पढ़ते समय मेरे साथ बीहड़, खेत और कस्बों की यात्रा करेगा। मैंने कान्यकुब्ज ब्राह्मण परिवारों के कठोर विधि-निषेधों का पालन कष्ट उठाकर किया है। 'वनफूल' में कई ऐसे लोकतत्त्वों का परिचय मिलेगा जो अब ऐतिहासिक दस्तावेज बनकर रह गये हैं। बचपन से ही मैं क्रान्तिकारियों की देशभक्ति से प्रभावित रहा हूँ। देश के लिए मैंने बारबार अपने करियर को दाँव पर रख दिया है। समीक्षकों को मेरा एक कथन बहुत पसन्द हुआ है, उसे उद्धृत कर रहा हूँ--

'रबी की फसल में चना बोया जाता है। खेत जोतते समय (हमारे गाँव की) पठारी धरती पर बड़े-बड़े ढेले उभर आते है। इनके बीच चने का पौधा हवा पीता हुआ खूब छिछलता है। यह बिना सिंचाई के भी जिन्दा रहता है। मैंने पाया है कि इसी पठारी चने के समान मेरा व्यक्तित्व रहा है। विषम परिस्थितियों के बीच संघर्ष करता हुआ मैं आगे बढ़ा हूँ। मुझे किसी समर्थ या सत्ताधारी व्यक्ति का सहारा प्रायः नहीं ही मिला है।- 'वनफूल'

जन्म से लेकर कानपुर में रहने तक का मेरा जीवनवृत्त 'वनफूल' में समाहित है। 1964 ई. में, मैं दिल्ली विश्वविद्यालय के स्नातकोत्तर हिन्दी विभाग से जुड़ा। इस प्रकार क्योंटरा गाँव के जंगल में खिलने वाला फूल-- वनफूल धीरे-धीरे महानगर दिल्ली का 'महानागर' बनता गया। मैं सेवा-मुक्त हुआ 1991 ई. में। इसी अवधि (1964 से 1991 ई.) तक का जीवन-वृत्त आत्मकथा के इस द्वितीय खण्ड में समाहित है।

यहाँ भी कट्टर देश-भक्ति से पिण्ड नहीं छुड़ा सका। महानगर में उन्नति के अनेक साधन हैं, मैं इनका लाभ नहीं उठा सका। किसी मंत्री-संत्री, राज्यपाल और महन्त की चापलूसी नहीं कर सका। संवेदन-शील, अव्यावहारिक और थोथा स्वाभिमानी होने के कारण निरन्तर घाटे में रहा हूँ।

कबीर, नानक और तुलसीदास जैसे सन्तों द्वारा सुझाया गया नैतिक जीवन मैंने जीना चाहा है। समाज-निरपेक्ष तथा संयम-हीन उच्छृंखल जीवन बिताने वाले लेखकों से दूरी बनाकर चलता हूँ। मेरा साक्षात्कार लेते समय एक पत्रकार ने पूछा था, 'अन्य लेखक शराब, सिगरेट, काफी या चाय पीकर लिखते हैं। आप क्या पीकर लिखते हैं?' मैंने हँसकर कहा था, पानी पीकर।

अपने साथ होने वाले अन्याय, पारिवारिक कष्ट, वात्सल्य, दाम्पत्य आदि का वर्णन तो इस आत्मकथा में है ही उन सामाजिक और राजनीतिक परिस्थितियों का चित्रण भी है जो मेरे मन को गहराई से उद्वेलित करती रही हैं, जैसे कि भारत-पाक युद्ध (1965 ई.), बाग्लादेश निर्माण, इमरजेन्सी, जनता पार्टी का उदय और पतन, साम्प्रदायिक दंगे, वामपन्थियों की गद्दारी, बांग्लादेशियों की घुसपैठ, धर्मान्तरण, भारतीय साहित्य परिषद्, संघ-जनसंघ-भाजपा की स्थितियाँ, भूखी पीढ़ी काव्य-आन्दोलन, आदि। ओड़िसा, बंगाल, असम, केरल, चित्रकूट, भोपाल आदि में मिले अपनत्व की झाँकियाँ भी इसमें उपलब्ध हैं। विभिन्न दृष्टियों से राम-कथाओं के अध्ययन में इतना तल्लीन रहा हूँ कि मेरा चिन्तन राममय हो गया है। मैंने चाहा है कि भारतीय संस्कृति के मेरुदण्ड राम के उदात्त चरित्र का अधिकाधिक प्रचार कर राष्ट्र को सांस्कृतिक एकता के सूत्र में बाँधा जाए। इसकी झलक भी आत्मकथा में मिल जाएगी।

मुझे गलत न समझा जाए। मैं शुद्ध राष्ट्रवादी हूँ। मैं देशभक्त मुसलमान तथा ईसाई को तो वोट दे सकता हूँ, किन्तु राष्ट्र को खोखला बनाने वाले किसी हिन्दू-कुलकलंक राजनेता को नहीं। पाखण्डी सेक्युलरवाद का अवश्य ही विरोधी हूँ।

मैंने आत्मकथा की शर्तों के ढाँचे में बँधकर नहीं लिखा है। जो देखा, भोगा या गहराई से अनुभव किया उसे ही मैंने लिखा है।

मैंने शब्दों की वर्तनी के रूप सुनिश्चित कर लिये हैं। मेरी रचनाओं में शब्दों की भिन्न-भिन्न वर्तनी नहीं मिलेगी। नेत्र-कष्ट बढ़ जाने के कारण नियम के पालन में कठिनाई हुई है। अरबी-फारसी के शब्द हिन्दी में रच-बस गये हैं। इनमें प्रयुक्त नुक्तों की अनदेखी करना मेरी मजबूरी है।

अस्वस्थता और पारिवारिक झंझटों के कारण मैं पुस्तक के प्रकाशन की ओर ध्यान नहीं दे पा रहा था। मेरे स्वर्गीय मित्र के सुयोग्य पुत्र श्री शंकरलाल गुप्त ने इसके प्रकाशन के लिए मुझे प्रोत्साहित किया और पाण्डुलिपि की प्रस्तुति में मुझे सहयोग दिया। वे मेरे परिवार में ज्येष्ठ पुत्र के रूप में स्वीकृत हैं। मेरी पुस्तकों के एक अन्य सुरुचिपूर्ण प्रकाशक प्रिय हरीशचन्द्र जी (अक्षय प्रकाशन) ने भी मुझे सहयोग दिया है। मेरी मानस-पुत्री डॉ॰ रश्मि बहल ने बहुत ही बारीकी से प्रूफ़ संशोधन किये हैं। डॉ॰ शशि भूषण सिंहल, डॉ॰ रमेश चन्द्र शर्मा, प्रो. राम निवास शर्मा, आचार्य रघुनाथ भट्ट, श्री एन.एल. खण्डेलवाल आदि ने भी मुझे किसी न किसी रूप में प्रोत्साहित किया है। विभिन्न पत्र-पत्रिकाओं में इस आत्मकथा के लगभग 50 अंश प्रकाशित और चर्चित हुए हैं। इन सब के प्रति मैं आभारी हूँ।

26 वैशाली, पीतमपुरा, **—रमानाथ त्रिपाठी**
दिल्ली-110034

1

दिल्ली विश्वविद्यालय के स्नातकोत्तर सान्ध्य संस्थान (Institute of Post Graduate Evening Studies) में हिन्दी प्रवक्ता के रूप में मेरी नियुक्ति हो गयी थी। मैंने कानपुर से दिल्ली आकर दिनांक एक अक्तूबर, 64 को कार्यभार सँभाल लिया। 15 अक्तूबर तक विश्वविद्यालय में शरद् अवकाश था। सहयोगी अध्यापक डॉ० देवीशंकर अवस्थी जी की पत्नी कमलेश भाभी ने अपने मकान के पास मॉडल टाउन के के-ब्लाक में मुझे साफ़-सुथरा मकान किराये पर दिला दिया। मैं कानपुर लौट आया। अब यहाँ से बोरिया-बिस्तर बाँधकर हेम (पत्नी) और आठ वर्षीय शिशु पुत्र अजय के साथ दिल्ली आना था।

मेरे सबसे छोटे भाई रमेशचन्द्र धामपुर के कॉलेज में भूगोल के प्राध्यापक थे। वे मेरी सहायता के लिए आ गये थे। मैंने सामान से भरे ट्रक के साथ उन्हें दिल्ली रवाना कर दिया। गाँव से छोटे भाई रमाकान्त भी अम्मां को लेकर आ गये थे। मुझे विवाह में पीतल के भारी-भारी कई बर्तन मिले थे। इन्हें तथा अन्य कई सामान रमाकान्त क्योंटरा ले जाने वाले थे। मुहल्ले की स्त्रियाँ हेम से मिलकर रो रही थीं, हेम भी सिसक रही थीं। हमने अम्मां के पैर छुए तो वे जोर से रो पड़ीं। रमाकान्त की आँखें डबडबायी हुई थीं। हम भारी मन से रिक्शा में बैठकर स्टेशन के लिए चल पड़े। रास्ते भर हम तीनों गुमसुम थे।

मुझे कबीर का छन्द याद आ रहा था–**'आई गवनवा कै सारी'** इसमें परमात्मा के साथ आत्मा के मिलन के लिए नववधू की विदाई का रूपक बाँधा गया था। मायके के स्नेह-सम्बन्धों को तोड़कर वह सदा के लिए विदा हो रही है, इसलिए दुःखी है। साथ ही प्रियतम से मिलन की उत्सुकता भी है उसके मन में। कानपुर के बीस वर्षों के स्नेह-सम्बन्धों को तोड़कर हम अपरिचित दिल्ली महानगर जा रहे थे। मन उदास था। साथ ही नया जीवन जीने की उत्सुकता भी थी।

अगले दिन प्रातःकाल हम के-11 मॉडल टाउन के मकान में पहुँच गये थे। हेम ने सबसे पहले रसोई को धो-पोंछ डाला। कमरे भी साफ़ कर लिये गये। अपराह्न में रमेश ट्रक के साथ आ पहुँचे। कुम्भकर्ण के ताऊ बेचारे रमेश रात-भर जागते रहे होंगे। नयी गृहस्थी जमाने में पूरी सहायता कर रमेश धामपुर लौट गये। हमारी दिनचर्या चल पड़ी। अब 16 अक्तूबर से रात के लगभग 9-30 बजे तक एम०ए० की कक्षाएँ पढ़ानी थीं। अध्यापक को शोध-छात्रों का निर्देशन भी करना पड़ता था। साइकल से दो किलोमीटर की दूरी पारकर कला-संकाय पहुँचा। कक्षा में लगभग 90 छात्र बैठे थे। इनमें कई तो आयु में मुझसे भी बड़े थे। मुझे 5 दिनों में 14 पीरियड पढ़ाने थे। विषय दिये गये– रामचरितमानस, कबीर ग्रन्थावली, पद्मावत, विद्यापति की पदावली, रश्मि-बन्ध, त्यागपत्र, मृगनयनी, चिन्तामणि, विशेष कवि तुलसी, पालि आदि।

कक्षा में हलचल हुई। तीखे नयन-नक्श वाली गोरी पंजाबी लड़की कुटिलता-पूर्वक बोली, "आप पहले मेरे प्रिशन का उत्तर दीजिए, फिर पढ़ाइए।" छात्र हँस पड़े, वे मुझे नया रँगरूट समझ रहे थे। ये छात्र यहाँ जुलाई-अगस्त से पढ़ रहे थे और मैं आया

16 अक्तूबर को पढ़ाने के लिए। वे अपने को मुझसे सीनियर समझ रहे होंगे। मैंने पाठ्य पुस्तक मेज पर रखकर उस लड़की के लहजे का अनुकरण करते हुए कहा, "तो पहले आप 'प्रिशन' कर लीजिए।" अब छात्र उस लड़की पर हँस पड़े। एक गम्भीर से छात्र ने खड़े होकर कहा, "सर, आप अपना परिचय दीजिए।"

"मेरा नाम रमानाथ त्रिपाठी है। मैंने भारतीय भाषाओं के राम-साहित्य का तुलनात्मक अध्ययन किया है। मैं कानपुर के एक विख्यात कॉलेज में 14 वर्ष पढ़ाने के पश्चात् यहाँ नियुक्त हुआ हूँ। मैंने आदिकाल से लेकर आधुनिक काल तक की कृतियों का अध्यापन किया है। मैं समझता हूँ कि इतना परिचय पर्याप्त है।"

कक्षा के पश्चात् छात्रों ने घेर लिया। पता चला इनमें कई गज़टेड आफ़िसर हैं। कई छात्र आकाशवाणी, समाचारपत्र कार्यालय या किसी मंत्रालय में कार्यरत हैं। कई छात्र किसी हाइर सेकण्डरी स्कूल में शिक्षक हैं। एक तगड़ी महिला हरे रंग के परिधान में थी। उसने बताया कि वह पुलिस इन्स्पेक्टर है।

अगली कक्षा विशेष कवि तुलसी की थी। **वसन्त यामदग्नि** नामक छात्र ने प्रसन्नता व्यक्त करते हुए कहा, "हम तुलसी-साहित्य के छात्र आपको पाकर बहुत प्रसन्न हैं। अब हमारा उद्धार हो जाएगा।"

लौटते समय अँधेरा हो गया था। मैं मिराण्डा कॉलेज के सामने से होकर रिंग रोड पर आ गया। बस, ट्रक, कार, मोटर साइकल आदि वाहन धड़धड़ाते चले जा रहे थे। साइकल किसी पत्थर से टकरायी। मैं साइकल समेत धरती पर गिरा। घुटने और कलाई में खरोंचें आ गयीं। रोना आ गया। कानपुर-जैसा नगर छोड़कर कहाँ परिचय और आत्मीयता से रहित निष्ठुर महानगर के माया-जाल में फँस गया। घर आकर मैंने हेम को चोट के बारे में नहीं बताया।

कानपुर में हम नौ बजे तक सो जाते थे। यहाँ 10 बजे हम भोजन के लिए बैठे। कानपुर में प्रातः साढ़े पाँच बजे मैं शाखा के लिए निकल पड़ता था। यहाँ साढ़े छह बजे तक सोता रहा। सारी दिनचर्या ही बदल गयी थी।

अजय खेलने के लिए सीढ़ियों से उतरकर नीचे आया। आधे घण्टे के भीतर वह लौटकर रुआँसे स्वर में बोला, "पिताजी, सभी लड़के मुझे पण्डत कहकर चिढ़ाते हैं। मकान-मालिक का लड़का कहता है कि यह पण्डत है, जिए न छाड़ै और मुए खाय।"

मैंने कहा, "हम लिखने-पढ़ने वाले पण्डित हैं। हम ब्याह-शादियाँ कराने वाले पण्डत नहीं हैं। मरघट पर मुर्दे जलवाने वाले भी नहीं हैं। वे तो पण्डे होते हैं।"

अजय का स्पष्टीकरण भला कौन सुनता। बच्चा था, बच्चों का साथ ही उसे चाहिए। अब मुझे वह काम करना पड़ा जो मैं कभी नहीं करना चाहता। मैंने उसे जाति-सम्बन्धी चिढ़ें रटा दीं। अब जब लड़कों ने उसे चिढ़ाया तो उसने सुना दिया—

खत्री-पुत्रं कभी न मित्रं............
बनिया मैंने जान ली.................
कायथ का.............................

अब बच्चे क्रुद्ध गये। एक ने पूछा, कहाँ से ये बातें सीख आये? चिढ़ बन्द हो गयी, किन्तु लड़कों ने अजय से बोलना बन्द कर दिया। धीरे-धीरे स्थिति बदलती गयी। बच्चे घुलमिल गये। मैं बच्चों का चाचा जी हो गया और हेम हो गयीं चाची जी।

मैं बरामदे में बैठा था। लहँगा-ओढ़नी और नोकदार जूते पहने और सिर पर झावा रखे एक औरत आयी। मकान-मालकिन ललाइन उसे देख पुकार उठीं, "आशा, बाँभनी को रोटी डाल दे।"

यह कैसी बाँभनी है। हम तो कच्चा भोजन चौके से बाहर नहीं ले जाते। खाते हैं तो हाथ-पैर धोकर चौके में। यह तो जूते पहनकर घर-घर रोटी की भीख माँगती फिरती है। शायद दिल्ली वालों के मन में ऐसे ही लोगों को देखकर 'पण्डत' की धारणा बनी होगी।

कालान्तर में जब पड़ोसी स्त्रियों ने हेम का कान्यकुब्जत्व देखा तो वे सम्भ्रम का भाव रखने लगीं। वे हमारे घर आतीं तो सहमते-सहमते बाहर ही चप्पलें उतारने लगतीं। हम पहने रहने का आग्रह करते। वे हमारे चौके में प्रवेश करने का साहस नहीं करतीं। हेम को खाने की कोई वस्तु देते समय संकोच करतीं कि पता नहीं ये लोग खाएँगे या नहीं।

पत्थर का कोयला, आटा, दाल, मसाला, सब्जी-फल और दूध आदि का प्रबन्ध करना था। कानपुर में मुझे कुछ नहीं करना पड़ता था। मैं तो संघ-कार्य या शोध-कार्य में तल्लीन रहता था। रमेश और मेरे छात्र गृहस्थी का भार उठा लेते थे। हेम इन लड़कों के बीच चौधरानी-सी बैठी हास-परिहास करती और इनसे काम कराती रहती थीं। कानपुर के सारे मुहल्लों में मेरे छात्र फैले हुए थे। यहाँ कोई छात्र 5 तो कोई 10 या 20 किलोमीटर की दूरी पर रहता था। एक प्रसंग याद आता है, हेम ने ही मुझे सुनाया था।

रमेश अपने सहपाठी छात्र सुशील द्विवेदी के साथ भाभी से गप्पें हाँक रहे थे। सुशील के पिता की रेडीमेड कपड़ों की दुकान थी। सन्ध्या-समय कभी-कभी सुशील दुकान पर बैठ जाया करता था। सुशील ने बताया, "भाभी, एक ग्राहक ने अपनी पत्नी के लिए चोली दिखाने को कहा, वह चोली देखकर बोला, इससे बड़े आकार की दिखाओ। उसे देखकर बोला, और भी बड़े आकार की दिखाओ। वह उससे भी सन्तुष्ट न हुआ तो मैंने गमछा देकर कहा, फिर तो इससे बाँध देना।" हेम हँसी के मारे लोट-पोट हो गयी थीं। रमेश बोले, "भाभी भैया को सब कुछ बता देती हैं।"

सुशील ने हेम के चरणों पर माथा रखकर कहा, "भाभी तुम्हें सौगन्ध है, भैया को मत बताना। वे मुझे लफंगा समझेंगे।"

मैंने हेम से कहा, "सौगन्ध देने पर भी तुमने तो मुझे बता दिया।" वे हँसी के मारे दुहरी होती बोलीं, "मैं क्या करूँ तुमसे मैं कोई बात छिपा नहीं सकती।"

"वह बदमाश तो लुच्चा-लफंगा है"

मैंने सोचा, ऐसे निश्छल, अल्हड़, नटखट और गुरुभक्त छात्र दिल्ली में कहाँ मिलेंगे।

हलवाई का दूध हममें किसी को पसन्द नहीं आया। ललाइन भाभी ने बताया कि बगल के प्लाट पर एक दूधिया शाम को चार-पाँच भैंसें लेकर आएगा। वह आँख के सामने दूध दुहेगा। उसी से ले लिया करो। मैं बर्तन लेकर जा पहुँचा। वह बाल्टी के किनारे दूध नापने का मग्गा लगाकर उसी में धार मारता दुह रहा था। इससे झाग बनता था और तौलने पर एक किलो दूध में झाग की मात्रा सौ ग्राम तो हो ही जाती होगी। कानपुर में छात्रों ने ऐसा प्रबन्ध कर दिया था कि कृषि कॉलेज की डेयरी से शुद्ध ताजा दूध हमें मिलता रहता था। इस दूधिया की भैंसों का दूध विचित्र था। वह

कभी-कभी बाल्टी में घर से लाये दूध में ही भैंस का दूध दुह दिया करता। टोकने पर वह भयानक रूप धारण कर लड़ने लगता। लोग सहमकर चुप रह जाते। एक दिन हेम ने दूध को कपड़े से छाना। ढेर सारा सफेद पाउडर निकला, शायद अरारोट था। मैंने उसे ले जाकर दूधिया के सामने पलट दिया। वह खिसियाकर बोला, मैं क्या जानूँ कि आप कपड़े से छानेंगे। उसकी नयी-नयी तरकीबें फिर भी चालू रहीं।

मेरी नयी नियुक्ति के सम्मान में **डॉ॰ सत्यदेव चौधरी** ने अपने घर पर भोजन का कार्यक्रम रखा था। इसमें हिन्दी-विभाग (सान्ध्य) के प्रभारी डॉ॰ दशरथ ओझा किसी कारण उपस्थित नहीं हो सके थे। अन्य दो अध्यापक डॉ॰ देवीशकर अवस्थी और डॉ॰ शान्तिस्वरूप गुप्त सम्मिलित हुए थे। डॉ॰ अवस्थी ने कुछ भेद-भरे स्वर में कहा, "पालि पहले डॉ॰ चौधरी पढ़ाया करते थे। अब ओझा जी ने यह विषय आपको दिया है।"

मुझे इन अध्यापकों में कुछ विरोध का स्वर जान पड़ा। मैं स्तम्भित था, मैं किसका साथ दूँ।

मैंने ओझाजी से कहा था, "पालि तो मेरे बाप भी नहीं जानते। मैं कैसे पढ़ाऊँगा?" वे बोले थे, "आप भाषा नहीं साहित्य पढ़ाइए।"

पालि मेरे लिए बड़ी दुःख-दायी सिद्ध हो रही थी। मैं पुस्तकालय से डॉ॰ भरतसिंह उपाध्याय की पालि-विषयक पुस्तक ले आया। कुछ अंग्रेजी की पुस्तकें भी ले लीं। पहले मैंने पालि के व्याकरण को समझने की चेष्टा की। मैं अपने बरामदे के छज्जे पर कुर्सी-मेज लगाकर घण्टों पालि-विषयक ग्रन्थ पढ़ता रहता। छह दिन पालि-पढ़ता तब सातवें दिन इसे कक्षा में पढ़ाता।

उन दिनों भारत-विभाजन की विभीषिका की कटु स्मृति अभी भी पंजाबी लोगों को थी। पंजाबियों का कहना था कि संघ ने सहायता न की होती तो हम बचकर यहाँ नहीं आ सकते थे। हर दूसरे-तीसरे मकान में संघ या जनसंघ का सदस्य विद्यमान था। किसी भी मुहल्ले के बड़े पार्क में **भगवा ध्वज** लहराता दिखायी देता और खाकी नैकर-धारी स्वयंसेवक शारीरिक कार्यक्रमों में लीन दिखायी देते।

एक रविवार के सायं-काल मैं पार्क गया। दूर से शाखा देखता रहा। मैंने दूर से ही ध्वज-प्रणाम कर लिया। विकिर (समाप्ति) के पश्चात् मैंने मुख्य शिक्षक से परिचय किया। उन्होंने मेरे पड़ोस के कुछ चुने हुए स्वयंसेवकों के नाम-पते दिये-- सर्वश्री चेतराम जैन, मदन गोपाल अरोड़ा, डॉ॰ श्रीराम चौधरी आदि। इनसे हमारी प्रगाढ़ मैत्री हो गयी। मकानमालिक अग्रवाल का बड़ा पुत्र पुरुषोत्तम भी स्वयंसेवक था।

मैंने निश्चय कर लिया था कि मैं नैकर पहनकर नियमित रूप से शाखा नहीं जाऊँगा और कभी जनसंघ या अन्य किसी भी राजनीतिक दल का सदस्य नहीं बनूँगा। किन्तु, काम इतना कर दिया करूँगा जितना इन संस्थाओं के पदाधिकारी भी नहीं करते होंगे।

सड़क पर किसी ने आवाज लगायी, "पाण्डे कलई करा लो।" मैं चौंका, पाण्डे ही क्यों कलई कराएँ, त्रिपाठी, अवस्थी, अग्रवाल, व्यास, अरोड़ा आदि क्यों नहीं? पूछने पर किसी ने बताया था कि सच में वह कह रहा है भाण्डे (बर्तन) कलई करा लो। कुछ दिनों के बाद मुझे एक स्वयंसेवक मिले थे। उनका नाम बताया गया पकवान दास जी, अर्थात् भगवानदास जी। कई पंजाबी लोग भ का उच्चारण प करते हैं।

देवीशंकर जी ने बताया था कि अपने संस्थान के अंग्रेजी विभाग में ओड़िया-भाषी

श्री गौर किशोर दास हैं। इनसे आपकी खूब पटेगी।

आज मैं किसी कारण साइकल से विश्वविद्यालय नहीं गया था। बस से लौट रहा था। भीड़ थी, मेरे पास एक साँवरे-से सज्जन खड़े थे। एक सीट खाली हुई। मैंने सज्जन की आकृति की ओर देखते हुए कहा, "आपनि बौशून।"

"ना, आपनि बौशून।" उन्होंने परिष्कृत बांग्ला में ही उत्तर दिया। मैं कुछ सोचने लगा, फिर एकदम ओड़िया में बोल उठा, "आपण दास बाबू?" वे भी बोल पड़े, "और आप त्रिपाठी जी हैं?"

देवीशंकर जी के दिये परिचय के आधार पर हम दोनों का नाटकीय मिलन हुआ। धीरे-धीरे हम प्रगाढ मैत्री में बँधते गये। दास बाबू बांग्ला भी जानते थे और मॉडल टाउन में ही रहते थे। उनकी पत्नी श्रीमती बुलबुल शालीन महिला हैं। वे परिष्कृत हिन्दी बोलती हैं।

सान्ध्य-कक्षाओं की अध्यापक समिति की ओर से हम नव-नियुक्त लोगों का अभिनन्दन किया गया। अन्य नव-नियुक्त अध्यापक अंग्रेजी में बोले थे। मैं हिन्दी में बोला। सहयोगी अध्यापकों ने तालियाँ बजायीं। पता लगा कि कई विषयों के अध्यापक पी-एच॰डी॰ नहीं थे। मेरे मन में श्रेष्ठता की भावना थी। मेरा डी-लिट्॰ का शोध-प्रबन्ध प्रस्तुत हो चुका था। किसी भी समय मौखिक परीक्षा की सूचना आ सकती थी।

चाय-नाश्ता परोसा गया। फ़ारसी के अध्यापक **श्री भगवत स्वरूप** बोल पड़े, "त्रिपाठी जी को चाय मत दो, ये नहीं पिएँगे।"

मैं चकित होकर बोला, "क्यों?"

"क्योंकि वेदों में कहीं नहीं लिखा कि चाय पी जाए।"

मुझे अटपटा-सा लगा। आगे भी ऐसा ही प्रसंग उपस्थित हुआ था। इस की चर्चा वहीं समीचीन होगी।

सान्ध्य विभाग के कुछ अध्यापकों के नाम अभी भी याद हैं– सर्वश्री केवल कृष्ण मित्तल (बौद्ध दर्शन), डॉ॰ सिद्धेश्वर भट्ट (दर्शन) डॉ॰ ब्रजमोहन चतुर्वेदी, डॉ॰ वाचस्पति उपाध्याय (संस्कृत), गौर किशोर दास (अंग्रेजी), गोपीचन्द नारंग, फजलुल हक (उर्दू) हरिश्चन्द्र वर्मा (इतिहास), भूदेव शर्मा (गणित)। इनमें आरम्भ के चार प्राध्यापक संघ के स्वयंसेवक थे। इन लोगों की नियुक्ति कब हुई थी मुझे ठीक से याद नहीं। इनमें कई लोग मेरी नियुक्ति के कई वर्ष बाद नियुक्त हुए होंगे।

महीप सिंह जी मेरे कनपुरिया मित्र हैं। ये कानपुर में खाकी नैकर पहनकर शाखा जाते रहे हैं। बचपन में इन्होंने कभी पर्वत उठाये हनुमान् का गोदना अपनी कलाई पर अंकित करा लिया था। ये 'दशमेश' नामक पत्रिका निकाला करते थे। पत्रिका के माध्यम से महीप जी हिन्दू और सिखों के मध्य एकता स्थापित करने का सद् प्रयास किया करते थे। इन्होंने मेरी कई रचनाएँ प्रकाशित की थीं। इनकी नियुक्ति मुम्बई के खालसा कॉलेज में हो गयी। जनसंघ ने आन्दोलन किया था कि पंजाब की राजभाषा हिन्दी को बनाया जाए। इससे महीप जी असन्तुष्ट हो गये थे और उन्होंने संघ का परित्याग कर दिया था। वैसे स्थिति यह थी कि संघ जनसंघ की उपर्युक्त माँग के पक्ष में नहीं था।

महीप जी भी दिल्ली आ गये थे। इन्होंने 'संचेतना' कहानी का आन्दोलन चलाया हुआ था। इन्होंने 'आधार' नाम की पत्रिका का विशेषांक निकाला था। दिनांक 22

जनवरी, 65 को विशेषांक की चर्चा-गोष्ठी का आयोजन किया गया था। मुझे भी वक्ता के रूप में भाग लेना था। योजना यह थी कि मैं 5.30 बजे सन्ध्या-काल गोष्ठी से उठ आऊँगा और कला-संकाय आकर अपनी कक्षाएँ लूँगा। 100 नं॰ की बस से मैं कनाट प्लेस के लिए चल पड़ा। दो-चार स्टाप निकल गये। मैंने जेब में हाथ डला, पर्स नहीं था। मैं सन्न रह गया। मैंने सारी जेबें छान डालीं। किसी में फूटी कौड़ी तक न थी। अब क्या होगा। कण्डक्टर अभी आकर टिकट लेने के लिए कहेगा तो मैं क्या कहूँगा। सोचा, अगले स्टाप पर भीड़ के साथ उतर जाऊँ। यदि पकड़ा गया तो जेल भेजा जाऊँगा। अखबारों में छपेगा, दिल्ली विश्वविद्यालय का प्रोफ़ेसर बिना टिकट यात्रा करता हुआ पकड़ा गया।

आज घर छोड़ते समय हेम से थोड़ी नोकझोंक हो गयी थी। उन्होंने मेरी तलाशी नहीं ली थी। घर से निकलते समय वे पूछा करती हैं, जेब में रूमाल है, पर्स है? कलम ले ली, घड़ी बाँध ली? मैं उनकी उपेक्षा कर चल पड़ा था, इसीका यह दुष्परिणाम था। सोचा किसी भले आदमी से अपनी मुसीबत का बखान कर एक चवन्नी माँग लूँ और अगले स्टाप का टिकट लेकर उतर जाऊँ। चवन्नी के बदले उसके पास रुपये का मनीआर्डर कर दूँगा। यदि उसने चवन्नी न दी तो? मेरी दयनीय स्थिति जग-जाहिर हो जाएगी और लोग-बाग मेरी-खिल्ली उड़ाने लगेंगे।

तभी याद आया कि कोट के सामने की जेब में छोटी डायरी है। मेरी आदत है कि मैं इसमें दो रुपये का नया नोट खोंस दिया करता हूँ। मैं शान के साथ चलता हुआ कण्डक्टर के पास जाकर टिकट खरीद लाया।

गोष्ठी में अनेक लोग सम्मिलित हुए थे, कुछ के नाम अभी भी याद हैं, सर्वश्री विष्णु प्रभाकर, मनहर चौहान, रामकुमार भ्रभर, योगेश गुप्त और शायद देवेन्द्र सत्यार्थी। मेरे मन पर अब यही प्रभाव रह गया है कि गोष्ठी में सम्मिलित लोग सत् साहित्यकार थे।

गोष्ठी समाप्त हो गयी। चाय-पान चलने वाला था। मैंने महीप जी से दो रुपये उधार लिये और तिपहिया से चल पड़ा। कला-संकाय आने पर तिपहिया वाले ने जितने पैसे माँगे मेरे पास उससे पचास पैसे कम थे। एक और मुसीबत। वह किराये से अधिक पैसे माँग रहा था, तभी दो छात्र आ गये। उन्होंने रिक्शे वाले को डाँटा कि किराये से बहुत अधिक पैसे माँग रहा है। उनके साथ मैं कक्षा की ओर चल पड़ा। पोल खुलते-खुलते रह गयी थी। पढ़ाने के बाद मैं अँधेरे में टकराता हुआ घर की ओर पैदल चल पड़ा। अब जेब बिल्कुल खाली थी। मुझे लौटने में विलम्ब हो गया था। हेम छज्जे पर खड़ी आकुलता के साथ प्रतीक्षा कर रही थीं।

इस गोष्ठी से प्रेरणा लेकर मैंने **पुनर्जन्म** कहानी लिखी थी। कानपुर रहते समय अजय ने कुत्ता पाला था। यह उसी पर थी। यह 'कल्पना' पत्रिका में छपी थी। यह कहानी मेरे 'कली और धुआँ' उपन्यास का अंश भी है। मैंने मनीआर्डर से महीप जी के पास दो रुपये भेज दिये थे। दिल्ली महानगर में हमारे सम्बन्ध बहुत विकसित नहीं हो सके थे। वे एक स्तरीय कथाकार हैं। उनके संचेतना-आन्दोलन से वे लोग बौखलाने लगे थे जो कहानी के क्षेत्र में एकाधिकार जमाये बैठे थे।

2

25-01-65 **पं॰ हजारी प्रसाद द्विवेदी** के दामाद डॉ॰ कैलाशपति ओझा श्रीराम कॉलेज में प्राध्यापक थे। उनकी पत्नी डॉ॰ इन्दुमती दौलतराम कॉलेज में पढ़ाती थीं। ज्ञात हुआ कि द्विवेदीजी आये हुए हैं। मैं उनसे मिलने गया। वे दाढ़ी इस तरह बना रहे थे मानो खुरपी से घास छील रहे हों। मैंने पैर छूकर कहा, "मैं रमानाथ त्रिपाठी हूँ" वे रूखे स्वर में बोले, "कहिए क्या आज्ञा है?"

"निवेदन है।"

"तो निवेदन बताइए।"

"मैंने दो वर्ष पूर्व डी-लिट्॰ का शोध-प्रबन्ध प्रस्तुत किया था। आप उसे दबाये बैठे हैं। अनुकूल या प्रतिकूल चाहे जैसी रिपोर्ट आप क्यों नहीं देते?" मेरे स्वर में रुक्षता थी।

पण्डित जी की खुरपी रुक गयी। उन्होंने मुझे ध्यान-पूर्वक देखा, फिर छत-फाड़ ठहाका लगाया।

"मेरे पास शोध-प्रबन्ध कहाँ हैं?"

मैं ढीला पड़ गया- "पण्डित जी, मैंने परीक्षक के रूप में आपका नाम सुझाया था। किसी ने मुझे बताया है कि शोध-प्रबन्ध किसी गढ़ के प्रोफ़ेसर के पास गया है। मैंने सोचा चण्डीगढ़........"

"गढ़ अलीगढ़ भी हो सकता है।"

उन्हें प्रणाम कर चलने को हुआ तो वे बोले, "अगली बार आप जब आएँ तो पी-एच॰ डी॰ का अपना प्रकाशित शोध-प्रबन्ध 'कृत्तिवास' भी लेते आएँ।"

मैं चकित हुआ, प्रसन्न हुआ। पण्डित जी को मेरे शोधकार्य के बारे में पता है।

कानपुर में मेरे घर पर छात्रों का जमघट रहता था। यहाँ एक भी छात्र मेरे घर पर नहीं आया। एक दिन दो नवयुवक मेरे घर आये। उन्होंने अपने नाम बताये, **सुन्दर लाल कथूरिया** और चरणजीत कालरा। इन दोनों छात्रों ने बताया कि उनका सम्बन्ध संघ से है। दोनों ने हेम को प्रणाम निवेदित कर उन्हें 'माताजी' सम्बोधन दिया। हेम चौंक उठी थीं। अभी तक वे दीदी या भाभी थीं। तबसे आज तक मेरे जीवन में जितने भी मोड़ आये कथूरिया मेरे साथ रहे। इनके उग्र और दबंग स्वभाव का परिचय मुझे आरम्भ से ही मिल गया था। मुझे छात्रों ने बताया था कि एक अध्यापक ठीक से पढ़ाया नहीं करते थे। कथूरिया ने खड़े होकर कहा था, "आप तैयारी करके नहीं आते। आपसे अच्छा तो मैं पढ़ा सकता हूँ।" इनकी टकराहट कई लोगों से हुई, मुझसे कभी नहीं। अपने इसी स्वभाव के कारण इन्हें क्षति भी उठानी पड़ी।

27-02 65, **मधु टण्डन** नाम की एक छात्रा मेरे घर आयी। यह मेरी प्रथम शोध-छात्रा थी। यह बहुत ही नम्रता दिखा रही थी। पता नहीं यह सच में विनम्र थी या विनम्रता ओढ़े हुए थी। इसने आते ही हेम को भाभी सम्बोधन दिया। दोनों प्रथम परिचय में ही घुलमिल गयीं। यह आती रही और हेम को भाभी-भाभी कहती निहाल करती रही। इसका शोध-विषय था 'पद्माकर की काव्य-भाषा'।

एक दिन इसके आते ही झमाझम पानी बरसा। इतने ओले गिरे कि सड़क पर

एक-एक बालिश्त बर्फ जम गयी। वर्षा थमने पर यह घर से निकली। परेशान दिख रही थी। मैं छज्जे पर खड़ा देख रहा था। उसके गोरे-गोरे पैर बर्फ में धँस गये। उसने साड़ी और पेटिकोट ऊपर की ओर खींचे और असहाय चितवन से मुझे देखा। मैं हँस पड़ा। वह भी लजायी-सी हँसी और बर्फ रौंदती चल गयी।

तब विश्वविद्यालय का नियम था कि यदि शोध-छात्र शोध-प्रबन्ध के 100 पृष्ठ प्रस्तुत कर दे और परीक्षक उन्हें स्वीकार कर दे तो शोध-छात्र की नियुक्ति किसी कॉलेज में हो जाती थी। मधु ने उतावली के साथ 100 पृष्ठ लिख डाले। इनमें कई त्रुटियाँ रह गयी थीं। मैंने इनमें संशोधन का सुझाव दिया था। उसने बिना संशोधन किये ही इन्हें प्रस्तुत कर दिया था। ये स्वीकृत नहीं हुए थे। मैंने इसे डाँटा था। अब इसने परिश्रम के साथ इन्हें तैयार किया और ये स्वीकृत हो गये। उसकी नियुक्ति विवेकानन्द कॉलेज में हो गयी।

कई मास के उपरान्त मधु कुछ और पृष्ठ लेकर मेरे पास आयी। एक स्थल पर कठिनाई उपस्थित हुई। मैंने कहा, "किरोड़ीमल कॉलेज के प्राध्यापक डॉ॰ भोलानाथ तिवारी से इस विषय में परामर्श ले लो। वे भाषा-वैज्ञानिक हैं।"

डॉ॰ सावित्री सिन्हा ने मुझे कला-संकाय बुलाया था, कब, मुझे याद नहीं। कमरे में मधु बैठी थी, बाहर डॉ॰ भोलानाथ तिवारी खड़े थे। सिन्हाजी बोलीं, "मधु ने प्रार्थना-पत्र दिया है कि मेरा गाइड डॉ॰ त्रिपाठी के स्थान पर डॉ॰ भोलानाथ तिवारी को बना दिया जाए। क्या इसने आपकी स्वीकृति ली?"

"जी नहीं।" मैं चकित था।

उन्होंने मधु को डाँटते हुए कहा, "तुम गाइड बदलवाने वाली कौन होती हो? तुमने बिना गाइड से पूछे यह प्रार्थना-पत्र देकर अनुशासन भंग किया है। तुम्हारा पंजीयन रद्द किया जाता है।"

वह खिसिया गयी, उसका चेहरा देखने लाइक था। मुझे अपमान की अनुभूति हुई। मैंने मीठा-मीठा बोलने वाली इस लड़की का क्या बिगाड़ा था। सिन्हा जी ने भोलानाथ जी को बुलाकर डाँटा, "आप छात्रा को भड़काकर गाइड कैसे बनना चाहते हैं, आप होते कौन हैं?" भोलानाथ जी खिसियाये खड़े थे। अब उन्होंने मुझसे पूछा, "आप बताइए, इसका पंजीयन रद्द किया जाए या नहीं।"

मैं इन दोनों की दयनीय स्थिति से द्रवित होकर बोला था, "आप इसे क्षमा कर दें। ऐसा करें कि पद्माकर के भाषावैज्ञानिक पक्ष का निर्देशक डॉ॰ भोलानाथ को बना दें। साहित्यिक अध्ययन वाले पक्ष को मैं गाइड करता रहूँगा।"

ऐसा ही हुआ था। विश्वविद्यालय के नियम के अनुसार शोधछात्र के दो गाइड हो सकते थे। सच तो यह था कि मधु ने भाषावैज्ञानिक अध्ययन की जो कसौटी बनायी थी वह बहुत ही नीरस थी। यदि मधु ने मुझसे परामर्श कर लिया होता तो यह स्थिति न आती। इसके बाद तो वह मेरे परिवार में छोटी बहिन की तरह घुलमिल गयी थी। उसने बचकानापन छोड़कर पूरी लगन और परिश्रम के साथ शोध-प्रबन्ध पूरा कर लिया था। मैं उसका संरक्षक हूँ तो वह मेरी शक्ति है। हम दोनों ने सुख-दुःख के क्षणों में एक दूसरे का साथ दिया है।

अब पुनः उसी क्रम में लौट आते हैं। मार्च, 65 में हमारी पहली होली थी। देवीशंकर जी हमारे घर आये। उन्होंने हेम के मुँह पर अबीर लगाया। हेम ने उन्हें कान्यकुब्ज-पद्धति से बनीं कपूर की सुगन्ध देने वाली गुझियाँ खिलायीं। रमेश भी

होली के अवसर पर धामपुर से आ गये थे। उनके सहयोग से ही हेम ने गुझियाँ बनायी थीं। देवीशंकर जी मुझे साथ लेकर हिन्दी के सभी प्राध्यापकों और साहित्यकारों के घरों पर गये– सर्वश्री कृष्णदत्त पालीवाल, विश्वनाथ त्रिपाठी, अजित कुमार, स्नेहमयी चौधरी, मुरली मनोहर प्रसाद सिंह, सरिता सिंह, रामदरश मिश्र, सर्वेश्वर दयाल सक्सेना, रमेश गौड़ आदि।

डॉ॰ रामदरश मिश्र से मेरी अच्छी पटने लगी थी। हम दोनों के मन में अभी भी गाँव की धरती की सौंधी सुगन्ध रची–बसी थी। हम दोनों कभी अमरूद, बेर खाते घूमते, कभी मक्के के भुट्टे चबाया करते। मिश्रजी की नियुक्ति पी-जी. डी॰ए॰वी॰ कॉलेज में हुई थी। इसके पहले वे अहमदाबाद में नियुक्त थे। सरस्वती भाभी गुजराती महिला सी प्रतीत होती थीं।

मिश्रजी और मैंने निश्चित किया था कि सन्ध्याकाल हम दोनों होली के उपलक्ष्य में डॉ॰ **नगेन्द्र** के घर चलेंगे विश्वविद्यालय के सभी अध्यापकों और छात्रों के मन में डॉ॰ नगेन्द्र के प्रति भय–मिश्रित श्रद्धा का भाव रहता था। बिना टेलिफोन किये कोई उनसे मिलने का दु:साहस नहीं करता था। आज तो होली थी। हम दोनों साइकलों पर बैठकर उनके घर गये। हमने उनके पैर छुए। वे हम दोनों से बतियाते जाते और फोन भी मिलाते रहते। अकस्मात् वे चीख पड़े, "लड़के"। हम दोनों चौंक उठे। वे फोन पर बोले, "नहीं–नहीं, आपसे नहीं कहा, नौकर को बुला रहा था।" उन्होंने फिर कहा, "लड़के", नौकर आया और हमारे लिए नाश्ता लाया। अब डॉ॰ साहब मेरी ओर देखकर बोले,

"साक्षात्कार के समय आपने कहा था कि आपका डी.लिट्. का शोध–प्रबन्ध जमा है। उसका क्या हुआ?"

"डॉ॰ साहब, लगभग दो वर्ष हो चुके हैं, कोई सूचना नहीं।"

डॉ॰ सहब फिर फोन मिलाने में तत्पर हो गये। शायद नम्बर मिल नहीं रहा था। मिश्रजी ने संकेत दिया अब चलना चाहिए।

"डॉ॰ साहब, हमें अनुमति दीजिए।"

"अभी बैठिए", उन्होंने जोर देकर कहा।

"हैलो, बाबूलाल जी, मैं दिल्ली से नगेन्द्र बोल रहा हूँ। नमस्कार, हमारे विमाग के डॉ॰ रमानाथ त्रिपाठी ने कई मास पूर्व डी.लिट्. का शोधप्रबन्ध प्रस्तुत किया था। उसका क्या हुआ? अच्छा........। अच्छा......। तो तार दीजिए।"

"त्रिपाठी जी, आपकी दो रिपोर्ट आ चुकी हैं। तीसरे परीक्षक की मृत्यु हो गयी है। शोध–प्रबन्ध चौथे परीक्षक के पास भेजा गया है। उन्हें तार भेजा जा रहा है।"

मैं डॉ॰ साहब के प्रति कृतज्ञता से भर उठा। रास्ते में मिश्रजी बोले थे, "आपने देखा, डॉ॰ साहब अपने सहयोगियों का कितना ध्यान रखते हैं।"

डॉ॰ साहब से भेंट के उपरान्त जब कोई काम कराना होता तो मैं अपने पुत्र को पुकार लगाया करता, "लड़के, ऐसा कर या वैसा कर।" होली के उपलक्ष्य में, मैंने विभाग के प्रत्येक अध्यापक पर एक–एक दोहा लिखकर भेंट किया था। अवस्थी जी, डॉ॰ सत्यदेव चौधरी और डॉ॰ शान्तिस्वरूप गुप्त यह बात जानते थे, शेष लोग नहीं। स्नातकजी को दोहा मिला तो वे शान्ति स्वरूप जी से बोले, "देखा, किसी छोकरे ने यह दोहा लिखा है।" गुप्त जी ने मेरी पोल खोलते हुए कहा, "छोकरे ने नहीं, अपने विभाग के त्रिपाठी जी की यह करतूत है।" ओझाजी पर लिखा दोहा मुझे अभी भी

याद है–

सरपट गति अटपट कथन, नाटक-पटु लघु गात।
तीव्र, सुरीलो, सुर मधुर, रामचन्द्र के तात॥

अजय की पढ़ाई की समस्या थी। यह सारे मॉडल टाउन में छुट्टा घूमता-फिरता और तरह-तरह की सूचनाएँ एकत्र कर मुझे सुनाया करता। वह दौड़ता आया और बोला, "पिताजी, बाबा पिछत्तर सिंह आये हैं।" उन दिनों श्री बचित्तर सिंह मेयर थे, उन्हें यह पिछत्तर सिंह कह रहा था। एक दिन इसने सूचना दी कि उपकार सिनेमा की शूटिंग मॉडल टाउन के पीछे की ओर की बंजर भूमि पर होने वाली है। वैसे यह सूचना सही नहीं थी। सड़क के किनारे पिल्लू बनाकर यह अकेले कंचे खेला करता। छत पर चढ़ जाता तो अपनी पतंग उड़ाकर बड़े-बड़े पतंग-बाजों की पतंग काट देता। जब हम कानपुर में थे तभी यह पाँच-छह वर्ष की आयु में पतंग उड़ाने लगा था। यह अपने रमेश चाचा को चर्खी थमा देता था। बेचारा चाचा जीवन में कभी भी पतंग उड़ाना न सीख पाया और भतीजा हो गया पतंग-पारंगत। यहाँ दिल्ली में उसने जब अपने करिश्में दिखाये तो मुहल्ले के लोग बोले, "कानपुर से आया यह मुण्डा पतंग उड़ाने में पूरा उस्ताद है।"

मुहल्ले में गुप्ता मॉडल स्कूल था। इसकी चौथी कक्षा में अजय को प्रवेश मिल गया। मैं दोपहर में भोजन कर 10-15 मिनट नींद ले लिया करता था। बेटे के कारण मैं नींद का त्याग कर टिफिन कैरियर लेकर चल पड़ता। हेम शुद्ध घी में जीरे के साथ छौंकी अरहर की दाल, चावल, चपाती, सूखी सब्जी, चटनी, कोई फल या मिठाई टिफिन में रख दिया करती थीं। मैं नित्य इण्टरवल के समय अजय को भोजन दे आता। हम पति-पत्नी प्रसन्न थे कि बेटे को गर्म-गर्म भोजन खाने को मिल जाता है।

जब अजय पढ़ाई समाप्त कर कॉलेज में पढ़ाने लगा था तब इसने माँ को बताया था–"पिता जी भोजन दे जाते थे। मैं इसे परनाली में बहा दिया करता था। इण्टरवल में भोजन करने बैठता तो खो-खो नहीं खेल पाता।" मैंने हेम से यह सुनकर माथा पीट लिया था, "वाह रे लड़के"

सान्ध्य-कक्षाओं के छात्रों की खेल-प्रतियोगिताओं का आयोजन हुआ। स्टाफ़ रेस में मैंने भी भाग लिया। मैं दूसरे स्थान पर रहा, पहले स्थान पर था 20-22 वर्ष का पहाड़ी चपरासी। यदि केवल अध्यापकों की दौड़ हुई होती तो मैं प्रथम था। मैंने भाला-फेंक में भी भाग लिया था।

30 अप्रैल को वार्षिक भोज के समय फ़ारसी के अध्यापक **श्री भगवत स्वरूप** फिर बोले थे, "त्रिपाठी जी तो तीन वेदों के जानकार हैं। वेदों में कहीं नहीं लिखा कि चाय पियो। इन्हें चाय न दी जाए।"

मेरी समझ में नहीं आया कि ये मेरे पीछे क्यों पड़े रहते हैं। इस कार्यक्रम के 20-22 वर्ष पश्चात् उनके मन की बात समझ में आयी थी। ये स्टाफ़ रूम में बैठे थे। मुझे देखते ही इन्होंने पुरानी बात दुहरायी। मैं बोला था, "वेदों में चाय पीने का विधान नहीं हैं तो निषेध भी तो नहीं है।"

"निषेध कहाँ से होता, उस समय चाय थी ही नहीं।"

"आप अपने प्रश्न का उत्तर स्वयं दे रहे हैं।"

वे तीखे स्वर में बोले, "आइ हेट बिरहमन्स।"

तो असलियत यह थी। मैं जान चुका था कि इनकी जाति क्या है। मैंने तत्काल उत्तर दिया,

"बट आइ लव कायस्थाज़।"

वे थोड़ी देर तक हतप्रभ रहे। उस समय वंशी नाम का सफाई कर्मचारी झाड़ू से टट्टी साफ कर रहा था। उन्होंने उसे बुलाकर दस रुपये का नोट देकर दो कप चाय लाने के लिए कहा। जैसे ही वंशी ने चाय के कप मेज पर रखे मैंने आव देखा न ताव, झट से एक कप उठाया और पीना आरम्भ कर दिया। भगवत स्वरूप जी को स्थायी उत्तर मिल गया था।

"देखिए, मैं अपने बड़े भाई को दद्दा कहता हूँ। आज से आप मेरे दद्दा हैं।"

वे प्रसन्न हो उठे थे। उनसे जब भी भेंट हुई वे द्ददा के समान ही आचरण करते थे।

वस्तुस्थिति यह है कि झाड़ू से टट्टी साफ करते किसी भी व्यक्ति के हाथ की चाय मैं छूता तक नहीं। मैं अपने घर में कभी-कभी झाड़ू से टट्टी साफ़ किया करता हूँ। उस समय मैं छूत होता हूँ। मैं अन्य कोई वस्तु नहीं छूता। फिर नहा-धोकर और धुले वस्त्र पहनकर ही पवित्र होता हूँ। वंशी यदि साबुन से हाथ धो ले तो मुझे आपत्ति नहीं होगी। मेरी छुआछूत काम की स्थिति में है, किसी व्यक्ति में नहीं। यही है मेरा ब्राह्मणत्व। मैंने भगवत स्वरूप जी को सबक पढ़ाने के लिए उस स्थिति में चाय स्वीकार कर ली थी। अब यदि वे वंशी वाली स्थिति में आकर चाय पीने को देते तो मैं स्वीकार नहीं करता।

अवस्थी जी की **माताजी** कान्यकुब्ज संस्कारों की थीं। हेम से उनकी भेंट हुई तो उन्हें लगा कि घर की बहू से ही वे मिल रही हैं। उनकी अपनी बहू (कमलेश) और बेटी (रेखा) कान्यकुब्जत्व के सारे संस्कार छोड़ चुकी थीं। हेम ने कहा था, "माता जी, ये पढ़ाकर रात देर से लौटते हैं। कच्चा खाना बनाऊँ तो रसोई सहेजने में बड़ी देर हो जाती है। मैं शाम को पराँठा बनाती हूँ। रोज-रोज पराँठा खाना हानिकर हो सकता है।"

"बहू, आटा गूँदते समय उसमें घी मिला दिया करो। फिर जो रोटी बनाओगी वह कच्ची रसोई नहीं मानी जाएगी।"

हेम को माताजी का यह कान्यकुब्जी हथकण्डा बहुत पसन्द आया। वे सन्ध्या के समय माता जी के इसी गुरुमंत्र का अनुसरण करती हैं। आज भी जब मैं हेम को आटे में घी डालते देखता हूँ तो माता जी की याद आ जाती है।

अवस्थी जी अपने बेटे अनुराग को किसी **कॉन्वेण्ट** में भर्ती कराना चाहते थे। किंग्स्वे कैम्प में रोज़री स्कूल था। मैंने सोचा, मैं अपने आदर्शवाद के कारण बच्चे का भविष्य क्यों खराब करूँ। मैं भी अजय को लेकर रोज़री स्कूल पहुँचा। वहाँ का माहौल देखकर मैं सोच में पड़ गया। ऐसे अभिभावक आये हुए थे जो अपने बच्चों को पूरी तरह अंग्रेज बना देना चाह रहे थे। वे ईसाई प्रिन्सिपल की चापलूसी कर रहे थे। अजय का इण्टरव्यू लिया गया। अध्यापिका ने बताया यह तो शुरू की कक्षा में लिये जाने के योग्य है। मेरा भी इण्टरव्यू लेने की बात हुई तो मैंने कहा, "बच्चे को आप पढ़ाएँगे या मैं?" हम दोनों घर लौट आये। देश स्वतंत्र हो गया है। अब हमें अंग्रेजी की मानसिक गुलामी से बचना चाहिए। रूस, जर्मनी, जापान आदि देशों ने जो उन्नति की क्या वह अंग्रेजी के कारण हुई। उन्होंने अपनी-अपनी भाषाओं को महत्त्व दिया। मेरा

बच्चा अंग्रेजियत का गुलाम नहीं बनेगा। वह हिन्दी माध्यम वाले स्कूल में पढ़ेगा। अवस्थी जी का बेटा अनुराग रोज़री स्कूल में पढ़ने लगा था। अन्य लोगों ने मेरी तरह देश-भक्ति नहीं अपनायी। कस्बों में भी रहने वाले कई बच्चे अंग्रेजी भाषा में प्रशिक्षित होकर अमेरिका जैसे सम्पन्न देशों में बसकर गुलछर्रे उड़ा रहे हैं। शायद मैंने आदर्शवाद के कारण अजय के साथ न्याय नहीं किया।

गर्मी की छुट्टी में हम अपने कनिष्ठ साले **योगेन्द्र किशोर तिवारी** के यहाँ इटावा आ गये। योगेन्द्र की बालिका वधू **सरोज** उन दिनों रस्सी कूदा करती थी। मैं इससे हास्य-विनोद करता रहता था। यह घूँघट डाले रहती थी। सरोज को मालूम हो गया था कि उसकी ननदरानी (हेम) और उनका राजकुमार (अजय) अरहर की दाल को छोड़ अन्य कोई दाल नहीं खाते। सालों बीत गये, दूसरी कोई दाल नहीं पकायी जाती। जीजा को सभी दालें पसन्द हैं, ऐसा जानकर वह मेरे लिए अलग से उड़द की दाल बना दिया करती। मैंने अपने 'कली और धुआँ' नामक उपन्यास में जिस **पद्मा** नामक नारी का चित्रण किया है वह बहुत कुछ यही बालिका वधू है। इसे जलेबियाँ बहुत पसन्द रही हैं। कभी-कभी हेम की मां (चाची) भी बेटे के साथ रहने आ जाती थीं। वे मेरे आसपास चक्कर लगाकर पूछा करतीं, "लला भूखे तो नाईं हौ? कछू खाओ है की नाईं?" बेचारी और क्या पूछतीं।

इटावा से हम दो-चार दिनों के लिए कानपुर आ गये। अभी भी कानपुर के प्रति मोह था। मैंने यहाँ का बैंक खाता बन्द नहीं किया था। मन में दुराशा थी कि दिल्ली से लौटकर कभी न कभी कानपुर में ही बसना है। मुझसे मिलकर गुरुवर अयोध्यानाथ जी शर्मा, बन्धु डॉ॰ विश्वनाथ गौड़ तथा शिष्य रमेश चन्द्र शर्मा आदि बहुत प्रसन्न थे।

जब हम क्योंटरा पहुँचे अम्मां परम प्रसन्न हो उठीं। कई मास के पश्चात् वे अपने पोते अजय को देख सकी थीं। मेरे द्वारा स्थापित संघ की शाखा अभी भी चल रही थी। कानपुर रहते समय मैं तीन-चार मास में क्योंटरा के चक्कर लगा आता था। इस प्रकार क्योंटरा की शाखा को जीवन-दान मिलता रहता था। अब तो मैं परदेशी हो गया था। स्वयंसेवक हताश और असहाय से थे। वे याद कर रहे थे कि किस प्रकार दशहरे के अवसर पर रामलीला के कार्यक्रमों की समाप्ति पर मैं गाँव के युवकों के सहयोग से नाटकों का मंचन कराया करता था। किस प्रकार मैं बरगद के पेड़ पर चढ़कर पुस्तकें पढ़ता रहता था और थक जाने पर बाँसुरी बजाया करता था।

चच्चू (पिताजी) ने कायस्थों की उजड़ी हवेली खरीद ली थी। इसमें मुझसे छोटा भाई रमाकान्त रहता था। जिस मकान में हमारी नाल गड़ी हुई है इसमें मेरा दूसरा छोटा भाई बद्री रहता है। हम ठहरते थे बद्री वाले घर में और भोजन करते थे रमाकान्त के घर, क्योंकि बद्री विपन्न था।

अब गाँव के प्रति मोह बढ़ रहा था। लग रहा था कि एकमात्र पुत्र अजय इस परिवेश से कटता चला जाएगा। उसकी नाल किसी भी मकान में नहीं गड़ी है। मैं उसे साथ लेकर यमुना-तट पर आया, कपड़े धोये, देर तक स्नान किया। कौन जाने यह मेरा अन्तिम स्नान हो। सन्ध्या-समय बीहड़ के बीच स्थित ध्वस्त गढ़ी (छोटा किला) के टूटे मजबूत खम्भे पर बैठा रहा। अपने बचपन से ही मैं इससे परिचित हूँ। शायद अब आगे कभी यहाँ न आ सकूँ। मैंने अजय को कहानी सुनायी- एक समय यह गढ़ी आबाद थी। कायस्थ लोग तोप लेकर आये। उन्होंने इसे उड़ा दिया। फिर उन्होंने पाण्डेय, पाठक, मिश्र, द्विवेदी आदि कान्यकुब्ज ब्राह्मणों को जमीन देकर

क्योंटरा गाँव बसाया। ये ब्राह्मण कायस्थ शासकों के पुरोहित भी थे। इन सबकी सेवा के लिए फिर अन्य जातियों के लोग भी बसाये गये। गढ़ी के आसपास जंगल उग आया है। इसमें छ्योंकर, करील, बबूल आदि के पेड़ और झरबेरी की झाड़ियाँ तथा कुँदरू, ककोरा (वन करेला) आदि की बेलें हैं।

मैंने चाहा था कि जब मैं नगर में अपना मकान बनवाऊँ तो क्यारी के कोने में यहाँ की दो-चार किलो मिट्टी डाल दूँ, ताकि मिट्टी में समाये बीजों से बीहड़ के एकाध जंगली पेड़-बेल आदि उगकर हमें क्योंटरा से जोड़े रहें।

गाँव के एक युवक ने कहा था, "भैया, अपुन तौ दिल्ली जायकें बिरकुल नईं बदले। यो लरकवा तौ ओए ओए बोलन लगो है।" अजय पंजाबी लड़कों की तरह 'ओए-ओए' का प्रयोग करने लगा था।

जुलाई, 1965. विश्वविद्यालय खुलने को था। मैंने विद्रोह कर दिया- "ओझाजी, मैं अभी भी छुट्टी पर हूँ। यदि आप इस वर्ष भी मुझे पालि पढ़ाने को देंगे तो मैं दिल्ली छोड़कर कानपुर लौट जाऊँगा।"

मैं एम.ए. प्रथम वर्ष की तुलसीदास विकल्प वाली कक्षा में गया तो चकित रह गया। सौ में अस्सी छात्र तुलसी की कक्षा में उपस्थित थे। बहुत कम छात्रों ने अन्य विकल्प पालि या उपन्यास लिये थे। मैंने पूछा, "आपने इतनी बड़ी संख्या में तुलसी को क्यों स्वीकार किया है?"

एक छात्र बोला, "सर, ओझाजी ने हम नये छात्रों के समझ भाषण दिया है कि तुलसी हमारा सर्वश्रेष्ठ कवि है। कानपुर से आये एक सन्त अध्यापक तुम्हें तुलसी पढ़ाएँगे। वे तुलसी-साहित्य के प्रकाण्ड विद्वान् हैं। तुम सबका कल्याण हो जाएगा।"

द्वितीय वर्ष के छात्र मुझे घेरकर खड़े हो गये, "सर, आप हमारी पालि की कक्षा क्यों नहीं ले रहे हैं?"

"मैंने इतिपूर्व पालि कभी किसी भी रूप में नहीं पढ़ी।"

शायद त्यागी नाम का छात्र बोल पड़ा था, "हमें तो कभी आभास ही नहीं हुआ कि आप पालि नहीं जानते। आप तो बहुत अच्छा पढ़ाते थे।"

"इसके लिए मैं छह-छह दिन घण्टों पढ़ता और नोट्स लेता तब सातवें दिन पढ़ाता था। मैं बहुत परेशान हो उठा था।"

रविवार के अतिरिक्त भी हम पाँचों अध्यापकों को एक दिन का अवकाश (ऑफ़ डे) और मिलता था। अवस्थी जी बोले थे, "त्रिपाठी जी, आज आपका अवकाश है। मुझे एक गोष्ठी में जाना है। आज आप मेरी कक्षाएँ ले लें।" मैंने एकाध बार उनकी कक्षाएँ ले ली थीं। अगली बार जब उन्होंने अवकाश के दिन ऐसा ही कहा तो मैंने अस्वीकार कर दिया था। मैं नये वातावरण में तनाव अनुभव कर रहा था। सवेरे से ही चिन्ता लग जाती थी कि सायंकाल पढ़ाने जाना है। जब सभी लोग अपने कार्यस्थलों से लौटकर पत्नी और बच्चों के साथ होते थे तब मैं कक्षाएँ लेता और अँधेरे में साइकल चलाता-टकराता घर लौटता था। बस रविवार और अवकाश के दिन ही राहत मिलती थी। मैं यह सुविधा नहीं खोना चाहता था। अवस्थी जी गोष्ठी-जीव थे। गोष्ठियों का तो अन्त नहीं था।

प्रातः कालीन अध्यापक सायंकाल की भी एकाध कक्षा लेते थे और सायंकालीन अध्यापक प्रातः काल की। **कम्पोज़िट कोर्स** (संयुक्त पाठ्यक्रम) के अन्तर्गत बांग्ला, गुजराती, मराठी, तमिल आदि भाषाएँ पढ़ायी जाती थीं। डॉ० विजयेन्द्र स्नातक ने मुझसे

पूछा था, आप प्रातः कालीन कोई पूरी कक्षा लेना चाहेंगे या बांग्ला विकल्प की। मैं दिखाना चाहता था कि जो कार्य अन्य अध्यापक नहीं कर सकते मैं वह कर सकता हूँ। मैं **बांग्ला भाषा** की कक्षाएँ लेने लगा। इसमें 25–30 छात्र होते थे। पूरी कक्षा में लगभग अस्सी छात्र हुआ करते थे। इससे हानि यह हुई कि जो छात्र बांग्ला नहीं पढ़ते थे उनसे मेरा परिचय नहीं हो पाता था। कालान्तर में तो मुझे कई पूरी कक्षाएँ भी दी जाने लगी थीं।

डॉ० ओम्प्रकाश ने बताया था, "किसी साहित्यिक समारोह में डॉ० नगेन्द्र ने कहा है, अब हमारे विभाग में ऐसे सज्जन आ गये हैं जो बहुभाषाविद् हैं, वे शोधछात्रों से तुलनात्मक अध्ययन करा सकेंगे। आप बांग्ला भाषा की कोई परीक्षा क्यों नहीं पास कर लेते।"

"डॉ० साहब, डी.लिट्. के शोध-प्रबन्ध के लिए मैंने बांग्ला, असमीया.........."

"जी नहीं, आप कोई परीक्षा उत्तीर्ण करें।"

मैंने उनकी प्रेरणा से विश्वभारती, शान्ति-निकेतन की परीक्षा के लिए आवेदनपत्र भेज दिया। उत्तर आया कि दिल्ली में हमारा कोई परीक्षा-केन्द्र नहीं है। आप स्वयं परीक्षा-केन्द्र स्थापित कीजिए।

मैं परीक्षा-केन्द्र चलाने की झंझट नहीं पालना चाहता था। मास-दो मास पश्चात् सूचना आयी कि इन्द्रप्रस्थ कॉलेज की एक बांग्ला-भाषी प्राध्यापिका के यहाँ परीक्षा-केन्द्र खोल दिया गया है। आप वहाँ परीक्षा दे सकते हैं।

केवल एक सप्ताह रह गया था। मेरे पास एक भी पुस्तक नहीं थी। पहले प्रश्न पत्र में कृत्तिवासी रामायण और काशीदासी महाभारत ग्रन्थ भी थे। दूसरे और तीसरे प्रश्नपत्र आधुनिक साहित्य के थे। चौथा और अन्तिम प्रश्नपत्र था छन्द, अलंकार, भाषा-विज्ञान और निबन्ध का। मैंने प्रथम से तृतीय तक के प्रश्नपत्रों के उत्तर अनुमान के आधार पर दिये थे। चौथे दिन मैं प्रसन्न मन से उत्तर लिख रहा था। मैंने छन्द-अलंकारों का ठीक परिचय दिया। भाषा-विज्ञान से सम्बन्धित प्रश्नों के ऐसे उत्तर दिये जो परीक्षक की जानकारी बढ़ाने वाले होंगे। निबन्ध भी ठीक लिखा। बांग्ला-भाषी प्राध्यापिका मुझे प्रश्न-पत्र दे जाती थीं और तीन घण्टे के बाद उत्तर-पुस्तक ले जाती थीं। वे मेरा आदर इस प्रकार करती थीं मानो मैं उनका परीक्षक हूँ। यह उनकी शालीनता थी।

विश्व-भारती ने पूरा परीक्षा-फल पूरे विवरण के साथ मेरे पास भेज दिया था। मुझे छोड़कर सभी परीक्षार्थी बंगाली थे। केवल तिहाई या चौथाई छात्र उत्तीर्ण थे। मुझे प्रथम तीन प्रश्नपत्रों में उत्तीर्णांक मिले थे, चौथे में शायद 75 प्रतिशत अंक थे। कुल मिलाकर मैं द्वितीय श्रेणी में उत्तीर्ण था। बिना कुछ भी पढ़े, बिना कोई तैयारी किये मुझे जो मिला बहुत था। मैंने डॉ० ओम्प्रकाश और नगेन्द्र जी को बताया तो वे प्रसन्न हुए थे। अब मैं विश्वविद्यालय में बांग्ला पढ़ाने का अधिकार पा गया था, विश्वभारती का **मध्यतीर्थ** जो था। यह उपाधि सम्भवतः बी.ए. आनर्स के समकक्ष होगी।

डॉ० नगेन्द्र की विचित्र सोच के कारण मैं अपमान-जनक स्थिति में पड़ गया था। दिल्ली विश्वविद्यालय के अन्तर्गत 60–70 कॉलेज हैं। कॉलेजों में बी.ए. बी-कॉम. और बी-एस.सी. की कक्षाएँ लगती हैं। सभी स्नातकोत्तर कक्षाएँ केन्द्र में होती हैं। शोधकार्य भी केन्द्र में होते हैं। मेरी नियुक्ति कॉलेज में नहीं स्नातकोत्तर सान्ध्य संस्थान में हुई थी। मेरी वरिष्ठता (सीनियोरिटी) का निर्धारण केन्द्र में कार्यरत

अध्यापकों के मध्य होना चाहिए। सान्ध्यकालीन कक्षाओं के प्रभारी डॉ॰ दशरथ ओझा मेरे पिता-समान थे। डॉ॰ सत्यदेव चौधरी आयु में बड़े, किन्तु अध्यापन- अनुभव में मेरे समकक्ष थे। डॉ॰ देवीशंकर अवस्थी आयु और अध्यापन अनुभव में मुझसे वर्षों पीछे थे। डॉ॰ शान्ति स्वरूप गुप्त आयु में बड़े, किन्तु अध्यापन-अनुभव में मुझसे एकाध वर्ष पीछे थे। चूंकि मेरी नियुक्ति विभाग में सबसे बाद में हुई थी, अतः मैं इनके बीच कनिष्ठ था। यहाँ मुझे कोई शिकायत नहीं थी। डॉ॰ नगेन्द्र ने सारे कॉलेजों के कई सौ हिन्दी अध्यापकों में मुझे सबसे छोटा माना। ये अध्यापक तो स्नातक (ग्रेजुएट) कक्षाएँ पढ़ाते थे। मुझे योग्यता के आधार पर स्नातकोत्तर विभाग में नियुक्त किया गया था। यदि कानपुर में मेरा पढ़ाया हुआ छात्र जो अभी पी-एच. डी. भी नहीं है, मुझसे एक दिन पहले किसी कॉलेज में नियुक्त हुआ है तो वह मुझसे ज्येष्ठ है। वाह!

मुझे बी.ए. के किसी विषय का परीक्षा-कार्य दिया गया। नियमानुसार मुझे नमूने की पाँच उत्तरपुस्तकें लेकर प्रधान परीक्षक के पास जाना पड़ता था। जब मेरी नियुक्ति कानपुर के एक श्रेष्ठ कॉलेज में हुई तो उस समय जो गुल्ली-डण्डा या गुड़िया खेलते होंगे और कक्षा पाँच या छह में पढ़ते होंगे, वे मेरे प्रधान परीक्षक बने हुए थे। मैं आगरा विश्वविद्यालय के प्रधान परीक्षक पद पर कार्य कर चुका था। मैं अपमान का घूँट पीकर पाँच उत्तरपुस्तकें लेकर प्रधान परीक्षकों के पास जाया करता। इन लोगों से मुझे कोई शिकायत नहीं थी। ये लोग मेरा सम्मान करते थे। डॉ॰ नगेन्द्र के डर से मैं चुप था।

डॉ॰ सावित्री सिन्हा को मैंने स्थिति समझायी, वे बोलीं, "तब आपको ऐसा स्वतंत्र कार्य दिया जा सकता है जिसमें पैसे कम मिलेंगे।"

"मुझे एक पैसे का काम नहीं चाहिए। इस अपमान-जनक स्थिति से बचाइए। मैं पढ़ाता हूँ एम.ए. की कक्षाएँ और काम दिया जाता है बी.ए. का।"

मुझे बी.ए. ऑनर्स के पुराने कोर्स का पेपर बनाने का कार्य दिया जाने लगा। इसमें कभी एक-दो छात्र बैठते कभी कोई नहीं बैठता। मै अब सन्तुष्ट था। आगे स्नातक जी के कार्यकाल में स्थिति बदल गयी थी। अब मुझे एम.ए. का परीक्षा-कार्य मिलने लगा। वरिष्ठता का मापदण्ड भी बदल गया। कॉलेज के जिन अध्यापकों के अधीन मुझे कार्य करना पड़ा था उनमें से कइयों ने मेरी अधीनता में एम.ए. का परीक्षा-कार्य किया।

मुझे एक और विचित्र स्थिति में पड़ना पड़ा था। मुझे कार्य दिया गया कम्पोजिट कोर्स के बांग्ला भाषा के प्रश्नपत्र बनाने का। निर्देश दिया गया कि मैं आधुनिक भाषा-विभाग (एम.आई.एल.) के **प्रो॰ रवीन्द्र कुमार दास** के साथ मिलकर पेपर बनाऊँ। हम दोनों के बीच पारिश्रमिक-राशि आधी-आधी बाँट दी जाएगी। मैं प्रश्नपत्र बनाकर ले गया। वे प्रश्नपत्र देखकर भड़क उठे और बोले, "यह प्रश्नपत्र नहीं चलेगा। इसमें अच्छी पुस्तकों से प्रश्न नहीं दिये गये हैं। कुछ दूसरी अच्छी पुस्तकों की उपेक्षा की गयी है।"

मैंने तीखे स्वर में कहा, "डॉ॰ साहब, यह समय पाठ्यक्रम बदलने का नहीं है। पाठ्यक्रम में जो पुस्तकें स्वीकृत हैं उन्हीं के आधार पर मैंने प्रश्नपत्र बनाया है। आप डॉ. नगेन्द्र को सुझाव दें, वे अगली बार पाठ्यक्रम में परिवर्तन कर दें।"

डॉ॰ दास एकदम नम्र पड़ गये, "आप ठीक कहते हैं। आपने निर्दोष प्रश्नपत्र

बनाया है। दो व्यक्तियों की कोई आवश्यकता नहीं, पूरा पारिश्रमिक डॉ॰ त्रिपाठी को दे दिया जाए, ऐसा मैं लिखकर दे देता हूँ।"

जब तक हिन्दी-विभाग में कम्पोजिट कोर्स रहा मैं बांग्ला भाषा का प्रश्नपत्र बनाता रहा। वैसे मैंने मेरठ आदि विश्वविद्यालयों के भी बांग्ला प्रश्नपत्र बनाये हैं। मेरठ विश्वविद्यालय के **डॉ॰ रामेश्वर दयालु अग्रवाल** के कारण मुझे यह दायित्व मिला था। इस सन्दर्भ में मुझे दो बातें याद आ रही हैं। एक-- जब मैं कई वर्ष तक प्रश्नपत्र बना चुका तो मेरठ विश्वविद्यालय ने किसी अन्य व्यक्ति से प्रश्नपत्र बनवा लिया। सूचना आयी कि गलत प्रश्नपत्र बन जाने के कारण परीक्षार्थियों ने आन्दोलन कर दिया है। उत्तर पुस्तकें आपके पास भेजी जा रही हैं। आप प्रश्नपत्र की भूल का संशोधन करते हुए उत्तर पुस्तके जाँचें, ताकि परीक्षार्थियों के साथ न्याय हो सके। दो-- मैं उत्तर पुस्तकों का बण्डल लेकर क्योंटरा आ गया था। उत्तर पुस्तकों में एकाध छात्रों ने विचित्र बातें लिखी थीं। एक उत्तर पुस्तक के भीतर बीस रुपये का नोट रखा था, एक पृष्ठ पर लिखा था, "भाई साहब, मैं विधवा हूँ। आप मेरे हाल पर तरस खाकर केवल पास कर दीजिए।" मैंने तटस्थ होकर उत्तर पुस्तक जाँची। उसे उत्तीर्णांक स्वतः ही मिले हुए थे। ऊपर रिपोर्ट करना उचित नहीं लगा। मैंने गाँव के बच्चों को बुलाकर बीस रुपये का नोट पेड़े खाने के लिए दे दिया। मैंने यह घटना अपने सहयोगी अध्यापक डॉ॰ सत्यदेव चौधरी को सुनायी थी। वे हँसते हुए बोले थे, "अब आप मेरठ से आयी पुस्तकें बारीकी से देखा करेंगे कि कही बीस रुपये का नोट तो नहीं नत्थी है।"

3

1965 में पाकिस्तान ने भड़काऊ कार्यवाही आरम्भ कर दी थी। उसने कच्छ में कोई गड़बड़ी की थी। जनसंघ की ओर से श्री लाल बहादुर शास्त्री की सरकार के समर्थन में जबरदस्त प्रदर्शन किया गया था। जनसंघ के कार्यकर्ता दूर-दूर से ट्रकों में बैठकर आये थे, ये कार्यकर्ता अपने व्यय पर आये थे। जनसंघ राष्ट्रभक्ति की प्रेरणा देकर प्रदर्शन करता था, कांग्रेस भी प्रेरणा लेकर विराट् प्रदर्शन करने लगी थी। कांग्रेस आस-पास के गाँव के लोगों को दिल्ली-दर्शन और कुछ अर्थिक लोभ देकर भीड़ जुटाने लगी थी। उसकी निगाह रहती आयी है मतदाताओं की संख्या के विस्तार की। फिर अन्य दलों ने भी प्रदर्शन आरम्भ किये थे जातीय मतदाताओं के आधार पर। अभी मैं जनसंघ के विराट् प्रदर्शन की चर्चा कर रहा हूँ। इस प्रसंग में अभी अन्य दलों के प्रदर्शन नहीं हुए थे। मेरे क्योंटरा गाँव से छोटे भाई रमाकान्त और शिष्य जगत नारायण भी आये हुए थे। मॉडल टाउन के हर तीसरे-चौथे मकान से कोई न कोई महिला जनसंघ के प्रदर्शन में भाग लेने गयी थी। हेम ने भी दल-बल के साथ भाग लिया था। कई घण्टे धूप में रहने के कारण उनका मुँह लाल पड़ गया था। वे लौटकर आयीं तो हँसकर पारत माता की जय बोल रही थीं। पंजाबी महिलाएँ भारत को पारत कहती होंगी। इसी की नकल वे कर रही थीं।

नेहरू जी की गलत नीति के कारण हमने चीन से मात खायी थी। लाल बहादुर शास्त्री जी की सरकार ने भूल-सुधार कर लिया था। पाक से बाकायदा युद्ध छिड़ गया

था। हमारी सेना पाक सेना पर भारी पड़ रही थी। जनता में प्रबल उत्साह था। संघ के स्वयंसेवक रात के समय पहरा लगाते थे। अन्य लोग भी रात के समय पहरा दिया करते थे, इनमें भाई अवस्थी जी भी थे।

मैंने पुलिस लाइन्स जाकर **राइफल** चलाना भी सीखा था। लक्ष्यबेध प्रतियोगिता में मुझे तृतीय स्थान मिला था। प्रथम और द्वितीय स्थान पाने वाले सहयोगियों ने बताया था कि उनके पास तो अपनी गन है, उन्हें निशाना लगाने का अभ्यास है। सच में फर्स्ट तो आप आये हैं, क्योंकि आपने पहली बार बन्दूक पकड़ी है। मैंने फर्स्ट एड का भी प्रशिक्षण लिया था।

संघ के स्वयंसेवक यातायात के नियंत्रण में भी पुलिस को सहयोग देने लगे। कांग्रेस ने भी अपने स्वयंसेवक भेजे थे। पुलिस अफसर संघ के स्वयंसेवकों से बहुत प्रसन्न थे, ये पढ़े-लिखे थे। इन्हें यातायात के नियम सीखने में देर नहीं लगी। इन लोगों को दो रुपये रोज का भत्ता दिया जाना था। कांग्रेस ने बे पढ़े लोगों को इसलिए भेजा था कि ये लोग भत्ता पाकर निहाल हो जाएँगे और कांग्रेस के वोटर बने रहेंगे। जब भुगतान किया गया तो संघ के स्वयंसेवकों ने कहा, "हम देशभक्ति से प्रेरित होकर यातायात-नियंत्रण में सहायता देने आये हैं। आप हमें क्या देंगे, हम आपको दो रुपये दे सकते हैं।" इन स्वयंसेवकों में एक श्री कश्मीरी लाल मेहरा तो मिल-मालिक थे।

पाकिस्तान से युद्ध के समय में ही दिसम्बर के प्रथम सप्ताह में **डी.लिट्. उपाधि** की मौखिक परीक्षा थी। आगरा जाने पर ज्ञात हुआ था कि मेरे दो परीक्षक पहले की तरह फ़ादर कामिल बुल्के और डॉ॰ वासुदेव शरण अग्रवाल थे। तीसरे परीक्षक डॉ॰ शशिभूषण दासगुप्त (बांग्ला प्रोफ़ेसर, कलकत्ता विश्व॰) की मृत्यु हो गयी थी। वहाँ से जब शोध-प्रबन्ध लौट आया तब डॉ॰ हरवंशलाल शर्मा के पास भेजा गया था। ये महाशय उसे दबाये बैठे रहे। इन्होंने यह नहीं सोचा कि इससे शोधकर्ता को कितनी मानसिक परेशानी होती है। डॉ॰ हरवंशलाल शर्मा और चाहे जो हों मेरे शोधप्रबन्ध के सही परीक्षक नहीं कहे जा सकते थे।

दीक्षान्त समारोह में भाग लेने पर ज्ञात हुआ था कि इस वर्ष केवल तीन लोगों को डी.लिट्. की उपाधि दी गयी थी। दूसरे स्थान पर डॉ॰ महेन्द्र कुमार और तीसरे पर कोई अर्थशास्त्री थे।

अवस्थी जी ने बताया था कि टी.वी. पर **अटल जी** को दिखाया गया था। भारतीय सेना के कब्जे वाले किसी नगर से चाँद-सितारा जड़ा पत्थर-सा उठा लाये थे। वे इसे दिखाकर कह रहे थे, यह पाकिस्तान का चाँद-सितारा है, जो कभी बुलन्द था।

युद्ध-विराम हो गया। 10 जनवरी को ताशकन्द में रूस की मध्यस्थता में जनरल अय्यूब और शास्त्रीजी के बीच सन्धिवार्त्ता हुई। इसी रात को सूचना मिली कि शास्त्री जी का अकस्मात् निधन हो गया। पूरा देश शोक की लहर में डूब गया। शास्त्रीजी की मृत्यु एक रहस्य बनी रह गयी।

शोकसभा का आयोजन था। वक्ता रो रहे थे, श्रोता सिसक रहे थे। **अटल जी** को भी बोलने के लिए कहा गया। वे बोले, "शास्त्री जी के न रहने से भारत माता की गोद सूनी हो गयी है, कोख नहीं।" यह क्या! लोग माहौल भूलकर तालियाँ बजा उठे। ऐसा शायद ही किसी शोकसभा में हुआ हो। धन्य हैं अटल जी।

11 जनवरी को सभी स्कूल, कॉलेज, कार्यालय, व्यापारिक संस्थान आदि बन्द थे।

मैंने देखा **डॉ॰ देवीशंकर अवस्थी** स्कूटर लेकर कहीं जा रहे हैं। 12 जनवरी बीत गयी। मैं 13 जनवरी को हैल्थ सेण्टर गया था। किसी ने पूछा था, "अब अवस्थी जी के क्या हाल हैं?"

मैंने विनोद-पूर्वक कहा था, "वे दाढ़ी पर हाथ फेरते कोई पत्रिका पढ़ रहे होंगे।"

सज्जन चकित होकर बोले थे, "लगता है आपको दुर्घटना के विषय में मालूम नहीं है।"

"कैसी दुर्घटना?"

"11 जनवरी की शाम को एडवर्ड पार्क के पास दुर्घटना में अवस्थी जी बेहाश हो गये। उनके साथी मुरली मनोहर प्रसाद सिंह भी घायल हुए। हाउस सर्जन ने लापरवाही दिखाते हुए सवेरे आपरेशन किया। वे अभी भी कोमा में होंगे।"

मैं सन्न रह गया। मैं तेजी से साइकल चलाता मॉडल टाउन की ओर चल पड़ा। अवस्थी जी के घर के बाहर उनका शव कफन में लिपटा पड़ा था। मॉडल टाउन के लोग तथा दूर-दूर के लोग वहाँ उपस्थित थे। मैं भाव-विह्वल हो उठा। मुझे आश्चर्य था कि सूचना देने वाले ने मॉडल टाउन तथा दूर-दूर के लोगों को दुःखद सूचना देकर एकत्र कर लिया था, किन्तु मुझे महा विपत्ति की भनक तक नहीं होने दी। मैं तो अवस्थी जी के घर से पाँच सौ गज की दूरी पर ही रहता हूँ। यह दोषारोपण का समय नहीं था।

हिन्दी-विभाग में शोक-सभा का आयोजन था। वक्ता और श्रोता दोनों ही सिसक रहे थे। मेरी बारी आयी। मैंने भरे गले से कहा, "रणभूमि में लक्ष्मण मरणासन्न पड़े थे, तब राम ने कहा था-

मेरो सब पुरुषारथ थाको।
बिपद बँटावन बन्धु बाहु बिन करौं भरोसो काको॥

मैं तो इन्हीं के भरोसे दिल्ली आया था। मेरी तो दाहिनी भुजा ही टूट गयी। मैं यहाँ किसके सहारे रहूँगा?"

अध्यक्ष **डॉ॰ नगेन्द्र** बोलने खड़े हुए। उनका स्वर गूँज उठा, "जीवन मृत्यु से बढ़कर है।" उनके शब्दों में अजीब जादू था, सिसकते हुए लोग शान्त हो गये थे।

पता नहीं क्यों अवस्थी परिवार हमारे प्रति उदासीन हो गया था। हेम डॉ॰ शान्ति स्वरूप गुप्त की पत्नी के साथ उनके घर गयीं। बूढ़ी माँ को छोड़ इनके पास कोई नहीं आया। हेम लौटीं तो उदास थीं।

डॉ॰ नगेन्द्र, डॉ॰ सावित्री सिन्हा आदि ने सन्तप्त परिवार की अनेक प्रकार से सहायता करने का प्रयास किया। कमलेश जी को किसी स्कूल में नौकरी मिल गयी।

हेम ने बताया, "औरतें कहती हैं कि तुम यू.पी. वालों में क्या कोई औरत विधवा होने पर भी श्रृंगार किये रहती है। ये तो ऊँचा जूड़ा बाँधे रंगीन साड़ी पहने जा रही थीं।"

मैं बिगड़ उठा। मैंने हेम से कहा, "इन औरतों को बता देना कि कमलेश लगभग तीस वर्ष की आयु में विधवा हो गयी हैं। उनके तीन-तीन दुधमुँहे बच्चों के सिर से पिता का साया उठ गया है। इनका भरण-पोषण कैसे होगा? कमलेश जी को नौकरी मिल गयी। यदि वे ठीक कपड़े पहनकर बच्चों को पढ़ाने जाती हैं तो क्या बुरा करती हैं। क्या वे सफेद धोती पहनकर रोती हुई कक्षा में जाया करें कि बच्चो देखो मैं

विधवा हूँ।"

हमने निश्चय किया कि यदि हम इस सन्तप्त परिवार की कोई सहायता नहीं कर सकते तो इनके रास्ते में काँटे भी नहीं बोएँगे।

मुझे अवस्थी जी के दो विषय पढ़ाने को दिये गये 'भ्रमरगीतसार' और 'बिहारी सतसई'। 'कामायनी' किसी अन्य विशेषज्ञ को दी गयी थी। शायद वे पढ़ाने आये नहीं या जमे नहीं। नगेन्द्र जी का आदेश आया, "त्रिपाठी जी **कामायनी** पढ़ाएँगे।" मैं झुँझलाता हुआ कक्षा में गया तो छात्रों ने तालियाँ बजायीं। मैंने चकित होकर पूछा, "किस खुशी में तालियाँ बजायी जा रही हैं?"

"अब हमारा कोर्स अवश्य पूरा होगा। आपकी विशेषता है कि आपको जो भी विषय दिया जाता है उसे आप परिश्रम से पढ़ाते हैं।" शायद ये शब्द **श्री राजेन्द्र पाल जैन** के थे। ये महाशय नवभारत टाइम्स में उप सम्पादक थे।

मैंने डॉ॰ नगेन्द्र से कहा था, "मुझसे किसी भी विषय की कविता पढ़वायी जा रही है।"

"क्या करें, विभाग की विवशता है, कोई उपयुक्त व्यक्ति मिला ही नहीं।"

खालसा कॉलेज के **डॉ॰ हरभजन सिंह** सप्ताह में एकाध पीरियड लिया करते थे। उन्होंने मेरे हाथ में 'रामचरितमानस', 'बिहारी सतसई' और 'कामायनी' पुस्तकें देखकर कहा था, "ये तीन कवि तीन मनोवृत्ति के हैं, आप इन्हें कैसे पढ़ा लेते हैं?"

"हम उत्तर प्रदेश के लोग सब कुछ पढ़ा लेते हैं। हम जब जिस कवि को पढ़ाते हैं उसी के साथ तादाम्य स्थापित कर लेते हैं।"

ऐसा ही होता था। 'मानस' की कक्षा में, मैं तुलसी के समान संयमी और मर्यादावादी बन जाता था। बिहारी सतसई के पीरियड में, मैं रसिक बनकर पढ़ाता। एक दिन खूब मस्ती से पढ़ाकर मैं कक्षा के बाहर आया तो देखा ओझा जी दीवार से चिपके सुन रहे हैं। वे मुझे देख खिलखिला उठे, "बिहारी आप ही पढ़ा सकते हैं।" एक वयोवृद्ध व्यक्ति के मुख से ये शब्द सुनकर मैं झेंप गया था।

संघ के प्रचारक **श्री अनन्त राव गोखले** दिल्ली आ गये थे। मैंने इनके साथ कानपुर में संघ-कार्य किया था। मैंने इनसे कहा, देश की विषम परिस्थितियों का अध्ययन कर मैं ऐसा उपन्यास लिखना चाहता हूँ जो सभी राष्ट्रीय समस्याओं का चित्रण करे। मुझे कुछ पुस्तकें चाहिए, इनमें एक ईसाई कुचक्रियों के विरुद्ध तैयार की गयी नियोगी रिपोर्ट भी है। गोखले जी ने मुझे कई पुस्तकों की सुविधा दी। **'कली और धुआँ'** पर मेरी कलम चलने लगी। अखबार की कतरनों के ढेर से भी मैं अपनी सामग्री चुना करता था। उपन्यास की सारी सामग्री प्रमाण-पुष्ट होगी।

श्री **हेम बरुवा** असमीया के प्रसिद्ध लेखक थे। वे सांसद भी थे। उनसे मेरा परिचय था। डॉ॰ नगेन्द्र ने एम. लिट्. की कक्षा में उनके तीन भाषणों का आयोजन रखा था। उन्हें असमीया साहित्य के इतिहास पर बोलना था। वे बीमार पड़ गये। डॉ॰ नगेन्द्र का फरमान आया, डॉ॰ रमानाथ त्रिपाठी इस विषय पर व्याख्यान देंगे।

कैसी विचित्र स्थिति थी। मुझे उन दिनों एम. लिट्. की कोई कक्षा नहीं दी गयी थी। मैं हिन्दी-साहित्य के किसी विषय पर भाषण देने के उपयुक्त नहीं था। असमीया मेरी भाषा नहीं, उसके साहित्य के इतिहास पर मुझे तीन भाषण देने थे। मैंने डी.लिट्. के शोध-प्रबन्ध की प्रस्तुति के सन्दर्भ में असमीया के इतिहास-ग्रन्थ पढ़े थे। चार-पाँच दिन के अथक परिश्रम से मैंने सामग्री तैयार की थी। मेरे भाषणों से छात्र

सन्तुष्ट थे।

हिन्दी-विभाग मुझसे विभिन्न विषय पढ़वाता रहा, जिन्हें विभाग का कोई भी प्रोफ़ेसर नहीं पढ़ा सकता था। जब-जब प्रोन्नति का अवसर आया मेरी सभी योग्यता ठुकरा दी गयी।

28 जनवरी, 1966, हिन्दी-विभाग की एक संस्था है **अनुसन्धान परिषद्**। इसके अन्तर्गत शोध-पूर्ण भाषणों का आयोजन होता है। मैं इसके तीन कार्यक्रम देख चुका था। भाषणों के पश्चात् डॉ॰ रामसिंह नामक एक प्राध्यापक ऐसी बाल की खाल निकालते, ऐसे-ऐसे प्रश्न करते कि वक्ता परेशानी में पड़ जाता। अनुसन्धान परिषद् की ओर से निमंत्रण-पत्र बाँटा गया–

* डी. लिट्. उपाधि प्राप्त करने के लिए डॉ॰ रमानाथ त्रिपाठी और डॉ॰ महेन्द्र कुमार तथा पी-एच॰डी॰ उपाधि प्राप्त करने के लिए डॉ॰ कमला सांघी का अभिनन्दन।

* डॉ॰ रमानाथ त्रिपाठी द्वारा निबन्ध-पाठ

– राम स्वरूप

टैगोर हॉल में आयोजन था। अपने डी.लिट्. के शोध-प्रबन्ध के सम्बन्ध में भाषण देना था। अभी मैं चार-पाँच मिनट ही बोला था कि पीछे की सीटों पर बैठे लोग उठकर खड़े हो गये। मैं घबरा उठा, क्या इन्हें मेरा भाषण पसन्द नहीं। वे उठकर गये नहीं, अपितु आगे की ओर आकर बैठ गये। मेरे भाषण के मध्य डॉ॰ नगेन्द्र ने कई बार ठहाका लगाया था। अध्यक्ष डॉ॰ स्नातक ने कहा, "त्रिपाठी जी का भाषण अत्यन्त ज्ञानवर्धक और रोचक था। उन्होंने नयी दृष्टि से राम-साहित्य का तुलनात्मक अध्ययन किया है। अब आप प्रश्न कर सकते हैं।"

डॉ॰ रामसिंह ने कोई प्रश्न नहीं किया। अन्य लोगों ने प्रश्न नहीं किये, कुछ जिज्ञासाएँ प्रस्तुत कीं। एक सज्जन ने प्रश्न किया, "आपने अभी कहा कि ओड़िया-रामायण में मन्थरा राम के विवाह के समय अश्लील गाली गाती है। राम ने कुपित होकर उसकी पिटाई की। इसी से उसने राम से प्रतिशोध लिया। मैं ब्रज-क्षेत्र का हूँ। हमारे यहाँ विवाह के अवसर पर अश्लील गालियाँ गायी जाती हैं। राम को बुरा नहीं मानना चाहिए था।"

"मैं भी कन्नौजी-बुन्देली क्षेत्र का हूँ। हमारे यहाँ भी गालियाँ गायी जाती हैं। राम को बुरा नहीं मानना चाहिए था। किन्तु, यदि ओड़िया-रामायण के राम बुरा मान गये तो बेचारा मैं क्या करूँ?"

डॉ॰ नगेन्द्र ने ठहाका लगाया, और लोग भी हँस पड़े। कार्यक्रम के पश्चात् डॉ॰ रामदरश मिश्र ने श्री उदयभान मिश्र नामक साहित्यकार से कहा, "आज त्रिपाठी जी खूब जमे।" डॉ॰ शरण बिहारी गोस्वामी ने कहा, "लोग सोच रहे थे कि रामायणों पर क्या बोला जा सकता है। श्रोता अन्त तक जमे रहे। कार्यक्रम अच्छा रहा।" भाई नित्यानन्द तिवारी ने मुझे देख मुस्कराकर कहा, "हाँ बताओ भला, यदि ओड़िया-रामायण के राम बुरा मान गये तो बेचारे त्रिपाठी जी क्या करें।"

एक दिन पश्चात् डॉ॰ रामदरश ने मुझे बताया, "मन्थरा वाला प्रश्न हमारे पी.जी. डी.ए.वी. कॉलेज के डॉ॰ हर गुलाल गुप्त ने किया था। वे कह रहे थे, "इस व्यक्ति

ने तो मेरे प्रश्न का ऐसा उत्तर दिया कि फिर और कुछ पूछने का साहस ही नहीं हुआ।"

4

डॉ॰ देवीशंकर अवस्थी जब जीवित थे तब मैंने उनसे कहा था, "बन्धु, आप न कवि हैं ओर न कथाकर। आप साहित्य-जगत् में इतने चर्चित हैं। मेरी कविताएँ और कहानियाँ कादम्बिनी, कल्पना, धर्मयुग आदि पत्रिकाओं में छपी हैं। मेरी चर्चा कहीं नहीं होती........"

अवस्थी जी बोल पड़े थे, "आप नये लेखकों से सम्पर्क रखें, उनकी रचनाओं पर लिखें तो आप भी चर्चित हो सकते हैं।" फिर वे कुछ सोचकर बोले थे, "आप जो हैं वही ठीक है। आप अपना पथ न छोड़ें।"

शायद वे जानते थे कि मेरे-जैसा अव्यावहारिक और थोथा स्वाभिमानी कभी साहित्यिक गुटबाजी में सफल नहीं हो सकता।

मैंने अवस्थी जी के घर पर ही पहली बार सर्वश्री **कमलेश्वर, राजेन्द्र यादव, मोहन राकेश** आदि को देखा था। **पं॰ विद्या निवास मिश्र** भी मुझे यहीं मिले थे। वे इन्हे विद्या विनाश कहा करते थे। इनमें किसी से भी मेरी घनिष्ठता नहीं हो सकी। मैंने राजेन्द्र यादव की कहानियाँ पढ़ी थीं, वक्तव्य भी पढ़े थे। यह व्यक्ति मुझे कभी कतई प्रभावित नहीं कर सका।

अवस्थी जी के घर पर पत्रिकाओं का ढेर लगा रहता था। मैंने इनके पते नोट कर लिये, कई पत्रिकाओं के सम्पादकों से सम्पर्क किया। उन्होंने मेरी रचनाएँ छापीं। इधर 'धर्मयुग' में बंगाल की **भूखी पीढ़ी** अथवा हंग्री जेनरेशन पर एक लेख प्रकाशित हुआ। भूखी पीढ़ी के लेखकों को इस प्रकार प्रस्तुत किया गया था मानो ये कोई नये फरिश्ते हैं और काव्य-जगत् में कोई महान् चेतना लेकर आये हैं। कुछ लघु पत्रिकाओं में भी ये चर्चित हो रहे थे। मैंने भूखी पीढ़ी के **मलय रायचौधुरी** आदि अनेक लेखकों को बांग्ला भाषा में पत्र लिखे। ये लोग परम प्रसन्न होकर अपना साहित्य मेरे पास भेजने लगे। इन्हें लगा कि हिन्दी-क्षेत्र का एक बहुत बड़ा समर्थक मिल गया है, जो बांग्ला भाषा पर भी अधिकार रखता है।

कई मास तक मैं इनका साहित्य पढ़ता रहा। अन्य कई स्रोतों से भी मैंने जानकारी प्राप्त की। अमेरिका का **गिन्सबर्ग** नाम का बीट कवि समलैंगिक था। पीटर नामक अपने साथी को अपनी वाइफ़ बताता था। यह नितान्त गन्दी कविताएँ लिखता था। यह कई देशों से निकाला गया और कई बार पीटा भी गया। वाराणसी के मजिस्ट्रेट ने इसे शहर छोड़ने का आदेश दिया था। 1962 ई॰ में यह बंगाल आया, तब कुछ बंगाली युवक इसके सम्पर्क में आये थे। इन्होंने ही भूखी पीढ़ी आन्दोलन चलाया था। बंगाल सरकार ने इनमें ही कुछ को गिरफ्तार कर मुकदमा चलाया था। इस पीढ़ी के कवियों की कुछ पंक्तियों के अनुवाद प्रस्तुत हैं–

* शुभा, मुझे अपने पवित्र रक्त (रजस्राव) से कुल्ला कर मुँह धो लेने दो।
* पेशाब के बाद शेष बूँद झाड़ने का दायित्व मुझसे नहीं सीखा गया।
* मैं क्यों नहीं खो गया अपनी माँ के योनि-वर्त्म में, क्यों मैं पिता के

आत्म-मैथुन के पश्चात् उनकी पेशाब में बह नहीं गया।

* योनि से लेकर स्तनाग्र तक तेरा चोरपथ खलबला जाएगा।

* बांचोद ईश्वर शाला जारज शुआर बाच्चा।

इन्होंने गुप्तांगों और सम्भोग का घृणित चित्रण किया है। नारी को पाने के लिए ये बहुत ही व्याकुल हैं। इनकी घोषणा है कि पारम्परिक कविता पढ़कर इन्हें घिन आती है। अपनी कविता के विषय में इन्होंने लिखा है– पृथ्वी के 100 कोटि मनुष्यों की हत्या कर समुद्र में बहा देने से कोई क्षति नहीं होगी, किन्तु इस कविता के न रहने पर पृथ्वी का प्रयोजन समाप्त हो जाएगा।

इनसे प्रभावित होकर हिन्दी कवियों ने **अकविता** आन्दोलन चलाया था। सर्वश्री **राजकमल चौधरी, सौमित्र मोहन, जगदीश चतुर्वेदी, श्याम परमार, नरेन्द्र धीर, केशनी प्रसाद चौरसिया, बालकृष्ण उपाध्याय, मुद्राराक्षस** आदि लेखक भूखी पीढ़ी के कवियों या गिन्सवर्ग के विचारों से किसी न किसी रूप में प्रभावित रहे हैं।

मैंने अत्यन्त परिश्रम से भूखी पीढ़ी की रचनाओं पर खोजपूर्ण आलोचनात्मक लेख तैयार कर **धर्मयुग** को भेजा। मैंने पत्र में लिखा था कि भूखी पीढ़ी की वह विशेषता नहीं है जो आप छाप रहे हैं। सत्य स्थिति यह है। लेख लौट आया था इस टिप्पणी के साथ कि '**धर्मयुग**' में बहुत चर्चा हो चुकी, अब हम इस विषय पर नहीं छाप सकेंगे। वाह रे **धर्मयुग**!

धर्मयुग में भी गुटबाजी थी। कुछ विशेष लेखकों की ही रचनाएँ छपा करती थीं। इन्हीं के छींक-जुकाम, हास्य-व्यंग्य और चुटकुले आदि छपा करते थे। रंग-बिरंगा धर्मयुग दर्शनीय था, किन्तु खुरदरा-सा 'हिन्दुस्तान साप्ताहिक' पठनीय था। इसके सम्पादकों से मेरा कोई सम्पर्क न था, तथापि मैं जो भी रचना भेजता था इसमें छपती थी। धर्मयुग को भी तीन बार मेरी शरण में आना पड़ा था। इसकी चर्चा आगे होगी। एक प्रसंग में तो मेरे साथ विश्वासघात किया गया।

भूखी-पीढ़ी वाला मेरा लेख 'हिन्दुस्तान साप्ताहिक' ने छाप दिया। इसके अतिरिक्त मेरे दो अलग-अलग लेख 'वातायन' (बीकानेर) और वामपन्थी पत्रिका 'उत्थान' (लखनऊ) में छपे। 'वातायन' ने मेरे पास तीस-चालीस रिप्रिन्ट भेज दिये थे। मैंने इन्हें मूर्धन्य साहित्यकारों के पास भेज दिया। डॉ॰ नगेन्द्र और डॉ॰ सावित्री सिन्हा ने भी ये लेख पढ़े थे। उनका कहना था, ये तो बड़े गन्दे लोग हैं। मलय रायचौधुरी का पत्र आया था, यह आपने क्या किया। इस बात पर उन्होंने सन्तोष व्यक्त किया था कि चलो हमारी चर्चा तो होगी।

'वातायन' में छपे मेरे लेख का बारबार उल्लेख डॉ॰ जगदीश गुप्त ने अपनी पुस्तक में किया है। उन्होंने भूखी पीढ़ी विषयक अपने लेख में मेरे लेख के कई उदाहरण दिये हैं। मेरे लेखों के कारण भूखी पीढ़ी का आन्दोलन प्रभाव-हीन हो गया था। मेरे ये तीनों लेख वाणी प्रकाशन द्वारा प्रकाशित मेरे निबन्ध संग्रह **हिन्दी-शोधः नये प्रयोग** में समाहित हैं।

मैं आधुनिक साहित्यकारों से जुड़ाव के लिए प्रयत्नशील था। यह मेरी अव्यावहारिकता थी। राष्ट्र के प्रति समर्पित होने के कारण मैं देश की अवांछनीय स्थिति को बर्दाश्त नहीं कर पाता था। चाहे जिस लेखक का समर्थन मैं करता नहीं था। वामपन्थी साहित्यकारों के गिरोह से बाहर था।

18 फरवरी, 1966. सुर संगम में '**प्रज्ञा**' संस्था की गोष्ठी आयोजित हुई थी।

श्री श्याम परमार ने अकविता पर आलेख पढ़ा था। **श्री शमशेर** ने उँगलियों से संकेत करते हुए आलेख-पाठ के मध्य कई बार कुछ कहा था। **डॉ॰ उदय भान मिश्र** ने शायद मुद्राराक्षस जी पर व्यंग्य करते हुए कहा था, "त्रिपाठी जी चौदह भाषाएँ जानते हैं। वे प्रत्येक भाषा से एक-एक शब्द लेकर उन्हें जोड़कर रख दें तो वह अकविता हो जाएगी। **मुद्राराक्षस जी** ने कहा था, राजनीति के क्षेत्र में डेमागाग हैं, सिद्धान्त और शान्ति के नाम पर युद्ध करने वाले। साहित्यकार को ये नहीं उठने देंगे। **श्री रवीन्द्र त्यागी** और **मलयज जी** ने परमार जी के आलेख की आलोचना की थी।

तब तक भूखी पीढ़ी वाले मेरे लेख नहीं छपे थे। मैंने कहा था, "होमोसेक्युअल गिन्सवर्ग की निहायत गन्दी कविताओं से प्रेरणा लेकर बंगाल में भूखी पीढ़ी आयी। हिन्दी के कुछ कवि भी इससे प्रभावित हुए। ये केवल चौंकाने के लिए, शॉक देने के लिए भय, जुगुप्सा, सेक्स-विकृति आदि का चित्रण करते हैं। कई कवि बार-बार कफ़, मवाद, पेशाब, रज, वीर्य आदि का घिनौना वर्णन करते हैं।" मैंने हिन्दी और बांग्ला कविताओं के उदाहरण भी दिये थे। मुद्राराक्षस जी बोल पड़े थे, "साहित्य सदाचार-समिति नहीं है।"

"तो किसी अस्पताल का कचरा-घर या सार्वजनिक शौचालय भी नहीं है। आप लोगों में, मैं ही एक पुराने भावबोध का व्यक्ति हूँ, क्योंकि मैं परम्परा को नकारता नहीं।"

डॉ॰ नामवर सिंह ने कहा, "डेमागाग से मेरा तात्पर्य है उनसे जिनकी कथनी-करनी में अन्तर है। परमार जी ने कहा है कि अकविता तटस्थता और अनिबद्धता की कविता है। चूँकि यह विद्रोह का स्वर उठाये है तो फिर वह तटस्थ और अनिबद्ध कहाँ है।"

रामदरश जी मिश्र बोले थे, "अकविता नयी कविता से भिन्न नहीं जान पड़ती। मुद्राराक्षस जी की कविता अवश्य भिन्न है। इसका क्या अर्थ है, यह किसके लिए है, इसकी क्या आवश्यकता है इसे ये कभी स्पष्ट करें।"

कार्यक्रम के पश्चात् **श्री रवीन्द्र त्यागी** ने कहा था, "आपका खरा व्यक्तव्य मुझे अच्छा लगा।" ऐसा ही कुछ **श्री धर्मेन्द्र गुप्त** ने कहा था।

इस विवरण में कहीं भूल-चूक हो गयी हो तो मैं वक्ताओं से क्षमा-याचना करता हूँ।

20 फरवरी, 1966. छात्रों की खेलकूद प्रतियोगिता थी। स्टाफ़ की दौड़ में इस बार भी मैंने द्वितीय पुरस्कार पाया था। मैंने रस्सा-खींच और भाला-फेंक में भी भाग लिया था। घर आया तो नस-नस दुख रही थी। जोड़ों में दर्द था, अजय और हेम हँस-हँसकर सेवा कर रहे थे। हेम बोली थीं, "अगले साल भी दौड़ोगे?"

अगले कई साल तक भी मैं दौड़ता रहा था। शायद तीन-चार साल बाद दौड़ते समय मैंने महसूस किया कि अन्य प्रतियोगी मुझसे आगे निकले जा रहे हैं। मैंने जोर लगाया, टाँगें लड़खड़ायीं और मैं धड़ाम से गिरा। मैं धूल झाड़कर फिर दौड़ पड़ा। इस बार मैं फर्स्ट आया, आगे की ओर से नहीं, दौड़ने वालों की पंक्ति में पीछे की ओर से। इसके बाद मैं फिर कभी नहीं दौड़ा।

26 फरवरी को **विनायक दामोदर सावरकर** का निधन हुआ। इन्होंने 1857 के आन्दोलन को स्वातंत्र्य समर घोषित किया था। सर्व प्रथम इन्होंने ही विदेशी वस्त्रों का बहिष्कार किया था। गाँधी जी से पहले छुआछूत का विरोध इन्होंने ही किया था। मेरे

लिए सावरकर जी या अन्य क्रान्तिकारी उन लोगों से अधिक देशभक्त थे जो भारत के आकाश में सूर्य-चन्द्रमा बनकर चमके-दमके।

मैं धर्मयुग प्रायः पढ़ा करता था। 20 मार्च, 1966 के अंक में सुभाष बाबू पर श्री पद्मकान्त मालवीय का लेख छपा था। मैंने लेख की निम्न पंक्तियाँ डायरी में नोट की थीं–

मालवीय जी के प्रश्न पर सुभाष बाबू का उत्तर–

"मुझमें और जवाहरलाल जी में केवल इतना ही अन्तर है कि यह एक संयोग मात्र है कि उन्होंने भारत में जन्म लिया है, वरना शिक्षा, मानस तथा अन्य सभी दृष्टियों से वे विशुद्ध अंग्रेज हैं, जबकि मैं इसी भूमि का पुत्र हूँ।"

एक पंजाबी हॉकर मेरे यहाँ भी अखबार और पत्रिकाएँ लगाया करता था। एक दिन मैंने देखा कि यह चौराहे पर **आर.जी.** नामक साहित्यकार का कालर पकड़े गालियाँ दे रहा है। मैं दौड़कर उसके पास गया।

"डॉ॰ साहब, यह साला साहित्यकार बनता है। नवभारत पढ़ेगा, धर्मयुग, सारिका, हिन्दुस्तान साप्ताहिक सभी पत्रिकाएँ पढ़ेगा, लेकिन पैसा नहीं देगा। तीन-तीन महीने हो गये पेमेण्ट नहीं।"

"अभी वे बेकार हैं, पैसे नहीं हैं, आगे दे देंगे।"

"डॉ॰ साहब, ये बेकार हैं तो क्यों इतनी मैगजीन लेते हैं। रोज बस का किराया खर्च कर कनाट प्लेस के काफी हाउस जाकर गुलछर्रे उड़ाने के लिए इनके पास पैसा कहाँ से आ जाता है?"

मेरे समझाने-बुझाने पर उसने साहित्यकार को छोड़ दिया था।

यह कैसा साहित्यिक जीवन है। विदेश के साहित्यकार भले ही उच्छृंखल और मर्यादाहीन रहे हों भारत के महाकवियों वाल्मीकि, कालिदास, कबीर, जायसी, सूर-तुलसी, रहीम, रसखानि, बिहारी, हरिऔध, मैथिलीशरण गुप्त, प्रेमचन्द, प्रसाद आदि ने तो मर्यादाहीन जीवन नहीं जिया। यदि मैं कभी विपन्न हुआ तो अखबार, दूध, चाय, सब्जी-फल सभी कुछ बन्द कर दूँगा। हमारा परिवार नमक के साथ रोटी खाकर रह लेगा, किन्तु हमारी यह स्थिति नहीं होगी कि कोई भरे बाजार मेरी गर्दन पकड़कर गालियाँ दे। हाँ, मैं तो साहित्यकार ही नहीं हूँ। साहित्यकार के तो सुर्ख़ाब के पर लगे होते हैं। उसके ऊपर कोई सामाजिक दायित्व नहीं।

5

7 नवम्बर, 1966. आज अजय का **जन्मदिन** था, हिन्दू पंचांग के अनुसार कार्तिक कृष्ण अष्टमी (27 अक्तूबर, 1956), हेम ने उसे नया सूट और अपने हाथ का बुना नीला स्वेटर पहनाया। वह बहुत ही प्यारा लग रहा था। हम बर्थडे नहीं मनाते, हम अंग्रेजियत के गुलाम थोड़े ही हैं। हम मनाते हैं जन्मदिन। हेम ने चौक पूरा, पाटे पर अजय को बैठाया। हेम ने मुझसे गणेश-पूजन कराया। अजय के माथे पर हल्दी-चावल का तिलक कर मैंने उसके गले में माला डाल दी, शुद्ध घी के दीप से आरती उतारी। हेम ने चाँदी की डिबिया में बन्द सूत का मोटा धागा निकाला। मैंने

हल्दी से पूजन कर उसमें दसवीं गाँठ लगा दी। अजय ने अपने छोटे-छोटे हाथों से हमारे पैर छुए। मन वात्सल्य से भर उठा। जन्मदिन चिर मंगलमय हो। अब अजय अपनी माँ के हाथ की बनी सुस्वादु खीर खा रहा था।

आज ही **गोरक्षा-समिति** की ओर से संसद् भवन पर जोरदार प्रदर्शन था। सारे देश में प्रदर्शन की धूम मच गयी थी। कई लाख प्रदर्शनकारी रात में ही दिल्ली आ गये थे, लाखों आने को थे। दिल्ली के बाहर चारों ओर हजारों सैनिक मशीन-गनें लिये ट्रकों पर तैनात थे।

धामपुर से **रमेश** भी आ गये थे। अजय प्रदर्शन में जाने के लिए मचलने लगा। मैंने मना किया तो वह रुआँसा हो आया। रमेश बोले, "भैया, आप उसे जाने दीजिए। आप उसकी चिन्ता न कीजिए। मैं उसका पूरा ध्यान रखूँगा।"

"ऐसी भयानक भीड़ में कहीं मारकाट हुई तो अनर्थ हो जाएगा।"

"पिछले वर्ष पाँच लाख जनसंघियों ने कितना प्रभावी प्रदर्शन किया था। संसद् भवन से लाल किले तक लाउड स्पीकर और पानी के नल लगे हुए थे। एक भी अप्रिय घटना नहीं हुई थी।"

"किन्तु, आज के प्रदर्शन में केवल जनसंघी ही तो नहीं हैं। इसमें कई पार्टियों के गोभक्त तथा धार्मिक संस्थाएँ हैं। इनके मध्य यदि उपद्रवी तत्त्व घुस गये तो उनकी पहचान कैसे होगी। पिछले साल के प्रदर्शन में सभी जनसंघी थे। वे संगठित हैं, उनके बीच यदि उपद्रवी तत्त्व घुस आते तो पकड़े जाते।"

मैंने अजय को जाने दिया था। गो-रक्षा आन्दोलन से और कोई लाभ हुआ हो या नहीं एक बात अवश्य थी कि आज देश में प्रथम बार हिन्दुत्व की प्रबल भावना जाग उठी थी। शायद गो-रक्षा के कर्णधार यही चाहते होंगे। इस आन्दोलन के द्वारा सनातनी, आर्यसमाजी, बौद्ध, जैन और सिख (विशेषतः नामधारी), कुछ मुसलमान और कुछ ईसाई एक मंच पर आ गये थे।

सान्ध्य-कालीन छात्रों ने बताया, संसद् भवन के पास गोली चल गयी है, दर्जनों लोग मारे गये हैं। भयानक उपद्रव हुआ है। अजय के विषय में सोचकर मेरा दिल काँप उठा। मैं घर की ओर चल पड़ा। रिंग रोड पर ट्रक के ट्रक भागते आ रहे थे। इनमें छोटे-छोटे बच्चों को गोद में लिए महिलाएँ ठसाठस भरी हुई थीं, उनके मुँह मुरझाये हुए थे। बच्चे चीख रहे थे। ट्रकों पर गो-रक्षा समिति के नामपटों के साथ दीपक वाले जनसंघी झण्डे भी लगे हुए थे। कई मोटर साइकलें और कारें भी भागी आ रही थीं। सड़क पर बदहवाश चलते लोगों के मुखों में शब्द थे- आग, लूट, गोलियाँ, तीन मील ऊँचा धुआँ, आँसू गैस। तरह-तरह की बातें- संसद् पर त्रिशूल-धारी संन्यासियों ने हमला कर दिया। लोग पटापट भर रहे हैं। क्रुद्ध भीड़ ने कनाट प्लेस की दूकानों पर पैट्रोल छिड़ककर आग लगा दी है। गोलियों की बौछार हो रही है........

मुझे माथे पर तिलक लगाये और नीला स्वेटर पहने अजय याद आने लगा। पता नहीं ये दोनों सुरक्षित लौट आये हैं या नहीं। हेम मुझसे लिपटकर बोली, "मेरा बच्चा कहाँ है?" वे फर्श पर लोट-पोट होकर सिर और हाथ-पैर पटककर चीख उठीं। उनकी आँखें लाल और सूजी हुई थीं। केश छिटके हुए थे। वे बिफरती शेरनी सी उठीं और मेरे दोनों कन्धे पकड़कर बोलीं, "लाओ मेरा बेटा। मेरा बच्चा कहाँ है, बताओ कहाँ है?"

"घबराओ नहीं। मैं तुम्हारा बच्चा लेकर ही लौटूँगा।" मैंने ड्रॉअर जोर से खींचकर जितने भी रुपये मिले जेब में ठूँस लिये। मुझे घर से बाहर निकलता देख लोगों ने घेर लिया। किसी ने कहा, "हरेक नाका पुलिस ने सँभाल लिया है। मशीनगनों से गोलियों की बौछार हो रही है। हजारों लोगों को पकड़कर जेल में बन्द कर दिया गया है। दो लाख की भीड़ अभी भी सड़क के किनारे की इमारतों में छिपी है। बहत्तर घण्टे का कर्फ्यू लगा है। आप कहाँ जाएँगे, किधर से जाएँगे? इतना बड़ा कनाट प्लेस और सरकारी इमारतें, पता नहीं ये दोनों कहाँ होंगे। आप इधर से घुसें और वे उधर से चल पड़ें। फिर आपको खोजा जाए और आप बन्द मिलें हवालात में। ऐसा भी हो सकता है कि पुलिस आप पर गोली चला दे।"

दूसरे सज्जन बोले, "टैक्सी, ऑटो भी तो नहीं जा रहे हैं उधर।"

मैंने जेब पर हाथ रखकर कहा, "चार सौ-पाँच सौ रुपये लेकर तो जाएँगे।"

"हाँ, यदि उन्हें पुलिस से पकड़े जाने या टैक्सी के जला दिये जाने से सुख मिले तो।"

मेरी समझ में नहीं आ रहा था कि क्या करूँ। लोग गर्म-गर्म अफवाहों को आपबीती बनाकर बहस में जुट गये। किसी ने कहा, "संन्यासियों ने पुलिस पर हमला कर दिया तब पुलिस ने गोली चलायी।"

"नहीं भाई साहब, संन्यासियों ने तो बाद में हमला किया है। पहले पुलिस ने गोली चलायी है। अटल बिहारी वाजपेयी भाषण दे रहे थे, तभी पुलिस ने लाउडस्पीकर के तार काट दिये। जनता ध्यान से सुन रही थी। तार न काटे जाते तो नेता लोग समझा-बुझा लेते।"

"पुलिस ने आँसू गैस का गोला मंच पर फेंका, इससे गड़बड़ मच गयी।"

"अटलजी को गोली लगी है।"

"कौन कहता है।"

"मैंने उन्हें गिरते देखा है।"

"और मैं उनकी बाँह पकड़कर सुरक्षित पहुँचा आया हूँ।"

मेरा धैर्य समाप्त हो रहा था। मेरी सहायता करने के बजाय ये अपनी-अपनी दास्तान सुनाने में जुटे पड़े थे। मेरी घबराहट बढ़ रही थी। कुम्भ के मेले में भगदड़ मची थी तो सैकड़ों लोग कुचल गये थे। कुछ लोग भीड़ के रेले से बचने के लिए बिजली के खम्भों पर चढ़ गये थे। पाँच लाख की भीड़ भागी होगी तो अजय और रमेश भी न दब गये हों। अथवा अजय बिछुड़कर अकेला रह गया हो, या गोली से भून दिया गया हो, या भीड़ ने उसे कुचल दिया हो और पड़ा हो बीच सड़क पर, या रमेश घायल पड़े हों और यह चाचा के पास बैठा रो रहा हो, या ये भूखे-प्यासे हवालात में न ठूँस दिये गये हों। हो सकता है कि किसी इमारत में दुबके बैठे हों। दोनों भूखे होंगे, पीने को पानी भी तो न मिला होगा। हेम के शब्द याद आये, "मेरा बच्चा कहाँ है।" मैं और न सोच सका और पागलों-सा दौड़ पड़ा। भीड़ ने पीछा कर मुझे पकड़ लिया, "पागल हो गये हैं आप। कहाँ जा रहे हैं?"

बगल वाले मकान से मोटर साइकल पर सवार सरदार जी बाहर आकर खड़े हो गये। उनके किरायेदार और संघ के स्वयंसेवक **श्री मदन गोपाल अरोड़ा** भी वैस्पा लेकर निकले। मदन जी ने कहा, "त्रिपाठी जी, आप जरा परतीच्छा कर लीजिए। अगर आधे घण्टे के भीतर बच्चा न आया तो हम और सरदार जी खोजने चलेंगे, फिर

चाहे गोली से क्यों न उड़ा दिये जाएँ।"

मोटर साइकल धड़धड़ा रही थी, सरदार जी एक पैर धरती पर टिकाये खड़े थे। उनका एक हाथ हैंडल पर और दूसरा दाढ़ी पर था। आँखों में एक चमक थी। मैंने विह्वल और कृतज्ञ दृष्टि से उन्हे देखा। मदन जी स्कूटर खड़ाकर मेरे पास आये और मेरे कन्धे पर हाथ रखकर खड़े हो गये। सड़क की बत्तियाँ चली गयी थीं, फिर भी दिख रहा था कि उनकी एक बाँह पर केसरिया पट्टी बँधी थी, जिस पर दीपक बना हुआ था। मुझे लगा कि मैं अकेला नहीं हूँ।

गोल चक्कर के पास तेज रोशनी चमक उठी। एक तिपहिया धड़धड़ाता भीड़ के पास आकर रुक गया। एक बच्चा उतरकर खड़ा हो गया। उसके साथ ही उतरे रमेश और उनके कॉलेज-साथी **श्री श्याम बहादुर वर्मा**। शोर हुआ, 'आ गया, आ गया।' ऑटो रिक्शा चला गया। सब ने अजय को घेर लिया, "अजय बेटे, कहाँ थे अब तक?" अजय घबराया हुआ था। उसके नये स्वेटर में मिट्टी लगी थी। माथे पर हल्दी का तिलक फैल गया था। वह ठीक से बोल नहीं पा रहा था। मदन लाल जी अरोड़ा ने आगे बढ़कर कहा, "बच्चा घबराया हुआ है, उसे मत छेड़िए। त्रिपाठी जी, उसे जल्द माँ के पास पहुँचाइए।"

सबकी उपस्थिति में हेम ने अजय पर चुम्बनों की बौछार शुरू कर दी। मानो बहुत देर से बिछुड़ी गाय बछड़े को चाट रही हो। अब हम घर के भीतर थे। हेम अजय को गोद में लिये बैठी थीं। मेरी आँखों में आँसू उमड़ रहे थे। आज मैंने अनुभव किया था, मैं किसी का बाप हूँ और किसी का अग्रज भी।

श्याम बहादुर जी रमेश के ही कॉलेज में हिन्दी के प्राध्यापक थे। दोनों संघ के कार्यकर्ता रहे हैं। ये धामपुर से ट्रक में आये थे। रमेश इन्हें छोड़कर अजय का जन्मदिन मनाने घर आ गये थे। जब कार्यक्रम में गड़बड़ी शुरू हुई तो रमेश अजय का ध्यान रखकर तुरन्त चल पड़े थे और कई किलोमीटर पैदल चलकर लालकिले तक आये थे। यहाँ ट्रक के पास श्याम जी मिल गये। कोई भी सवारी उपलब्ध नहीं थी। बड़ी कठिनाई से एक तिपहिया वाला मिला। दैवयोग से यह मॉडल टाउन का ही था। यह न मिला होता तो तीनों को पैदल चलकर आना पड़ता। अजय तो बुरी तरह थक जाता।

हेम ने अजय के जन्म-दिन के अवसर पर विशेष वस्तुएँ पकायी थीं। सबने निश्चिन्त होकर भोजन किया। प्रातः काल अखबार पढ़कर हम दुःखी और चकित हुए। अनेक लोग गोली से भून दिये गये थे। सैकड़ों घायल हुए थे और बहुतेरे हवालात में बन्द थे।

गृहमंत्री श्री गुलजारी लाल नन्दा बेचारे ईमानदार नेता थे। उन्होंने अपने पद से तत्काल त्याग-पत्र दे दिया था। वे बेशर्म नहीं थे। कार्टून छपा था, गो माता दुलत्ती मार रही हैं और नन्दाजी गिरे पड़े हैं। कार्टून देखकर मैं थोड़ा हँस पड़ा था, किन्तु आँखें छलछला आयी थीं।

इस अनुभव को लेकर मैंने कहानी लिखी थी, 'गाय, बन्दूक और बच्चा।' यह अंश भी मेरे उपन्यास 'कली और धुआँ' में समाहित है।

संघ परिवार की संस्थाएँ प्रायः ऐसे कार्यक्रमों का आयोजन किया करती हैं जो

राष्ट्र के हित में होते हैं। ये संस्थाएँ न वोट-बैंक तैयार करती हैं और न परिवार-वाद को प्रोत्साहन देती हैं। इस अथवा अन्य किसी दीवाली के अवसर पर **अखिल भारतीय विद्यार्थी परिषद्** ने विदेशी छात्रों के स्नेह-मिलन का कार्यक्रम रखा था। छात्र कार्यकर्ताओं ने हम स्वयंसेवक अध्यापकों से अनुरोध किया था कि हम अपने घरों में विदेशी छात्रों को ले जाएँ और उन्हें दिखाएँ कि हम दीवाली कैसे मनाते हैं।

मैंने चाहा था कि मुझे मारिशस, फीजी, सूरीनाम, गुयाना आदि देशों के भारतीय-मूल के छात्र दिये जाएँ। मैं उन्हें भारतीयता के संस्कार दे सकूँगा। मेरी प्रकृति और इच्छा के विरुद्ध मुझे अरब देशों के मुस्लिम छात्र दिये गये। मैं उन्हें दो टैक्सियों में भरकर घर ले आया। उनके सामने मैंने पूजन किया। उन लोगों ने दीपकों की पंक्तियाँ सजाने में उत्साह दिखाया। ब्राह्मणी हेम ने स्नेह-पूर्वक इन छात्रों को खीर से भरी प्लेटें दीं। छात्रों ने परम प्रसन्न होकर कहा, यह तो बहुत स्वादिष्ट है। उन्होंने जानना चाहा कि यह कैसे पकायी जाती है। मैंने उन्हें पकाने की विधि समझायी। एक छात्र बोला, "सामने के मकान में अँधेरा क्यों है? सभी मकान तो रोशनी से जगमगा रहे हैं।"

"वह मकान एक मुसलमान प्रोफ़ेसर का है।"

"क्या यह राष्ट्रीय त्यौहार नहीं हैं? यदि राष्ट्रीय है तो मुसलमान इसे क्यों नहीं मनाते हैं?"

एक अन्य छात्र बोला, "आपके मुल्क के मुसलमान अनोखे हैं। हमारे मुल्क में ये आते हैं और जब हम इनसे पूछते हैं कि तुम्हारी राष्ट्रीयता क्या है तो ये बताते हैं, 'इस्लाम'। हम कहते हैं कि हम अरबों के दर्जन से ऊपर मुल्क हैं। हमारी राष्ट्रीयता अलग-अलग है। इस्लाम तो मजहब है।"

एक और छात्र बोला, "आपके मुल्क के मुसलमान हमें ऐसे नसीहत देते हैं जैसे कि ये इस्लाम को हम अरबों से अधिक जानते हैं।"

विदेशी छात्रों के आगे मैंने अपने देश के मुसलमानों की निन्दा नहीं की थी। मैंने बताया था, "दीवाली पर्व के साथ कुछ धार्मिक परम्पराएँ भी जुड़ी हुई हैं। हम इस दिन गणेश-लक्ष्मी की मूर्तियों का पूजन करते हैं। इस्लाम में मूर्ति-पूजा निषिद्ध है। सभी मुसलमान एक जैसे नहीं हैं। कई मुसलमान विदेश जाने पर गर्व के साथ अपने को इण्डियन बताते हैं।"

पहले वाला छात्र बोला था, "मूर्तिपूजा न करें, लेकिन दीये तो जला सकते हैं। मैं इस मुल्क का होता तो खूब दीये जलाता।"

मैं समझता था कि अरब छात्र उग्र होते होंगे, ये तो अत्यन्त सुसंस्कृत थे।

फरवरी, 1967 **दिल्ली में महानगर परिषद्** की स्थापना हुई। चुनाव में जनसंघ की विजय हुई। **श्री विजय कुमार मल्होत्रा** प्रथम कार्यकारी पार्षद निर्वाचित हुए। मुझे बहुत प्रसन्नता हुई थी। मैंने कोचिन से प्रकाशित 'युगप्रभात' पाक्षिक में इन पर सचित्र लेख लिखा था।

विजय जी से मेरी भेंट 1964 ई॰ में ही कभी संघ-चालक लाला श्री हंसराज के बँगले पर हुई थी। वहाँ दिल्ली विश्वविद्यालय के वे प्राध्यापक आमंत्रित हुए थे जो संघ के स्वयंसेवक भी थे। प्रत्येक प्राध्यापक ने खड़े होकर अपना परिचय दिया था।

कार्यक्रम के पश्चात् विजय जी झपटते हुए मेरे पास आये थे। शायद उन्होंने सुन रखा था कि कानपुर से आये त्रिपाठी नाम के स्वयंसेवक यहाँ विश्वविद्यालय के स्नातकोत्तर विभाग में नियुक्त हुए हैं। मैंने भी सुन रखा था कि विजय जी नाम के स्वयंसेवक छात्रनेता रहे हैं और अब वे अध्यापक नेता हैं मानो हम दोनों को एक दूसरे की तलाश थी।

विजय जी से मेरा निरन्तर सम्पर्क बना रहा। उनपर कोई आक्षेप होता था तो मैं समाचार-पत्रों में उत्तर छपाता था। मैं यह सब विशुद्ध राष्ट्रभक्ति से प्रेरित होकर कर रहा था। मैंने मुख्य कार्यकारी पार्षद से कुछ नहीं माँगा और उन्होंने भी मुझे आदर के अतिरिक्त कुछ नहीं दिया।

हंसराज जी के बँगले की बात उठी है तो एक और बात याद आ गयी। कानपुर के मेरे साथी **डॉ॰ मिट्ठनलाल बंसल** की नियुक्ति श्रीराम कॉलेज में हो गयी थी। वे मॉडल टाउन में मेरे पास ही रहते थे। वे संघ के अच्छे कार्यकर्ता थे। हम दोनों हंसराज जी के बँगले से निकलकर बस स्टॉप पर आये। बंसलजी रेशमी कुर्ता पहने थे और मैं खादी के कुर्ते में था। एक नौजवान पास आकर बंसल जी से बोला, "माल चाहिए?" बंसलजी ने अचकचाकर मेरी ओर देखा। मेरी समझ में भी नहीं आया। उन्होंने पूछा, "कैसा माल?" "यही लड़कियाँ"। हमने फिर एक-दूसरे को देखा। मैंने पूछा, "क्या देना होगा?" उसने खादी के कुर्ते की उपेक्षा कर रेशमी कुर्ते को कोई धन-राशि बतायी। बंसलजी ने पूछा, "कहाँ जाना होगा?" उसने कहा, "जगह तय है। इसकी चिन्ता आप न करें।" बंसल जी ने कुरेदते हुए पूछा, "इस समय लड़कियाँ कहाँ है?" "यहीं आसपास।" फिर वह झुँझलाकर बोला, "आप लोगों को कुछ लेना-देना नहीं है।" वह चला गया।

तब से मैं बंसल जी के जीवन-काल तक विनोद करता आया, "भाई, रेशमी कुर्ता मुझे भी उधार दे दो।" मैंने उनकी पत्नी तारा भाभी से भी कहा कि मुझे इनका रेशमी कुर्ता दिलवा दो। वे हँसकर बोलीं, "रेशमी कुर्ता पहनकर भी आपकी शकल ऐसी नहीं होगी कि कोई माल वाला आपको घास डाले।"

बंसल परिवार ने मुझे उत्तर प्रदेश के संस्कारों का माहौल दे दिया था। बंसल जी यहाँ संघ-कार्य में पूर्णतः तल्लीन हो गये थे। यह तल्लीनता इनके स्वास्थ्य के लिए घातक सिद्ध हुई थी। इन्होंने मुझे भी राष्ट्रभक्ति के कुछ कार्यों में झोंकने की चेष्टा की थी। विश्वविद्यालय में **ड्यूटा** (दिल्ली विश्वविद्यालय शिक्षक संघ। और ए.सी. तथा ई. सी. के चुनाव दो-दो वर्षों के पश्चात् हुआ करते थे। बंसल जी मॉडल टाउन और टैगोर पार्क में रहने वाले सौ-डेढ़ सौ अध्यापकों की सूची मुझे सौंप दिया करते थे। कुटिल वामपन्थियों के प्रभुत्व को उखाड़ फेंकने के लिए मैं जी-जान से जुट जाता था। यहाँ काम करने के अतिरिक्त मैं इन्द्रप्रस्थ कॉलेज जाकर अध्यापिकाओं से मिलता। डॉ॰ स्नेहलता श्रीवास्तव (जिज्जी), डॉ॰ उषा पण्डेय, डॉ॰ आशा शिरोमणि, डॉ॰ सुषमा नारायण आदि बहिनों ने मुझे पूरा सहयोग दिया। मैंने जनसंघी विचारधारा के समर्थक अध्यापकों का एक वर्ग तैयार कर दिया था। लगभग 15 वर्षों तक मैं यह काम करता रहा। न मैंने अपने करियर का ध्यान रखा और न साहित्यिक स्थिति का।

थोड़ा सा भटक गया हूँ। मैं बात कर रहा था फरवरी, 1967 की। इसी मास साहित्य अकादमी द्वारा सम्मानित ओड़िया के ख्याति-प्राप्त साहित्यकार **श्री सच्चित राउतराय** से मेरा पत्र-परिचय हुआ। वे अपना उच्चस्तरीय ओड़िया त्रैमासिक 'दिगन्त'

मेरे पास भेजने लगे थे। मैंने डॉ॰ सत्यपाल चुघ की कविता का ओड़िया अनुवाद उनके पास भेजा था। उन्होंने मेरे पत्र के साथ इसे ज्यों का त्यों प्रकाशित कर दिया था।

तास बिधान

तासरु खेलाकु
दूररु सलाम
ए युग मधि एथिरे
बादशाह, बेगम ओ गोलाम ।

इस अनुवाद के साथ राउतराय जी की टिप्पणी भी छपी थी, हिन्दी अनुवाद प्रस्तुत है– अनुवादक डॉ॰ रमानाथ त्रिपाठी एम.ए., पी-एच.डी, डी.लिट्. दिल्ली विश्वविद्यालय के हिन्दी-विभाग के प्राध्यापक हैं। वे हिन्दी के विशिष्ट लेखक हैं। उन्होंने यह कविता ओड़िया में अनूदित कर ओड़िया लिपि में लिखकर भेजी है। (सम्पादक, दिगन्त)

10 जून, 1967. **जयपुर विश्वविद्यालय** में रीडर के पद का साक्षात्कार था। हेम अजय के साथ इटावा चली गयी थीं। रमेश धामपुर से दिल्ली आ गये थे। मेरे दाँत में दर्द था। रमेश ने खिचड़ी राँधकर खिलायी। मैं जयपुर नहीं जाना चाहता था। रमेश मुझे ठेलठालकर स्टेशन ले गये और अनारक्षित डिब्बे में चढ़ा आये। उन्होंने मुझे संघ-कार्यालय का पता दे दिया था। जयपुर में संघ के स्वयंसेवकों ने मेरा स्वागत किया। साक्षात्कार के लिए उरई से मेरे मित्र डॉ॰ जगदीश नारायण अग्रवाल भी आये हुए थे। रीडर पद पर किसी स्थानीय व्यक्ति की नियुक्ति हुई। यहाँ नियुक्त होने की मेरी इच्छा भी नहीं थी। अग्रवाल जी के साथ मैंने हवा महल आदि स्थान देखे। हेम के लिए बन्धानी साड़ियाँ खरीदीं। मेरे दाँत का दर्द बढ़ता जा रहा था। भाई जगदीश नारायण जी ने मुझे अनारक्षित डिब्बे में बिठा दिया। पगगड़धारी राजस्थानी मेरे सहयात्री थे। डिब्बे में एकाध ही प्रौढ़ा राजस्थानी महिलाएँ थीं। लगभग पूरी रात खड़े-खड़े बीती। दाँत के कारण मुँह पर सूजन आ गयी थी। मैंने जान-बूझकर इस यात्रा का वर्णन किया है। मेरे **कली और धुआँ** उपन्यास में नायक राजन सुनीता नामक सुन्दरी के साथ यात्रा करता है। दोनों अकेले हैं, मेरे कुछ मित्रों ने कहा था, "नायक आप है, यह आपकी प्रेयसी सुनीता कौन है?" सच में सुनीता एकदम काल्पनिक पात्र है। मैंने जयपुर की यात्रा द्वितीय श्रेणी के डिब्बे में पगगड़धारी राजस्थानियों के साथ की। दाँत के दर्द के कारण परेशान रहा। कहाँ का रोमांस? हाँ, मैंने यात्रा के मध्य के स्टेशन आदि नोट कर लिये थे। कभी-कभी मेरे शब्द-चित्र यथार्थ चित्र का भ्रम दे जाते हैं। मुझे भय है कि मेरे **'कामरूपा'** उपन्यास को पढ़कर भी पाठकों के मन में भ्रम की सृष्टि न हो जाए।

भ्रम मेरे छोटे भाई रमाकान्त को भी हुआ था। उसने उपन्यास पढ़कर हेम को पत्र लिखा था, "मेरी बहादुर रानू भाभी।" उस पागल ने समझा था, यह उपन्यास नहीं, उसकी भाभी की जीवन-कथा है। इसमें सन्देह नहीं कि कुछ-कुछ बातों में कथा-नायिका रानू और हेम समान हैं। ससुराल का वर्णन भी कुछ-कुछ यथार्थ है। इसी से यह भ्रम हुआ। उपन्यास में एक गुण्डा रानू को घर में अकेला पाकर उसके साथ अन्याय करना चाहता है। रानू रिवाल्वर तानकर उसे चेतावनी देती है। गुण्डा

समझता है कि यह नकली रिवाल्वर है। वह आगे बढ़ता है और रानू ट्रिगर दबा देती है। हेम रमाकान्त का पत्र पढ़कर बिगड़ उठी थीं, "तुम नायिकाओं का ऐसा चित्रण करते हो कि लोग मुझे नायिका के साथ मिलाकर देखते हैं। तुम्हारी नायिकाएँ जो भी ऊटपटाँग काम करती हैं वे मेरे ऊपर थोप दिये जाते हैं।"

सच तो यह है कि हेम की कौन कहे उसके आर्यपुत्र ने भी कभी रिवाल्वर नहीं छुआ। यह औरत तो रिवाल्वर का घोड़ा दबाने के पहले ही बेहोश हो जाएगी। गनीमत है, यह महिला जैसे-जैसे वृद्धावस्था की ओर बढ़ती जाती है मेरे साहित्य की उपेक्षा करती जाती है। अब मैं निश्चिन्त हूँ, यह मेरा लिखा पढ़ेगी ही नहीं। इसने मेरी आत्मकथा का प्रथम भाग 'वनफूल' भी नहीं पढ़ा है।

हाँ, मेरे इस उपन्यास में यदि कोई सत्य पात्र है तो वह है **शिशु अजय**। इसके माध्यम से मैंने बाल-मनोविज्ञान का सरस वर्णन किया है। इसकी 99% आदतें कृति में समाविष्ट हैं। इसीलिए इस आत्मकथा में, मैं अजय-प्रसंगों को नहीं छू रहा हूँ, पुनरावृत्ति से बचने के लिए।

रेडियो पर रसखानि पर कार्यक्रम आयोजित था। मैं तन्मय होकर सुन रहा था। हेम बार-बार चाय पीने के लिए बुला रही थीं। अत्यन्त मधुर स्वर गूँज रहा था–

ताहि अहीर की छोहरियाँ छछिया भर छाछ पै नाच नचावैं।

मैं भी स्वर मिलाकर गा रहा था, नाच नचावैं। हेम आकर तिक्त स्वर में बोली, "मैं कब से बुला रही हूँ, चाय ठण्ठी हो रही है।" रसखानि से तादात्म्य स्थापित कर मैं गा उठा–

पायकें ऊँची बड़ी डिगरी जो बड़ी कच्छान में हिन्दी पढ़ावै।
लेख लिखै कबिताऊ रचै अरु ढेर-सी सारी किताब छपावै॥
तीनेउ सारेन की पतनीन सों चाव भरो जो सनेह लगावै।
ताहि या चाची की छोहरिया प्यलिया भर चाय पै नाच नचावै।

तीनेउ सारेन = तीनों साले। चाची = हेम और इनके तीनों भाई अपनी माँ को चाची कहा करते थे।

आज **हरछठ** (हलषष्ठी) थी। हेम का आदेश हुआ, कहीं से काँस और झरबेरी के पौधे तथा ढाक का पत्ता लाने का। मैं साइकल चलाता मॉडल टाउन के पीछे की ओर की खाली पड़ी जमीन से काँस ले आया। इधर झरबेरी कहीं भी दिखायी नहीं पड़ी। बेरी की ही एक टहनी काट लाया। पान की दुकान पर ढाक का पत्ता मिल गया।

हेम ने गीली मिट्टी का पिण्ड बनाकर उसमें पौधे गाड़ दिये। गाँव में अम्मां और भौजाई आँगन के बीच में गड्ढा खोदकर ये पौधे आरोपित करती थीं। यह व्रत बेटे के नाम पर होता है। बैल भी गाय का बेटा है, इसलिए बैल द्वारा जोती भूमि में उत्पन्न कोई अन्न नहीं खाया जाता है। महिलाएँ प्रायः पसाई नामक जंगली धान का चावल खाया करती हैं, संस्कृत में इसे ही नीवार कहा करते होंगे। यह कसैला-सा होता है। मैंने हेम से बहुत कहा, केला, सेब आदि फल ग्रहण करने के लिए। इनके खेत बैल नहीं जोतते। इनके तो पौधे लगाये जाते हैं। हेम नहीं मानतीं, कौन जाने किसान ने बैलों से खेत जोतवाकर इन्हें पैदा किया हो। मेरे बहुत कहने पर वे मखाने की खीर बना

लिया करती हैं, जिसमें चीनी या गुड़ के स्थान पर छुआरे डाला करती हैं।

पति और पुत्र के कल्याण के लिए व्रत और उपवास करती हुई हमारी महिलाएँ पूरे परिवार को त्यागमय पवित्र स्नेह-सूत्र में बाँधे रहती हैं। धीरे-धीरे ये प्रथाएँ समाप्त हो रही हैं, इनके साथ ही सम्बन्धों की वह प्रगाढ़ता भी लुप्त हो रही है।

6

डॉ॰ रामदरश मिश्र से मेरी अन्तरंगता बढ़ रही थी। मैं लिख चुका हूँ कि सरस्वती भाभी पर गुजराती प्रभाव था। बच्चे भी 'शुं छे शुं छे' कहा करते थे। पी. जी.डी.ए.वी. कॉलेज में नियुक्ति के पूर्व मिश्र जी अहमदाबाद में कार्यरत थे। मिश्रजी निष्कपट, छलछिद्र-विहीन, विश्वसनीय और सहृदय व्यक्ति हैं। वे दुःसाहसी कभी नहीं रहे। इनकी रचनाओं में माटी की सुगन्ध है, इसीलिए मैंने इन्हें पसन्द किया है। कभी ये अपनी कृतियों में आयातित लाल झण्डा थोप देते हैं। यहीं इनसे मेरा मतभेद रहता है। ये अपने को मार्क्सवादी कहते हैं, किन्तु इनके जीवन में मार्क्सवादियों जैसी उच्छृंखलता नहीं है।

मार्क्सवाद का विरोध करना हरेक के बलबूते की बात नहीं हैं। मार्क्सवाद का समर्थन करने मात्र से बहुत सारी सुविधाएँ मिल जाती हैं। जैसे कि कम्यूनिस्ट देशों की यात्रा, वहाँ की पत्रिकाओं में चर्चित होना, पुरस्कार पाना आदि। अपने देश में जहाँ-जहाँ कांग्रेस की सरकार बनती है लाल बुझक्कड़ों के पौ बारह हो जाते हैं। ये विभिन्न समितियों में घुस जाते हैं, पुरस्कार झटकते हैं और निकम्मे लोगों को पुरस्कृत कराते हैं। आकाशवाणी और दूरदर्शन के कार्यक्रमों में ये ही छाये रहते हैं। किसी को पुरस्कार मिले तो ये दूरदर्शन पर चारणवन्दना करते दिखायी पड़ते हैं, कोई साहित्यकार मर जाए तो यही गिने-चुने लोग मातमपुरसी के लिए बुलाये जाते हैं। दैनिक समाचार पत्रों और साहित्यिक पत्र-पत्रिकाओं में भी इन्हीं का बोलबाला है। संगठित होकर लूट-खसोट के शातिरपने में ये दक्ष हैं। भला किसका दुःसाहस कि इनकी उपेक्षा करे। मेरे जैसे अव्यावहारिक लोग विरोध करते हैं तो घोर उपेक्षा के शिकार होते हैं। मेरी उपेक्षा तो वे लोग भी कर रहे हैं जो भारतीयतावादी कहलाते हैं। वैसे किसी भी मार्क्सवादी से मेरा व्यक्तिगत वैमनस्य नहीं है।

बाद में मिश्र जी की नियुक्ति हमारे ही विभाग में हो गयी थी। हम कक्षाओं की समाप्ति पर साइकलों से साथ-साथ लौटा करते थे। मिश्र जी या तो अपनी ताजी कविताएँ सुनाते या अपने उपन्यासों के सत्य पात्रों की चर्चा किया करते।

सरस्वती जी भी पति की तरह ही अव्यावहारिक होतीं तो इनकी गाड़ी सुचारु रूप से न चली होती। सरस्वती जी के रूप में मुझे एक सच्ची भाभी मिली हुई थी। हम साथ-साथ सौदा खरीदते, कई स्थलों की यात्रा किया करते और कभी-कभी लड़-झगड़ पड़ते। वे प्रायः संघ को लेकर तर्क-हीन आक्षेप किया करती थीं। मैं भड़क उठता था। ऐसे अवसरों पर मिश्र जी मेरा पक्ष लेकर पत्नी पर झुँझला पड़ते थे।

बच्चे भी मुझसे घुलमिल गये थे। दिल्ली आने पर सरस्वती भाभी की गोद में एक कन्या बन्नो (स्मिता) आ गयी थी। इनका तीसरा पुत्र बब्बे (विवेक) पूरा फक्कड़

था, प्रायः नंगा घूमा करता था। गाली देने में यह उस्ताद था। इसकी गालियाँ सुनने का सौभाग्य डॉ॰ नगेन्द्र को भी मिल चुका था। मैंने इससे दोस्ती कर रखी थी। इसने कभी मुझे गाली नहीं दी। थोड़ा बड़ा होने पर यह मेरे घर आया और छज्जे पर जाकर ताकझाँक करने लगा। मैंने पूछा, "क्या कर रहा है रे?"

"चाचा, मैं देख रहा हूँ कि आपने कहीं तिकोन तो नहीं टाँग रखा है। आपके घर में कुल एक बच्चा है। मेरे घर में ससुरे पाँच-पाँच बच्चे आ गये हैं।"

"बेटे, तू चिन्ता मत कर, मैं तेरे घर पर तिकोन टाँग आऊँगा, फिर छठा बच्चा नहीं आएगा।"

मैं सनातन धर्म मन्दिर के सामने वाली सड़क पर जा रहा था। यह क्या हुआ? अकस्मात् मेरी चाल रुक गयी। क्या मैं बीमार हूँ? क्या मैं बेसुध होने जा रहा हूँ? मैंने नीचे की ओर देखा, कोई बच्ची अपनी नन्हीं बाँहों में मेरे दायें पैर को बाँधे बैठी है। उसने घने-घने केश झटककर सिर उठाया और बड़े प्यार से कहा, "चाचा।"

"अरे बन्नो बिटिया, यह तू क्या कर रही है?"

मॉडल टाउन में रामलीला हुआ करती है। इसके लिए जो चन्दे की लम्बी धनराशि देते हैं उनके बैठने के लिए सोफों की व्यवस्था होती है। 1968 में रामलीला-समिति के साथी आयोजकों से श्री आदीश्वरलाल जैन की अनबन हो गयी। वे कांग्रेसी थे, किन्तु उन्होंने संघ और जनसंघ के कार्यकर्ताओं का सहयोग लेकर 'जनता रामलीला' आरम्भ कर दी। इन लोगों ने एक-एक घर से केवल एक-एक रुपया लेकर चन्दा एकत्र किया। प्रत्येक चन्दा देने वाले को संरक्षक मानकर घोषित किया गया कि यह 'जनता लीला' है और वह है 'सोफा लीला'। ये लोग मेरे घर आये थे, इन्होंने मेरा नेतृत्व और सहयोग चाहा था। मैंने भरपूर सहयोग दिया था। मिश्र जी को यह जनता लीला पसन्द आयी थी। मैंने उनसे कहा था, "मिश्रजी, आप राम और भाभी सीता बनें, मैं बनूँगा लक्ष्मण।" वे हुंकार भरकर बोल पड़े थे, "उर्मिला से पूछ आये हो? वह कमर पकड़कर बैठ जाएगी और कहेगी, मैं वन में नही जाने दूँगी।"

1967 ई॰ के चुनाव में, मैंने इन्दिरा सरकार के विरोध में कड़ा पत्रक छपाकर वितरित किया था। मिश्रजी मेरे विचारों से सहमत थे।

1968 ई॰ में जब कम्यूनिस्ट रूस ने **चैकोस्लोवाकिया** पर आक्रमण कर उसे अपने पंजों में दबोच लिया था तो मिश्रजी के भीतर का मानवतावादी कवि जाग उठा था। उन्होंने मार्मिक कविता लिख डाली। **डॉ॰ देवेन्द्र स्वरूप अग्रवाल** मिश्रजी के कॉलेज में इतिहास के प्राध्यापक थे। वे 'पांचजन्य' साप्ताहिक के प्रधान सम्पादक भी थे। उन्होंने यह कविता छाप दी। राष्ट्रवादी चिन्तक यह कविता पढ़कर पुलक उठे थे। और लाल झण्डा को सलामी देने वाले बुरी तरह भड़क उठे थे। उन्होंने अपनी पत्रिकाओं में मिश्रजी की धज्जियाँ उड़ायीं। मिश्रजी घबरा उठे और दनादन सफाई देते फिरे कि मैं तो मार्क्सवादी हूँ। मुझसे कविता लिखा ली गयी है। इस आक्रमण का विरोध **श्री निर्मल वर्मा** ने किया था। तभी से वे मेरे लिए आदरणीय हो गये थे।

मैंने अपना सत्यानाश अपने हाथों किया है। मैं साहित्यकारों को जोड़ने का प्रयास करता रहा। मैंने इन्हें विभिन्न मंच दिये। मैं 'अन्तर्भारती' और 'दिल्ली हिन्दी साहित्य सम्मेलन' (मॉडल टाउन) का अध्यक्ष था। दिल्ली विश्वविद्यालय की हिन्दी साहित्य सभा का भी मैं प्रभारी था। इन संस्थाओं के मंच से मैंने कई साहित्यकारों को आमंत्रित किया। ये लोग मुझे एक कुशल संगठन-कर्ता मानने का भ्रम पाल बैठे। उस

समय मॉडल टाउन में कई साहित्यकार रहते थे। मैं तो इनके घर जाता था, किन्तु ये कभी मेरे घर नहीं आये। धीरे-धीरे मैं भी उदासीन होने लगा। एक रीति-कवि की कविता याद आने लगी–**"जो आप को न माने ताके बाप को न मानिए।"** यह अनुभूति मुझे जरा देर से हुई।

रामदरश जी भी सम्भवतः मुझे साहित्यकार नहीं मानते थे। मैंने अपने को राष्ट्रीय कार्यों में न झोंका होता तो इन लोगों की टक्कर का या इनसे भी बढ़कर एक अच्छा कवि, कथाकार या समीक्षक हो सकता था। मैंने पत्रिकाओं में बहुत-कुछ लिखा, कई अच्छे ग्रन्थों की समीक्षा लिखी, किसी ने मेरी ओर ध्यान नहीं दिया। मिश्रजी की पुस्तकों की गोष्ठियों में मुझे श्रोता के रूप में आमंत्रित किया जाता था। ऐसी ही किसी गोष्ठी में **डॉ॰ महीप सिंह** और **डॉ॰ विनय** ने मिश्रजी के नव प्रकाशित उपन्यास पर अपने आलेख पढ़े। मिश्रजी के शिष्य (जो कि मेरे भी शिष्य थे।) भी बोले। न जाने कैसे मुझसे भी कहा गया कि मैं कुछ बोलूँ। मैं छह-सात मिनट तक आलोच्य उपन्यास के विषय में धड़ाधड़ बोलता रहा। मैंने अन्त में कहा, "इतना तो मैं तब बोला हूँ जब मैंने मिश्र जी का उपन्यास छुआ तक नहीं है, शेष तब बोलूँगा जब उपन्यास पढ़ लूँगा।"

"आप हम लोगों को उल्लू बना रहे थे। जब आपने उपन्यास पढ़ा ही नहीं तो इतना कैसे बोल गये।" महीप जी गम्भीर होकर बोले थे।

"नहीं महीप जी, मैंने आप और विनय जी के आलेख ध्यानपूर्वक सुने, मुझे इनसे सामग्री मिल गयी। मैं मिश्रजी की नस-नस पहचानता हूँ। इन्हीं के आधार पर मैं बोल गया।"

सरस्वती भाभी एम.ए. हिन्दी की प्राइवेट परीक्षा देने की तैयारी कर रही थीं। वे कभी-कभी हमारी कक्षा में आ बैठती थीं। बिहारी का पीरियड था। मैं बिहारी के काव्य-सौन्दर्य पर भाषण दे रहा था। मैंने कहा, बिहारी ने हास्य-व्यंग्य के दोहे भी लिखे हैं–

बहु धनु लै अहसानु कै, पारौ देत सराहि।
बैद बधू हँसि भेद सौं, रही नाह-मुँह चाहि॥

एक वैद्य ने किसी रोगी से 'बहु-धनु', बहुत पैसा ले लिया, औषध एक रुपये की थी तो मानो उससे पाँच रुपये ऐंठ लिये। अहसान भी दिखाया कि डॉ॰ रामदरश मिश्र, डॉ॰ रमानाथ त्रिपाठी, डॉ॰ सत्यदेव चौधरी और डॉ॰ शान्तिस्वरूप गुप्त यह औषध माँगने आये थे। मैंने उन्हें नहीं दी। केवल तुम्हें दे रहा हूँ। वैद्य ने यह भी कहा कि इस पारा औषध में बहुत शक्ति है। वैद्य की पत्नी भी सुन रही थी। वह भेद-भरी हँसी हँसकर पति का मुँह देखती रह गयी। अर्थात्, यदि यह औषध बहुत शक्ति-वर्धक है तो स्वयं इसका सेवन क्यों नहीं करते।

अर्थ स्पष्ट कर मैंने छात्रों से पूछा, "कुछ समझे?" वे भाव-हीन बैठे रहे। यह तब की बात है जब सान्ध्य कक्षाओं में प्रौढ़ और प्रबुद्ध छात्र आने कम हो गये थे। मैं फिर बोला, "तुम सब बुद्धू हो।" सरस्वती भाभी ओंठों पर आयी मुस्कान को आँचल से छिपाने लगीं।

"समझने वाले समझ गये हैं और तुम लोग महा बुद्धू ही बने रहे।"

कक्षा के बाहर आकर भाभी बोली थीं, "मुझे देखकर शरारत कर रहे थे।"

"जब भाभियाँ कक्षा में आकर बैठेंगी तो जीभ तो खुजलाएगी ही।"

"इसमें सन्देह नहीं आप पढ़ाते बहुत अच्छा हैं।"

मुझे भाभी का प्रमाण-पत्र मिल गया था। ये ऐसी भाभी थीं जिन्होंने मुझे सखीत्व के साथ ही बड़ी या छोटी बहिन का अपनत्व भी दिया था।

दिल्ली विश्वविद्यालय के अध्यापकों ने एक संस्था बनायी थी 'डेहली यूनिवर्सिटी टीचर्स हाउस बिल्डिंग सोसाइटी।' सूचना आयी कि कुछ अध्यापकों ने अपनी सदस्यता समाप्त कर दी है। स्थान रिक्त हैं। सान्ध्य कक्षाओं के पश्चात् मैं मिश्र जी को साथ लेकर संस्था के सचिव श्री एन०एन० अग्रवाल के निवास हिन्दू कॉलेज क्वार्टर गया।

"अग्रवाल जी, आवेदन की समय-सीमा कब तक है?"

"अब से एक घण्टा बाद तक। इसके बाद आवेदन स्वीकार नहीं होंगे।"

"हमें क्या करना होगा?"

"फार्म भरकर दो चैक देनी होंगी, एक 115/- की और दूसरी 2000/- की।"

मैंने घर छोड़ते समय चैकबुक बैग में डाल ली थी। मैंने दोनों चैकें काटकर दे दीं। मिश्र जी बोले, "मैं तो चैकबुक लाया नहीं।"

"मैं काटकर दे देता हूँ।"

"मेरे पास पैसा नहीं है, मैं कहाँ से लौटाऊँगा।"

"तो मत लौटाइए।"

कविराज दृढ़ता-पूर्वक बोले, "नहीं, मैं आवेदन नहीं करूँगा।"

"सोच लीजिए।"

"सोच लिया।"

इस अव्यावहारिक व्यक्ति ने अपने को एक बड़ी सुविधा से वंचित किया और मुझे बन्धुत्व से। एक ही कालोनी में हमारे मकान होते तो हमारे पारिवारिक सम्बन्ध और विकसित होते।

बाद में इन्होंने उत्तम नगर में प्लाट लिया। भाभी ने अथक परिश्रम कर मकान बनवाया। ये महाशय कमरे में बैठे नदी, मकान और धूल पर कविताएँ लिखते रहते थे।

इन्हीं के माध्यम से मेरा परिचय **डॉ० नित्यानन्द तिवारी** से हुआ था। मैंने श्री सुनीति कुमार चाटुर्ज्या और डॉ० वासुदेव शरण अग्रवाल के आग्रह पर **'मैनासत'** के बांग्ला अनुवाद 'सती मयना ओ लोर चन्द्राणी' पर शोध लेख तैयार किया था जो 'अजन्ता' मासिक में छपा था। तिवारी जी यह लेख पढ़कर प्रभावित हुए थे। तिवारी से मेरे आत्मीय सम्बन्ध बन गये थे। तब इनमें वामपन्थी चातुर्य नहीं आया था।

रामदरश जी, विनय जी, श्री रत्नलाल शर्मा आदि ने लेखक-संघ की स्थापना की थी। मुझे इस योग्य नहीं समझा गया कि मैं इसका सदस्य बनूँ। सरस्वती भाभी रसीद बुक लेकर आयी थीं। लेखक-संघ की ओर से लेखकों के लिए कल्याण-निधि बनायी जा रही थी। इसके लिए लोगों से केवल एक रुपया लिया जा रहा था। मेरी यही औकात थी कि मैं कल्याण-निधि के लिए चन्दा तो दूँ, किन्तु मैं संस्था का सदस्य नहीं बन सकता। कार्यक्रमों के निमंन्त्रण-पत्र आते रहते थे, मेरे लिए ये निरर्थक थे।

7

मैं किसी राष्ट्रवादी साहित्यिक संस्था से जुड़ने के लिए अकुला रहा था। **श्री मोहन लाल श्रीवास्तव** एक संस्था चला रहे थे। इनके आमंत्रण पर मैं दो-तीन गोष्ठियों में सम्मिलित हुआ था। इन्हीं गोष्ठियों में आदरणीय **श्री गुरुदत्त वैद्य** का सान्निध्य मिला। बाद में पता चला कि **श्री रत्नसिंह शाण्डिल्य** 'भारतीय साहित्य परिषद्' नाम की संस्था चला रहे हैं, इसे संघ का आशीर्वाद प्राप्त है। शाण्डिल्यजी 'नवभारत टाइम्स' में उप सम्पादक थे।

18 अक्टूबर, 1967 को जैनेन्द्रजी की अध्यक्षता में **भारतीय साहित्य परिषद्** की बैठक हुई। सदस्यता-अभियान चलाने की बात चली। **जैनेन्द्र जी** बोले, "मेरा प्रण है कि मैं किसी भी संस्था का आरम्भिक सदस्य भी नहीं बनूँगा।" एक सदस्य ने कहा, "आपका चन्दा मैं दे दूँगा।" जैनेन्द्र जी बोले, "बात चन्दा की नहीं सिद्धान्त की है।" जैनेन्द्र जी का समादर करते हुए मैं बोल पड़ा था, "मैं चन्दा देकर सदस्य बनूँगा और अनेक लोगों को संस्था से जोड़ूँगा।" मेरा यह कथन शाण्डिल्य जी ने जीवन-भर याद रखा। यह हमारी प्रथम भेंट थी।

मैं रसीद बुक लेकर जुट पड़ा। इन्द्रप्रस्थ कॉलेज की लगभग प्रत्येक हिन्दी प्राध्यापिका को मैंने सदस्य बनाया। कई मुहल्लों के लोगों के घर जा-जाकर उन्हें सदस्य बनाया। विश्वविद्यालय के हिन्दी, संस्कृत, दर्शन, राजनीति शास्त्र आदि विषयों के अध्यापकों को भी मैंने संस्था से जोड़ा। घोर वामपन्थी **डॉ॰ विश्वनाथ त्रिपाठी** और उर्दू के वामपन्थी साहित्यकार **डॉ॰ मोहम्मद हसन** को भी मैंने सदस्य बनाया। विश्वनाथ जी मेरे पुराने शिष्य रहे हैं। तब ये संघ के स्वयंसेवक थे। उन्होंने अपने पुराने गुरु का सम्मान कर सदस्यता स्वीकार कर ली थी, परन्तु चतुर विरोध भी जता दिया था, "त्रिपाठी जी, मेरे पास सदस्यता-शुल्क के दो रुपये नहीं हैं।" "विश्वनाथ जी, कोई बात नहीं, मैं आपसे फिर कभी ले लूँगा।"

मेरे अनुरोध पर **डॉ॰ विजयेन्द्र स्नातक** संस्था के प्रदेश-अध्यक्ष बनने को तैयार हो गये थे। मुझे संस्कृति-सचिव बनाया गया था। संस्था के मंच से कई बड़े-बडे कार्यक्रमों का आयोजन हुआ था, इनमें एक था **श्री सातवलेकर जी** का सम्मान- 15 अप्रैल, 1968। असमीया के प्रसिद्ध साहित्यकार और सांसद **श्री हेम बरुवा** के भाषण का कार्यक्रम भी आयोजित था। कार्यक्रमों का संचालन मुझसे कराया जाता था। मंच से मैंने कुछ वाक्य असमीया भाषा में बोले थे। बरुवा जी के भाषण का एक वाक्य मुझे अभी भी याद है– "भारत में समाजवाद धाप्पाबाजी है।"

इन्हीं एक-दो वर्षों में कई बातें हुई थीं। मेरी कनपुरिया शिष्या **उषा श्रीवास्तव** प्रसिद्ध कांग्रेसी राजनेता श्री राजबहादुर की पुत्र-वधू बनकर दिल्ली आ गयी थी। ऐसी सुशीला और विनीता शिष्या से भेंटकर मुझे प्रसन्नता हुई थी। इस संकोचशीला लड़की ने मुझे लगभग 15 वर्षों तक भनक न लगने दी कि यह एक उत्तम गीत और ग़ज़ल लेखिका है। बहुत देर हो चुकी थी। बेचारी अचर्चित रह गयी।

मेरे ग्रामवासी पुराने सहपाठी मित्र श्री देवकी नन्दन पाण्डेय–– **स्वामी परमानन्द सरस्वती** यमुना-तट स्थित सरस्वती पीठ आश्रम में रह रहे थे। गोरक्षा आन्दोलन में

इनके पैर में गोली लगी थी। इन्होंने **'नवकल्प'** नामक मासिक पत्रिका चलायी थी। मैं इसके लिए सामग्री जुटाया करता था।

कानपुर में **विश्वविद्यालय** की स्थापना हो गयी थी। मेरे पास मूल्यांकन के लिए शोध-प्रबन्ध आने लगे थे। मौखिक परीक्षा के लिए कानपुर जाने का सुयोग मिलने लगा था।

श्री भूपति शर्मा जोशी ने शोधकार्य के लिए पंजीयन तब कराया था जब मैं कानपुर में था। शोध-विषय था, 'हिन्दी भाषा पर फ़ारसी का प्रभाव'। उनकी मौखिक परीक्षा के लिए आगरा जाना पड़ा था। उन्होंने गुरुभक्ति दिखाकर मेरा जो सम्मान किया था वह मेरे लिए अविस्मरणीय है। वे मुझसे आयु में बड़े थे। केरल और असम के केन्द्रीय विद्यालयों में अध्यापन करते हुए उन्होंने कई भाषाएँ सीख ली थीं।

शाण्डिल्य जी मेरे घर आने लगे थे। ये साहित्यकार नहीं थे। इनकी विशेषता थी राष्ट्र के प्रति पूर्ण समर्पण। ये भारतीयता के प्रबल पक्षधर थे। इन्होंने प्रचार किया था कि त्रिवेन्द्रम को तिरुअनन्तपुरम् और कालिकट को कोझिकोट कहा जाए। लोगों में आंग्ल नववर्ष मनाने की रुचि बढ़ती जा रही थी। गाँव-कस्बे के लोग भी इस अवसर पर छपे हुए बधाई कार्ड भेजने लगे थे। कनाट प्लेस में लोग शराब पीकर फूहड़ प्रदर्शन करते थे। इससे शाण्डिल्य जी व्यथित थे। वे मेरे घर आकर बोले, "त्रिपाठी जी, हमें आंग्ल नव वर्ष के स्थान पर विक्रम नववर्ष का प्रचार करना चाहिए। आप नववर्ष पर कोई कविता बनाकर दीजिए। मैं इसे 'नवभारत टाइम्स' में प्रकाशित कर दूँगा। दो दिन के भीतर कविता चाहिए।"

हेम चाय की ट्रे लेकर आ गयीं। मैंने संकेत किया कि शाण्डिल्य जी को बातों में उलझाये रहो। मैं उठकर दूसरे कमरे में आ गया। मैंने मन को एकाग्र किया। मुझे याद आया कि आज से कई वर्ष पूर्व जब मार्च के मास में, मैं कानपुर के कम्पनी बाग में घूम रहा था तो भीनी-भीनी सुगन्ध हवा में फैली हुई थी। मालियों ने बताया था कि यह नीम और नीबू के फूलों की है। आमों में बौर लगे थे, कच्ची अँबियाँ भी आ गयी थीं। मैंने उमंग में आकर कविता लिख डाली थी। कुछ पंक्तियों इस प्रकार थीं–

आम की तरुणाई बौरा गयी,
अँबिया गदरा गयी।
नीम और नीबू की भीनी महक
प्राण में समा गयी।
मन्द-मन्द पवन में,
मस्त मन डोल रहा।
संयम के कृत्रिम बन्ध,
बरबस अब तोड़ रहा।............

मुझे यह भी याद आया कि अभी कुछ दिन पूर्व ही होली का मस्ती-भरा पर्व बीता है और यह भी याद आया कि चैत्र शुक्ल प्रतिपदा के आठ दिन बाद अत्याचारी असुरों का मर्दन करने वाले धनुर्धर राम का जन्म हुआ था। मेरी लेखनी चलने लगी–

नया वर्ष आया।

नीम और नीबू के
फूल शिशु महक उठे,
बौरायी अँबराई पर
मधुप-दल झूम उठे।
मलय पवन सनन्-सनन्
कलियों के खुले नयन,
वसुधा से अम्बर तक
नवोल्लास छाया।

फाग-राग त्यागो हे
चण्ड तरुण जागो हे,
अब न यह तिमिर सह्य
अग्निबाण साधो हे।
असुर-दल व्यग्र-त्रस्त
दनुज-दलन धनुष-हस्त,
राघव के उदय का
शुभ संदेश लाया।
नया वर्ष आया।

जब मैंने ओज-भरे स्वर में ये पंक्तियाँ सुनायीं तो शाण्डिल्य जी गद्गद हो उठे थे। उन्होंने इसे 'नवभारत टाइम्स' में प्रकाशित कर दिया था। लगभग 20 वर्ष के पश्चात् **'पांचजन्य'** साप्ताहिक ने इसे प्रकाशित किया था। सम्पादक ने एक परिवर्तन कर दिया था। **अब न यह तिमिर सह्य** से मेरा तात्पर्य था कि राष्ट्र के समक्ष अनेक भीषण समस्याओं का जो अन्धकार छाया हुआ है अब यह सहने योग्य नहीं है। सम्पादक ने शब्द को सरल बनाकर 'सहो' कर दिया था। 'अब न यह तिमिर सहो', मैंने अब इसे स्वीकार कर लिया है। तब से यह कविता न जाने कितनी पत्रिकाओं में छप चुकी है। इसका महत्त्व यही है कि विक्रम नववर्ष पर सम्भवतः यह एकमात्र कविता है।

मैंने विश्वविद्यालय के विभिन्न विभागों के स्वयंसेवक प्राध्यापकों को भा०सा० परिषद् का सदस्य बनाया था। विश्वविद्यालय शाखा का गठन करने के लिए श्रीराम कॉलेज के डॉ० कैलाशपति ओझा के निवास पर चुनाव-सभा रखी गयी थी। मैंने मन ही मन निर्णय ले लिया था कि संस्कृत के विद्वान् **डॉ० ब्रजमोहन चतुर्वेदी** को अध्यक्ष बनाया जाए। उन्हें इस बात का पता नहीं था। वे बोले थे, "त्रिपाठी जी, ऐसे व्यक्ति को अध्यक्ष बनाया जाए जिसके केश पकड़कर काम कराया जा सके।" मैंने भोलेपन का अभिनय करते हुए कहा था, "चतुर्वेदी जी, यदि उसके सिर पर केश ही न हों तो?" चतुर्वेदीजी पहले चौंके फिर खिलखिलाकर हँस पड़े थे। वे एक प्रकार से गंजे थे। बौद्ध दर्शन के विद्वान् **डॉ० केवल कृष्ण मित्तल** को इस शाखा का महासचिव बनाया गया था। मित्तल जी ने मुझसे अनुरोध किया था कि अमुक दिनांक

को कला-संकाय के कक्ष सं० 18 में कार्यकारिणी की बैठक रखी है, आप भी उसमें आ जाइए। हम दोनों को छोड़कर और कोई नहीं आया था। मैंने पूछा, "मित्तल जी, आपने बैठक की सूचना के पत्र डाक से कब भेजे थे?"

"कल सन्ध्याकाल लेटर बॉक्स में डाले थे।"

"वाह, दार्शनिक जी।"

अजय ने कभी ऐसी जिद नहीं की जिससे हमें परेशानी होती। यह पहले कंचे खेलता रहता था, फिर कई वर्ष तक पतंग-बाजी में उलझा रहा। अब इसे कबूतर पालने की सनक सवार हुई। जाने कहाँ से ललौहैं रंग का एक कबूतर आ जाता था। वह गर्दन मटकाता बरामदे और कमरों में चक्कर काटा करता। अजय मचलकर बोला, "पिताजी, इसे पकड़ दो।" मैंने उपाय सोचा। कमरे का बरामदे वाला दरवाजा बन्द कर दिया। इधर के दरवाजे के कुण्डे में लम्बी रस्सी बाँधकर मैं दूर जा बैठा। कबूतर फड़फड़ाता हुआ आया। गर्दन मटकाकर उसने चारों ओर का निरीक्षण किया और धीरे-धीरे कमरे में आ गया। मैंने रस्सी खींचकर दरवाजा बन्द कर दिया। हम दोनों बड़ा तौलिया लेकर थोड़ा-सा दरवाजा खोलकर भीतर घुस गये। कबूतर पूरे कमरे में फड़फड़ाता फिरा। टूटे पंखों से कमरा भर गया। अन्ततः वह पकड़ में आ गया। अजय ने अपने किसी कबूतरबाज साथी से कबूतर पालने की विधि सीख ली थी। उसने कबूतर के पंख कैंची से कतर दिये। अब वह उड़ नहीं सकता था। मैंने चीड़ की पेटी तोड़कर बढ़िया-सा घर बना दिया। मटरू अर्थात् कबूतर अपने नये परिवेश में हिलमिल गया। अजय ने कहीं से कबूतरी का जुगाड़ कर दिया था। मटरू तिनके ला-लाकर पेटी में घोंसला बनाने लगा।

प्रातः एक अण्डा देखा गया। अजय बोला, "कल तक दूसरा अण्डा आ जाएगा।" ऐसा ही हुआ। अब अण्डों से बच्चे निकल आये थे। छोटा बच्चा पैर फैलाये रहता, दयनीय-सा दिखायी देता। अजय बोला, "पिता जी, यह मरा जा रहा है। कबूतर साले इसे खिलाते नहीं हैं। यह बचेगा नहीं।" सच में वह मर गया। दूसरा बच्चा सुन्दर था। वह तरह-तरह के खेल किया करता। एक दिन बिल्ली उसे खा गयी। अजय क्रोध-शोक से पागल-सा हो उठा। वह बिल्ली को डण्डा मारने की ताक में रहता। कबूतरी उड़कर पड़ोसी डॉ. एस.आर. निगम के टी.वी. एण्टिना पर जा बैठी। वह दिन-भर और रात-भर वहीं भूखी-प्यासी बैठी रही। कबूतर उसके आसपास चक्कर काटता और उड़कर पेटी के पास आ जाता, उसे संकेत देता कि नीचे आ जाओ। दूसरे दिन वह उतरकर आ गयी। हमने बिल्ली से बहुत सावधानी बरती, फिर भी एक दिन उसने कबूतरी पर आक्रमण कर दिया। हेम दौड़कर गयीं, उन्होंने बिल्ली की पूँछ पकड़ ली। वह कबूतरी को छोड़कर भाग गयी। कबूतरी के पंख में घाव था। मैंने डेटोल से घाव धोया। अजय ने घाव पर उसी की बीट लगा दी। वह उदास चुपचाप बैठी रहती। कुछ दिनों के बाद वह मर गयी। मटरू उड़कर जाने कहाँ चला गया। अजय उदास हो गया। दो-चार दिन बाद वह आ गया। वह फिर फड़फड़ करता तीर-सा छूटकर कहीं चला गया।

एक दिन गुटर-गूँ गूँ सुनायी दी। मैंने हेम से कहा, "मटरुआ बहू ले आया है।" यह चमकुल कबूतरी बड़े नाज-नखरे वाली थी। वह पेटी के पास न आकर डॉ० निगम के मकान की मुँडेर पर जा बैठती। मटरुआ इस बड़ी-बड़ी आँखों वाली सुन्दरी के आसपास गुटर-गूँ गूँ करता, उसे मनाता, शायद कुछ आश्वासन देता। वह उड़

जाती तो उसके पीछे लग जाता। एक दिन दाँव लगाकर हमने पकड़ लिया। अजय ने उसके पंख कतर दिये।

अक्तूबर, 1969 ई०, हमें यह मकान छोड़ना पड़ा। गणित के प्राध्यापक मेरे मित्र **डॉ॰ भूदेव शर्मा** की बरसाती में हम आ गये। हमारे फ्लैट के अगल-बगल में कोई मकान नहीं था। हम दुनिया से कटे हुए ऊँचाई पर टँगे हुए थे। पास ही कमल के फूलों से शोभित छोटी झील थी। मैं प्रायः इसकी शोभा देखा करता।

अजय के कबूतर खुले वातावरण में मस्त थे। मेरी शोध-वृत्ति यहाँ भी जाग उठी। मैंने निश्चय किया कि मैं कबूतरों की दिनचर्या नोट करूँगा। मेरी डायरी में तिथि के अनुसार निम्न क्रिया-कलाप नोट हैं–

19 दिसम्बर, मटरू ने पानी से भरे तसले में स्नान किया।
20 ,, ,, दोनों पक्षी प्रेम-क्रीड़ा में लीन हुए।
21 ,, ,, मटरू तिनके लाकर घोंसला सजाने लगा।
22 ,, ,, दोनों पुनः प्रेम-क्रीड़ा में लीन हुए।
30 ,, ,, घोंसले को तिनकों से सजाने का काम तेजी से चल पडा।
31 ,, ,, सन्ध्या 7 बजे एक अण्डा देखा गया।
02 जनवरी दोपहर के समय एक और अण्डा आ गया।
19 ,, ,, अपराह्न एक बच्चा दिखायी दिया, कुछ घण्टों के बाद दूसरा भी। हल्के पीले रंग के रोमों से ढँके ये बच्चे बहुत प्यारे लगते।

मार्च मास के प्रथम सप्ताह में भी अण्डे दिखायी पड़े। इसी महीने में कभी हेम और अजय कहीं चले गये थे। मैं दरवाजा बन्द कर पढ़ने में तल्लीन हो गया। घण्टी बजी, पढ़ाई में विघ्न उपस्थित करने कौन आ गया। दरवाजा खोला, मेरी शिष्या **विजय लक्ष्मी चौधरी** अपनी बच्ची और पुस्तकें लिये खड़ी थी। यह मेरे निवास के पास ही रहती थी। इसके पति रणवीर सिंह चौधरी मेरे लिए कई बार संकट-मोचन सिद्ध हुए थे। विजय लक्ष्मी कभी-कभी मुझसे पढ़ने आ जाती थी।

"विजय, आज मैं तुम्हें नहीं पढ़ा सकूँगा। आज तो मैं बच्ची के साथ खेलूँगा।"

मैंने डेढ-दो वर्ष की रंजना को कबूतर के बच्चे दिखाये। वह किलकारियाँ मारती उनके साथ खेलने लगी।

25 मार्च और 25 अप्रैल को भी अण्डे देखे गये। अजय ने इन्हें उठाकर फेंक दिया था। कबूतरों की संख्या बढ़ी तो इनकी देखरेख करना कठिन हो जाएगा। यहाँ यह सुविधा थी कि बिल्ली का डर नहीं था।

अपेक्षाएँ पूरी न होने के कारण हमें यह मकान छोड़ना पड़ा। **रणवीर सिंह चौधरी** ने अपने सामने का मकान हमें दिला दिया था। अजय ने अपने कबूतर एक दोस्त को दे दिये थे।

मैं सीता-निष्कासन प्रसंग पर बोलते हुए कहा करता हूँ, "जिस समय पक्षी भी अपनी गर्भवती नारी के लिए तिनका-तिनका जोड़कर घोंसला बनाता है राम ने अपनी प्रिया को निष्कासित कर दिया, जनमत का सम्मान करते हुए।"

1970 या 71 ई० में कला-संकाय से निकलकर सड़क पर आया ही था कि एक

कार मेरे पास आकर रुकी। कार से बाहर निकलकर आये **डॉ॰ नगेन्द्र।**

"त्रिपाठी जी, मैं **भारतीय साहित्य कोश** का सम्पादन करने जा रहा हूँ। प्रत्येक भाषा के तीन-तीन सौ चुने शब्दों पर टिप्पणियाँ लिखनी हैं। प्रत्येक भाषा के प्रमुख लेखक, कृति, पात्र, प्रवृत्ति तथा पारिभाषिक शब्दावली पर लिखना होगा। भाषाओं के विद्वानों से इन्हें लिखाया जाएगा। आप तो बांग्ला जानते हैं। 20-25 शब्दों पर आप लिख दें।"

"जैसी आप की आज्ञा। ओड़िया शब्दों पर कौन लिख रहा है?"

"अरे आप तो ओड़िया भी जानते हैं। बांग्ला भाषा के लिए तो चार विद्वान् उपलब्ध हैं। ओड़िया के लिए केवल एक महिला है डॉ॰ शिवप्रिया महापात्र। वे अकेले तीन सौ शब्दों पर नहीं लिख पाएँगी। आप दोनों आधे-आधे शब्द बाँट लें।"

"डॉ॰ साहब, मैं दोनों भाषाओं के शब्दों पर लिख दूँगा।"

"नहीं, आप केवल ओड़िया के शब्दों पर लिखेंगे।" वे डाँटते हुए बोले थे। मैंने अपनी शामत स्वयं ही बुला ली। में पूछ बैठा, "और असमीया शब्दों पर कौन लिख रहा है?"

डॉ॰ साहब चौंक उठे, "मैं तो भूल गया था कि आप असमीया भी जानते हैं। मैंने बहुत प्रयास किया, कोई भी असमीया विद्वान् यह काम करने को तैयार नहीं है। लगता है उनमें इतनी क्षमता भी नहीं है। आप केवल असमीया शब्दों पर अकेले काम करेंगे।"

"डॉ॰ साहब, इस कार्य के लिए अनेक साहित्यिक इतिहास, कोश तथा अन्य अनेक प्रकार की कृतियों के अध्ययन की आवश्यकता होगी। मेरे पास ग्रन्थ नहीं हैं। असमीया मेरी मातृभाषा नहीं है। इस कार्य के लिए दो-चार और भी लोग लगाइए।"

"कोई मिल ही नहीं रहा है, सभी ने मना कर दिया है। आपको यह कार्य करना ही होगा। आप साहित्य अकादमी जाकर **श्री भारतभूषण अग्रवाल** से मिलें और वहाँ के पुस्तकालय से असमीया पुस्तकें ले आएँ।"

भारत भूषण जी ने बिना लिखा-पढ़ी के ही मुझे 14-15 असमीया ग्रन्थ दे दिये थे। मैं सदैव उनके प्रति आभारी रहूँगा।

प्रत्येक भाषा के तीन सौ शब्दों का चयन उस भाषा के अधिकारी विद्वान् से कराया गया था। **श्री हेम बरुवा** ने असमीया शब्दों की सूची तैयार की थी। डॉ॰ नगेन्द्र के आदेश पर डॉ॰ रमेशचन्द्र गुप्त ने यह शब्दावली लिपिबद्ध की थी। गुप्त जी को असमीया भाषा के विकट उच्चारण का ज्ञान नहीं था। सूची के कई शब्द समझ में नहीं आ रहे थे। एक उदाहरण दे रहा हूँ, यारूइंगम। मैंने अनेक ग्रन्थ टटोल डाले। यह शब्द कहीं नहीं मिला। मैंने सोचा, पूर्वांचलीय भाषाओं के शब्दों के आरम्भ में कभी य वर्ण नहीं आता, इय लिखा जाता है। अब स्पष्ट था कि यह **इयारुइंगम** है। यह निकला श्री बीरेन्द्र कुमार भट्टाचार्य का उपन्यास, जोकि नगा जनजाति की समस्याओं पर लिखा गया था। यह साहित्य अकादमी द्वारा पुरस्कृत हुआ था। मेरे पास जितने भी ग्रन्थ थे उनमें किसी में भी इयारुइंगम के विषय में कोई सामग्री नहीं मिली। हाँ, साहित्य अकादमी में यह पुस्तक मिल गयी। इस मोटे उपन्यास को मैं 14-15 दिनों में पढ़ पाया था। इतने दिनों के परिश्रम से मैंने जो टिप्पणी लिखी थी उस पर मानदेय मिला होगा दो या तीन रुपये। मैंने छह-सात महीनों तक दिन-रात एक कर दिये। कुछ शब्दों का परिचय सन्दर्भ ग्रन्थों में नहीं मिलता तो मैं असमीया

विद्वानों को पत्र लिखा करता। डॉ. साहब मुझे घर पर बुला लिया करते। वे 10-11 बजे गुनगुनी धूप में बैठकर चाय-पान करते। मैं उन्हें शब्दों के बारे में बताया करता या तैयार किया हुआ परिचय-कार्ड दिखाया करता। वे असमीया के पारिभाषिक शब्द पढ़-पढ़कर चकित और प्रसन्न होते। **बिहुगीत, बरगीत, अंकीयानाट** आदि का परिचय जानकर उन्हें अच्छा लगा था। मैंने उन्हें बताया था कि आधुनिक भारतीय भाषाओं में असमीया ही ऐसी भाषा है जिसमें नाटक सबसे पहले लिखे गये। **कथा-गीता** पुस्तक शूद्रों और स्त्रियों को ध्यान में रखकर लिखी गयी थी। इसमें गीता को सार-रूप में प्रस्तुत किया गया है। यह 16वीं शती की असमीया गद्य पुस्तक है। भारतीय भाषाओं में असमीया ही ऐसी भाषा है जिसमें इतिहास-ग्रन्थ लिखे गये हैं, इन्हें **बुंरजि** कहते हैं और इन्हें आहोम-वंशीय राजाओं ने लिखाया था। मैंने डॉ॰ साहब को सन्त शंकर देव द्वारा स्थापित **नामघरों** और **सत्रों** का परिचय भी दिया था। दो-तीन दिन के अन्तराल से डॉ. साहब मुझे बुलाते और चाय पीते तथा बतियाते रहे। लोग उनसे आतंकित रहते थे। मैं भी आतंकित या सम्भ्रमित रहता था। अब हम बहुत निकट आ गये थे, खुलकर बातें किया करते थे। मैं जो कार्ड तैयार करके ले जाता, उन्हें वे ध्यान-पूर्वक पढ़ा करते।

गृहस्थी का सारा भार हेम और अजय ने उठा लिया था। मैं दिन-रात टिप्पणियाँ लिखने में जुटा रहता। आँखें तिलमिलाती रहतीं, काला मोतिया परेशान करता। मुझे डॉ॰ साहब जैसे विद्वान् का नैकट्य मिल रहा था, मैं धन्य था। मुझे लग रहा था कि मुझमें जो प्रतिभा है वह हिन्दी-विभाग के अन्य लोगों में नहीं है। इस प्रतिभा, लगन और समर्पण का क्या पुरस्कार मिला यह आगे स्पष्ट हो जाएगा। छह-सात मास के घोर परिश्रम के बाद मैंने लगभग ढाई-सौ शब्दों के परिचय-कार्ड डॉ॰ साहब के सामने प्रस्तुत कर कहा, "बस, इससे अधिक शब्दों पर कार्य करना असम्भव है।"

"आप पूरा कीजिए।"

"नहीं हो सकता। मैंने अनेक असमीया विद्वानों से पत्र-व्यवहार किया है, कोई लाभ नहीं निकला।"

डॉ॰ साहब अत्यन्त प्रसन्न होकर बोले, "आप बहुत ही परिश्रमी और निष्ठावान् हैं। अभी किसी भी भाषा के लेखक ने एक प्रकार से कुछ भी काम नहीं किया है। आपने अकेले और वह भी इतने कम समय में इतना बड़ा काम कर डाला, जबकि असमीया आपकी मातृ- भाषा नहीं है और आप असम से इतनी दूर बैठे हैं। आप सच में प्रशंसा के पात्र हैं।"

मैं गद्‌गद हो उठा था। दो-तीन सप्ताह के बाद उन्होंने मुझे फिर बुलाया था।

"आपने जो शब्द छोड़ दिये हैं मैंने उन्हें कई असमीया विद्वानों के पास भेजा। कोई भी नहीं लिख सका। अब आप ही इन्हें पूरा कीजिए।"

"जब वे नहीं कर सके तो मैं कैसे कर लूँगा? श्री हेम बरुवा ने लेखकों की सूची में कुछ ऐसे नाम दिये हैं जिन्हें कोई नहीं जानता। कुछ कृतियाँ भी ऐसी ही हैं। लगता है, उन्होंने पक्षपात किया है।"

डॉ॰ साहब के अनुरोध पर मैं फिर जुट गया और केवल सात-आठ परिचय और एकत्र कर सका। ग्रन्थ के पूरा होने और प्रकाशित होने में आठ-नौ वर्ष लग गये थे। शायद 1980 ई॰ में ग्रन्थ छपकर आ गया था। विषय-सूची में सबसे ऊपर असमीया भाषा के साथ मेरा नाम था। पहले यह निश्चित हुआ था कि शब्दों की महत्ता के

अनुसार पारिश्रमिक का निर्धारण होगा। अब टिप्पणियों में प्रयुक्त शब्दों को गिनकर धनराशि निश्चित की गयी। मैंने कसी हुई भाषा का प्रयोग किया था। मैं घाटे में रहा। कुल छहसौ रुपये बने थे, इसमें पुस्तक की प्रति का रियायती मूल्य काटकर धनराशि दी गयी थी। मेरे परिश्रम को देखते हुए यह कुछ भी नहीं थी।

8

10 जुलाई 1971. अजय अपनी दायीं बाँह में बार-बार पिन चुभा रहा था।

"यह क्या कर रहा है?"

"पिताजी, यहाँ मेरे एक सफेद दाग बन गया है। टी.वी. पर बताया गया है कि यदि धब्बा सुन्न पड़ गया है, सुई चुभाने से कोई अनुभूति नहीं होती है तो यह कुष्ठ रोग का लक्षण है।"

"क्या बकवास करता है।"

पहले तो मैंने ध्यान नहीं दिया था। एक दिन सरस्वती भाभी (डॉ॰ रामदरश मिश्र की पत्नी) ने भी यही बात कही तो मैं चिन्तित हुआ। धब्बे में पिन चुभाकर देखा। अजय का कहना सच लगा। मैं उसे लेकर लोक-नायक अस्पताल आया। बहुत देर तक प्रतीक्षा करनी पड़ी। एक छात्रा डॉक्टर अजय को कक्ष के भीतर ले गयी। बहुत देर बाद छात्रा अजय को लेकर बाहर आयी। उसने अगले शुक्रवार को आने के लिए कहा।

23 जुलाई, 1971. अगले शुक्रवार को हम 2 बजे अस्पताल पहुँच गये। लम्बे मुँह और छरहरे शरीर वाली एक छात्रा डॉक्टर अजय को लेकर कक्ष के भीतर चली गयी। कक्ष के भीतर और भी कई छात्र डॉक्टर उपस्थित थे। बाहर कई रोगी बैठे थे। कई रोगियों के हाथ-पैर की उँगलियाँ गल गयी थीं, उनपर पट्टी बँधी हुई थी। कइयों के मुँह-ओंठों पर सफेद दाग थे। पास से डॉक्टर निकली तो किसी रोगी ने गिड़गिड़ाकर कुछ कहा, डॉक्टर ने उसे बुरी तरह डाँट दिया। एक रोगी मेरी ओर देखता हुआ संकोच के साथ बोला, "बाबू, आज मैंने कुछ नहीं खाया है।" मेरा मन करुणा से भर उठा। न जानें क्यों आँखें डबडबा आयीं। मैंने जेब से कुछ नोट निकालकर उसे ही नहीं उसके पास बैठे रोगी को भी दे दिये।

डॉक्टर अजय को लेकर बाहर आयी। वह बोली, "आप कल शनिवार को सर गंगाराम अस्पताल में डॉ॰ मित्तल को दिखालें।" उसने ऐसा क्यों कहा मैं समझ नहीं पाया। वह अजय को लेकर बाहर आयी। लाल क्रास लगी एक वैन तैयार खड़ी थी। डॉक्टर अजय समेत चार रोगियों को लेकर उधर बढ़ी। मैंने पूछा, "क्या आप अजय को भी ले जा रही हैं?"

"हाँ, बेशक आप भी चल सकते हैं।" वह महारानी विक्टोरिया की तरह शान दिखाती ड्राइवर की बगल में बैठ गयी। गाड़ी मिण्टो ब्रज पारकर मैरिना होटल की दायीं ओर मुड़कर एक अस्पताल के गेट पर खड़ी हो गयी। शायद यह लेडी हार्डिंग अस्पताल था। तीन रोगी बैंच पर बिठा दिये गये। एक को भीतर बुलाया गया।

कुछ स्त्रियाँ रोती हुई आयीं। शोरगुल हो रहा था। किसी ने बताया कि टैक्सी में ही एक औरत को बच्चा हो गया है। डॉक्टर या नर्स कोई भी उसके पास जाने को

तैयार नहीं है। कहा गया कि औरत को यहीं ट्राली में लिटाकर ले आओ। वह लायी गयी। वह पैर सिकोड़े हुए लेटी थी, बच्चा नहीं हुआ था।

दूसरा रोगी भीतर बुलाया गया। डॉक्टर कह गयी, "आप लोग खड़े-खड़े थक जाएँगे, बैंचों पर बैठ जाइए।" रोगियों से मिलने का समय हो गया था। भीड़ एकदम भीतर की ओर टूट पड़ी। कुछ देर बाद एक जोड़ा निकलकर बाहर आया। पुरुष बोला, "बड़ी रैचेड प्लेस है यह।" एक अन्य पुरुष धरती पर लोटपोट होकर रोने लगा। वह गाँव से अपनी गर्भवती पत्नी को यहाँ लाया था। उसकी मौत हो गयी थी। तीन-चार लोग उसके पति को उठाकर घसीटते हुए ले गये।

तीसरा रोगी भी भीतर बुलाया गया। आकाश में बादल छाये थे। बीच-बीच में बौछार हो जाती थी। पता नहीं रोगी कहाँ बैठ जाते थे, लौटकर नहीं आते थे। अब अजय की पुकार हुई। पन्द्रह-बीस मिनट के पश्चात् महारानी विक्टोरिया डॉक्टर आकर बोली, "नोविलजीन की तीन-चार गोलियाँ ले लेना। दर्द हो तो बच्चे को देते रहना। उसके गले से थोड़ा-सा खून लिया है। रात को ज्वर हो जाए तो ये गोलियाँ देते रहना।"

मैं चिन्तित हो उठा। मेरे बच्चे के साथ ऐसा क्या किया गया है। मैंने झाँककर देखा, अजय केवल पैण्ट और बनयान पहने मेज पर लेटा है। उसकी बाँह और गले पर पट्टियाँ बँधी हैं। ऐं, क्या यह बेहोश है? नहीं, नहीं, वह पैर हिला रहा है। वह उठकर बाहर आ गया। डॉक्टर ने फिर कहा, "आप डॉ॰ मित्तल से मिलें।"

अस्पताल के बाहर मैंने अजय को फलों का रस पिलाया। मैंने नहीं पिया। अजय बोला, "जगह सुन्न करने के लिए सुई दी गयी है। कान तक सुन्न पड़ गया है।" हम घर आ गये। समय कम रह गया था। बिना कपड़े बदले साइकल लेकर मैं सान्ध्य कक्षाएँ पढ़ाने के लिए चल पड़ा। छात्र कुछ चकित थे कि आज मैं तन्मय होकर क्यों नहीं पढ़ा रहा था।

मैं घर आ गया, हेम उदास खड़ी थीं। अजय अँधेरे में बिस्तर पर पड़ा सिसक रहा था। मैं तुरन्त बाजार जाकर नोविलजीन की गोलियाँ और फल खरीद लाया। मैंने अजय से कहा, "गोली खा लो।" वह क्रुद्ध होकर बोला, "आप दोनों लोग कमरे से बाहर निकल जाओ।"

मैंने जानना चाहा कि दर्द कैसा है। अधिक हो तो गोली दे दी जाए नहीं तो प्रतीक्षा की जाए।

"बेटे दर्द कैसा है?"

"बार-बार पूछे जा रहे हैं। क्या आप को पता नहीं है?"

मैंने अपने को संयत किया और उसे गोली दे दी। हेम की ओर देखा। उनकी आँखें डबडबायी हुई थीं। उन्होंने भोजन के लिए कहा। मुझसे खाया नहीं जा रहा था। उससे पूछा, "क्या खाओगे?"

"शून्य।"

मैं सहज कोपी हूँ, फिर भी अपने को संयत कर प्यार के साथ दुबारा पूछा तो वह फिर भड़क उठा। थोड़ी देर बाद वह उठकर बैठ गया। शायद गोली ने दर्द कम कर दिया था। एक पराँठा, आधी नाशपाती और थोड़ा दूध लेकर वह लेट गया। हेम रोती रहीं। हम आधीरात तक जागते रहे। अब वह फिर छटपटाया और रोया। मैंने उसे आधी गोली दे दी। छटपटाहट कम नहीं हुई तो बची हुई भी-आधी दे दी। उसे बाहर

छज्जे पर लिटा दिया। अब वह सो गया। डॉक्टर ने अजय की बाँह और गले की चमड़ी काटकर ले ली थी, खून भी लिया था। इसीलिए वह दर्द से छटपटाता रहा था।

प्रातः वह कुछ स्वस्थ दिखायी दिया। वह खाट पर लेटा-लेटा ट्रांजिस्टर सुन रहा था। सिरहाने मनीप्लाण्ट का गमला रखा था। पौधे पर प्रेइंग मॉथ नाम का कीट बैठा था। अजय अखबार पढ़ रहा था। वह कीट के साथ खेलते हुए बोला, "पिता जी, आज यह भूखा है। इसे तिलचट्टा खाने को नहीं मिला है।" वह मुझे कीट की आदतें समझाने लगा। मैं भी तन्मयता का नाटक कर उसकी बातें सुनता रहा। जीव-जन्तु और वनस्पतियों में इस लड़के की रुचि बचपन से रही है, जो आज तक बनी हुई है।

दूसरे दिन हम डॉ॰ मित्तल के यहाँ गये। वे लुंगी-बनयान पहने शेविंग ब्रश रगड़ते हुए आकर रूखे स्वर में बोले, "अस्पताल आइए, यहाँ नहीं।"

27 जुलाई को प्रस्थान के समय हेम ने कहा, "रास्ते में उससे बात करते जाना।"

"तुम्हारे बेटे से वही बात कर सकता है जो रोज कोई विशेष शक्तिवर्धक औषध खाए।"

"वह कहता है कि जब शुक्रवार आने को होता है तो दो-तीन दिन पहले ही घबराहट होने लगती है। बड़ा दुःखी है।"

"अरे, ऊपर से तो बड़ा कड़ा दिखायी पड़ता है।"

"फिर भी बच्चा है।"

मेरे मन को चोट लगी। बस में जाते समय मैंने उससे बात करने की चेष्टा की। वह नहीं बोला और पास न बैठकर दूर की सीट पर जा बैठा। सर गंगाराम अस्पताल आ गया। डॉक्टर बोले, "रिपोर्ट आप लाये नहीं। बिना रिपोर्ट देखे मैं कुछ नहीं कर सकता।"

अस्पताल वाले भी परेशान करते हैं। छात्र डॉक्टर अजय के केस का अध्ययन करते रहे। रिपोर्ट दी नहीं और यहाँ के अस्पताल भेज दिया। मेरे पास जो भी कागज थे उन्हें डॉक्टर को दे दिये। उन्होंने अजय को बाहर भेजकर मुझसे कहा, "यह लैप्रोसी का रोग है। ब्लड ट्रांसफ्यूज करना पड़ेगा। अर्ली स्टेज है, शीघ्र ठीक हो जाएगा। साल-डेढ साल लग सकता है। इससे बढ़ेगा नहीं, महीने में एक बार सवेरे से शाम तक एडमिट कराना होगा। ब्लड देकर छोड़ दिया करेंगे।"

लौटते समय अजय चिन्तित होकर बोला,

"क्या मुझे भर्ती होना पड़ेगा?"

"हाँ, महीने में एक बार। खून चढ़ाया जाएगा।"

"खून की बोतल तो बहुत कीमती होती है। साल-डेढ़ साल में न जानें कितनी बोतलें चढ़ जाएँगी, हजारों रुपये खर्च हो जाएँगे।"

"हो जाने दो। पैसा क्या बेटे से भी बढ़कर है।"

"इनसे इलाज न कराके डॉ॰ बहल से कराया जाए तो और भी अधिक खर्चा होगा।"

"होने दो। जब तू कमाने लग जाएगा तब पैसा लौटा देगा। बोल, लौटाएगा या नहीं?"

वह मुस्करा गया, "नहीं लौटाऊँगा।"

अगले दिन अजय की अनुपस्थिति में हेम को अजय के रोग के विषय में बताया। हेम की आँखों से झर-झर आँसू बरसने लगे। मैंने कहा, "डॉक्टर ने परहेज के लिए

कहा है।" हेम आँसू पोंछकर बोलीं, "उससे परहेज के लिए कैसे कहूँ, उसके मन पर अच्छा असर नहीं पड़ेगा। कल नागपंचमी को उसने खीर-पूड़ी और रसगुल्ले छककर खाये थे। घेवर पूरा नहीं खा सका था इसलिए छोड़ दिया था। आज उसने स्वयं अपना जूठा घेवर माँगकर खा लिया, जिससे कि हमें न खाना पड़े। वह कुछ दु:खी-सा हो गया है। लगता है कुछ परहेज भी करने लगा है। मुझसे यह बर्दाश्त नहीं होगा।"

अजय अपनी माँ से पैसे माँग रहा था। माँ ने समझाया कि देखते नहीं कितना पैसा खर्च हो रहा है। वह चुपचाप जाकर लेट गया। आँखों में आँसू भरे हुए थे। मैंने हेम को समझाया, "अब उससे खर्चे की चर्चा कभी मत करना।"

उसने सवेरे दूध पिया, गिलास माँ को थमाया और आँचल से मुँह पोंछ लिया।

"यह तुम क्या कर रहे हो। ऐसा तो जब तुम बहुत छोटे थे तब भी नहीं करते थे।"

उसका मुँह लटक गया। शुक्रवार को लोक-नायक अस्पताल के डॉक्टर ने बताया, "डॉ० मित्तल के पास ही जाना होगा। यहाँ खून चढ़ाने की व्यवस्था नहीं है।"

मेरे प्रिय छात्र श्री रामशरण गौड़ ने मुझे बहुत सहयोग दिया। हम दोनों साइकल लेकर निकले और कई डॉक्टरों से मिलते फिरे। ज्ञात हुआ कि शाहदरा में इस रोग की विशेष डिस्पेन्सरी है। गौड़ ने मुझे समाज-कल्याण निदेशालय के डॉक्टर से भी मिलवाया। उस ने रोग के भयानक रूप की चर्चा कर हमें डरा दिया। उसने जोर देकर कहा, "आप लोगों को परहेज करना चाहिए, विशेषत: छोटे बच्चों को दूर रखना चाहिए।" मेरी आँखों के आगे वे मरीज कौंध गये जिनके हाथ-पैर की उँगलियाँ गल गयी थीं। जिनके मुँह-ओंठ पर सफेद दाग थे। जो बैठे-बैठे गिड़गिड़ा रहे थे।

अनुज रमेश, बहू (निशा) और नन्हा शिशु (अमित) दिल्ली आये हुए थे। अजय अमित को बहुत प्यार करता था। मैंने रमेश को अजय के रोग के बारे में नहीं बताया था। मैंने अजय को समझाया, "तुम अमित को मत खिलाया करो।" वह सिटपिटाकर बोला, "पिताजी, मैं उसको उस बाँह से नहीं छूता जिसमें धब्बा है।" सुनकर मेरे मन को आघात लगा।

रमेश आदि लौट गये। अजय की आदत थी कि वह कभी सोफे पर लेटता कभी पलंग पर आ जाता। मैं उसे पलंग पर लेटने से कैसे रोक सकता था। वह तो जन्म से ही पलंग पर लेटता रहा है। वह नन्हा-सा था तभी से मेरे साथ लेटता रहा है। मैं भोजन करने के बाद दोपहर के समय पलंग पर लेटकर सो जाता था तो यह मेरे मुँह की ओर ताकता रहता कि पिता जी कब उठते हैं। देर होती तो अपनी नन्ही नाक मेरी नाक पर रखकर जगा देता। एक दिन मेरी नींद टूट गयी। पता लगा वह बदमाश मेरी पलकों की बरौनियाँ चुटकी से दबाकर मेरी आँखें खोलने का प्रयास कर रहा है।

उसे चटाई पर बैठने की आदत डालने के लिए मैं धरती पर चटाई बिछाकर बैठ गया।

"आओ बेटे, ताश खेलें।"

"मैं तो पहले आप की गोद में बैठूँगा।"

"अच्छा आओ, फिर बाजार से मक्के के भुट्टे ले आना।" वह मेरी गोद की ओर लपका, फिर उसे बिजली का झटका-सा लगा, शायद उसे कुछ याद आ गया। वह खड़ा रह गया, फिर हाथ धोकर भुट्टा लेने चला गया।

किसी काम में मेरा मन नहीं लग रहा था। दिनरात केवल एक ही चिन्ता मन में समायी रहती। बन्धुवर **डॉ॰ शिवकुमार खण्डेलवाल** ने तुलसी-जयन्ती के अवसर पर मुझे सोनीपत बुलाना चाहा था, मैं नहीं गया। दिल्ली की भी एकाध संस्था को भी स्वीकृति नहीं दी। बांग्लादेश के पक्ष में जनसंघ कोई कार्यक्रम कर रहा था। मैंने उसमे भी भाग नहीं लिया।

भोजन के पश्चात् आदत के अनुसार वह मेरे बिस्तर पर नहीं बैठा। दूसरे कमरे में जाकर सो गया। हेम रसोई का काम निपटाकर आयी और मेरे पास बैठ गयीं। सीलिंग फैन की हवा उनके आँसुओं को मेरे मुँह और बाँहों पर छितराती रही। वे बिलखकर बोलीं, "अपने कलेजे के टुकड़े से कैसे परहेज करूँ?"

"परहेज इसलिए करना होगा कि हम दोनों बचे रहें और उस पर पूरा ध्यान दे सकें। हम में कोई बीमार पड़ गया तो उस पर इतना ध्यान नहीं दिया जा सकेगा जितना कि देना चाहिए। उसकी रक्षा के लिए मन मारकर परहेज़ करना होगा।"

हेम ने आँचल से आँसू पोंछ लिये। मैं बोलता गया, "मैं बैंक और फण्ड के सारे रुपये खर्च कर दूँगा। तुम्हारा एक-एक गहना बेच दूँगा। मैं प्रकाशकों से मिलकर असमीया-बांग्ला-ओड़िया पुस्तकों का अनुवाद कर पैसा एकत्र करूँगा। अपने लाल के इलाज में कोई कसर न छोड़ूँगा।"

माँ-बेटे दोनों अलग-अलग पड़े सो रहे थे। मैं लघुशंका के लिए बाथरूम गया। मेरे एकलौते बच्चे की जिन्दगी क्या ऐसे ही बीतेगी। मुँह से कराह निकल गयी, हिचकी-सिसकी-आँसू। बड़ी से बड़ी विपत्ति में भी मैं इतना विचलित नहीं हुआ हूँ।

प्रातः उसे प्यार-सहित अंग्रेजी की कविताएँ पढ़ायीं। पढ़ाते समय वह अपनी आदत के अनुसार मुझसे चिपककर बैठा रहा। इतने पास बैठने से उसे सुख-सन्तोष मिला। मैं खड़ा होकर चल पड़ा तो वह खाट पर खड़ा होकर मेरे गले में बाँहें डालकर पीठ पर लद गया। मैंने भी प्यार के साथ उसे उठा लिया। हेम देखकर मुस्करा गयीं। वातावरण आनन्द-मय हो उठा। अजय ने अरबी का साग खाने की इच्छा प्रकट की थी। मैं बाजार से खरीद लाया। हेम विधि-विधान से उसी का साग तैयार करने लगीं।

मैंने अजय से कहा, "तुम हमारा साबुन मत लगाया करो। हम दोनों के केश सफेद हो रहे हैं। तुम्हारे भी होने लगेंगे। मैंने दुकानदार से पूछा, कौन-सा साबुन कीमती है? उसने सिन्थोल बताया। मैं तुम्हारे लिए वही लाया हूँ।"

"यह क्या कीमती है। पियर्स और महारानी इससे भी अधिक कीमती हैं।"

"तो कल वही ला देंगे।"

हेम ने नये सोपकेस में उसका साबुन सँभालकर रख दिया। इस सोपकेस में रंग लगे हुए थे। चित्र बनाते समय वह इसी सोपकेस को काम में लाया करता था।

रात को पढ़ाकर लौटा तो घर में सन्नाटा था। अभी तक उसने खाना नहीं खाया था। हेम ने बताया, "कल प्रातः डॉ॰ चावला के यहाँ जाना है यह सोचकर वह दुःखी और गुमसुम है। कह रहा था कि क्या मैं नमूने की चीज हूँ कि सब कोई देखेगा।"

दिल धक् से रह गया। उसे साथ बिठाकर खाना खिलाया। उसका मन लगाने के लिए ताश खेलने बैठा। वह हारकर आवेश में आ गया और खेल में रुचि लेने लगा। मैं जानबूझकर ऐसे पत्ते चलता था कि वह जीत जाए। वह फिर भी हार गया, वह और भी जोश में आ गया। तीसरी बारी जीतकर वह खिलखिलाकर हँस पड़ा। हेम को भी मैंने थोड़ी देर के लिए पास बिठा लिया। तीनों ताश खेलते रहे, अजय खिलखिलाता रहा।

रामशरण गौड़ के साथ मैं और अजय साइकलों पर बैठकर सब्जीमण्डी के आगे प्रतापनगर की डिस्पेन्सरी पहुँचे। डॉ० चावला भीड़ से घिरे बैठे थे। पंखा बन्द था, पसीना छूटने लगा। डॉ० चावला ने देखा और अलग ले जाकर बताया, "इसकी छोटी उँगली टेढ़ी हो रही है। कहीं हाथ टेढ़ा न हो जाए, तब तो आपरेशन करना पड़ेगा। इसका इलाज मद्रास में ही हो सकता है। तीन-चार साल लग सकते है।" डॉक्टर ने और भी बातें बतायी थीं। परहेज के लिए भी कहा था।

घर आकर अजय बोला, "आपने कहा था कि ऑटो या टैक्सी से चलेंगे। साइकल से चले तो आप किराया मुझे दे देंगे।" मैंने जेब से एक नोट निकालकर उसे दे दिया। वह बोला, "यह तो कम है।" फिर एकदम उदास होकर बोला, "अभी आप इसे अपने पास रखिए।" शायद उसे लगा था कि उस पर बहुत पैसा खर्च होने वाला है।

मैं अजय की उँगली देखना चाहता था। वह भड़क उठा, मैं भी गुस्सा हो उठा। अब वह शान्त था। मीठी-मीठी बातें कर मैंने उसे मना लिया था। हेम से आटे की लोई लेकर मैंने उसकी हथेली पर रखी। डॉक्टर ने उँगलियों का व्यायाम बताया था। यह लड़का जन्म का तार्किक है। उसने पूछा, "आप ऐसा क्यों कर रहे हैं?" मैंने बहाना बनाते हुए कहा, "इसका सम्बन्ध तुम्हारे हाथ के धब्बे से है। इससे चेतना आएगी।"

"डॉक्टर उल्लू का पट्ठा है। इससे धब्बे में चेतना कैसे आएगी?"

मैंने उसे समझाया, डॉक्टर जैसा कहे वैसा करना चाहिए। जब वह सालभर का था तब से अब तक लगभग चौदह वर्ष तक वह मेरे साथ ही भोजन करता आया है। हेम दाल, दही और रसीली सब्जी तथा कभी-कभी चावल अलग-अलग कटोरियों में परोसतीं और एक ही थाली में रोटी और सलाद देतीं। आज हेम ने अलग-अलग थालियों में रोटियाँ और सलाद रखी। अजय ने उदास आँखों से मेरी ओर देखा। उसकी आँखें मेरे दिल में चुभ गयीं। मैंने पहला कौर तोड़ा तो एक बूँद आँसू हाथ पर गिरा। मैं पूरा भोजन नहीं कर सका।

वह स्कूल चला गया। हेम रसोई में थीं। मैंने बाथरूम का दरवाजा बन्द कर लिया। गाँव की बोली में कहूँ तो मैं डिड़कार मारकर रो पड़ा, सिसकियाँ बँध गयीं। आँसुओं का तार नहीं टूट रहा था। बारबार आँखें धोयीं। मैं रात में भी कई बार रोया था। आँखें लाल और सूजी हुई थीं। हेम मेरी जासूसी किया करती हैं। उन्होंने ध्यान से मेरी आँखों की ओर देखा कि कहीं मैं चुपके-चुपके रोया तो नहीं हूँ, कि मैं कहीं कोई भयानक बात तो नहीं छिपा रहा हूँ।

ब्यालू के बाद अजय तकिये पर सिर रखकर मेरे साथ पलंग पर लेट गया। पता नहीं उसे ध्यान नहीं था और आदत के अनुसार ऐसा कर रहा था, या वह जानना चाहता था कि पिता के मन में कहीं परहेज तो नहीं है। उसने मेरे गले में बाँहें डालीं और नाक से नाक रगड़ने लगा। मैंने उसे खींचकर सीने से लगा लिया। वह उठकर खड़ा हो गया, "मैं तो आपकी पीठ पर बैठूँगा।" वह मेरी पीठ पर लद गया। मैं झूम-झूमकर कमरे में चक्कर लगाने लगा। मेरे मुँह से शब्द निकल रहे थे, "यह मेरा ध्रुव निश्चय है, हाँ-हाँ-हाँ, यह मेरा अटल निश्चय है, हाँ-हाँ-हाँ।" अजय परम प्रसन्न होकर अपनी खाट पर जाकर सो गया।

हेम ने चौके का काम निपटाकर मुझसे पूछा, "क्या कह रहे थे, कैसा अटल निश्चय है?"

"यही कि मेरी बोटी-बोटी सड़-सड़कर क्यों न गिर जाए मैं अपने बेटे से कोई परहेज नहीं करूँगा।"

"और मैं भी नहीं करूँगी।"

आज मैं रात के समय बाथरूम में बन्द होकर नहीं रोया।

6 अगस्त, 1971. चि॰ राम शरण गौड़ ने किन्ही बाँके बिहारी जी से मेरा परिचय कराया था। इनके कहने पर मैं दरियागंज के एक क्लिनिक में अजय को दिखाने ले गया। **डॉ॰ के॰ भाटिया** ने अजय की पिछली रिपोर्ट देखी और उसे लेकर वे भीतर चले गये। बाहर के कक्ष में आकर वे बोले, "मुझे तीन बातें बतानी हैं.......

1. न तो यह छूत की बीमारी है और न कोई लाइलाज रोग,
2. तीन महीने तक दवा लेने से धब्बा मिट जाएगा और
3. दवा का सेवन कुछ महीने और करना होगा।

अब तो दृष्टिकोण ही बदल गया। अजय घर आकर सोफा पर बैठकर फुदकता रहा, पलंग पर जा लेटा, तकिये आदि छूता रहा। वह बोल पड़ा, "मुझे कोई ऐसा-वैसा रोग नहीं है। मैं ठीक हूँ, ठीक हूँ।" हम पति-पत्नी परम तुष्ट एक दूसरे को देख मुस्करा रहे थे।

दवा के सेवन से लाभ दिखायी पड़ रहा था। एक मास बाद अजय की कमर में दर्द होने लगा। एक-दो दाने निकल आये। मैंने डॉ॰ भाटिया से फोन पर बात की। उन्होंने बताया, "हमारी दवाओं के कारण कमर में दर्द नहीं हो सकता, छाती में अवश्य हो सकता है।"

अजय का कष्ट बढ़ गया। उसे 103 डिग्री बुखार हो गया। वह खूब रोया, "इससे तो अच्छा है मेरी मौत हो जाए।"

डॉ॰ भाटिया ने फोन पर कैमिस्ट को कुछ गोलियाँ बतायीं। अजय का कष्ट दूर नहीं हो रहा था, वह हिम्मत हारने लगा। कमर में बड़े-बड़े दाने उभर आये। मैं साहस खो बैठा। पता नहीं भगवान् है भी या नहीं, है तो सुनता है या नहीं और अगर सुनता है तो माँग पूरी करता है या नहीं। मैंने कभी किसी भगवान् से कुछ नहीं माँगा। आज मैं आँखें बन्द कर मना रहा था, अजय के सारे कष्ट मुझे दे दो और मेरी सारी उम्र उसे दे दो। यदि मेरी मौत से बच्चे को नीरोग लम्बी आयु मिले तो मैं आज अभी स्वेच्छा से मरने को तैयार हूँ।

मुहल्ले के डॉ॰ रमेश गुप्त के पास अजय को ले गया। वे बोले, "यह Herpes Zoster हरपीज जॉस्टर रोग है। कुछ दिनों में दाने सूख जाएँगे और खुरण्ड उतर जाएगी। एक बार होने के बाद यह रोग फिर कभी नहीं होता।"

लड़के ने हमें एक और रोग से परिचय करा दिया। अब हमारे घर में खुशियाँ लौट आयी थीं। श्वेत दैत्य की डरावनी छाया से हमें मुक्ति मिल गयी थी। डॉ॰ भाटिया को अजस्र धन्यवाद।

9

आधुनिक बांग्ला देश को लेकर पाकिस्तान और भारत में तनातनी चल रही थी। शुक्रवार, 03/12/71, दिल्ली विश्वविद्यालय के टैगोर हॉल में संस्कृत परिषद् का

कार्यक्रम था। छह बजे सन्ध्या-काल मुझे कक्षा लेनी थी, अतः बीच में ही कार्यक्रम छोड़कर मैं उठ आया। कुछ छात्र दौड़ते जा रहे थे, "अटैक हो गया।" ब्लैक आउट हो गया। छात्र और अध्यापक अपने घरों को लौट पड़े। मैं साइकल लेकर अँधेरे मैं पैदल चल पड़ा। गेट के पास चाय-सिगरेट की दुकान वाले ने बिजली की बत्ती बुझाकर मोमबत्ती जला ली थी। सड़क की ओर पर्दा डाल दिया था, जिससे कि सड़क पर जाने वाले लोग बत्ती बन्द करने का आग्रह न करें। आकाश में मँड़राने वाले शत्रु के बम-वर्षक भले ही मोमबत्ती देख लें, दुकान तो पीछे की ओर चलती ही रहेगी।

पुलिस लाइन्स के पास वाले बाग में मजदूर लोग अपनी झोपड़ियों मे चूल्हा जलाये भोजन पका रहे थे। सड़क पर जाने वाले लोग डाँटते, "रोशनी बन्द करो।" वे भी चीखकर कहते, "रोशनी बन्द है।" सच में रोशनी, अर्थात् दीपक बुझा दिया गया था। शत्रु के विमान बल्ब या दीपक देख सकते हैं, उन्हें जलती हुई आग थोड़े ही दिखायी देगी। किसे दोष दिया जाए, इनके भोलेपन को या सरकार की ढिलाई को, जिसने इन्हें वस्तु-स्थिति नहीं समझायी।

4 दिसम्बर, 71. रात्रि में ही राष्ट्रपति जी ने देश में अपातकाल की घोषणा कर दी थी।

पाकिस्तान इस्लामिक गणतंत्र है। इस्लामिक गणतंत्र का क्या स्तर है, इसका नमूना पाक रेडियो प्रस्तुत कर रहा था। "अल्लाहो अकबर" के नारे दिये जा रहे थे। बार-बार मुसलमान और काफ़िर शब्दों का प्रयोग हो रहा था। देश की प्रधानमंत्री इन्दिरा जी को बेवा बामनी और हमारे सुयोग्य रक्षामंत्री बाबू जगजीवन राम को जगगू च... कहा जा रहा था। बताया जा रहा था कि हिन्दुस्तान बामन और बनिया का मुल्क है। बांग्ला देश (पूर्वी पाकिस्तान) की मुक्ति-वाहिनी को मुक्त बामनी बताया जा रहा था। जब पाक रेडियो से गन्दगी उछाली जा रही थी तब भारत का रेडियो किसानों को बता रहा था कि आलू की खेती कैसे करनी चाहिए। यह भारत के संयम और निर्भयता का प्रतीक था।

बच्चे शाम होते ही घर-घर की बत्ती बन्द कराने निकल पड़ते। लोग पहले तो अकड़ते, जब बच्चे मकान का नम्बर नोट करने लगते तो गिड़गिड़ाने लगते, "बस थोड़ी देर के लिए ही खोली थी।" एक मास्टर के घर की बत्ती जल रही थी। उनके ही छात्र अँधेरे में खड़े होकर आवाज़ भारी बनाकर बोले, "मास्टर जगवीर सिंह।"

"हाँ जी।"

"बत्ती बन्द क्यों नहीं करते?"

"करता हूँ जी।"

बच्चे अपनी हँसी रोककर अँधेरे में सरक गये।

लोग मोमबत्ती, टार्च और सेल की अन्धाधुन्ध खरीद कर रहे थे। लाला लोगों ने इनके दाम दूने-तिगुने कर दिये थे। ये अपने घरों की बत्ती बन्द नहीं करते थे। बच्चे आवाज़ लगाते तो आगे की बन्द कर देते और पीछे की खोल देते। जब बच्चे चले जाते तो फिर जला लेते।

अजय स्काउट वाली सीटी लेकर निकला तो हेम ने उसे रोका। हेम का बस चले तो वे हम दोनों को पलकों में बन्द कर बैठी रहें। टोकाटाकी से अजय खीजने लगता था। मैंने उसे जाने दिया। थोड़ी देर के लिए पहरा लगाने मैं भी निकला। राजस्थानी

नमकीन भण्डार का लाला सोने की जंजीर पहने मोमबत्ती जलाये बैठा था।

"लालाजी, बल्ब क्यों नहीं जला लेते?"

"लोग जलाने नहीं देते कि दुश्मन के हवाई जहाजों को दिखायी पड़ जाएगा।"

"तो क्या मोमबत्ती दिखायी नहीं पड़ेगी?"

"न।"

"दिया सलाई की तीली तक दिखायी पड़ जाएगी।"

"तो क्या मोमबत्ती को ताक कर गोली मार देंगे?" लाला खीज उठा था।

"मोमबत्ती को गोली नहीं मारेंगे। इसे देखकर यह पता चल जाएगा कि दिल्ली कहाँ है। बमवर्षक बम छोड़ देंगे। आपके साथ आपका नमकीन भण्डार ध्वस्त हो जाएगा, साथ ही मॉडल टाउन मुहल्ला भी।"

लालाजी दस रुपये के पचास रुपये बनाने बैठे हैं। ये न रेडियो सुनते हैं और न समाचार-पत्र पढ़ते हैं। इन्हें देश की समस्याओं से कोई सरोकार नहीं। इन्हें तो अनापशनाप कमाई करनी है। यही लोग पर्यावरण की परवाह न कर दीपावली की रात अन्धाधुन्ध बारूद फूँकते रहते हैं।

पाक रेडियो का कुप्रचार जारी था—"इन्दिरा गांधी राजस्थानी बोर्डर पर साया छोड़ आयी है। जगजीवन राम की मुक्त बामनी.....

सवाल—मुक्त बामनी क्या है?

जवाब—जनसंघ के कहने पर हिन्दुस्तान की सरकार ने अपनी फौज का नाम मुक्त बामनी रख लिया है, जैसे कि अब ये हिन्दुस्तान को भारत कहते हैं, जैसे कि उत्तर प्रदेश, मध्य प्रदेश, हिमाचल प्रदेश। पंजाब में से हरियाणा प्रान्त निकाल लिया। अब ताज महल आगरा को मुक्त भवन आगण्ड कहेंगे।

सवाल—आगण्ड क्या है?

जवाब—आगिरा की हिन्दी आगण्ड। हमारा एक पायलेट इनके कब्जे में आ गया। उससे पूछा गया, तुम्हारे साथ कैसा सलूक हो रहा है, उसने जवाब दिया, जैसा कि एक क़ाफिर मुल्क में होना चाहिए।"

यह है एक इस्लामिक गणराज्य के रेडियो का नमूना। इन्दिरा जी से मेरा वैचारिक मतभेद रहा है। वे देश की प्रधान मंत्री थीं। वे मेरे लिए बड़ी बहिन जैसी थीं। उनके प्रति पाक रेडियो के अभद्र शब्दों का प्रयोग वहाँ की सरकार, साथ ही वहाँ की जनता की घटिया सोच का प्रतीक है। पूर्वी पाकिस्तान के बंगाली मुसलमानों ने पंजाबी मुसलमानों के नृशंस अत्याचारों से मुक्त होने के लिए मुक्ति-वाहिनी का गठन कर संघर्ष किया था। पाक रेडियो मुक्ति-वाहिनी को मुक्त बामनी कहकर खिल्ली उड़ा रहा था। मुक्त बामनी, अर्थात् उच्छृंखल ब्राह्मणी इन्दिरा जी।

आकाशवाणी से ऐसा घटिया प्रचार नहीं किया गया था। **श्री चिरंजीत** के व्यंग्य नाटकों में पाक पर चुटीला प्रहार तो होता था, किन्तु मर्यादा का उल्लंघन नहीं।

जनरल **मानेक शा** ने युद्ध के दौरान अपने सैनिकों को चेतावनी दी थी। शब्द कुछ इस प्रकार थे—आप लोग शत्रु के प्रदेश में प्रवेश कर रहे हैं। याद रहे कि अपने देश की स्त्रियाँ अधिक सुन्दर हैं। तथापि, यदि पाक स्त्रियों पर हाथ उठ रहा हो तो पहले एक बार मेरे बारे में सोच लें।

6 दिसम्बर, तीन दिन के युद्ध में ही पूर्वी पाकिस्तान के आकाश पर भारतीय सेना का नियंत्रण हो गया था। आधा देश भी नियंत्रण में आ चुका था। पाक के कई टैंक

वायुयान, जहाज और पनडुब्बी नष्ट हो चुके थे। 'नवभारत' के अनुसार रामलीला ग्राउण्ड में आयोजित जनसंघ की विराट् सभा में **अटल जी** ने भाषण दिया था। श्री वाजपेयी ने जनसंघ का पूर्ण सहयोग भारत सरकार को देने का आश्वासन देते हुए कहा कि राजनीतिक दृष्टि से बांग्ला देश को मान्यता देने में अब एक दिन की भी देर नहीं होनी चाहिए। सरकारी प्रवक्ता मान्यता न देने के लिए अब तक जो तर्क दिया करते थे वे बेमानी हो चुके है। पश्चिम में पाकिस्तान ने स्वयं युद्ध आरम्भ कर दिया है। अविलम्ब मान्यता देने से मुक्ति-वाहिनी तथा बंग जनता का हौसला तो बढ़ेगा ही बांग्ला देश को एक अन्तर्जातीय दर्जा प्राप्त हो जाएगा। फिर सुरक्षा-परिषद् में बांग्ला प्रतिनिधि को बुलाने की माँग को और बल मिलेगा।

11 बजे लोकसभा में तालियों की गड़गड़ाहट के मध्य श्रीमती इन्दिरा गांधी ने **गणप्रजातंत्रीय बांग्ला** देश को मान्यता दे दी।

संयुक्त राष्ट्र संघ में पश्चिम एशिया और अफ्रीका के मुस्लिम देशों ने हमारा साथ नहीं दिया था। रूस को दो बार विटो करना पड़ा था। कुछ मुस्लिम देशों (सऊदी अरब और तुर्की) ने पाक को युद्ध-सामग्री भेजी थी।

हरियाणा-पंजाब की ओर से आने वाली बसों और तेल के टैंकरों पर भूरी मिट्टी का लेप होता था, इसलिए कि शत्रु के विमान पहचान न पाएँ। पंजाब की ओर से ऐसी कारें भी आ रही थीं जिन पर धूल की मोटी पर्त जमी थी। इन पर होल्डाल रखे हुए थे। कार में बैठी सवारियाँ थकी-थकी सी दिखायी दे रही थीं।

10 दिसम्बर, डॉ॰ राममूर्ति शर्मा ने बताया कि छात्र-संघ के तत्त्वावधान में आयोजित सभा में इन्दिरा जी ने जो भाषण दिया उसमें जनसंघ का परोक्ष विरोध था, जबकि अटल जी ने सरकार को बिना शर्त समर्थन दिया है।

11 दिसम्बर, प्रातः काल जनरल **मानेक शा** का संदेश अंग्रेजी, उर्दू और पश्तो में प्रसारित किया गया, सार था—आप चारों ओर से घिर गये हैं। आप किसी भी रास्ते से बाहर नहीं निकल सकते। पश्चिमी पाकिस्तान से आपको कोई सहायता नहीं मिल सकती। मुक्ति-वाहिनी और बंगाल के लोग आपसे बदला लेने के लिए बेताब हो रहे हैं। आप हथियार डाल देंगे तो हम आपकी सुरक्षा की गारण्टी देते हैं। सिपाही को सिपाही के सामने हथियार डालने में शर्म नहीं होनी चाहिए। हमने बहुत धैर्य रखा है, अब आगे ऐसा नहीं हो सकेगा।

12 दिसम्बर, प्रातः 9 बजे। संघ की एक बैठक में **श्री राममूर्ति मल्होत्रा** ने भाषण दिया— इन्दिरा जी हमारी नेता हैं। वे जो भी आज्ञा दें हम उसे मानेंगे। हम रात को पहरा देंगे, धन-संग्रह करेंगे और फर्स्ट एड की ट्रेनिंग लेंगे। कार्यक्रम की समाप्ति पर गीत गाया गया—

युगों युगों से यही हमारी बनी हुई परिपाटी है,
खून दिया है मगर नहीं दी कभी देश की माटी है।

मैंने मन ही मन कहा, तुम रक्त देते रह जाओगे। संकट टल जाने के बाद इस माटी के कपूत तुम्हारा खून चूसेंगे और अपना गिलगिला बलगम तुम्हारे ऊपर थूकेंगे।

बैठक के बाद संघ के स्वयंसेवक 'हमारी इन्दिरा जी, हमारी इन्दिरा जी' कहते हुए उनके प्रति सम्मान प्रकट कर रहे थे। इनके सामने इन्दिरा जी की कोई आलोचना करता तो ये लड़ने के लिए तैयार हो जाते थे।

प्रातः दूध लेने गया। वहाँ लोग खड़े-खड़े गोष्ठी कर रहे थे। किसी ने बताया, छम्ब में हमारा भारी नुकसान हुआ है, किन्तु पाकिस्तान का चौगुना हुआ है। कोई अरोड़ा जी भी आये हुए थे। उन्होंने विचित्र सूचना दी–

"मैंने स्टेशन पर मंकी फोर्स को जाते देखा है। साले बन्दरों को ट्रेण्ड किया गया है। ये लाल ड्रैस पहने थे। इनकी पीठ पर ग्रेनेड बँधे हुए थे। ये सुरंगें बिछाते और उखाड़ते हैं। दुश्मन के टैंक का ढक्कन खोलकर हथगोला डाल देते हैं। इन बन्दरों को अफ्रीका से मँगाकर रूस ने ट्रेण्ड किया है। इनकी संख्या अस्सी लाख है। रूस ने इन्हें चीन के विरुद्ध तैयार किया है। इन्हीं बन्दरों की एक टुकड़ी रूस ने भारत को दी है। एक बन्दर ने स्टेशन पर चाय-विक्रेता को चाय देने का इशारा किया। चाय पीकर उसने विक्रेता को एक नोट दिया। उसने सही पैसे नहीं लौटाये तो उसने रिवाल्वर तान दिया। विक्रेता डर के मारे काँपने लगा। ट्रेनर आकर बन्दर को समझाकर साथ ले गया।"

सुनकर लोगों को बहुत ही आनन्द-दायक लगा, मुझे भी। मैंने लोगों से पूछताछ की। स्टेशन के लोगों से भी जानकारी ली। किसी ने भी ऐसी मंकी फोर्स नहीं देखी थी। शायद अरोड़ा जी को ही यह दिखायी पड़ी थी।

12 दिसम्बर, सन्ध्या 5 बजे पाक रेडियो से आगा अमीर अली साहब दाँत पीस-पीस कर बोल रहे थे। उनके भाषण में बार-बार जिहाद, इस्लाम, खुदा आदि शब्दों का प्रयोग हो रहा था। वे कह रहे थे, हर मुसलमान अल्लाह का सिपाही है।

क्या बंगाल का मुसलमान अल्लाह का सिपाही नहीं है?

आकाशवाणी पर घोषणा हुई, शायद अमेरिका का इण्टर प्राइज़ युद्धपोत बंगाल की खाड़ी में आ सकता है।

शायद इसी दिन सुरक्षा-परिषद् की बैठक में रूस ने फिर विटो किया था।

14 दिसम्बर को अमेरिकी युद्धपोत सिंगापुर तक आ गया।

15 दिसम्बर को ढाका-स्थित गवर्नर के भवन पर हमारे विमानों ने बम बरसाये। गवर्नर ए. एम. मलिक आदि खाई में छिप गये। उन्होंने काँपते हाथ से अपना त्यागपत्र लिखा। मलिक-सहित उच्च अधिकारियों ने अन्तर्राष्ट्रीय रेडक्रास द्वारा स्थापित तटस्थ क्षेत्र में शरण ले ली। भारतीय सेना ढाका में प्रविष्ट हो गयी थी।

7.30 बजे श्री मानेक शा ने पाक ले. जनरल को फिर समर्पण के लिए कहा, वे बार बार समय माँगते रहे। शा जी समय-सीमा बढ़ाते रहे।

16 दिसम्बर, अमेरिकी बेड़ा चढगाँव की ओर बढ़ने लगा। क्या यह पाक का पक्ष लेते हुए भारत पर आक्रमण करेगा?

दिल्ली में 1200 जनसंघी कार्यकत्ताओं ने रक्तदान किया, 6500 लोगों ने रक्तदान के लिए अपने नाम दिये। नवभारत टाइम्स, 15 दिसम्बर, 71

और नेहरू ब्रिगेड के अध्यक्ष किसी बहल के नाम से दीवारों पर जनसंघ के विरुद्ध पोस्टर चिपके हुए थे। अभी युद्ध चल रहा है, जनसंघ सहयोग दे रहा है, फिर इस प्रकार की हरकत का क्या उद्देश्य हो सकता है– भावी चुनाव में टिकट पाने की तैयारी।

16 दिसम्बर, सन्ध्या 6.30 बजे, ले. जनरल नियाजी ने बिना शर्त समर्पण कर दिया।

याहिया खाँ साहब रात के समय शराब पिये हुए से बोल रहे थे– "हमारा दुश्मन

बड़ा मक्कार है। उसने तादाद की ताक़त पर हम पर हमला किया है। जंग जारी रहेगी।" इस्लाम, अल्लाह, क़ाफ़िर जैसे शब्दों का भी वे प्रयोग कर रहे थे।

17 दिसम्बर, इन्दिरा जी ने युद्ध-विराम की घोषणा कर दी। यह सन्ध्या 8 बजे से लागू हो गयी। पाकिस्तान ने भी युद्धविराम की घोषणा कर दी।

18 दिसम्बर, पाकिस्तानी सैनिक कितने क्रूर और पाशविक प्रवृत्ति के होते हैं, इस विषय में समाचार छपा था–बांग्ला देश के जैसोर शहर पर विजय प्राप्त कर जब कैप्टन वोहरा शहर पहुँचे तो उन्हें एक बंकर में रस्सियों से बँधी बीस बंगाली स्त्रियाँ बेहोश अवस्था में मिलीं। पाकिस्तानी सैनिकों ने जैसोर छोड़ने के पहले इन महिलाओं के साथ बुरी तरह बलात्कार किया था–– नवभारत टाइम्स, 18 दिसम्बर, 1971. आत्म-समर्पण के कुछ घण्टे पहले 280 बुद्धिजीवियों को पकड़कर गोली से उड़ा दिया गया था। धर्मयुग (24-10-71) में प्रकाशित धर्मवीर जी भारती के रिपोर्ताज के अनुसार पाकिस्तान के फौजी ट्रक कतार बाँधकर आते, शहर की गलियों में घुस जाते और लोगों को पकड़-पकड़कर ट्रक पर लाद देते। उन्हें रस्सियाँ देकर एक-दूसरे को कसकर बाँधने के लिए कहा जाता। उनके मुँह में कपड़ा ठूँसकर संगीनें भोंककर मार डालते और लाशों को बूढ़ी गंगा में लुढ़का देते। कई सप्ताह तक बूढ़ी गंगा लाशों से पटी पड़ी रही। 12-12 वर्ष की बच्चियों के साथ बलात्कार कर उनके संगीन भोक देते और लाश बीच बाजार में फेंक देते।

ढाका में 24,000 सैनिकों ने समर्पण किया था। नियाजी की कमान में 90,000 सैनिक थे।

अमरीकी बेड़ा अभी भी बंगाल की खाड़ी में था। रूसी बेड़ा भी उसके पीछे लगा हुआ था। इन्हीं दिनों क्यूबा ने अमेरिका का मालवाही जहाज डुबो दिया था। बताया गया कि शेर की माँद में चूहे ने उसकी मूँछ का बाल उखाड़ लिया। वहाँ तो कुछ कर न सके और यहाँ जंगी बेड़ा लिये चले आ रहे थे।

युद्ध में ध्वस्त सामग्री का विवरण

	पाक	**भारत**
टैंक	246	73
विमान	94	45
युद्धपोत	2	1
पनडुब्बी	2	–
तोप नौकाएँ	2	–
अन्य तोप	12	1

भारतीय सेना ने पाकिस्तान की कई किलोमीटर धरती पर अधिकार कर लिया था। भारत सरकार ने धरती वापस कर दी। हजारों बन्दी सैनिक भी लौटा दिये। विशेषज्ञों का कहना है कि भारत ने इसका कूटनीतिक लाभ नहीं उठाया।

बांग्ला देश बन गया। **शेख मुजीबुर्रहमान** महाशय वहाँ के सर्वे सर्वा बन गये। हमारे हिन्दुस्तानी मुसलमानों की क्या सोच है इसका परिचय देना समीचीन होगा।

कलकत्ता के राजा बाजार के मुस्लिम-बहुल इलाके में तस्वीर महल नामक सिनेमा हाल में भारतीय समाचार-वृत्तचित्र में शेख मुजीब के दिल्ली आगमन की फिल्म दिखायी जा रही थी। हॉल में होहल्का मच गया। पर्दे पर पत्थर फेंके गये।

फिल्म बन्द करनी पड़ी। कलकत्ता के कई स्थानों पर शेख मुजीब के कार्यक्रमों का आयोजन था। देश के महाप्रतापी मुसलमानों की पाक-परस्ती देखते हुए ये कार्यक्रम स्थगित कर राजभवन में किये गये, वे भी कड़ी सुरक्षा के बीच, देखिए पांचजन्य, 13. 2.72

इस युद्ध के दौरान श्री धर्मवीर भारती और बन्धुवर श्री विष्णुकान्त शास्त्री बांग्ला देश गये थे। इनके रिपोर्ताज़ 'धर्मयुग' में छपे थे, जो कि बहुत ही रोचक थे। भारती जी ने ईमानदारी से अपनी कुछ दुर्बलताएँ भी व्यक्त कर दी थीं। उन्होंने लिखा था, मुझे गनबोट में जाते हुए डर लगा कि यदि पाक सैनिकों ने गनबोट को डुबो दिया तो क्या होगा, हम तो तैरना भी नहीं जानते। उन्होंने यह भी लिखा था कि वे पीली चमकीली शर्ट पहनकर फौजी कमाण्डर के साथ युद्ध के मोर्चे पर गये। उनकी शर्ट दूरबीन से देखकर पाक सैनिकों ने मार्टर और राइफलों से हमला कर दिया था। मेरी भी इच्छा हुई थी कि मैं भी बांग्लादेश जाऊँ। इन साहित्यकारों की तुलना में मुझमें कुछ विशेषताएँ थीं। मैंने बांग्लादेश के भूगोल, इतिहास, लोकगीति, रीति-प्रथा आदि का गम्भीर अध्ययन किया है। फर्राटे से बांग्ला बोल सकता हूँ। फोटोग्राफी, तैरना, नौका-खेना, राइफल चलाना आदि भी जानता हूँ। बी.ए. मैं सैन्य-विज्ञान भी पढ़ा है। थोड़ी कलम भी घिस लेता हूँ। मैं मुक्ति-वाहिनी को सहयोग देता हुआ आवश्यकता होने पर राइफल भी चला सकता हूँ।

जो चमकते हैं वे बहुत प्रतिभा-शाली होते हैं, ऐसा नहीं है। उन्हें चमकने के साधन मिले होते हैं। कई प्रतिभाएँ साधन या प्रोत्साहन के अभाव में कुण्ठित होकर रह जाती हैं।

इन्दिरा जी ने चतुर बुद्धि का परिचय देते हुए मध्यावधि चुनाव रख दिये थे। मैंने अटलजी के भाषण सुने थे। कुछ अंश प्रस्तुत हैं–

"बांग्ला को मान्यता देने में इन्होंने देर की। इनका कहना था कि मान्यता देने से युद्ध हो जाएगा। युद्ध पहले हो गया और मान्यता बाद में दी गयी। इनका कहना था कि विश्व जनमत के लिए हमने मान्यता को टाला। विश्व ने हमारा साथ कहाँ दिया? संयुक्त राष्ट्र-संघ में 104 देशों ने हमारा विरोध किया, केवल 11 देश हमारे पक्ष में थे।

जब जनसंघ ने मोर्चा लगाया, प्रदर्शन किया तब सरकार की समझ में आया कि कुछ करना चाहिए।

सरकार कहती है कि संकटकाल की स्थिति है। ऐसा है तो चुनाव क्यों कराये जा रहे है? कांग्रेसी सोच रहे हैं, यह बहती गंगा है, हाथ धो लो। यह जवानों के खून की गंगा है।

विरोधी पार्टियों ने मतभेद भूलकर समर्थन दिया था। सभी जनता ने साथ दिया था। सेना ने पराक्रम दिखाया। जिन राज्यों की विधान-सभाओं का कार्यकाल समाप्त नहीं हुआ वहाँ भी चुनाव कराने की चेष्टा की जा रही है।"

अटल जी का एक और भाषण दि. 20 फरवरी, 72 को किंग्सवे कैम्प में हुआ था–

"इन्दिरा जी कहती हैं कि जनसंघियों ने कुछ नहीं किया। फिर उन्हें लगा कि यह बात नहीं चलेगी तो उन्होंने कहना शुरू किया कि हाँ कुछ तो किया है। इन्होंने सड़कों के नाम बदल दिये हैं। यदि यह पाप है तो आपने कर्जन रोड का नाम कस्तूरबा मार्ग क्यों किया है? यदि हमने किंग्सवे कैम्प का नाम तेग बहादुर मार्ग कर दिया तो क्या त्याग और बलिदान की भावना का आदर नहीं किया?

ये नागपुर में बोलीं, 'जनसंघ स्वतंत्रता-युद्ध के समय कहाँ था? यह तो अंग्रेजों के साथ था।' इन्दिराजी, आप इतिहास पढ़िए, जनसंघ का जन्म 1951 में हुआ। अब आप कहती हैं कि जनसंघ के मां-बाप अंग्रेजों के साथ थे। जनसंघ के मां-बाप तो देश और देश की जनता है। श्री श्यामाप्रसाद मुखर्जी इसके जन्मदाता थे। वे इसके पूर्व कांग्रेस सरकार के ही मंत्री थे। कांग्रेस के जन्मदाता अवश्य ही अंग्रेज (ए.ओ. ह्यूम) थे। क्या देर से जन्म लेना जुर्म है? जब महारानी लक्ष्मीबाई स्वतंत्रता के लिए लड़ रही थीं तब आप कहाँ थीं?

छोटे-छोटे प्रश्न नहीं उठाने चाहिए। आपने नारा दिया है, गरीबी हटाओ। यानि कि गरीबी को यहाँ से उठाकर वहाँ रख दो। अरे, हम तो कहते हैं कि गरीबी मिटाओ। आपके नारे का क्या हुआ? कई करोड़ रुपये के टैक्स लग चुके हैं, अभी और लगेंगे। चीनी की कमी नहीं है, इसके दाम बढ़ गये हैं। मिल-मालिकों से साँठ-गाँठ कर दाम बढाये गये हैं।

ये कहती हैं कि हमने देश को जितवाया है। सेना क्या किसी पार्टी के लिए लड़ी थी, वह देश के लिए लड़ी थी। कलानौर में एक जनसंघी प्रत्याशी के चारों बेटे मोर्चे पर हैं। बड़े की बेटी की शादी है, वह शामिल नहीं हो सकता। ये कहती हैं कि हमने जितवाया है। मैंने पूछा, फाजिल्का के कुछ गाँवों पर कब्जा कैसे हो गया? बताया गया कि सेना की गलती से। बांग्ला देश किसने जीता, हमने। यानि कि यदि कहीं हार हुई तो सेना हारी, जीत हुई, तो ये जीते। हम सब लड़े थे। मैंने लोकसभा में खड़े होकर कहा था, अब कोई पार्टी नहीं, बस एक पार्टी है। विपक्ष होना चाहिए, अन्यथा इनकी गलतियाँ कौन बताएगा।

बांग्ला देश को ठीक समय पर मान्यता न देने से 30 लाख लोग कत्ल कर दिये गये, एक करोड़ लोग शरणार्थी बनें। 400 करोड़ रुपये व्यय हुए। प्रधानमंत्री और मंत्री विदेश की यात्रा करते रहे। क्या मिला? संयुक्त राष्ट्र-संघ में 104 देशों ने हमारा विरोध किया। अब सब बांग्लादेश को मान्यता दे रहे हैं। दुनिया झुकती है, झुकाने वाला चाहिए।"

बांग्लादेश का निर्माण मुझे एक नयी प्रेरणा दे गया। बांग्ला-रामायण पर शोधकार्य करते समय मैंने असंख्य बांग्ला ग्रन्थों का अध्ययन किया था। मैं बंगाली संस्कृति से सुचारु-रूपेण परिचित हो जाना चाहता था। **श्री दीनेशचन्द्र सेन** ने पूर्व बंग (आधुनिक बांग्ला देश) के हिन्दू-मुसलमानों में प्रचारित गाथागीतों (बैलेड्स) का संग्रह 'मयमनसिंह गीतिका' के नाम से किया था। ये गाथागीत अत्यन्त मार्मिक हैं। नयन चाँद प्रणीत 'चन्द्रावती' गाथागीत से मैं विशेष रूप से प्रभावित हुआ था। चन्द्रावती का जन्म सत्रहवीं शती में हुआ होगा। इनका विवाह इनके बाल सखा जयचन्द्र चक्रवर्ती से पक्का हो गया था। ठीक विवाह के दिन जयचन्द्र एक मुस्लिम युवती के कारण धर्मान्तरण कर बैठा। चन्द्रावती ने चिरकुमारी रहने का व्रत ले लिया। उन्होंने लोकशैली में मार्मिक रामायण लिखी, जिसका गायन वहाँ के हिन्दू-मुसलमानों के घरों में होता रहा है। जयचन्द्र का मोह-भंग हुआ, उसने नदी में डूबकर प्राण दे दिये। चन्द्रा भी बहुत दिनों तक जीवित नहीं रहीं। मैंने 1954 या 55 में इन पर लेख

लिखकर शायद '**वीणा**' मासिक में छपाया था। बाद में मेरे लेख कई अन्य पत्रिकाओं में भी प्रकाशित हुए थे। बांग्लादेश में प्रचारित गाथागीतों में मुझे अनेक मौलिक उपमाओं, रीति-प्रथाओं आदि का परिचय मिला। 1953 ई॰ से अब तक चन्द्रावती मेरे मन पर छायी हुई थी। मैंने इतना अधिक अध्ययन किया था, इतना अधिक चिन्तन किया था कि मुझे लगता मैं ही जयचन्द्र हूँ और मैं बांग्ला देश की धरती के कण-कण से परिचित हूँ। मैंने चन्द्रावती के विषय में इतना सोचा कि मेरे लिए वह जीती-जागती नारी हो गयी। मैंने इसके साथ भी तादात्म्य स्थापित किया।

बांग्लादेशीय संघर्ष से प्रेरणा लेकर मैंने तन्मय होकर चन्द्रावती की व्यथा-कथा पर **शंख-सिन्दूर** उपन्यास लिख डाला था। मैंने इसमें उदारतावादी (बांग्लादेशीय) मुसलमान और कट्टरतावादी (पाकिस्तानी) मुसलमानों के संघर्ष का भी संकेत दिया है। श्री के. रवि वर्मा ने इसे कोचिन से प्रकाशित '**युगप्रभात**' पाक्षिक में धारावाहिक प्रकाशित किया था। कई प्रकाशक इसे प्रकाशित करने को तैयार थे। राजपाल एण्ड सन्ज के सम्पादक श्री महेन्द्र कुलश्रेष्ठ इससे बहुत प्रभावित थे। उनका कहना था कि यह उपन्यास नहीं एक लम्बी प्रेम-कविता है। मैंने यह कृति प्रकाशन के लिए उन्हें ही दे दी। मैंने कैसे बांग्ला गीतों का संयोजन उपन्यास में किया इसका एक उदाहरण दे रहा हूँ।

जयचन्द्र ने नदी में स्नान करती मुस्लिम युवती को देखा। वह इस पर मुग्ध हो गया। अगले दिन उसने इस युवती **आशमानी** पर एक छन्द कमल-पत्र पर लिखकर नदी-तट पर रख दिया। आशमानी पढ़कर जलभुन गयी। उसने भी कमल-पत्र पर लिखकर रख दिया, "निर्लज्ज ब्राह्मण, तुझे लज्जा नहीं आती। गले में रस्सी-कलसी बाँध और नदी में डूबकर क्यों नहीं मर जाता।" जयचन्द्र ने उत्तर दिया-

कहाँ मिलेगी रस्सी कन्या, कहाँ मिलेगी कलसी,
तू है मेरी गहरी नदिया, डूब मरूँगा प्रेयसि।
(कोथाय पाबो कलसी कइन्या, कोथाय पाबो दड़ि,
तुमि हओ गहिन गांग, आमि डुब्या मरि।)

पं. हजारी प्रसाद द्विवेदी ने 'हिन्दुस्तान साप्ताहिक' में 'शंख-सिन्दूर' की प्रशंसा की थी। उत्तर प्रदेश हिन्दी-संस्थान द्वारा यह पुरस्कृत हुआ था। उपन्यास-विषय के पेपर सेटर मेरे मित्र अध्यापक ने बताया था कि इस वर्ष अनेक छात्रों ने प्रश्न विशेष का उत्तर देते समय 'शंख सिन्दूर' उपन्यास का उल्लेख किया है। इसका ओड़िया अनुवाद **डॉ॰ अजय कुमार पटनायक**, अंग्रेजी अनुवाद **प्रो॰ प्रभातकुमार पाण्डेय** और असमी अनुवाद **प्रो॰ भूपेन्द्र रायचौधुरी** ने किया है। अब मलयालम आदि भाषाओं में भी इसके अनुवाद की योजना बन रही है। इस उपन्यास पर शोधकार्य भी हुए हैं।

श्री रामानन्द सागर ने अपने प्रसिद्ध रामायण धारावाहिक में प्रेरणा- स्रोत के रूप में 'चन्द्रावती रामायण' का भी नाम लिया है। पता नहीं उन्हें इस रामायण की सूचना कहाँ से मिली। हिन्दी-जगत् को चन्द्रावती का प्रथम परिचय देने वाला मैं हूँ।

10

देश में ग़ालिब-समारोह धूमधाम से मनाये गये थे। सरकार ने भी खूब पैसा खर्च किया था। मेरे मन में आया कि किसी हिन्दी कवि को भी उभारा जाए। समय की गणना कर मैंने पाया कि 1974 ई॰ में 'रामचरितमानस' की रचना के चार सौ वर्ष पूरे होते हैं। मैंने अपने प्रिय शिष्य सर्वश्री सुन्दरलाल कथूरिया, रामशरण गौड़, दीपचन्द, लालसिंह चौधरी, सुभाष सेतिया आदि के सहयोग से **मानस-चतुःशती प्रचार-परिषद्** की स्थापना अप्रैल, 1971 ई॰ में कर दी। मैं अध्यक्ष निर्वाचित हुआ और डॉ॰ उमापति राय चन्देल महासचिव बनाये गये। संस्था का नाम प्रचार-परिषद् इसलिए रखा गया कि हमारा कार्य केवल प्रचार करना होगा। हम न तो बड़ा समारोह कर पाएँगे और न किसी ग्रन्थ का प्रकाशन ही कर सकेंगे।

मैंने एक पत्रक छपाया और उसे दिल्ली और अन्य कई नगरों की संस्थाओं के संयोजकों के पास भेज दिया। दर्जनों संस्थाओं ने अपने-अपने यहाँ स्वतंत्र प्रचार-परिषदों की स्थापना की। मैंने अनुरोध किया था कि व्यक्तियों, संस्थाओं, भवनों, मुहल्लों आदि के नाम रामकथा से जोड़कर रखे जाएँ, और ऐसा हुआ भी।

मैंने प्रसिद्ध कांग्रेसी नेता **पं. कमलापति त्रिपाठी** को मानस- चतुःशती समारोह के विषय में पत्र लिखा था, अपना छपा पत्रक भी साथ रख दिया था। उस समय वे उत्तर प्रदेश के सिंचाई मंत्री रहे होंगे। उन्होंने तत्काल उत्तर दिया था कि केन्द्र सरकार से सम्पर्क कर शीघ्र ही समिति बनायी जाएगी। समिति बन गयी थी, नाम था **मानस-चतुःशती राष्ट्रीय समिति**। इसमें प्रधानमंत्री के अतिरिक्त डॉ॰ कर्ण सिंह, श्री लल्लन प्रसाद व्यास और श्री सुधाकर पाण्डेय आदि लोग थे। मुझे सन्तोष था कि भले ही मुझे कहीं कोई महत्त्व न दिया गया हो, किन्तु मेरी प्रेरणा फलदायक हो रही थी।

डॉ॰ नगेन्द्र ने डॉ॰ उदयभानु सिंह, डॉ॰ रामदत्त भारद्वाज और मुझको अपने घर पर बुलाया था। उन्होंने बताया, मानस-चतुःशती राष्ट्रीय समिति ने उन्हें तीन ग्रन्थों के सम्पादन का भार सौपा है। आप लोग एक-एक ग्रन्थ के सहायक सम्पादक रहेंगे। प्रथम दो विद्वानों को 'मानस' के काव्य-सौन्दर्य और तुलसी के जीवन-परिचय विषयक ग्रन्थों की प्रस्तुति का दायित्व दिया गया। मुझसे कहा गया कि मैं भारतीय भाषाओं की रामायणों के साथ 'मानस' के तुलनात्मक अध्ययन पर लेख आमन्त्रित करूँ। ग्रन्थ का नाम होगा, **रामचरितमानसः तुलनात्मक अध्ययन।** प्रत्येक लेखक को 300/- प्रतिलेख का मानदेय दिया जाएगा। डॉ॰ साहब ने यह भी कहा कि मुझे असमीया, बांग्ला और ओड़िया रामायणों वाले लेख स्वयं तैयार करने होंगे।

घर आकर मैंने भली प्रकार विचार किया। कार्य आरम्भ करने की रूपरेखा बनायी। मैंने डॉ॰ साहब से फोन पर कहा, "मेरी तीन शर्तें हैं–

1. भाषा-लेखकों का चुनाव मैं करूँगा।
2. मैं प्रत्येक लेखक को एक रूपरेखा दूँगा। उसीके अनुसार लेख तैयार करने होंगे।
3. वर्तनी के मेरे नियम होंगे। मैं आपके नियमों को भी नहीं मानूँगा।"

डॉ॰ साहब सन्तुष्ट जान पड़े। पूरी छूट पाकर जन्म का जिद्दी मैं जुट गया लेख-संग्रह अभियान में। दो-चार दिनों के अन्तराल में डॉ॰ साहब मुझे घर बुलाकर

प्रगति की जानकारी लेते रहते। लगभग ग्यारह बजे उनके जलपान का समय होता था। वे अपने साथ चाय पिलाते। मैं उनके आग्रह करने पर भी खाता कुछ नहीं था। यह मेरा नियम है कि मैं असमय कुछ भी नहीं खाया करता। इस प्रकार मैं एक उद्भट विद्वान् के और भी निकट सम्पर्क में आया।

मैं लेखकों को बार-बार स्मारक भेज रहा था। लेख आने लगे। किसी लेख में तथ्यात्मक भूल होती तो तुरन्त संशोधन का सुझाव भेज देता। भारतीय भाषाओं के उद्धरण अस्पष्ट होते तो दुबारा साफ़-साफ़ लिखने का अनुरोध करता। सभी लेखकों ने तत्परता से काम किया, तथापि मुझे कुछ परेशानी का भी अनुभव करना पड़ा।

जब मैं कोई काम लेता हूँ तो पूरे जी-जान से जुट जाता हूँ। नेत्ररोगी होने पर भी मैंने घण्टों काम किया। मेरा घोर परिश्रम रंग लाया। सभी लेख आ गये। उन्हें सम्पादित कर मैं डॉ॰ साहब के पास ले गया। वे परम प्रसन्न होकर बोले, "आप लगन वाले अद्भुत व्यक्ति हैं। आपने जुटकर काम किया और इतने शीघ्र ग्रन्थ तैयार कर दिया। इसका सुफल आपको मिलेगा। समारोह-समिति के पास फण्ड नहीं रह गया है। अन्य दो ग्रन्थ अभी तैयार नहीं हुए हैं। अब केवल आप वाला ग्रन्थ छप सकेगा। आप इसकी भूमिका लिख लाइए।"

मैं द्विधा में पड़ गया था। मैंने सुना था कि किसी ग्रन्थ को लेकर डॉ॰ सुरेशचन्द्र गुप्त के साथ डॉ॰ साहब का कोई विवाद चला था। मैंने सोचा, मैं सारी शक्ति लगाकर भूमिका लिखूँगा और माना जाएगा कि इसे इन्होंने लिखा है। दूसरी बात थी कि क्या मैं ऐसी भूमिका लिख सकूँगा जो डॉ॰ साहब के स्तर की हो।

एक सप्ताह के बाद उन्होंने डाँटते हुए कहा, "भूमिका क्यों नहीं लिखी?"

"चार-पाँच दिनों के बाद दे जाऊँगा।"

"वाइ नॉट टुमॉरो?"

"यही सही।"

मैं कई घण्टे तक भूमिका लिखता रहा। रात को ही टाइप के लिए दे आया। दूसरे दिन मैंने टंकित भूमिका डॉ॰ साहब के समक्ष रख दी। वे पढ़कर बोले, "बहुत अच्छी लिखी है।" उन्होंने कलम उठायी और 'भूमिका' शीर्षक के नीचे लिख दिया, डॉ॰ रमानाथ त्रिपाठी।

"डॉ॰ साहब, भूमिका तो दोनों सम्पादकों की ओर से है।"

"जी नहीं, आपने लिखी है, आपका नाम जाएगा।"

मैं उनके प्रति श्रद्धानत था। मैंने मचलते हुए कहा, "डॉ॰ साहब, आप छोटा-सा प्राक्कथन लिख दीजिए।"

"वह भी आप लिख लाइए।"

मैं लिख लाया। उन्होंने पढ़कर केवल एक संशोधन किया। मेरे किसी एक शब्द के स्थान पर उन्होंने 'प्रतिफलन' शब्द कर दिया।

सरकार की ओर से पुस्तक के प्रकाशन का दायित्व राधाकृष्ण प्रकाशन को दिया गया था। फ्लैप की सामग्री भी मैंने तैयार की थी। मैंने परिश्रग-पूर्वक प्रूफ़ रीडिंग की थी।

मानस-चतुःशती राष्ट्रीय समिति के कार्यक्रम चल पड़े थे। मैं समय क्रम तोड़कर उनका वर्णन अलग से करूँगा। अभी तो केवल उपर्युक्त ग्रन्थ से सम्बन्धित बातें यहीं बता देना अधिक उपयुक्त होगा। एक समारोह विज्ञान भवन में आयोजित हुआ था,

तिथि का स्मरण नहीं। इन्दिरा जी के द्वारा पुस्तक का लोकार्पण हुआ था। डॉ॰ साहब के 'परिश्रम' की सभी ने सराहना की थी। डॉ॰ साहब भी बोले थे। किसी ने भी मेरा नाम नहीं लिया। डॉ॰ साहब इतना तो कह सकते थे कि इस पुस्तक के सम्पादन में मुझे डॉ॰ त्रिपाठी का सहयोग मिला।

समिति ने मेरे पास छह सौ रुपये की चैक भेजी। मैंने नगेन्द्र जी से कहा, "मुझे कम रुपये मिले हैं।"

"समिति में जब मानदेय की बात उठी तो सदस्यों ने आपत्ति की थी कि सभी लेखकों को 300/- के हिसाब से रुपये दिये गये, त्रिपाठी जी को 600/- क्यों?"

"डॉ॰ साहब, मेरे तीन लेख थे, चौथी थी भूमिका।"

"मुझे याद ही नहीं रहा। अब कुछ नहीं हो सकता। इसके अतिरिक्त आपकी डी. लिट्. उपाधि का विषय यही था। आपको विशेष परिश्रम नहीं करना पड़ा; अन्य लोगों को करना पड़ा।"

अब मैं क्या कहता! डॉ॰ साहब कई बार आत्मनिष्ठ हो जाते थे, अपने सहयोगियों के प्रति उदासीनता दिखा जाते थे। समिति से अपना मानदेय प्राप्त करने में उन्होंने उदासीनता नहीं दिखायी होगी।

बाद में सम्पादन के लिए मेरे पास एक हजार रुपये की चैक और आ गयी थी।

मई मास था, प्रातः दस बजे होंगे। डॉ॰ सत्यदेव चौधरी ने आकर बताया, "डॉ॰ साहब ने आपको अभी तुरन्त बुलाया है। उनका फोन आया था।"

हेम ने चाहा था कि मैं भोजन करके जाऊँ। मैंने कहा, "डॉ॰ साहब, ने तुरन्त बुलाया है। मैं लौटकर भोजन करूँगा।"

मैं गर्म हवा के थपेड़े खाता, साइकल दौड़ाता डॉ॰ साहब के घर पहुँचा। वे थोड़ी देर तक फोन करते रहे, फिर 'लड़के लड़के' कहकर नौकर को बुलाते और डाँटते रहे। आठ-दस मिनट कपड़े बदलने में लगे। मैं आधे घण्टे तक साँस रोके उनके आदेश की प्रतीक्षा करते हुए बैठा रहा। अब वे बोले, "आपको मेरे साथ डॉ॰ कर्णसिंह के यहाँ चलना है। हमारे साथ 'रामचरितमानसः तुलनात्मक अध्ययन' की प्रतियाँ होंगी।"

"डॉ॰ साहब, मैं अकस्मात् कैसे चल सकता हूँ! मेरे घर के आसपास कोई फोन भी नहीं है कि मैं पत्नी को सूचना दे सकूँ। वह भोजन लिये मेरी प्रतीक्षा करती रहेगी। जब तक मैं नहीं खा लूँगा वह अन्न का दाना तक ग्रहण नहीं करेगी। आप मुझे थोड़ा समय दीजिए, मैं घर जाकर पत्नी को बताकर आता हूँ।"

डॉ॰ साहब गुर्राकर कटुता के साथ बोले, "तो आप रहने दीजिए।"

मैं पुनः गर्म हवा के थपेड़े खाता, साइकल खींचता बुझे मन से घर लौट आया। डॉ. साहब अपने श्रद्धालुओं-सहयोगियों की सुख-सुविधा और उनके तन-मन की स्थिति का ध्यान नहीं रखते थे। मन में तरंग आयी और हुक्म दे दिया। उन्होंने डॉ. कर्णसिंह से एकदम समय तो लिया नहीं होगा। जब समय लिया था तभी मुझे बता देते कि तैयार होकर इतने-इतने समय आ जाओ। जब चौधरी साहब के यहाँ फोन किया था तब भी कहला देते कि मेरे साथ कहीं चलना है। मैं जब उनके घर गया तो उसी समय कह सकते थे। मुझे आधा घण्टा बिठाये रहे, तब अपना मन्तव्य बताया।

मैं हिन्दी बुक सेण्टर गया हुआ था। बड़े मालिक भीतर बैठे थे। बाहर छोटे मालिक श्री नरेन्द्र वर्मा (?) बैठे थे। उनकी मेज के आसपास चार-पाँच ग्राहक

उपस्थित थे। वे शायद दिल्ली के बाहर के किसी नगर के थे। नरेन्द्र वर्मा जी 'रामचरितमानस: तुलनात्मक अध्ययन' पुस्तक की प्रति उन्हें दिखाकर बोले, "क्या आप जानते हैं कि इस पुस्तक का असली सम्पादक कौन है?"

"डॉ. नगेन्द्र।" किसी ने कहा था।

"जी नहीं, नीचे का नाम देखिए, डॉ. रमानाथ त्रिपाठी।"

जब वे लोग चले गये मैं वर्मा जी के पास जाकर बोला, "मुझे सूचीपत्र चाहिए।"

"किसलिए?"

"दिल्ली विश्वविद्यालय के पुस्तकालय के लिए सूची बनानी है।"

"आपका शुभ नाम?"

"वही जो आप ग्राहकों को बता रहे थे।"

"आप त्रिपाठी जी हैं?" वे हँस पड़े, "क्या मैं गलत कह रहा था? इस पुस्तक में डॉ॰ नगेन्द्र कहाँ हैं?"

"फूल में पंखुड़ियाँ होती हैं, उन्हें देखा और छुआ जा सकता है। सुगन्ध भी होती है, उसे देखा और छुआ नहीं जा सकता। डॉ॰ नगेन्द्र इस पुस्तक में सुगन्ध के समान हैं।"

मानस: चतु:शती राष्ट्रीय समिति के तत्त्वावधान में दि. 16 अगस्त, 1972 को महत्त्वपूर्ण आयोजन हुआ था। **दिनकर जी** ने कहा था, "तुलसीदास जी तीन बातों को बचाकर चले–

1. शम्बूक-वध, 2. सीता-निर्वासन और 3. बालि-वध।"

डॉ॰ सुनीति कुमार चाटुर्ज्या का मत था कि भूषण कवि ने शिवाजी के बारे में कहा है कि उन्होंने हिन्दुओं की चोटी की रक्षा की। तुलसीदास ने भी मुसलमानीकरण को रोका। उन्होंने चोटी (संस्कृति), रोटी (आर्थिक स्थिति) और बेटी (नारी-मर्यादा) की रक्षा की प्रेरणा दी।

बाबू जगजीवन राम जी ने कहा, "तुलसी के साहित्यिक रूप का उद्घाटन किया गया है, परन्तु सन्त-स्वरूप का नहीं। मेरी समझ में राम की शिक्षा अयोध्या में पूरी नहीं हुई थी। वह पूरी हुई विश्वामित्र के यहाँ। तभी वे क्रान्तिकारी बनें। वसिष्ठ की शिक्षा उन्हें क्रान्तिकारी नहीं बनने देती। राम का क्रान्तिकारी रूप दिखायी पड़ता है राम के द्वारा **परशुराम** को पछाड़ने में, परशुराम ब्राह्मण थे।

एक नारी का पैर फिसल गया, उसे त्याग दिया गया। राम का यह क्रान्तिकारी रूप था कि उन्होंने उसे स्वीकार किया। ब्राह्मण वसिष्ठ की शिक्षा **अहल्या** को नहीं स्वीकारने देती।

राम ने अज्ञात कुलशीला **सीता** को स्वीकार किया। विश्वामित्र की शिक्षा के कारण ऐसा हुआ, वसिष्ठ की शिक्षा के कारण नहीं।

दलित गुह को भी ब्राह्मणवादी वसिष्ठ की शिक्षा स्वीकार न करने देती। राम ने उसे सखा बनाया।

जैसे तुलसी राम के प्रेम में पागल थे वैसी ही **शबरी** भी थी। उसने बेरों का गूदा-गूदा खा लिया और राम को गुठली दी।

तुलसी कट्टर ब्राह्ण नहीं थे। यदि ब्राह्मण का अर्थ माना जाए कि जिसने ब्रह्म

और आत्मा को पहचान लिया है तो अवश्य ही तुलसीदास ब्राह्मण थे।"

मैं आदरणीय बाबू जी के वक्तव्य पर विचार करने बैठा हूँ। सबसे पहले मैं **अहल्या-प्रसंग** को ले रहा हूँ। वाल्मीकि-रामायण के बालकाण्ड में इसका विस्तृत वर्णन है। उसने इन्द्र को पहचानकर स्वेच्छा से उनका साथ दिया था। उसका पतन हुआ था। उसने लम्बे समय तक पश्चात्ताप से भरा एकाकी जीवन बिताया था। उसने सामाजिक बहिष्कार को झेला था। वह शिला नहीं बनी थी, अपितु उसके जीवन में शिला-जैसी जड़ता आ गयी थी। राम ने उसे सामाजिक स्वीकृति देकर उसकी जड़ता छिन्न कर दी थी। यदि यह कार्य क्रान्तिकारिता है तो वाल्मीकि बहुत पहले यह पराक्रम दिखा चुके थे। तुलसीदास मर्यादावादी थे। वे इस मर्यादा-हीन प्रसंग का वर्णन कैसे कर सकते थे। उन्होंने बहुत संक्षेप में इसका वर्णन किया है–

गौतम नारि श्राप बस उपलदेह धरि धीर।
चरन कमल रज चाहति कृपा करहु रघुबीर॥

और राम चरण-रज देने की कृपा कर उसका उद्धार कर देते हैं। तुलसी ने उसकी फिसलन दिखायी ही नहीं।

सीता अज्ञात कुलशीला कहाँ थीं? वैदिक साहित्य में सीता शब्द उपलब्ध है। इसके दो अर्थ हैं– 1 कृषि की अधिष्ठात्री देवी और 2. कूँड़, अर्थात् हल के फाल से खींची गयी रेखा। फ़ादर कामिल बुल्के ने लिखा है, "ऐसे कई उदाहरण दिये जा सकते हैं कि किसी का नाम उसकी जन्म-कथा का करण बन गया।" चूंकि सीता शब्द का एक अर्थ कूँड़ है उन्हें इससे उत्पन्न बता दिया गया। ऐसा उनकी दिव्य उत्पत्ति दिखाने के लिए किया गया। मैंने अपने 'रामगाथा' उपन्यास में दिखाया है कि जब जनक यज्ञ-भूमि तैयार करने के लिए हल चला रहे थे तो किसी ने उन्हें सूचना दी कि महारानी ने कन्यारत्न को जन्म दिया है। जनक खेत में सीता (कूँड़) बना रहे थे, उन्होंने अपनी बेटी का नाम सीता रख दिया। यह कन्या उनकी और रानी की औरस सन्तान थी। किसी अभागी नारी द्वारा फेंकी गयी अवैध सन्तान नहीं थी।

थोड़ी देर के लिए मान भी लिया जाए कि सीता किसी नारी द्वारा फेंकी गयी अवैध सन्तान थीं, तो यह कैसे मान लिया जाए कि तुलसी के राम ने उन्हें अपनाकर क्रान्तिकारिता का परिचय दिया। सीता वीर्यशुल्का थीं, अर्थात् स्वयंवर में जो कोई भी धनुष चढ़ा देता वे उसी की पत्नी बना दी जातीं। स्वयंवर में अनेक राजाओं ने भाग लिया था। वे मिथिला में झक मारने नहीं, धनुष चढ़ाकर सीता को ब्याहने, अर्थात् क्रान्तिकारी बनने के लिए आये थे। विश्वामित्र तो इन सबके साथ नहीं आये थे। क्या इनमें कोई धनुष चढ़ाने के बाद कहता कि मैंने शक्ति-परीक्षा दे दी, अब मैं अज्ञात कुलशीला कन्या को पत्नी बनाकर क्रान्तिकारी नहीं बनूँगा? विश्वामित्र न होते तो क्या वसिष्ठ राम को रोकते कि तुम धनुष मत छुओ, क्योंकि सीता अज्ञात कुलशीला है? धनुर्भंग के पश्चात् विश्वामित्र तपस्या करने चले गये थे। राम-सीता का विवाह तो वसिष्ठ ने ही सम्पन्न कराया था। राम के बाप दशरथ की अनेक रानियों में केवल क्षत्रिय-जातीय ही नहीं वैश्य-जातीय और शूद्र-जातीय भी थीं–वा॰ रा॰ 1-15.35.

वसिष्ठ पोंगापन्थी ब्राह्मण कहाँ थे? वाल्मीकि-रामायण में वसिष्ठ आदि ब्राह्मण मंत्री अत्यन्त उदार, चरित्रवान् और न्यायप्रिय दिखाये गये हैं। वाल्मीकि-रामायण में उच्च जांतियों और दलित जातियों में भेदभाव नहीं दिखाया गया। हाँ, तुलसी के युग

में मुसलमानों की आक्रामक नीति के कारण जातीय भेदभाव विकराल रूप धारण कर गया था। यह अवश्य ही तुलसी की क्रान्तिकारिता थी कि उनके राम दलित और उपेक्षित जनों को अपनत्व देते हैं। किन्तु, ऐसा कैसे कहा जा सकता है कि राम में यह गुण विश्वामित्र की दीक्षा के कारण आया। उन्होंने अपने कुलगुरु वसिष्ठ से ही प्रेरणा ली होगी। जब वसिष्ठ भरत के साथ चित्रकूट की ओर चले तो मार्ग में **केवट** मिला। उसने वसिष्ठ को सावधान किया, "ब्राह्मण महाराज, मैं केवट हूँ, मुझे छू मत लेना।" उसने दूर से ही धरती पर लेटकर उन्हें प्रणाम करना चाहा। तुलसी के वसिष्ठ ने झपटकर उसे अपनी बाँहों में भर लिया–

प्रेम पुलकि केवट कहि नामू।
कीन्ह दूरि तें दंड प्रनामू।।
राम सखा रिषि बरबस भेंटा।
जनु महि लुठत सनेह समेटा।।

विश्वामित्र तो कहीं भी दलितों को गले लगाते नहीं दिखाये गये।

विश्वामित्र तो अन्यायी और असंयमी राजा थे। उन्होंने वसिष्ठ की शबला गाय छीन लेनी चाही थी। शक, यवन, पह्लव आदि जन-शक्तियों ने अत्याचारी राजा विश्वामित्र से संघर्ष किया था। विश्वामित्र ने वसिष्ठ के अनेक पुत्रों का वध कराया था। वसिष्ठ की ब्राह्मशक्ति से पराजित होकर उन्होंने तप-द्वारा शक्ति अर्जित करनी चाही थी। उस समय भी वे इन्द्रियों पर विजय नहीं पा सके थे, मेनका को देखकर स्खलित हुए थे। उन्होंने पुनः तप करते हुए क्रोध और काम पर विजय प्राप्त कर वसिष्ठ के गुण अपनाये थे, तब स्वयं वसिष्ठ ने उन्हें ब्रह्मर्षि घोषित किया था।

महाभारत के एक प्रसंग के अनुसार विश्वामित्र ऋषि बन जाने पर भी असंयम और अविवेक का परित्याग नहीं कर सके थे। उन्होंने शिष्य **गालव** से गुरुदक्षिणा स्वरूप 800 श्यामकर्ण घोड़े माँग दिये थे। बेचारा गालव राजा ययाति की निरीह कन्या **माधवी** को तीन-तीन राजाओं की अंक-शायिनी बनाकर 600 श्याम कर्ण घोड़ों का जुगाड़ कर सका था। शेष 200 श्यामकर्ण घोड़ों की छूट के लिए विश्वामित्र ने माधवी को अपनी पत्नी बना लिया था। वसिष्ठ ऐसा आचरण कभी नहीं करते। मैं विश्वामित्र के चरित्र को गिराना नहीं चाहता। मैं तो एक भ्रान्त प्रचार की स्थिति स्पष्ट कर रहा हूँ।

तुलसी के राम की विशेषता है उनका महाशील। इसे साहित्य-रसिक ही समझ सकेंगे, वर्ण-विद्वेष का नारा उछालने वाले नहीं।

तुलसी के राम पर **शबरी** भी थोपी गयी। वाल्मीकि की शबरी जटाजूट-धारिणी तापसी है। वह तो परम पूज्या ज्ञानवती है। वह राम को जूठे बेर नहीं खिलाती। तुलसी की शबरी भक्तिन तो है, किन्तु मूढ़ अथवा नादान भक्तिन नहीं कि राम को जूठे बेर खिलाये। तुलसी की निम्न पंक्तियों में कहाँ हैं जूठे बेर?

कंद मूल फल सुरस अति, दिए राम कहुँ आनि।
प्रेम सहित प्रभु खाए, बारंबार बखानि।।

तब तुलसी के राम को विश्वामित्र की दीक्षा के आधार पर क्रान्तिकारी कहने वालों के तर्कों की हवा निकल जाती है। लोग बिना 'मानस' पढ़े ही बड़बोलापन

दिखा जाते हैं।

तो क्या शबरी-प्रसंग सत्य नहीं है? ऐतिहासिक सत्य नहीं है, भावात्मक सत्य है। वाल्मीकि की शबरी मतंग ऋषि की प्रबुद्धा शिष्या, श्रमणा, वृद्धा और जटिला (जटा-जूट-धारिणी) है। उसे साधारण धरातल पर उतारकर राम के भक्त-वत्सल रूप को महत्ता दी गयी है। वे लोग जो जाति-अभिमानी हैं, साथ ही जिनका बौद्धिक विकास नहीं हुआ है उन्हें इसी प्रकार समझाया जा सकता है कि देखो शबरी अपने जूठे बेर राम को खिला रही है और भक्त-वत्सल राम उन्हें चाव से खा रहे हैं। अरे मूर्ख जाति-अभिमानियो, तुम भी इसी प्रकार दलितों को अपनाओ।

जूठे बेर वाली कल्पना जनमानस की उपज है। इसे सूरदास और मीरा ने अपनाया है। ओड़िया रामायण में बेर के स्थान पर आम का वर्णन है। यदि मैं वाल्मीकि या तुलसी वाली शबरी से भेंटकर पाता तो भले ही वह जूठे बेर खिलाने वाली शबरी न होती, मैं जन्मतः ब्राह्मण उसके पैर छू लेता। दलित-वर्ग को लोगों को अभिमान होना चाहिए कि उनके मध्य शबरी-जैसी ज्ञानवती तपस्विनी उत्पन्न हुई थी, जिसे मतंग ऋषि ने मान्यता दी और राम ने श्रद्धा। इस प्रसंग से यह भी स्पष्ट होता है कि दलित लोग भी तपस्या करने का अधिकार रखते थे।

तो क्या बाबू जगजीवन राम ने झूठ कहा है? न, उन्होंने जो तथ्य दिये वे इतिहास-सम्मत नहीं हैं। तथापि, बाबू जी शुद्ध भारतीयता-वादी थे। राम और तुलसी में उनकी अगाध श्रद्धा थी। वे वर्ण-व्यवस्था को तोड़ना चाहते थे।

तो क्या जो लोग बाबू जी के सिद्धान्त– **विश्वामित्र ने राम को क्रान्तिकारी बनाया**– को उधार लेने वाले लेखक गलत हैं? उनका भी दृष्टिकोण आस्थावादी है। वे भी राम को क्रान्तिकारी-रूप में प्रस्तुत कर अगड़ी-पिछड़ी-दलित सभी जातियों को परस्पर जोड़ना चाहते हैं। बस, आपत्ति तभी है जब वे बाबू जी के सिद्धान्तों को उधार लेकर प्रचण्ड घमण्ड का प्रदर्शन करते हैं, जैसे कि उन्होंने बड़ा तीर मार लिया हो। आज जब राष्ट्र को अनेकविध वोटबैंकों में बाँटा जा रहा है तब आवश्यकता है ऐसे सिद्धान्तों के प्रचार की जो पूरे राष्ट्र को एकसूत्रता में बाँध सकें। मन-गढ़न्त विचारों का प्रचार वर्ग-विद्वेष को बढ़ावा देगा।

विश्वामित्र ने राम को क्रान्तिकारी नहीं सशक्त शस्त्रधारी योद्धा बनाया था। विश्वामित्र को नये-नये अस्त्र-शस्त्रों के निर्माण ओर उनके संचालन का अनुभव था। वे ब्रह्मर्षि हो गये थे, वे स्वयं इनका प्रयोग नहीं कर सकते थे। उन्होंने अपनी क्षात्र-शक्ति राम को दे दी थी। वसिष्ठ ने उन्हें नीति की शिक्षा दी थी। उन्हें आदर्श राजा और महामानव बनने के संस्कार दिये थे।

11 अप्रैल, 1973 ई०, मानस चतुःशती समारोह राष्ट्रीय समिति के कार्यक्रम विधिवत् चल पड़े थे। आज विज्ञान भवन में शुभारम्भ था। **डॉ. नगेन्द्र** का आदेश पाकर हम कई हिन्दी प्राध्यापक विज्ञान भवन यथा समय पहुँच गये थे। प्रवेश द्वार पर कलाकार अल्पना कर रहे थे। तुलसी से सम्बन्धित वस्तुओं की प्रदर्शनी लगी हुई थी। मंच पर डॉ. नगेन्द्र वक्ताओं की नाम-पट्टिकाएँ लगवा रहे थे। हमने उनसे पूछा, "हमें कोई काम बताइए।" उन्होंने कहा, "आप लोग सीटों पर बैठ जाइए।"

आरम्भ वन्दना से हुआ। **श्री कृष्णचन्द्र पन्त** का लिखित भाषण उत्तम था।

इन्दिरा जी ने ऊबड़खाबड़ भाषा में जो वक्तव्य दिया वह राजनीति-प्रेरित था। **कमलापति** जी सबसे अधिक बोले और असम्बद्ध। लोगों ने ऊबकर एकाध बार तालियाँ बजा दीं। **कुमार गन्धर्व** के गायन से कार्यक्रम का समापन हुआ।

डॉ॰ नगेन्द्र बेचैन से घूम रहे थे, कौन व्यक्ति किस गाड़ी से लौटे। वे डॉ॰ निर्मला जैन की गाड़ी में चले गये, अपनी गाड़ी हमारे लिए छोड़ गये। इसमें डॉ॰ रामदरश मिश्र, डॉ॰ ब्रह्म भारद्वाज और मैं बैठे, एक और भी कोई था। ड्राइवर कुनमुनाया, "मुझसे कह गये हैं पीछे आओ। पता नहीं किधर निकल गये। ऐसा ही करते रहते हैं।"

12 अप्रैल, 1973 ई॰, आज का कार्यक्रम कमानीहाल में था। डॉ॰ नगेन्द्र ने 9 अप्रैल को मुझसे कहा था कि मैं तुलसी पर आलेख तैयार कर उन्हें 13 अप्रैल के प्रातःकाल दिखा लूँ। मुझे 15 अप्रैल की गोष्ठी में इसे पढ़ना होगा। मैंने दिन-रात एक कर श्रम-पूर्वक आलेख तैयार किया था। मैं तीन दिन तक प्रातः भ्रमण के लिए नहीं गया। मैंने घर- गृहस्थी के कोई काम नहीं किये, न अखबार पढ़ा और न चिट्ठियों के उत्तर दिये। मैंने डॉ॰ साहब से कहा, "आलेख तैयार है, आपको दे दूँ?" "अब इसकी आवश्यकता नहीं है।" वे रूखे स्वर में बोले और आगे बढ़ गये। मैं हतप्रभ रह गया।

मैं दीदी **कमला रत्नम्** के पास आकर बैठ गया। धोबी और शबरी प्रसंगों पर उन्होंने कुछ प्रश्न किये, मैंने उनके उत्तर दे दिये। अगली सीट पर बैठे एक सज्जन ने अंग्रेजी में प्रश्न किया "शूर्पणखा का विरूपीकरण कहाँ तक उचित था?" मैंने जो उत्तर दिया उससे वे सन्तुष्ट जान पड़े।

महादेवी जी का भाषण प्रभावी था। उन्होंने कहा था, "गाँवों में 'मानस' की सार्थकता पर कोई भी प्रश्न नहीं करता। यह विद्वानों का बुद्धि-विलास है।"

मंच पर अँधेरा हो गया। प्रकाश हुआ, पंक्तियाँ गूँज उठीं–

कोटि मनोज लजावनि हारे।
सुमुखि कहहु को आहिं तुम्हारे॥

ग्राम-वधुएँ सीता से पूछ रही हैं कि ये अत्यन्त सुन्दर व्यक्ति तुम्हारे कौन हैं? सीता अपने चन्द्रमुख को आँचल से ढकती हुई खंजन जैसे चंचल नेत्रों की तिरछी चितवन से राम का परिचय दे देती हैं। इस प्रसंग का नाट्याभिनय कुशल नर्तकी **उमा शर्मा** कर रही थीं। उनकी भाव-भंगिमाएँ आकर्षक थीं। मैं भाव-विभोर हो रहा था। कत्थक नृत्य करने वाली नर्तकियाँ घाँघरे या साड़ी के नीचे चूड़ीदार पाजामा पहने होती हैं। वर्तुलाकार घूमने पर जब चूड़ीदार पाजामें में कसी टाँगें दिखायी पड़ती हैं तो अरुचिकर लगती हैं। उमा शर्मा चमकीले किनारे की पीली साड़ी और पीला पेटीकोट पहने थीं। जब वे फिरकी सी नाचती और साड़ी गोलाकार फहराने लगती तो चुस्त पेटीकोट दिखायी पड़ जाता जो अरुचिकर नहीं लगता। केवल आलता-रंजित चररण और घुँघरू दिखायी पड़ते। गायक का स्वर गूँज उठा– **बैठि नमित मुख सोचति सीता,** सीता धरती पर सिर झुकाये सोच रही हैं, क्या प्राणनाथ मुझे वन में साथ ले जाएँगे। इन पंक्तियों का भावाभिनय जब उमा कर रही थीं मैं उच्छ्वसित हो उठा था। लगा था सामने साक्षात् सीता उपस्थित हैं। इच्छा हुई कि इनके चरणों में माथा टेक दूँ। अश्रु बह चले......... और उसी समय अगली सीट पर बैठी हिप्पियों-जैसे

वेश-भूषा की कुछ तरुणियाँ कूल्हे मटकाती और ओंठ टेढ़े कर चली गयीं।

मेरे आगे की छह-सात पंक्तियाँ 'सुरक्षित खण्ड' थीं। वे किसके लिए थीं? हम लोगों ने आँखों की ज्योति खोकर तुलसी-साहित्य पर काम किया और हमीं लोग उपेक्षित। आगे की सीटों पर विराजमान थे आयोजकों और अफसरों के बीवी-बच्चे। यदि तुलसी स्वयं आये होते तो उन्हें भी वी.आइ.पी. वाले गेट से घुसने नहीं दिया जाता और 'सुरक्षित खण्ड' में बैठने नहीं दिया जाता।

कल अपार भीड़ थी। न जाने कितने कैमरों की फ्लैश लाइट कौंध रही थी। आज मंच खाली था, उपस्थित थे केवल डॉ॰ नगेन्द्र और श्रीमती महादेवी वर्मा। नृत्य आरम्भ होने पर एक-दो कैमरा मैन दिखायी पड़े थे।

13 अप्रैल, आज तीन नृत्य नाटिकाओं का आयोजन था। हेम और अजय भी मेरे साथ थे। मुझसे एक आयोजक ने सुरक्षित खण्ड में बैउने का आग्रह किया। मैंने कहा, "वहाँ तो अकबर और मानसिंह बैठेंगे। हम तुलसीदास के दास पीछे ही ठीक हैं।" कार्यक्रम चल पड़ा। **महादेवी जी** आयीं। सभी स्थान भरे हुए थे। उन्हें पीछे बैठाया गया। **डॉ॰ कर्ण सिंह** उठे, उन्होंने अपने साथ की दो किशोरियों को पीछे बैठाया और देवी जी को आगे ले गये। मेरे पास **रामदरश जी** और **कमला रत्नम् जी** भी थीं।

देखन बाग कुँअर दोउ आये।

पुष्पा अवस्थी का कोकिल कण्ठ गूँज उठा। पुष्प-वाटिका-प्रसंग का भावाभिनय **सोनल मानसिंह** कर रही थीं। समाँ बँध गया, नृत्य और संगीत दोनों ही मनमोहक।

उमा शर्मा ने कल वाले प्रसंग प्रस्तुत किये। आज गायक **पन्नालाल** का स्वर कुछ दबा हुआ था। सीता, राम और लक्ष्मण को देख जब ग्रामजनों के उल्लास को प्रकट करने का अवसर आया तो पन्नालाल ने लोकध्वनि में गायन किया, 'हो-हो-हो'। सारा हॉल गूँज उठा, 'हो-हो-हो'। उमा फिरकी-सी थिरकती हुई मण्डलाकार नाचती फिरीं। हरे सफेद गोटे वाली ललछौंही साड़ी और पीला पेटीकोट पहने थीं, एकदम उत्तर प्रदेशीय सीता-सी लग रही थीं। सोनल मानसिंह दक्षिणी राजकुमारी-सी प्रतीत हुई थीं।

संयुक्ता पाणिग्राही ने मारीच-वध प्रसंग प्रस्तुत किया। वे जब "अशोक वाटिका में स्थित सीता का अभिनय कर रही थीं रामदरश जी बोले, "यह तो .... सी लगती है।" हेम बोलीं, "इसके दाँत घिस गये हैं, उमर ढल गयी है।" रघुनाथ पाणिग्राही के संगीत में शास्त्रीयता थी, उच्चारण शुद्ध था। जनता ऊब रही थी। पहली दो नर्तकियाँ युवतियाँ थीं, संयुक्ता अध-वयसी महिला थीं। अब धीरे-धीरे वे जम रही थीं। सारे अवरोधों के मध्य वे अपने हाव-भाव कुशलता के साथ अभिव्यक्त कर रही थीं। हमने न्याय नहीं किया था। वे सच्ची-सफल कलाकर हैं, यह उनके प्रदर्शन से स्वतः सिद्ध हो रहा था।

कमला दीदी ने हेम से कहा, "आप तो बड़ी सौभाग्य-शालिनी हैं।" रामदरश जी हँसकर बोले, "ये किसलिए सौभाग्य-शालिनी है?" मैं भी विनोद-पूर्वक कहने जा रहा था कि क्या केवल सरस्वती भाभी ही भाग्यशालिनी है? तभी मिश्रजी की बात पर ध्यान न देकर दीदी बोलीं, "त्रिपाठी जी राम-साहित्य के विशेषज्ञ हैं। आपने उनके उपन्यास 'कली और धुआं' और 'शंख-सिन्दूर' पढ़े ही होंगे।"

लौटते समय मिश्रजी बोले, "मैंने एक कविता लिखी है। जिसमें मैंने बताया है कि

देश को चीनी से नहीं बनिया से खतरा है।"

मेरी दृष्टि में बनिया से बड़ा खतरा तो वे कम्यूनिस्ट हैं जो अपने देश के प्रति गद्दारी कर कम्यूनिस्ट देशों के प्रति वफादारी दिखाते हैं। चीन हमारे लिए चुनौती बना हुआ है और ये उसके समर्थक हैं। चीन के भड़काऊ क्रिया-कलापों से जनता का ध्यान बँटा देने के लिए ये बनिया-सनिया प्रसंग उठा देते हैं। निश्छल मन वाले भावुक कवि मिश्रजी मेरे मित्र हैं। मैंने उनसे कुछ नहीं कहा था।

15 अप्रैल, डॉ॰ नगेन्द्र ने मुझसे कहा था कि आज के कार्यक्रम में, मैं **फ़ादर कामिल बुल्के** को ले आऊँ। मैं टैक्सी लेकर सेण्ट जेवियर स्कूल के आवास पर पहुँचा। डॉ॰ बुल्के मेरे पी.एच.डी. और डी.लिट्. उपाधियों के शोध-प्रबन्धों के परीक्षक रहे थे। कानपुर के एक रामायण सम्मेलन में हम दोनों आमंत्रित हुए थे और एक ही कमरे मं ठहराये गये थे। मैंने उन्हें बताया था कि आपकी पुस्तक 'रामकथा : उत्पत्ति और विकास' में कई प्रसंग छूट गये हैं, आप अगले संस्करण में उन्हें समाहित कर लें। उन्होंने बताया कि तृतीय संस्करण निकल गया है और वे इसे मेरे पास भेजेंगे। हम सभास्थल पर आ गये। परस्पर परिचय चल पड़ा। दीदी कमला रत्नम् ने डॉ॰ बुल्के को मेरा परिचय देना चाहा तो उन्होंने मेरे प्रकाशित शोध-प्रबन्ध 'रामचरितमानस और पूर्वांचलीय रामकाव्य' की प्रति दिखाकर कहा, "इनका सबसे बड़ा परिचय यह है।" असमीया की प्राध्यापिका और लेखिका **श्री॰ इन्दिरा गोस्वामी** भी आयी हुई थीं। मैं उन्हीं के पास बैठ गया। **पं॰ विश्वनाथ प्रसाद मिश्र** भी आये हुए थे।

आज के ही कार्यक्रम के लिए डॉ॰ नगेन्द्र ने मुझसे आलेख तैयार कराया था। फिर मुझे पढ़ने का अवसर ही नहीं दिया। इसके लगभग 30 वर्षों के बाद मैंने भोपाल की दो संस्थाओं– म॰प्र॰ तुलसी अकादमी और तुलसी मानस प्रतिष्ठान के संयुक्त कार्यक्रम में इसे पढ़ा था, यह अकादमी की पत्रिका 'तुलसी साधना' में प्रकाशित हुआ था, शीर्षक था **'तुलसी का लोकमंगल'**।

अप्रैल मास में ही 'भारतीय साहित्य परिषद्' के तत्त्वावधान में चैत्र शुक्ल प्रतिपदा-नव वर्ष के उपलक्ष्य में काव्य-गोष्ठी का आयोजन हुआ था। मुख्य अतिथि थे भवानी भाई (**श्री भवानी प्रसाद मिश्र**)। वे कविता पढ़ते थे तो लगता था कि गद्य में कुछ कह रहे हैं। गद्य में कुछ बोलते थे तो लगता था कविता पढ़ रहे हैं। उन्होंने 'गरीबी हटाओ' नारा पर व्यंग्य करते हुए कहा था, "गरीबी हटाओ नहीं, गरीबी अपनाओ। सरकार में एक मंत्री ऐसे हैं जो अपने को समाजवादी बताते हैं। उनकी बेटी रोज नयी साड़ी पहनती है। उसने कभी कोई साड़ी रिपीट नहीं की। इस लड़की ने 364 बहिनों की साड़ी छीनी है।"

श्री रत्नसिंह शाण्डिल्य ने हिन्दू नववर्ष के अवसर पर मुझसे कविता लिखायी थी, 'नया वर्ष आया।' मैंने इसका पाठ किया था।

मानस-चतुश्शती समारोह के पश्चात् मई मास में डॉ॰ नगेन्द्र ने मुझसे कहा, "एक प्रकाशक ने 1915 वि॰ में रचित 'अवध बिलास' के मुद्रित पृष्ठ भेजे हैं। आप इस पर अपने विचार लिखकर दे जाइए।" श्रम-पूर्वक लेख तैयार कर मैं उन्हें देने गया। उन्होंने पुकार लगायी, "लड़के।" नौकर सहमता हुआ आकर मुझे शर्बत का गिलास दे गया। वे लेख पढ़कर बोले, "आपने अच्छा लिखा है।" मैंने सिद्ध किया था कि इस ग्रन्थ का लेखक रामभक्ति के रसिक सम्प्रदाय में आता है और कृति पर

कान्यकुब्ज संस्कृति का प्रभाव है। इस बीच उन्होंने नौकर को बुलाकर कई बार डाँटा, अब वे गर्दन उठाकर छत की ओर देखने लगे। ऐसी मुद्रा धारण कर वे संकेत देते थे कि आज की बात का प्रयोजन समाप्त हो गया है। मैं मन ही मन मुस्कराया और उन्हें प्रणाम कर चला आया।

11

मई, 1973 ई॰, **स्नातक जी** बहुत घबराये हुए थे। वे बोले, "प्रोफ़ेसर के पद का साक्षात्कार होने वाला है। एक विख्यात वामपन्थी बहुत जोरदार प्रयास कर रहे हैं। एक कांग्रेसी केन्द्रीय मंत्री की चापलूसी कर ये तीन बार एक्सपर्ट बदलवा चुके हैं। यदि ये विख्यात वामपन्थी विभाग में घुस आये तो सारे विभाग में उलटफेर कर देंगे। मैं अकेला पड़ गया हूँ।"

"डॉ॰ साहब, मैं आपके साथ हूँ।"

स्नातक जी ने बहुत-सी बातें बतायी थीं। कौन एक्सपर्ट रखा गया था, उसका नाम कैसे हटा और अब अन्तिम रूप से कौन है। उसे कौन और कैसे पटा रहा है और कैसे-कैसे प्रलोभन दिये जा रहे हैं। मैं यह सब लिपिबद्ध नहीं करुँगा।

मेरे प्रिय शिष्य **रामशरण गौड़** अब छात्र नहीं थे। वे मेरे परिवार के सदस्य हो गये थे। दो संस्थाओं के कार्यक्रमों में भी वे मुझे सहयोग दे रहे थे। मैंने उन्हें स्नातक जी की समस्या के बारे में बताया था।

स्नातक जी ने बताया, "मैं डॉ॰ ओम्प्रकाश को लगाना चाहता हूँ, परन्तु वी.सी. इनसे सख्त नाराज है। यदि मैं इनके नाम पर जोर दूँगा तो वी.सी. भड़ककर इनकी काट के लिए वामपन्थी को लगा देगा। ऐसी स्थिति में हमें न चाहते हुए भी डॉ॰ उदयभानु सिंह के लिए प्रयास करना होगा।"

"आप किसको लगाना चाहते हैं आप जानें। मेरा नैतिक समर्थन आपको है।"

गौड़ ने दो बार सूचना दी कि वामपन्थी छात्र स्नातक जी का घेराव करना चाहते हैं। पहली बार तो स्नातक जी विभाग में गये ही नहीं। दूसरी बार मैंने और गौड़ ने मोर्चा सँभाल लिया था।

17 मई को दो वामपन्थी छात्रों ने परीक्षा में भाषा-विज्ञान के प्रश्नपत्र को लेकर उपद्रव किया। पुलिस ने इनकी मरम्मत की और इन्हें हवालात मे बन्द कर दिया। (गर्मी की छुट्टियों के बाद जुलाई में एक वामपन्थी छात्र ने आँखें तरेरते हुए मुझसे कहा था, "मैं हवालात में बन्द था, इस बात की सूचना हमारे सरकारी कार्यालय को देकर मेरी नौकरी समाप्त कराने की चेष्टा की गयी। जिस किसी अध्यापक ने यह सूचना दी उसे देखना है।" मैंने कहा था, "अवश्य देखो।" पता नहीं वह मेरे ऊपर शक कर रहा था या नहीं। सचाई यह थी कि मुझे इस घटना के बारे में कुछ भी मालूम नहीं था।)

प्रोफ़ेसर पद के साक्षात्कार के सन्दर्भ में, मैंने और गौड़ ने स्नातक जी का साथ दिया, किन्तु हम दोनों ने कोई अनैतिक कार्य-पद्धति नहीं अपनायी। स्नातक जी ने ऐसा कुछ करने के लिए कहा भी नहीं। उन्होंने मुझे एकाध बार कुछ पत्र रजिस्टर्ड डाक द्वारा भेजे जाने के लिए दिये थे, वे मैंने भेज दिये थे। उन्होंने बताया था कि

वे किस एक्सपर्ट से किस प्रकार फोन-सम्पर्क कर रहे हैं, अपने घर के फोन का प्रयोग नहीं करते हैं।

23 मई को साक्षात्कार था। प्रातः काल से ही कुछ लोगों में उत्सुकता थी, कुछ तनाव था, देखें क्या होता है। विभाग के कई लोगों ने इस पद के लिए आवेदन किया था। सन्ध्या 5.30 बजे मिश्र जी बाजार में मिल गये। उनके कहने पर मैंने अपने मित्र डॉ॰ श्रीराम चौधरी के क्लिनिक में स्नातक जी को फोन किया।

"डॉक्टर साहब, क्या हुआ?"

"ऐसे निर्णय गुप्त रखे जाते हैं।"

"कुछ तो संकेत दीजिए।"

"चिन्ता की बात नहीं है, बस।"

डॉ॰ नगेन्द्र भी बाजार में आ गये थे। उनसे भी कुछ बातें हुईं। मैं इन्हें भी लिपिबद्ध नहीं कर रहा हूँ। विशेषज्ञ थे– श्रीमती महादेवी वर्मा, डॉ॰ रामसिंह तोमर और शायद डॉ॰ सरनाम सिंह।

ई.सी. की मीटिंग हो गयी। मैं स्नातक जी के घर गया। उन्होंने बताया, "जैसे ही वामपन्थी का नाम प्रस्तावित हुआ देवी का चेहरा तमतमा उठा। वे बोल पड़ी, "वह ....। क्या आपके विभाग में और कोई योग्य व्यक्ति नहीं है?" तब **डॉ॰ उदयभानु** का नाम प्रस्तावित हुआ और सर्व-सम्पत्ति से स्वीकृत हो गया। मैं आशंकित था कि एक वामपन्थी प्रकाशन के द्वारा प्रलोभन देकर **महादेवी जी** को प्रभावित न कर लिया जाए। सच में देवी जी महान् हैं।" (महादेवी जी ने जिस अंग्रेजी शब्द का प्रयोग किया था उसे मैंने यहाँ नहीं दिया है।)

विभाग के अधिकांश अध्यापक सिंह जी की नियुक्ति से प्रसन्न हुए थे। इस नियुक्ति के लगभग 25 वर्ष बाद पार्क में घूमते हुए डॉ॰ उदयभानु सिंह ने मुझसे और डॉ॰ शशिभूषण सिंहल से कहा था कि अन्त तक स्नातक जी ने अपने पत्ते नहीं खोले थे। मैं मुस्करा गया था।

स्नातकजी से अन्तरंगता बढ़ती जा रही थी। वे विनोदी स्वभाव के रहे हैं। एक दिन उन्होंने बताया, "एक जाट चौधरी ने मुझे धमकी दी, तू मेरे लड़के को भर्ती क्यों नहीं करता है? मैंने कहा, यह नियम-विरुद्ध है। वह बोला, मैं तेरे दाँत तोड़ दूँगा। मैंने कहा, तोड़ दे, मैं दूसरे लगवा लूँगा।" मैं हँस पड़ा था। उन्होंने कभी यह भी कहा था, "त्रिपाठी जी, आपके साथ अन्याय हुआ है। मैं सन्तान की शपथ के साथ कहता हूँ, अब आपके साथ अन्याय नहीं होने दूँगा।"

19 अक्तूबर, 1973 ई॰, भारतीय साहित्य परिषद् ने रोहतक में रामकथा-गोष्ठी का आयोजन किया था। **डॉ॰ भारत भूषण अग्रवाल** और **श्री॰ कमला रत्नम्** टैक्सी से मेरे घर आये और मुझे साथ लेकर चले थे। भारत जी ड्राइवर की बगल में बैठे थे। मैं कमला दीदी के साथ पीछे की सीट पर था। मैंने कहा कि आजकल लोग हिन्दी में अंग्रेजी शब्दों का बहुप्रयोग करने लगे हैं। इससे हिन्दी विकृत होगी। भारत जी बोले, "अन्य भारतीय भाषाओं में भी अंग्रेजी शब्दों का बहु-प्रयोग बढ़ चला है, कवि लोग अपनी भाषा में अंग्रेजी शब्दों का खूब प्रयोग कर रहे हैं।"

"ऐसा नहीं हैं।"

"आपको भारतीय भाषाओं के बारे में क्या पता?" भारत जी ने पीछे की ओर मुड़कर तीखे स्वर में कहा था। कमला दीदी और मैं एक दूसरे को देखकर मुस्करा गये थे।

परिषद् के कार्य-कत्ताओं ने हमारा जोरदार स्वागत किया था। अध्यक्षता करने वाले सज्जन किसी कारण नहीं आ सके थे। भारत जी को अध्यक्ष के आसन पर बिठा दिया गया। पहला भाषण मेरा ही था। मैंने संस्कृत, असमीया, बांग्ला और ओड़िया रामायणों के साथ 'मानस' का तुलनात्मक अध्ययन प्रस्तुत किया था। रामायणों में वर्णित आंचलिकता पर मेरा विशेष जोर था। मैंने कुछ उदाहरण तमिल, तेलुगु आदि रामायणों से भी दिये थे। कमला दीदी का भाषण भी प्रभावी था। कार्यकर्ताओं ने भारतजी से कहा, "आप कोई व्याख्यान न देकर केवल तुक्तक सुनाइए।" उन दिनों कई पत्रिकाओं में भारत जी के तुक्तक छन्द छप रहे थे। उन्हें भी यह प्रस्ताव पसन्द आया। उन्होंने जी-भरके तुक्तक सुनाये। श्रोताओं के साथ मैं भी तन्मय होकर सुन रहा था और तालियाँ बजा रहा था। कार्यक्रम की समाप्ति पर भारत जी मुझसे बोले थे, "त्रिपाठी जी, मुझे क्षमा कर दीजिए।" टैक्सी में उन्होंने मुझे डाँटते हुए कहा था, "आपको भारतीय भाषाओं के बारे में क्या पता।" मेरे भाषण से उन्हें पता लग गया था कि मैं कई भाषाएँ जानता हूँ। वे खेद प्रकट कर रहे थे, यह उनका बड़प्पन था।

कमला दीदी बोली, "पोस्टर लगे हुए हैं। यहाँ भी बॉबी पिक्चर चल रही है। दिल्ली में तो आसानी से टिकट नहीं मिलते। क्यों न हम यहाँ देखकर दिल्ली लौटें।"

मैं घबरा उठा, "दीदी, बॉबी-सॉबी में मेरी कोई रुचि नहीं है। मैं तो जल्दी लौटना चाहता हूँ।"

वापसी यात्रा के समय भारत जी बोले, "कई बार लोग 'मानस' में प्रयुक्त शब्दों का सही अर्थ नहीं समझ पाते, जैसे कि '**का बरषा सब कृषी सुखाने** में कृषी शब्द का अर्थ खेती करते हैं, जबकि इसका अर्थ है किसान।"

"जी नहीं, कृषी का अर्थ खेती ही है, तात्पर्य है........."

"कृषी का अर्थ किसान ही है।" भारत जी गुर्रा उठे।

"तो फिर तुलसी द्वारा प्रयुक्त इस पंक्ति का क्या अर्थ है–'**कृषी निरावहिं चतुर किसाना।**' क्या किसान किसान को निरा रहे हैं?"

भारत जी ने जोरदार ठहाका लगाया, फिर वे बोले, "भाई त्रिपाठी जी, मान गये, आप ही सही हैं।"

"और मैं भी मान गया, आप स्वाभिमानी और निर्मल मन हैं।"

यहीं एक और प्रसंग की चर्चा समीचीन होगी। तिथि याद नहीं। भारतीय साहित्य परिषद् ने एक और 'मानस' गोष्ठी का आयोजन **अम्बाला** में किया था। मेरे विशेष अनुरोध पर भारत जी इसमें भी सम्मिलित हुए थे। मेरे बोलने के बाद वे बोले थे। उनका एक कथन श्रोताओं को विक्षुब्ध कर गया था। उन्होंने कहा था कि एक समारोह में **डॉ॰ नामवर सिंह** ने कहा है कि राम को इतने कष्ट झेलने पड़े कि उन्होंने मजबूर होकर जल-समाधि ली, अर्थात् जल में डूबकर आत्महत्या की थी।

परिषद् के कार्यकर्ता मेरे पास आकर बोले, "आप राम-साहित्य के विशेषज्ञ हैं। आप इनके कथन का जोरदार खण्डन कीजिए।"

"भारत जी यहाँ मेरे अनुरोध पर आये हैं। वे हमारे अतिथि हैं। मैं इस समय उनका खण्डन नहीं करूँगा। मैं बोल चुका हूँ। दुबारा बोलने का अर्थ ही है जानबूझकर

उनका विरोध।"

डॉ॰ गणपति चन्द्र गुप्त बोलने खड़े हुए। उन्होंने वामपन्थियों पर कड़े प्रहारों की झड़ी लगा दी। श्रोता तालियाँ बजाकर उनका समर्थन कर रहे थे। गुप्त जी इतने आवेश में थे कि ओंठों पर झाग आ गया था। भारत जी खिसियाये-से हँस रहे थे। मैं मौन गम्भीर था। भारत जी बोले, "त्रिपाठी जी, मैं आपके कारण दिल्ली से इतनी दूर परिषद् के कार्यक्रम में आया था।"

"जी हाँ, आप मेरे कारण यहाँ आये हैं।"

"भविष्य में कभी परिषद् के कार्यक्रम में सम्मिलित नहीं होऊँगा।"

"जी नहीं, मैं पुनः आपको आमंत्रित करूँगा। आगे ऐसी स्थिति नहीं आने दूँगा। मैं भी इस बात से सहमत नहीं हूँ कि राम ने आत्महत्या की। राम-जैसा दृढ़ चरित्र और घोर कर्तव्य-निष्ठ व्यक्ति तिल-तिलकर गल जाना पसन्द करेगा, किन्तु कभी भी विषम परिस्थितियों के आगे पराजय स्वीकार कर आत्महत्या नहीं करेगा। आपके कथन के विरोध में अकाट्य तर्क हैं, जिन्हें बिना आपा खोये भी प्रस्तुत किया जा सकता है।"

गणपति जी ओंठों से झाग पोंछते हुए मेरे पास आकर बोले थे, "कैसा रहा त्रिपाठी जी?"

"आप कुछ अधिक आवेश दिखा गये हैं।"

जल-समाधि वाले प्रसंग पर संक्षेप में विचार किया जा सकता हैं। वाल्मीकि-रामायण की कथा को देखने के दो आस्थावादी दृष्टिकोण हैं– 1. पारम्परिक आस्थावादी और 2. प्रबुद्ध आस्थावादी। प्रथम वर्ग के लोगों का विश्वास है कि रामायण का एक-एक शब्द सत्य है। बालकाण्ड के पुत्रेष्टि-यज्ञ के अनुसार अत्याचारी रावण का विनाश करने के लिए विष्णु ने अपने को चार अंशों में विभक्त कर चार भाइयों के रूप में अवतार लिया। स्वर्ग लोक के देवताओं ने भी राम की सहायता के लिए वानर आदि के रूप में अवतार लिया। उत्तरकाण्ड की समाप्ति तक विष्णु के अवतार का प्रयोजन समाप्त हो गया था। अब उन्हें अपने लोक लौटना था। राम आदि सरयू में डुबकी लगाकर स्वर्ग लोक को चले। उनके साथ अयोध्या के सभी नागरिक, पशु-पक्षी, जीव-जन्तु तथा वानर और राक्षस भी चले। वे जल में डुबकी लगाकर तथा दिव्य रूप धारण कर विमान में बैठकर चले। उन्हें विष्णु के परम धाम के पास के सन्तानक लोक में बसा दिया गया।

आस्थावादी प्रबुद्ध जनों के मत में वाल्मीकि-रामायण ऐतिहासिक महापुरुष राम की जीवनगाथा है। रामायण की आधिकारिक कथावस्तु के साथ पुत्रेष्टि-यज्ञ और जल-समाधि प्रसंग मेल नहीं खाते। ये प्रसंग राम को विष्णु सिद्ध करने के लिए बाद में जोड़े गये हैं। जल समाधि के वर्णन के अन्त में कहा गया है कि वाल्मीकि ने ऐसा कहा है। इससे स्पष्ट है कि इस प्रसंग का वर्णन करने वाला वाल्मीकि नहीं, कोई अन्य व्यक्ति है।

अब वामपन्थियों से मेरा प्रश्न है कि वे कौन-सा दृष्टिकोण स्वीकार करते हैं। यदि वे द्वितीय दृष्टिकोण को मानते हैं तो रामायणी कथा में जल-समाधि वाला प्रसंग सत्य है ही नहीं, अतः राम के द्वारा आत्महत्या करने की बात कहना निराधार है।

यदि वे जल-समाधि वाले प्रसंग को सत्य मानते हैं तो पारम्परिक आस्थावादी दृष्टि को पूरा का पूरा अपनाना होगा। फिर मानना पड़ेगा कि विष्णु ने रावण के वध

के लिए अवतार लिया और अयोध्या के सभी जीव-जन्तु (गाय, भैंस, गधा, घोड़ा, मक्खी-मच्छर आदि) के साथ वे दिव्य लोक को पधारे। केवल जल-समाधि शब्द को पकड़कर उसका मनमाना अर्थ वामपन्थी ही निकाल सकते हैं। ये लोग अन्य विषयों को लेकर भी नये-नये शिगूफे छोड़ते रहते हैं।

डॉ॰ भारत भूषण अग्रवाल का कथन सही नहीं था, तथापि मेरा विचार है कि उनके प्रति इतना कड़ा रूप नहीं अपनाया जाना चाहिए था। परिषद् से लोग वैसे ही बिदकते हैं।

इन्हीं दिनों एक और प्रसंग प्रस्तुत हुआ। धर्मयुग के सम्पादक **श्री धर्मवीर भारती** ने डॉ॰ कृष्ण प्रसाद मिश्र की ओड़िया कहानी **'आकाश गंगा'** का अनुवाद मेरे पास संशोधन के लिए भेजा। मेरी सात पीढ़ियाँ तर गयीं, भारती जी ने मुझ नगण्य को याद किया था। भारती जी के सम्पादन से पूर्व मेरी कविताएँ और लेख 'धर्मयुग' में छपा करते थे, यद्यपि सम्पादकीय विभाग के किसी भी व्यक्ति से मेरा परिचय नहीं था। भारती जी ने 'धर्मयुग' को नयी ऊँचाइयाँ दीं। वह बहुत ही लोकप्रिय हुआ। किन्तु, न जाने क्यों मेरे जैसे लोग उपेक्षित हो गये। 15-20 लोगों को ही विभिन्न रूपों में प्रचार दिया जाता था। उनकी ही रचनाएँ, संस्मरण आदि छपा करते थे। होली-दीपावली के अंकों में भी उनसे सम्बन्धित हास्य-विनोद छपते थे। निराश होकर मैं 'हिन्दुस्तान साप्ताहिक' में लिखने लगा। इसके सम्पादकीय विभाग के भी किसी व्यक्ति से मेरा निकट का परिचय नहीं था। गुणवत्ता के आधार पर ही रचनाएँ छपा करती थीं, गुटबन्दी के आधार पर नहीं।

उपर्युक्त कहानी का अनुवाद किसी ओड़िया-भाषी व्यक्ति ने किया था। यह अनुवाद बहुत भ्रष्ट था। मेरे भीतर का जिद्दी और स्वाभिमानी रूप जागा। मैं उत्तर देने जा रहा था कि मैं यह काम नहीं कर सकूँगा। फिर सोचा कि मैं थोथा स्वाभिमान दिखाकर अपनी ही हानि करता आया हूँ। दूसरी बात यह थी कि मेरे मित्र डॉ॰ कृष्ण प्रसाद मिश्र बुरा मान जाएँगे। सच में उन्होंने ही सुझाव दिया होगा कि रमानाथ त्रिपाठी नामक जीव ही इस कहानी का उद्धार कर सकता है। मैंने भारती जी को लिखा कि इस अनुवाद का प्रत्येक वाक्य अशुद्ध है। वर्तनी की भी भूलें हैं, कई ओड़िया शब्दों के सही हिन्दी पर्याय नहीं दिये गये हैं। अनुवादक की हिन्दी कमजोर है। कहानी का संशोधन नहीं हो सकता, नये सिरे से अनुवाद किया जा सकता है। भारती जी का अनुरोध-भरा पत्र मिला और मैंने अनुवाद भेज दिया, जो कि 23 अक्तूबर, 73 के अंक में प्रकाशित हुआ। एक सप्ताह के पश्चात् धर्मयुग के बाल-स्तम्भ के सम्पादक **श्री राममूर्ति** का पत्र आया कि मैं कोई बालोपयोगी ओड़िया लोककथा का अनुवाद भेज दूँ। मैंने अपने मित्र **डॉ॰ खगेश्वर महापात्र** को बताया। उन्होंने ओड़िसा की एक वनवासी जाति में प्रचलित लोककथा सुनायी। मैंने उसी का हिन्दी रूपान्तर भेज दिया। कथा के साथ मैंने नोट दे दिया था– 'डॉ॰ खगेश्वर महापात्र के सौजन्य से।' रचना तो छपी ही थी, मेरे पास समान राशि की दो चैकें आ गयी थीं। एक महापात्र जी के नाम की थी। वे बोले, "मेरे पास बिना बात के ही चैक आ गयी। चलिए **फुर्ती** हो जाए।"

बाद में मेरे सम्पादन में डॉ॰ कृष्ण प्रसाद मिश्र की कहानियों का संग्रह 'आकाश गंगा' नाम से वाणी प्रकाशन ने छापा था। तब वाणी प्रकाशन के बन्धुद्वय मेरा सम्मान

करते थे। **अरुण माहेश्वरी** तो मेरे प्रिय शिष्य रहे हैं।

खगेश्वर बाबू 'फुर्ती' के लिए लाल स्कूटर लेकर मेरे घर आ गये। फुर्ती, अर्थात् आमोद-प्रमोद, मौज-मस्ती। घर से निकलते समय हेम ने याद दिलायी, "रूमाल, पर्स, घड़ी और पेन ले लिये हैं।" खगेश्वर जी मुस्करा गये थे। हेम हम दोनों को फुर्ती-बन्धु कहा करती थीं।

हम कनाट प्लेस आकर 'कादम्बिनी' के सम्पादक **श्री राजेन्द्र अवस्थी** से मिले। उन्होंने बताया कि मेरे दो उपन्यासों की समीक्षा अगले अंक में जा रही है। भारती साहित्य सदन के अपने प्रकाशक **श्री योगेन्द्र जी** से मिलने पर उन्होंने प्रकाशन के लिए कोई उपन्यास माँगा। तब भारतीय ज्ञानपीठ का कार्यालय प्लाजा सिनेमा के पास था। **श्री जगदीश शर्मा** से भेंट हुई। ये महाशय अंगेजी और बांग्ला भी बढ़िया बोल रहे थे। उन्होंने बंगालियों के बारे में बताया, "ये दूसरी पार्टी के सदस्यों से बहस करेंगे। वे न मिले तो अपनी पार्टी के ही किसी से उलझेंगे, वे न मिले तो पड़ोसियों से झगड़ेंगे। पड़ोसी उपलब्ध न हुए तो घर के ही किसी सदस्य से बतियाने लगेंगे और कोई न मिला तो बायें हाथ की हथेली पर दायाँ मुक्का मारकर कुछ न कुछ बोलते रहेंगे। क्या करें मजबूर हैं, मछलियाँ खाएँगे तो ऐसा करेंगे ही।"

मैं हँस पड़ा था, "खगेश्वर बाबू, सुन रहे हैं न! मछलियाँ तो आप लोग भी खाते हैं।"

जगदीश जी ने ज्ञानपीठ के लिए श्री गोपीनाथ महान्ति के प्रसिद्ध उपन्यास '**माटी मटाल**' का अनुवाद करने का अनुरोध किया था। तब अनुवाद का रेट था 15/- प्रति हजार शब्द। कई सौ पृष्ठों के इस भारी- भरकम उपन्यास का अनुवाद करने की मेरी कोई इच्छा नहीं थी। भाषाओं के साहित्य के तुलनात्मक शोध में ही मेरी रुचि रही है।

मद्रास होटल का भोजन बहुत रुचिकर नहीं था। काफी पीकर हम मावलंकर भवन के सांसद फ्लैट्स में आ गये। यहाँ ओड़िसा के सांसद **श्री गिरिधर गोमांगो** रहते थे। ये महाशय मुण्डा-वर्ग के अन्तर्गत आने वाली सोरा जनजाति के थे। खगेश्वर बाबू उनके फ्लैट का नम्बर भूल गये थे। हमें परेशान देखकर लिफ्ट मैन ने जानना चाहा कि हम किसे ढूँढ़ रहे हैं। गोमांगो का नाम सुनकर वह बोला, "वह छोटा-सा आदमी? वह तो इधर वाले फ्लैट में रहता है।"

खगेश्वर बाबू ने गोमांगो जी से मेरा परिचय कराया। वे मेरा हाथ पकड़कर तड़ातड़ ओड़िया बोलने लगे। मैं उनका भ्रम दूर करते हुए बोला, "मुँ ओड़िया त्रिपाठी नुहें।" उनके मुँह से कड़कड़-तड़तड़ ऐसे शब्द निकल रहे थे मानो बादलों से ओले बरस रहे हों। उन्होंने बताया, "हमारे प्रदेश में निरन्तर सूखा रहता है। मैंने सरकार को बार-बार बताया किसी ने कर्णपात नहीं किया।" वे बीच-बीच में "आह! दारु देवता" बोल जाते थे।

मैंने खगेश्वर बाबू से पूछा, "ये दारु देवता क्या जगन्नाथ स्वामी हैं?"

"हाँ वही है। सच में तो वे इन्हीं जन-जातियों के लोगों के देवता हैं।"

यहाँ यह निश्चित हुआ कि खगेश्वर बाबू के निवास पर ओड़िया बन्धुओं का सहभोजन होगा। मेरा सम्मान करते हुए मछली नहीं पकायी जाएगी। सब्जी, दाल और भात राँधे जाएँगे। चपाती मुझे बनानी होगी, क्योंकि ये लोग चपाती बनाना नहीं जानते। खगेश्वर बाबू ने ओड़िया-भाषियों की एक संस्था बनायी थी, '**महानदी वृत्त**।' इसके

अन्तर्गत कई गोष्ठियों का आयोजन हुआ था। ये लोग मुझे ओड़िया मानकर ही व्यवहार करते थे। इन लोगों में एक ओड़िया त्रिपाठी भी थे। वे आकाशवाणी में कार्यरत थे। हम दोनों में भेद बताने के लिए इन्होंने हमारे नाम रखे थे, 'रेडियो त्रिपाठी' और 'रामायण त्रिपाठी'। इन्होंने ओड़िया त्रिपाठी और हिन्दुस्तानी त्रिपाठी जैसे शब्दों का प्रयोग नहीं किया था, क्योंकि वे मुझे सभी प्रकार से ओड़िया मानते थे। 1987 ई० में मुझे अभिनन्दन-ग्रन्थ भेंट किया गया था। इसमें संस्मरण लिखते समय खगेश्वर जी ने बताया था कि मेरा नाम रामायण त्रिपाठी रखा गया है। इसके पहले मुझे भी अपने इस नाम-करण का पता नहीं था।

बांग्ला-भाषी और असमीया-भाषी सज्जन भी मुझे अपनी संस्था के साथ जोड़ते रहे हैं और मुझे बंगाली और असमीया मानकर अपनत्व देते रहे हैं। ओड़िया बन्धुओं ने मुझे जो स्नेहादर दिया है वह अभूतपूर्व है।

तो सहभोज हुआ था। मैंने चपातियाँ बनायी थीं। भोज में गोमांगो जी भी सम्मिलित हुए थे। ये बाद में मंत्री और ओड़िसा के मुख्य मंत्री भी बने थे।

एक दिन खगेश्वर बाबू बोले, "हमारा मकान का आसपास घुसुड़ी बहुत घूमता।"

"यह घुसुड़ी क्या होता है?"

खगेश्वर बाबू नथुने फुलाते-सिकोड़ते और गर्दन मटकाते बोले, "जो ऐसा-ऐसा करता।"

"छछूँदर?"

"नहीं, जिसका मांस मोसलमान नहीं खाता।"

"सुअर?" मैं खिलखिला उठा, "अरे भाई, आप संस्कृत शब्द शूकर का प्रयोग कर सकते थे।"

9 फरवरी, 1974 ई०, भारतीय साहित्य परिषद् की ओर से मेरे डी.लिट्. के प्रकाशित शोध-प्रबन्ध **'रामचरितमानस और पूर्वांचलीय रामकाव्य'** पर चर्चा-गोष्ठी का आयोजन हुआ था। मैंने असमीया, बांग्ला और ओड़िया रामायणों के साथ 'मानस' का तुलनात्मक अध्ययन किया था, इसलिए इन भाषाओं के विद्वानों को वक्ता बनाया गया था। असमीया के लिए डॉ० इन्दिरा गोस्वामी और ओड़िया के लिए डॉ० खगेश्वर महापात्र के नाम दिये गये थे। इनसे मेरे मैत्री-सम्बन्ध थे। अन्य वक्ता चुने गये श्रीमती कमला रत्नम् और श्री यशपाल जैन। हिन्दी-विभाग के तत्कालीन अध्यक्ष डॉ० विजयेन्द्र स्नातक से मेरी अच्छी पट रही थी। इनसे अध्यक्षता करायी गयी। सभी वक्ताओं के पास ग्रन्थ की प्रतियाँ भेज दी गयी थीं। श्री जीतसिंह जीत ने कार्यक्रम का आयोजन दरियागंज की किसी संस्था के कार्यालय में किया था। मैंने **डॉ० इन्दिरा गोस्वामी** से विशेष आग्रह किया था कि वे ग्रन्थ के अमुक-अमुक पृष्ठ अवश्य पढ़ लें, तब बोलें। वे पूर्ण आश्वस्त होकर मस्ती के साथ मुस्कराती रहीं।

सबसे पहले इन्हीं से भाषण देने के लिए कहा गया। इन्होंने पर्स से कागजों का पुलिन्दा निकाला और विचित्र उच्चारण वाली अंग्रेजी में आलेख पढ़ना आरम्भ किया। असमीया-भाषी लोग त थ द ध का उच्चारण ट ठ ड ढ करते है। श्रोता साँस रोके प्रतीक्षा कर रहे थे कि इनका आलेख कब समाप्त होता है। ये पूरे पैंतीस मिनट तक असमीया- रामायण पर बोलती रहीं। इन्होंने एक बार भी मेरा या मेरे शोध-प्रबन्ध का

नाम तक नहीं लिया। इनसे यदि कालिदास के रघुवंश पर बोलने के लिए कहा जाता तो इन्होंने यही आलेख पढ़ा होता। श्री गणेश ही गलत हो गया। दीदी **कमला रत्नम्** श्रोताओं को लाओस और इण्डोनेशिया में घुमाने लगीं। **यशपाल जी** क्यों पीछे रहते, वे मारिशस की सैर कराने लगे। बस **डॉ० खगेश्वर महापात्र** विषय पर बोले। उन्होंने लेखक की शोध-जिज्ञासा और शोध-क्षमता का परिचय देते हुए पुस्तक पर सारगर्भित भाषण दिया। मैंने भी दो शब्द कहे थे। मैंने चुटकी लेते हुए कहा था कि यह पुस्तक-समीक्षा गोष्ठी नहीं रामकथा-चर्चा गोष्ठी थी। **डॉ० नगेन्द्र** भी उपस्थित थे। उन्होंने बोलने से इन्कार कर दिया था। उनका कहना था कि त्रिपाठी जी ने यह पुस्तक मुझे समर्पित की है, अतः मैं नहीं बोलूँगा। निमंत्रण-पत्र पर उनका नाम नहीं था। नाम तो तुलसी-साहित्य के उद्‌भट विद्वान् **डॉ० उदयभानु सिंह और डॉ० रामदत्त भारद्वाज** का भी नहीं था। इनके पास डाक से निमंत्रण-पत्र भेजे गये थे, व्यक्तिगत अनुरोध नहीं किया गया था। तथापि, ये तीनों विद्वान् आये थे। मैं इनके प्रति चिर ऋणी रहूँगा।

अब बारी आयी अध्यक्षीय भाषण की। **डॉ० स्नातक** ने पुस्तक खोली और अपनी लिखी भूमिका पढ़ने लगे। यशपाल जी बोले, "स्नातक जी, पुस्तक तो हमारे पास भी है। हम घर जाकर आपकी भूमिका पढ़ लेंगे। यहाँ अलग से बोलिए।" स्नातक जी मुस्कराकर भूमिका पढ़ते रहे। मेरी एक अन्य पुस्तक 'हिन्दी बांग्ला प्रवेश' की भूमिका भी इन्होंने लिखी थी। इन्होंने मुद्रित पृष्ठों की केवल विषय-सूची पढ़कर भूमिका लिख डाली थी। उसमें तथ्यात्मक भूलें थीं। मैंने काट-छाँटकर ही इसे छपने के लिए दी थी। शोध-प्रबन्ध की मुद्रित प्रति देते समय स्नातक जी से मैंने अनुरोध किया था कि वे कम से कम मेरा प्राक्कथन पढ़ लें। मुझे आशंका थी कि कहीं ये 'हिन्दी-बांग्ला प्रवेश' वाली भूमिका की तरह ही न लिख दें। स्नातक जी ने कुछ भी नहीं पढ़ा, केवल सहायक ग्रन्थ-सूची पढ़ी थी। इन्होंने भूमिका में लिखा कि असमीया-रामायण के लेखक हरिनारायण दत्त बरुवा हैं। मैंने ग्रन्थ-सूची में इनका नाम सम्पादक के रूप में दिया हैं। स्नातक जी ने प्राक्कथन पढ़ लिया होता तो यह भूल न हुई होती। असमीया-रामायण के लेखक हैं माधव कन्दली। भूमिका में और भी कई तथ्यात्मक भूलें थीं। मैंने संशोधन के पश्चात् ही इसे छपने को दिया था।

यह चर्चा-गोष्ठी एक प्रकार से बेकार हो गयी थी। मुझे वक्ताओं में नाम देने चाहिए थे डॉ० नगेन्द्र, डॉ० उदयभानु सिंह और डॉ० रामदत्त भारद्वाज के। ये विद्वान् मेरे शोध-प्रबन्ध के साथ अवश्य ही न्याय करते।

क्या करूँ, मैं हूँ ही ऐसा कि जिसको भी समादर देता हूँ वही अवज्ञा करता है।

इस घटना के कुछ मास बाद दिसम्बर में एक महिला डॉ० सा०......... चन्द्रा की पुस्तक-समीक्षा गोष्ठी हुई थी। तब डॉ० स्नातक किस तरह उत्साह में भर-भर कर बोल रहे थे इसका वर्णन यथास्थान ही ठीक रहेगा।

12

विभाग में प्राध्यापक के रूप में मेरी नियुक्ति के पश्चात् किसी रीडर की नियुक्ति नहीं हुई। सबसे पहले भाषा-विज्ञान के रीडर पद पर डॉ० भोलानाथ तिवारी नियुक्त

हुए। ये पहले किरोड़ीमल कॉलेज में पढ़ा रहे थे। रीडर का पद विज्ञापित हुआ। डॉ॰ शान्ति स्वरूप गुप्त और मैंने आवेदन-पत्र नहीं लगाया था, क्योंकि डॉ॰ सत्यदेव चौधरी का हक बनता था। वे ही नियुक्त हुए थे।

अब रीडर के पद विज्ञापित हुए। मुझे लगा था कि हम दोनों की नियुक्ति हो जाएगी। हम दोनों कई वर्ष से एम.ए. की कक्षाएँ पढ़ा रहे थे और शोध-छात्रों का निर्देशन कर रहे थे। सबसे बड़ी बात थी कि हमारे विभाग में ये स्थान रिक्त थे। कॉलेजों की व्यवस्था यह थी कि कोई प्राध्यापक पी-एच॰डी॰ हो जाता था और 5-6 वर्ष पढ़ा लेता था तो उसे सीनियर लेक्चरर अर्थात रीडर का ग्रेड मिल जाता था। यहाँ केन्द्र में सीनियर लेक्चरर की व्यवस्था नहीं थी। हम केन्द्र के अध्यापक किसी कॉलेज के सीनियर लेक्चरर का ग्रेड भला कैसे पा सकते थे। यदि केन्द्र में रीडर का पद हो तो कॉलेज के प्राध्यापक भी प्रत्याशी हो सकते थे। यदि केन्द्र में रीडर का स्थान रिक्त है तो वहाँ पहले से कार्यरत प्राध्यापकों को प्रोन्नति का अवसर देना चाहिए। हिन्दी को छोड़ अन्य जिन विभागों में प्राध्यापकों की नियुक्ति मेरे बाद हुई वे यथासमय रीडर, प्रोफ़ेसर और अध्यक्ष बनें। यहाँ हमारे हिन्दी-विभाग में पहले से कार्यरत प्राध्यापकों की उपेक्षा कर कॉलेज में बी.ए. पढ़ाने वाले अध्यापक नियुक्त किये गये।

डॉ॰ सावित्री सिन्हा विभागाध्यक्ष थीं, प्रकारान्तर से डॉ॰ नगेन्द्र ही अध्यक्ष थे। **डॉ॰ महेन्द्र कुमार** (मोतीलाल नेहरू कॉलेज और **डॉ॰ निर्मला जैन** (लेडी श्रीराम कॉलेज) की नियुक्ति रीडरों के रूप में हुई। मैंने सोचा ये दोनों विश्वविद्यालय के मेधावी छात्र रहे हैं, डॉ॰ नगेन्द्र के भी ये प्रिय छात्र थे। कोई बात नहीं, आगे देखा जाएगा।

फिर दो स्थान विज्ञापित हुए और रखे गये **डॉ॰ रामदरश मिश्र** और **डॉ॰ तारकनाथ बाली**। उपर्युक्त चारों लोग सर्वथा योग्य थे, इनमें कोई कमी नहीं थी। प्रश्न था कि हम दो लोग कहाँ जाएँ। मुझे लगने लगा था कि हम दोनों इसी प्रकार ठुकराये जाते रहेंगे।

कैंसर रोग से पीड़ित सावित्री सिन्हा जी ने असह्य कष्ट झेलते हुए प्राण त्याग दिये थे। हम उनके शव पर फूलमाला चढ़ा रहे थे। डॉ॰ नगेन्द्र माला चढ़ाते समय आर्त्तनाद कर रो पड़े थे। अन्य किसी अवसर पर उन्हें ऐसा भावुक होते हुए हमने कभी नहीं देखा था।

अब विभागाध्यक्ष थे **डॉ॰ विजयेन्द्र स्नातक।** उन्होंने मुझसे कहा था, "आपके साथ निरन्तर अन्याय हुआ है। मैं सन्तान की शपथ लेकर कहता हूँ कि मैं आप को न्याय दिलाऊँगा।" मैं परम आश्वस्त था, जो कार्य पूर्व अध्यक्ष न कर सके उसे स्नातक जी करेंगे। उनसे मेरी भेंट प्रायः होने लगी थी। हमारी निकटता कैसे बढ़ती गयी थी इसकी चर्चा हो चुकी है।

अब रीडरों के चार पद विज्ञापित हुए, साक्षात्कार भी होने वाला था। मेरे अग्रज-तुल्य मित्र और साथी डॉ॰ सत्यदेव चौधरी ने सुझाव दिया था, "आप हिन्दी साहित्य सभा के प्रभारी हैं। इसके मंच पर आप कुलपति **डॉ॰ सरूप सिंह** को आमंत्रित कीजिए। आप कार्यक्रम का संचालन कर अपनी योग्यता का परिचय दें। अन्त में धन्यवाद डॉ॰ शान्ति स्वरूप गुप्त से दिलाएँ। इस प्रकार आप दोनों की योग्यता का परिचय कुलपति को मिल जाएगा।"

ऐसा ही हुआ था। कार्यक्रम अच्छा रहा था।

इधर उत्तर प्रदेश सरकार ने मेरे डी.लिट्॰ के शोध-प्रबन्ध 'रामचरितमानस और पूर्वांचलीय रामकाव्य' पर **'तुलसी पुरस्कार'** की घोषणा की थी। यह पुरस्कार मेरे लिए महत्त्वपूर्ण था, क्योंकि यह विशुद्ध योग्यता के आधार पर दिया गया था। पुरस्कार-समिति में कौन-कौन था मुझे पता नहीं था।

श्री एल.आर. गुप्त मेरे शिष्य हैं। वे उन दिनों किसी स्कूल में अध्यापक थे, मॉडल टाउन में ही रहते थे। वे चलते-फिरते सूचना-केन्द्र थे। वे प्रायः मेरे घर आते रहते थे। रीडर के साक्षात्कार के कुछ दिन पूर्व वे आकर बोले, "डॉ॰ साहब, यदि आप सोचते है कि इस बार आपके साथ न्याय होगा तो आप भ्रम में हैं।"

"इस बार अध्यक्ष स्नातक जी हैं। उन्होंने सन्तान की शपथ लेकर कहा है कि वे मेरे साथ न्याय करेंगे।"

"गुप्त जी वी.सी. से मिल आये हैं।"

"उनका हक बनता है। उनकी नियुक्ति तो होनी ही चाहिए।"

"डॉ॰ सुरेश गुप्त और डॉ॰ जगदीश भी प्रयास कर रहे हैं।"

"गुप्त जी, तीन स्थायी पद हैं और एक अस्थायी। शान्ति स्वरूप जी और मैं विभाग के है। हम दो लग जाएँ, शेष दो पर उपर्युक्त लोगों की नियुक्ति हो जाए तो बुरा क्या है?"

"हरियाणावाद और जातिवाद भी चल सकता है। आपको मालूम है जगदीश जी क्या हैं?"

"वे आर्यसमाजी हैं और संघ से सम्बन्धित हैं।"

"वे वी.सी. की जाति के हैं।" गुप्त जी मुस्करा रहे थे।

"बने रहें। वे अभी नवयुवा हैं, उनका अध्यापन-अनुभव मुझसे बहुत कम है। अभी साल-भर पहले उन्होंने मुझसे अनुरोध किया था कि मैं उन्हें एम.ए. की कक्षाएँ पढ़ाने का अवसर दिला दूँ। टाइमटेबल की तैयारी के समय मैंने उन्हें साप्ताहिक कक्षा दिला दी थी। उन्होंने अभी तक एम. ए. की 25-30 कक्षाएँ ली होंगी। शायद रिसर्च गाइड करने का उनका बिल्कुल अनुभव नहीं होगा। उनकी कोई पुस्तक भी प्रकाशित नहीं है।"

"उन्होंने अभी-अभी एक पुस्तक छपा ली है। सबसे बड़ी क्वालिफिकेशन तो उनकी................ है।" गुप्त जी पुनः रहस्य-भरी मुस्कान के साथ बोले थे।

इन गुप्त जी ने पी.एच डी. की उपाधि मेरठ विश्वविद्यालय से प्राप्त की थी। ये अब किसी कॉलेज में प्राध्यापक बनना चाहते थे। ये कई लोगों से मिलते रहते थे और इन्हें ऐसी बातें ज्ञात रहती थीं जिनका पता मुझे नहीं होता था।

(मेरे ऊपर लिखित ग्रन्थ 'डॉ॰ रमानाथ त्रिपाठी : व्यक्तित्व और कृतित्व' में इन एल. आर. गुप्त के वार्त्तालाप का उल्लेख है। इसे पढ़कर ये बोले थे, "डॉ॰ साहब, आप मेरा पूरा नाम दे सकते हैं।" तथापि, मैं पूरा नाम नहीं दे रहा हूँ।)

एल.आर. गुप्त की बातों से मुझे घबराहट होने लगी। बहुत दिनों तक मेरे मन में धारणा रही है कि नियुक्ति-कर्ता ईमानदार होते हैं। वे व्यक्तियों की योग्यता की परख कर ही चयन करते हैं। व्यवहार में कुछ और ही दिखायी दे रहा था। किसी ने बताया था कि एक्सपर्ट के रूप में **डॉ॰ हरवंश लाल शर्मा** और **डॉ॰ रामेश्वर लाल खण्डेलवाल** आ रहे हैं। इन दोनों से मेरा कोई सम्बन्ध या सम्पर्क नहीं था। अथाह सागर

में, मैं तिनके का सहारा खोज रहा था। कुछ न सूझा तो मैंने **डॉ॰ नगेन्द्र** को फोन किया, "डॉ॰ साहब, साक्षात्कार में अलीगढ़ के सज्जन आ रहे हैं।"

डॉ॰ साहब ने अत्यन्त रुक्ष स्वर में कहा, "अलीगढ़ से आ रहे हों या हैदराबाद से, मैं क्या कर सकता हूँ?"

मुझे भ्रम था कि मैंने उनकी दो-दो पुस्तकों की प्रस्तुति में कितना सहयोग दिया था। मैं उनके कितने निकट आ गया था। इतना रूखापन, इतनी तटस्थता दिखाने की क्या आवश्यकता थी। कुछ विशेष व्यक्तियों की प्रोन्नति के समय क्या वे तटस्थ रह सके थे? मैंने स्थिति को सँभालते हुए कहा, "आप एक काम कर सकते हैं?"

"क्या?"

"आप मुझे आशीर्वाद दे सकते हैं।"

"वह तो सदैव आपके साथ है।" अब डॉ॰ साहब के स्वर में नम्रता थी।

अब मैंने ध्यान दिया खण्डेलवाल जी की ओर। कुछ मास पहले **श्री रत्नसिंह शाण्डिल्य** ने भारतीय साहित्य परिषद् की ओर से कुरुक्षेत्र विश्वविद्यालय में मानस-चतुश्शती का कार्यक्रम रखा था। इसमें मेरा प्रमुख भाषण था। डॉ॰ खण्डेलवाल ने अध्यक्षता की थी। इस कार्यक्रम की विस्तृत रिपोर्ट 'नवभारत टाइम्स' में छपी थी। आधे कालम में मेरे भाषण का सारांश दिया गया था। उपस्थित लोग मेरे भाषण से सन्तुष्ट जान पड़े थे। मैंने शाण्डिल्य जी से कहा, "आप खण्डेलवाल जी को मेरी स्थिति के बारे में बता दें। वे न्याय करें, मेरा अनुचित पक्षपात न करें।"

"त्रिपाठी जी, खण्डेलवाल जी के सम्बन्धी.............. लाला हैं। वे इन्हीं के यहाँ ठहरा करते हैं। लाला जी का सम्बन्ध संघ से है। मैं उनसे कह दूँगा।" दूसरे दिन शाण्डिल्य जी ने बताया था कि लाला जी से बात हो गयी है। वे आपकी योग्यता से परिचित हैं। वे खण्डेलवाल जी से कह देंगे।

22 मई, 1974. मैं आत्म-विश्वास के साथ साक्षात्कार देने गया। जब मेरी बारी आयी और मैं चयन-कर्ताओं के सामने उपस्थित हुआ तो कुलपति **डॉ॰ सरूप सिंह** उठकर खड़े हो गये और बोले, "डियर फ्रेण्ड, आपका कण्ट्रीब्यूशन क्या है?" मैंने कुछ बताना चाहा। वे बात काटकर बोले, "यह कुछ भी नहीं है, आप अपना कण्ट्रीब्यूशन बताइए।" ऐसा कहकर वे बाथरूम की ओर चले गये। वे ऐसा पिछले साक्षात्कार में भी कर चुके थे। मेरी बारी आने पर ही उन्हें बाथरूम जाने की आवश्यकता क्यों होती थी? उनकी बात **हरवंश लाल** ने पकड़ ली, "बताइए आपका कण्ट्रीब्यूशन क्या है?" मैंने बताना आरम्भ किया। वे सरूप सिंह साहब के स्वर का अनुकरण करते हुए बोले, "यह कुछ नहीं है।"

डॉ॰ स्नातक ने कहा, "इनके डी.लिट्. के शोध-प्रबन्ध पर उत्तर प्रदेश सरकार का 'तुलसी पुरस्कार' घोषित हुआ है। निर्णायक-समिति में आप भी थे।"

"ऐसे पुरस्कार तो मिलते ही रहते हैं।"

मैंने जल्दी-जल्दी अपने भाषा-ज्ञान, तुलनात्मक शोध, प्रकाशित ग्रन्थ, अध्यापन-अनुभाव, शोधकार्य-निर्देशन आदि के विषय में बताना आरम्भ किया। सरूप सिंह जी भी आ गये थे। लगा कि ये मुझसे कुछ भी नहीं सुनना चाहते, बस कण्ट्रीब्यूशन वाला प्रश्न दुहराते रहे। मैं खीजकर कहने जा रहा था, आपका ही कण्ट्रीब्यूशन क्या है जो यहाँ महत्त्वपूर्ण पद पर आसीन होकर मुझे उखाड़ने का प्रयास कर रहे हैं। मैंने अपने को संयत किया। स्नातक जी मेरा प्रबल पक्ष लेंगे ही, उन्होंने

सन्तान की शपथ ली है। खण्डेलवाल जी तक लालाजी का सन्देश पहुँच गया होगा। मुझे कोई कड़ी बात नहीं कहनी चाहिए।

सन्ध्याकाल डॉ॰ भोलानाथ तिवारी और डॉ॰ रामदरश मिश्र मुझे बधाई दे गये। वे बोले थे, "आपको बहुत पहले रीडर हो जाना चाहिए था। देर आयद दुरुस्त आयद।"

इसके पश्चात् कोई व्यक्ति बधाई देने नहीं आया। मेरा मन आशंकित था। कण्ट्रीब्यूशन शब्द मेरी स्मृति में चुभा हुआ था। कुछ दिनों के बाद ई॰सी॰ की मीटिंग हो गयी थी। मैं परिणाम जानने के लिए स्नातक जी के घर गया। वे छूटते ही बोले, "यदि शान्ति स्वरूप के साथ ऐसा हुआ होता तो वे सदमा बर्दाश्त न कर पाते।"

"डॉ॰ साहब, हुआ क्या?"

"आपकी नियुक्ति नहीं हुई।"

मुझे लगा कि मैं कटे वृक्ष के समान धड़ाम से गिर पड़ूँगा। वे कहे जा रहे थे, "डॉ॰ सुरेश चन्द्र गुप्त, डॉ॰ शान्ति स्वरूप गुप्त और डॉ॰ जगदीश कुमार की नियुक्ति स्थायी पदों पर और डॉ॰ उमाकान्त गोयल की नियुक्ति छह मास के लिए अस्थायी पद पर हुई है। आपका नाम पेनल में है। मैं शान्ति स्वरूप की खाली पोस्ट और आपकी पोस्ट को मिलाकर रीडर का पद माँग लूँगा। इस तरह आप भी लग जाएँगे। कुलपति तो आपके पक्ष में थे। हरवंश लाल ने काम बिगाड़ दिया।"

उनके शब्द मेरे कानों से टकरा रहे थे। मैं लड़खड़ाता-टकराता घर आया और जूते उतारकर धम से पलंग पर गिर पड़ा। आँसुओं की धार लग गयी थी। हेम ने कुछ नहीं पूछा। वे भी पलंग पर गिरकर जोर से सिसक उठीं। **'धिक् जीवन जो सहता आया ही विरोध।'** अजय ने भी कुछ नहीं पूछा। उसका चेहरा तमतमा उठा था। तब से आज तक हिन्दी के प्रोफ़ेसरों के प्रति उसके मन में कोई श्रद्धा नहीं रही। उस सन्ध्या कौर हमारे गले के नीचे नहीं उतरे थे। कई दिनों तक मैं किसी से मिलने नहीं गया, कोई मुझसे मिलने नहीं आया। मैं चलता था तो लगता था जैसे कि मेरी लाश ही चल रही है।

मन में आया कि कुलपति के बँगले के सामने अपनी डिग्रियाँ और पुस्तकें जला दूँ तथा त्यागपत्र दे दूँ। सोचा, इससे किसी का क्या बिगड़ेगा। बस, थोड़ी सी बदनामी हो जाएगी, जिसे ये मोटी खाल वाले सह जाएँगे। मैं दुबारा डिग्रियाँ आसानी से प्राप्त नहीं कर सकूँगा। त्याग-पत्र दे दूँगा तो हम तीनों दाने-दाने के लिए तरस जाएँगे।

मैंने अपने जीवन में दो प्रबल आघात सहे हैं। एक यह और दूसरा बी.ए. की परीक्षा के समय। गाँधी जी की हत्या के झूठे आरोप में सरकार ने संघ पर प्रतिबन्ध लगा दिया था। संघ ने एक आपात बैठक रख दी थी। मेरा भूगोल का प्रश्न-पत्र होने को था। मैं परीक्षा छोड़कर बैठक में सम्मिलित होने चला गया था। लगातार प्रथम श्रेणी पाने वाला मैं बी.ए. में कम्पार्टमेण्टल पा सका था। ये दो आघात मेरी छाती में बर्छे से चुभे हुए हैं। जो लोग तिकड़म भिड़ाकर या महन्तों के तलुवे चाटकर ऊँचे पदों पर पहुँच जाते हैं वे मेरी मनोव्यथा को क्या समझेंगे।

बड़े से बड़ा आघात भी मैं राम-साहित्य के अध्ययन में खोकर भूल गया हूँ। मैंने वाल्मीकि-रामायण उठायी। दैवयोग से उत्तर-काण्ड का **कुत्ता-ब्राह्मण प्रसंग** मेरे सामने था।

राजा राम राजसभा में बैठकर दीन-दु:खियों की प्रार्थना सुना करते थे। एक दिन कुत्ते ने राजसभा में आकर न्याय माँगा। एक ब्राह्मण भिक्षु ने उसके सिर पर डण्डा

मारा था। राम ने उस ब्राह्मण को बुला भेजा। ब्राह्मण ने बताया कि उसे उस दिन भिक्षा नहीं मिल सकी थी, वह भूखा था। उसके रास्ते में यह कुत्ता बैठा हुआ था। जब कहने पर भी वह रास्ते से नहीं उठा तो इस भिक्षु ने उसके सिर पर डण्डा मार दिया। राम ने कुत्ते से पूछा, "इसे क्या दण्ड दिया जाए?" कुत्ते ने कहा, "इसे कालिंजर का कुलपति बना दीजिए।" राम ने उस ब्राह्मण को कुलपति का पद प्रदान कर दिया। वह हाथी पर बैठकर अकड़ता चला गया।

राजसभा के व्यक्तियों ने कुत्ते से कहा, "तुमने उसे दण्डित करने की अपेक्षा पुरस्कृत किया है।"

कुत्ता बोला, "पूर्व जन्म में, मैं भी कुलपति ही था। यह कुलपति के रूप में कुकर्म करेगा और अगले जन्म में मेरी तरह कुत्ता की योनि प्राप्त करेगा।"

इस कुत्ता-ब्राह्मण प्रसंग में मुझे राजनीति और अवतारवाद के कुछ संकेत मिले, जिन्हें मैंने डायरी में नोट कर लिया। मैं धीरे-धीरे राम-साहित्य विषयक नये शोधकार्य में अपने को तल्लीन करने लगा। मेरे मन में आया कि मैं रामकथा को लेकर ऐसा उपन्यास लिखूँ जो पाठक को राम के त्रेतायुग में पहुँचा दे।

शाण्डिल्य जी ने खण्डेलवाल जी से पूछा था, "लालाजी ने त्रिपाठी जी के बारे में आपसे कुछ नहीं कहा?"

"मुझसे तो कुछ नहीं कहा। वैसे कुरुक्षेत्र में त्रिपाठी जी का जो भाषण हुआ था वह बहुत प्रभावी नहीं था।"

वाह खण्डेलवाल जी! कुरुक्षेत्र में तो इन्होंने मेरे भाषण की प्रशंसा की थी। 'नवभारत टाइम्स' में भी अच्छी रिपोर्ट छपायी थी। इसके अतिरिक्त उस भाषण और रीडर के साक्षात्कार का क्या सम्बन्ध?

शाण्डिल्य जी ने लालाजी से कहा था, "आपने त्रिपाठी जी के बारे में खण्डेलवाल जी को कुछ नहीं बताया। आप झूठ बोले थे।"

लालाजी खिसियाकर बोले थे, "मैंने सोचा था कि त्रिपाठी जी बहुत ही योग्य प्रत्याशी हैं, किसी से कहने की क्या आवश्यकता। इनकी नियुक्ति तो होकर ही रहेगी। जब हो जाएगी तो वाहवाही मैं भी ले लूँगा। मैं नहीं जानता था कि ऐसा होगा। मैं लज्जित हूँ।"

9 जून, 1974. मैं डॉ॰ सत्यदेव चौधरी के घर बैठा हुआ था। चौधरी साहब को मुझसे सहानुभूति थी। मैं उठकर चलने को हुआ कि **डॉ॰ नगेन्द्र** आ गये।

"त्रिपाठी जी, आप का खेल बिगड़ गया।"

मैं चुप। वे बोलते गये,

"इण्टरव्यू से एक दिन पहले सरूप सिंह से मेरी भेंट हुई थी। उन्हें आप द्वारा आयोजित कार्यक्रम की याद थी। उनका कहना था कि आपके विभाग में त्रिपाठी काबिल आदमी है। हाँ, अन्य व्यक्ति के बारे में उन्होंने अकथनीय बातें कही थीं। वह बात किसी से कहें मत।"

"मैं नहीं कहूँगा। स्नातक जी कह रहे थे कि हरवंश लाल ने काम बिगाड़ दिया।"

"इस हरवंश लाल को क्या हो गया था। कभी मिलेगा तो कहूँगा। मैं स्नातक के बारे में क्या कहूँ। पता नहीं इसने क्या किया हो। ऑल दीज़ कावर्ड्स। छोटे-छोटे स्वार्थों पर.........."

डॉ॰ साहब खीजकर क्या कह रहे थे समझ में नहीं आ रहा था। क्या स्नातक जी

की नीयत पर सन्देह कर रहे थे? मैंने मन ही मन कहा, अब आप हरवंश लाल से क्या कहेंगे और कहने से लाभ ही क्या है। आपने भी तो रूखापन दिखाया था। कहना था तो पहले ही कहते, हरवंश लाल से और सरूप सिंह से भी। मैं उठकर चलने को हुआ तो वे बोले, "मैंने जो कुछ कहा किसी से कहें मत। आप कह भी देंगे तो मुझे डर नहीं।"

चौधरी साहब ने स्थिति सँभालते हुए कहा, "ये क्यों किसी से कुछ कहेंगे।"

कई दिनों के बाद एक साहित्यिक कार्यक्रम में सम्मिलित होकर हम साथ-साथ लौटे, डॉ॰ नगेन्द्र, डॉ॰ निर्मला जैन और श्री॰ कृष्णा सोबती। सोबती जी को पंजाब नेशनल बैंक के पास उतार दिया गया। **डॉ॰ नगेन्द्र** निर्मला जी से बोले, "इस औरत के पास क्या यही एक ड्रैस है?"

डॉ॰ साहब रोचक टिप्पणी किया करते थे। एक बार **मुक्तिबोध** की चर्चा होने पर उन्होंने कहा था, "यह आदमी केवल भयावह बिम्ब प्रस्तुत किया करता था।"

घर आकर उन्होंने चाय पिलायी और क्रोध में भरकर कहा, "कैसा पेटी आदमी हैड बना दिया गया है, दर्जनों झूठ बोलता है।"

अगस्त सितम्बर, 1974. डॉ॰ गुप्त की खाली पोस्ट और मेरी पोस्ट मिलाकर स्नातक जी कुछ ऐसा करने वाले थे कि रीडर की पोस्ट बन जाती। चूंकि मेरा नाम पेनल में था, मेरी पदोन्नति हो जाती। लिखा-पढ़ी छह मास के भीतर हो जानी चाहिए थी। इसके पश्चात् पेनल में मेरे नाम की सार्थकता समाप्त हो जाती। मैंने स्नातक जी से कई बार कहा कि आप लिखा-पढ़ी कीजिए। वे झुँझला उठते, "करूँगा।" उन्होंने ऊपर जो लिखकर भेजा वह स्वीकार नहीं हुआ। उन्होंने बताया कि वे दुबारा प्रयास करेंगे। वे फिर टालमटोल करते रहे। छह मास बीतने को आ रहे थे। उन्होंने जो कुछ भी लिखकर भेजा वह फिर अस्वीकार कर दिया गया।

डॉ॰ गुप्त ने मुझे बताया कि स्नातक जी कह रहे थे कि वी.सी. डॉ॰ त्रिपाठी से नाराज था, इसीलिए उनकी नियुक्ति नहीं हुई। पहले तो स्नातक जी ने मुझसे कहा था कि कुलपति आपके पक्ष में थे, हरवंश लाल ने आपका काम बिगाड़ा। सत्य क्या था पता नहीं। भला कुलपति मुझसे क्यों नाराज था, मैंने तो कोई विरोधी बात नहीं की थी।

मुझे रिपोर्ट मिलने लगी कि स्नातक जी मुझसे बहुत अप्रसन्न हैं। हस्तलिखित दो पत्र या पत्रक लगाये गये हैं जो त्रिपाठी जी के बेटे और पत्नी के हो सकते हैं। एक साइकलोस्टाइल्ड पत्रक भी है, जिस पर **डॉ॰ श्रीराम चौधरी** के हस्ताक्षर हैं। बताने वाले से मैंने कहा था कि मेरे बेटे और पत्नी के हस्तलेख से मिलान किया जा सकता है। पत्र-पत्रकों की जो भाषा बतायी गयी वह मेरी नहीं है, यह मेरी सोच ही नहीं है। लगता है कि रीडर-पद का कोई भावी अभिलाषी बहती गंगा में हाथ धोकर मेरे और स्नातक जी के बीच दरार पैदा करना चाह रहा है, ताकि आगे भी मेरी उपेक्षा की जाए। हाँ, मेडिकल डॉ॰ श्रीराम चौधरी मेरे मित्र हैं। मेरी दुर्दशा देखकर वे भी छटपटाये हैं। उन्होंने मेरा सहयोग लेकर जो पत्रक वितरित किया है इसमें तो केवल मेरी योग्यता का परिचय दिया गया है।

मैंने यह पत्रक डॉ॰ उदयभानु सिंह को दिखाया था। वे भी मान गये थे कि इसमें स्नातक जी की निन्दा नहीं थी। यह पत्रक अभी भी मेरे पास सुरक्षित है।

डॉ॰ नगेन्द्र के कई व्यवहारों से मैं सन्तुष्ट नहीं था। कई बारे वे रूखे, कड़ुवे और

आत्म-केन्द्रित हो उठते थे, किन्तु वे कापुरुष और कपटी नहीं थे। वे साफ़ टका-सा जवाब दे देते थे। वे उन लोगों में नहीं थे जो सामने आने पर दाँत निपोरकर मीठी-मीठी बातें करते हैं और पीठ-पीछे छुरा भोंक देते हैं। यह सच है कि उन्होंने अपने प्रभाव-काल में मेरी नियुक्ति नहीं की, यह मेरे साथ न्याय नहीं था, किन्तु यह भी सच है कि इस समय वे विभागाध्यक्ष होते तो मुझे लगाकर ही रहते।

अस्तु, मैं धीरे-धीरे लेखन में डूबने लगा। एक दिन विभाग में स्नातक जी से भेंट हो गयी। वे गुर्राये-से बैठे थे। मैंने उन्हें 'शंख-सिन्दूर' की प्रति दी। वे प्रसन्न होकर बोले, "मैंने इस उपन्यास के बारे में सुना है। इसे अवश्य पढ़ूँगा। नये कुलपति (श्री रामचरण मेहरोत्रा) से भी आपके बारे में कहूँगा। कोई उपाय तो निकालना ही है।"

"जाने दीजिए डॉ॰ साहब। अब रिटायर होने के ग्यारह वर्ष रह गये हैं। ऐसे ही बीत जाएँगे। मैं अब अपनी व्यथा भुलाकर लिखने-पढ़ने में मन लगा रहा हूँ।"

"यह तो अच्छा है। रीडर होने से तो अधिक ख्याति शायद आपको यह पुस्तक दे जाए।"

यदि मुझे किसी छोटे विश्वविद्यालय में भी रीडर या प्रोफ़ेसर का पद मिल जाता तो मैं इस महान् विश्वविद्यालय को छोड़ देता। मुझे एक प्रसंग याद आ रहा है–

मेरे पास एक गर्मी में लोकसेवा आयोग के अण्डर सिक्रेट्री का पत्र आया था कि हमारे यहाँ **बांग्ला भाषा के सीनियर रिसर्च आफ़िसर** का स्थान रिक्त है। इस पद के लिए आपका नाम सुझाया गया है। यदि इसमें आपकी रुचि हो तो अनापत्ति प्रमाणपत्र के साथ हमारे कार्यालय में आ जाइए।

हमारे संस्थान के निदेशक श्री चन्द्रात्रेय छुट्टियों में अपने घर (महाराष्ट्र) गये हुए थे। मैं ऐसे ही खाली हाथ आयोग के कार्यालय गया। वहाँ कार्यरत पाँच-छह पुराने शिष्य मिल गये। वे बोले, "सर, आप आ जाइए, बड़ा आनन्द रहेगा।"

"यहाँ मेज वाला काम है या अध्यापक वाला?"

"काम तो मेज वाला ही है।"

"तब तो मेरा दम घुट जाएगा। 10 से 5 बजे तक मुझसे बैठते नहीं बनेगा।"

कैसी बिडम्बना है कि योग्य होते हुए भी मुझे हिन्दी का रीडर नहीं बनाया जा रहा है और बिना आवेदन किये ही बांग्ला भाषा के सीनियर रिसर्च आफ़िसर के पद का आमंत्रण मिल रहा था।

मैंने सम्बन्धित अधिकारी से मिलकर अपनी कठिनाई बताकर इस पद के लिए किसी बांग्ला-भाषी को ही आमंत्रित करने के लिए कहा था।

नये कुलपति **प्रो॰ मेहरोत्रा** जयपुर विश्वविद्यालय से आये थे। **डॉ॰ उदित नारायण सिंह** की नियुक्ति हुई थी समकुलपति के रूप में। आरम्भ में डॉ॰ सिंह गणित के प्रोफ़ेसर पद पर नियुक्त हुए थे। एक प्रीति-भोज में इन्होंने मेरा कविता-पाठ सुना था। तभी से हम दोनों में मैत्री हो गयी थी। ये 'रामचरितमानस' के भक्त थे। विदेश-यात्रा के समय भी ये 'मानस' का गुटका अपने साथ रखते थे। इन्हें यह जानकर प्रसन्नता हुई थी कि मैंने राम-साहित्य पर शोध किया था। इनसे एक बार आत्मीयता-पूर्ण भेंट हुई थी। मैंने घर लौटकर कुछ पंक्तियाँ लिखी थीं।–

पठार का दर्द

अपनी जीवन-शक्ति का
परिचय देने के लिए

किसी का कुछ न बिगाड़ते हुए
जब भी मैंने ऊपर उठना चाहा
धारदार हँसियों से
मेरे सिर और तलुवों की खाल
बेरहमी से छील दी गयी।
और जब मैं वेदना से तड़प-तड़प
छटपटाया, कराहा
तब मेरा ही खून पीकर
कुप्पे-से फूले ये बेशर्म लोग
घिनौने दाँत-दिखाकर
अट्टहास कर उठे।
बची-खुची शक्ति
पूरी तरह समेट
मैंने लड़खड़ाते हुए
जब फिर उठना चाहा
तो मन-मन वजनी घन
मेरे सिर पर धमककर
मुझे बना दिया गया
विन्ध्याचली पठार-सा बौना
कि बच्चू पड़े रहो
शताब्दियों तक सपाट
ताकि पोलियोग्रस्त टाँगें
बैसाखियाँ लगा नाच-नाचकर
रौंदती रहें वक्ष
और दलती रहें मूँग।
नये उदित सूरज और चन्द्रमा
क्या हटाएँगे मेरी छाती से
ये पोलियोग्रस्त टाँगें,
बैसाखियाँ?
क्या सपाट पठार होने के शाप से
मुक्त कर
मुझे खड़ा होने देंगे
हिमालय-सा?
क्योंकि मैं किसी हिमालय से
कम नही; अधिक ही था,
मैं बौना था नहीं

बना दिया गया।

कई मास बाद मेरे कनपुरिया बन्धु **श्री सेवक वात्स्यायन** ने अपनी पत्रिका **भूमिकेतु** में इसे प्रकाशित किया था।

13 क

अगस्त का प्रथम सप्ताह, 1974 ई., मैं उ॰प्र॰ सरकार द्वारा घोषित 'तुलसी पुरस्कार' ग्रहण करने लखनऊ गया था। और भी कई पुरस्कार लगभग 20 लोगों को दिये गये थे। सबसे पहले मेरा नाम पुकारा गया। दूरदर्शन और पत्रकारों के कैमरों की फ्लैश लाइट में मुझ नेत्र-रोगी की आँखें चौंधिया गयी थीं। उत्तर प्रदेश के राज्यपाल श्री अकबर अली खाँ के कर-कमलों से हम सबको पुरस्कृत किया गया था।

मैं लखनऊ विश्वविद्यालय के हिन्दी **प्रोफ़ेसर डॉ॰ हरिकृष्ण अवस्थी** से मिलने उनके निवास-स्थान पर गया। मैंने उनसे कहा, "दिल्ली विश्वविद्यालय ने मेरे साथ घोर अन्याय किया है। एक्सपर्टों में एक आपके मित्र डॉ॰ हरवंश लाल शर्मा भी थे।"

"मेरे कारण आपके साथ यह अन्याय नहीं हुआ।"

मैंने चौंककर देखा, कमरे के एक कोने में **डॉ॰ हरवंश लाल** विराजमान थे।

"त्रिपाठी जी, सच में आपके साथ अन्याय हुआ है। आप सबसे अधिक अनुभवी और योग्य अध्यापक हैं। जरा आप सोचिए, भला मैं आपका अहित कर सकता हूँ।"

"आप अकड़-अकड़कर बार-बार मुझसे पूछे जा रहे थे, आपका कण्ट्रीब्यूशन क्या है। मैं उत्तर देने की चेष्टा करता था तो आप कह देते थे कि यह कुछ भी नहीं है। आप ऐसे व्यक्ति को भी लगा आये है जिसका एम.ए. की कक्षाएँ पढ़ाने का अनुभव मात्र एक वर्ष का है। मैं चौबीस वर्षों से स्नातकोत्तर संस्थाओं में पढ़ाता रहा हूँ। यहाँ भी दस वर्षों से एम.ए. की कक्षाएँ पढ़ा रहा था और शोध-छात्रों का निर्देशन कर रहा था। मेरी इतनी पुस्तकें प्रकाशित हैं, मैं इतनी भाषाएँ जानता हूँ और आप बार-बार पूछे जा रहे थे............"

"त्रिपाठी जी, मैं तो आपके पक्ष में था।"

मेरा मन खट्टा हो गया था। मैं हरवंश लाल की उपस्थिति बर्दाश्त नहीं कर पा रहा था। चाय का प्याला छोड़ मैं अवस्थी जी को नमस्कार कर उठ आया था। लखनऊ से लौटकर जब मैंने स्नातक जी को हरवंश लाल के बारे में बताया था तब वे बोले थे, "यह आदमी गलत कह रहा है। इण्टरव्यू के समय यह वी.सी. की चापलूसी कर रहा था।"

हरिकृष्ण जी अवस्थी के यहाँ से उठकर मैं उ.प्र. संस्थान के कार्यालय आ गया। **श्री अमृतलाल नागर** देखते ही बोल पड़े थे, "कल आप को पुरस्कार मिला है न? आपने इतनी सारी भाषाएँ कैसे सीख लीं? क्या आप असम और बंगाल में रहे हैं?"

"बिल्कुल नहीं। मैंने पुस्तकों की सहायता से भाषाएँ सीखी हैं।"

"आप अद्भुत हैं।"

"नागरजी, 'मानस का हंस', उपन्यास में रत्नावली-प्रसंग पढ़कर मैं रोया हूँ। पुस्तक में मोहिनी-प्रसंग न होता तो..........."

"क्यों नहीं होता?" नागर जी कुछ रुष्ट होकर बोले थे।

"इससे तुलसी की छवि धूमिल हुई है।"

"मैंने बिल्कुल ठीक चित्रण किया है", नागर जी के स्वर में कड़क थी।

"जाने दीजिए।"

"त्रिपाठी जी, आपने रामायण-साहित्य पढ़ा है। मुझे लगता है कि रावण का रथ हिट्टियों का रथ था। पहाड़-जैसा बड़ा रथ, जिसमें खिड़कियाँ लगी थीं। उन्हीं से छिपकर राक्षस बाण चलाते थे। वानरों की नीति थी कि इन्हें रथ से नीचे उतारकर मारा जाए। इसमें वानर सफल हुए। रावण के यहाँ हेति-सुहेति राक्षस थे। मुझे यह वर्णन जैन साहित्य में मिला है।"

हेति को हित्ती या हिट्टी मानने की कल्पना मुझे सटीक नहीं लग रही थी। हेति और प्रहेति रावण के मामा के दादा-परदादा थे। जैन साहित्य की रचना तो वाल्मीकि-रामायण के कई शताब्दियों बाद हुई। जैनियों को रावण के ऐसे रथ का पता था और वाल्मीकि को नहीं। जैनियों ने तो रामकथा को साम्प्रदायिक रूप देने की चेष्टा की है। अपने मन में उठने वाले इन विचारों को मैंने व्यक्त नहीं किया। कई अन्य लोग भी नागर जी से मिलने आ गये थे। इनमें एक दक्षिण भारतीय श्री रेणु भी थे। नागर जी ने वार्त्ता का क्रम नहीं तोड़ा था।

"नागर जी, आपने 'बूँद और समुद्र' उपन्यास में बताया है कि राम काले थे, क्योंकि उनकी माँ कौसल्या अनार्या और काली थीं। कैकेयी तो विशुद्ध आर्य परिवार से आयी थी, फिर उसका पुत्र भरत काला क्यों था?"

नागर जी कुछ हिचकिचाये, "मैंने तब इतिहास के सतही ज्ञान के आधार पर राम के कालेपन को अनार्यत्व से जोड़ा था। हमारे अवतारों को श्यामल ही चित्रित किया गया है। तथापि, मैं कौसल्या को अनार्य नारी ही मानता हूँ।

"नागर जी, आर्य को रेस मानने का भ्रम तो पाश्चात्य लोगों ने फैलाया है। संस्कृत में आर्य का अर्थ है सदाचारी, विद्वान्, बुद्धिमान् आदि। जब कैकेयी ने दुष्टता दिखायी तो दशरथ ने उसे अनार्या कहा था। इसके अतिरिक्त रामायण में कौसल्या को गौरांगी बताया गया है। वे काली नहीं थीं। तथापि, मुझे भी ऐसा लगता है कि वे दक्षिण कोसल, अर्थात् छत्तीसगढ़ के आसपास के प्रदेश की राजकुमारी थीं।"

नागर जी से मिलने आने वालों की संख्या बढ़ती जा रही थी। मैं नागर जी के साथ चाय पी चुका था। उन्हें नमस्कार कर मैं उठ आया था।

14 दिसम्बर, 1974: **डॉ॰ नगेन्द्र** ने घर पर बुलाया था। उन्होंने 'लड़के' को बुलाकर चाय मँगायी। मुझसे कुछ खाते नहीं बन रहा था।

"आपका क्या हो रहा है?"

"कुछ भी नहीं। स्नातक जी ने दो बार पत्र लिखकर भेजा, दोनों बार रमन (रजिस्ट्रार) ने अस्वीकार कर दिया। लोग कहते हैं कि यह बिगाड़ने वाला आदमी है।"

"नहीं, ऐसा नहीं हैं। यह स्नातक बहुत छोटा आदमी है। प्रोफ़ेसर होते हुए भी यह एक्सटेंशन के लिए गिड़गिड़ाता फिरा।"

"डॉ॰ साहब, मेरे मन पर गहरा आघात लगा है।"

"अन्तर के ब्रह्म को मलिन मत होने दें।"

"मैंने बेकार ही इतनी भाषाएँ सीखीं, बेकार ही इतना शोध-कार्य किया। इसका कोई महत्त्व नहीं है।"

"नहीं, आपका अपना महत्त्व है। आपकी-जैसी प्रतिभा अन्यों में नहीं है। एक दिन आपको समादर मिलेगा।"

जिनकी नियुक्ति हुई उनके प्रति मेरे मन में कोई दुर्भाव नहीं था। उन लोगों ने भी कभी मेरे प्रति कोई दुर्भाव व्यक्त नहीं किया। सात-आठ वर्षों के बाद मैं और जगदीश जी वैशाली में बस गये थे। तब हमारे पारिवारिक सम्बन्ध भी घनिष्ठ हुए थे। कुछ वर्षों के बाद जगदीश जी की अकाल मृत्यु हो गयी थी। उनके शव पर मैंने फूलमाला ही नहीं दो-एक आँसू भी चढ़ाये थे। श्रद्धांजलि-सभा में डॉ॰ सरूप सिंह भी सम्मिलित हुए थे। उन्होंने कहा था, "जगदीश मेरा बेटा था। मैंने उसे रीडर लगाया था।"

मैं एकटक इनकी ओर देखता रह गया था।

16 दिसम्बर, 1974, हिन्दू कॉलेज के एक कक्ष में श्रीमती **डॉ॰ सा॰ चन्द्रा** का भाषण स्नातक जी की अध्यक्षता में आयोजित था। समर्थन देने के लिए वामपन्थी अध्यापक और छात्र उपस्थित थे। विषय था– 'तुलसी के साहित्य में नगर और गाँव का चित्रण।' शोध-प्रबन्ध से सम्बन्धित अपना लिखित भाषण भी वे ठीक से पढ़ नहीं पर रही थीं। अस्थान (स्थान) बैपार, बैपारी, तुलसी ने चित्रण अंकित किया है– ऐसी भाषा बोल रही थीं। उन्होंने तुलसी को नगर का कवि बताया था। मैंने कुछ कहा तो इनकी त्यौरियाँ चढ़ गयीं। वामपन्थी एक अध्यापक ने इनकी प्रशंसा और तुलसी की निन्दा की। डॉ॰ स्नातक इनकी प्रशंसा में पंचमुख थे, "अभी तक लोग तुलसी-साहित्य का अध्ययन छन्द-अलंकार की दृष्टि से करते आये हैं। सा॰ जी ने बिल्कुल नयी दृष्टि से अध्ययन किया है।" आदि-आदि। **नानक चन्द** नाम का एक छात्र बोल पड़ा था, "कौन कहता कि तुलसी-साहित्य का अध्ययन छन्द-अलंकार की दृष्टि से होता रहा है। डॉ॰ रमानाथ त्रिपाठी की कक्षा में बैठकर देखिए वे किस दृष्टि से पढ़ाते हैं।"

मैं सोच रहा था कि स्नातक जी को मेरे शोध-प्रबन्ध में कोई विशेषता नहीं दिखायी पड़ी थी। पुस्तक-चर्चा गोष्ठी में इन्होंने किस प्रकार मेरी उपेक्षा की थी इसका उल्लेख मैं कर चुका हूँ। यहाँ यह भी बता दूँ कि श्रीमती सा॰ चन्द्रा के मार्क्सवादी पति उस समय एक महत्त्वपूर्ण शिक्षा-संस्थान के अधिकारी थे।

इसी दिन अपराह्न 2 बजे कला-संकाय के संगोष्ठी कक्ष सं. 22 में कार्यक्रम आयोजित था, जिसमें **श्री रघुवीर सहाय** और **श्री सर्वेश्वर दयाल सक्सेना** आमंत्रित थे। मैं रघुवीर सहाय जी से बात कर रहा था, देखकर एक विभागीय अध्यापक व्यंग्य-पूर्वक मुस्कराये थे।

मैं श्री रघुवीर सहाय को सान्ध्य कालीन हिन्दी साहित्य सभा के मंच पर आमंत्रित कर चुका था। मैंने परिचय देते हुए कहा था, "रघुवीर जी मेरे अंग्रेजी के प्रोफ़ेसर बाबू महादेव प्रसाद श्रीवास्तव के दामाद हैं। मैं जब उनके घर जाया करता था तब इनकी पत्नी फ्रॉक पहने घूमा करती थीं।" भाषण के पश्चात् छात्रों ने अनुरोध किया था कि रघुवीर जी कोई कविता सुनाएँ। वे बोले थे, मुझे अपनी कोई कविता याद नहीं आ रही है। तब मैंने उनकी एक कविता सुना दी थी–

पढ़िए गीता
बनिए सीता
किसी मूर्ख की
हो परिणीता

निज घर-बार बसाइए।
लकड़ी सीली
तबियत ढीली
होएँ कटीली अँखियाँ गीली
घर की सबसे बड़ी पतीली
भरकर भात पसाइए।

17 मार्च, 1975. एम.ए. के छात्रों का विदाई समारोह था। **अर्चना** नाम की एक छात्रा ने अच्छी कविता पढ़ी थी। फोटो-ग्रुप के समय वह मेरे पास बैठी थी। मैंने लड़की की प्रशंसा की। निर्मला जी जैन बोली थीं, "जब आप प्रशंसा कर रहे हैं तो जरूर कहीं गड़बड़ है।" निर्मला जी ने सहज विनोद किया था। मैं मुस्करा गया था।

एक और प्रसंग याद आ रहा है। नॉन कॉलेजिएट गर्ल्स का वार्षिकोत्सव था। कई लोगों ने कविताएँ पढ़ी थीं। मेरे पीछे एक नेत्र-हीन कन्या बैठी थी। वह बोली थी, "सर, आप तुलसी और विद्यापति इतना अच्छा पढ़ाते हैं। आप भी कोई कविता सुनाइए। कुछ नहीं तो तुलसी की चौपाइयाँ ही सुना दीजिए।"

सम्भवतः लोगों की दृष्टि में, मैं मध्यकालीन काव्य का दक्ष अध्यापक तो हूँ, किन्तु हूँ ठूँठ। मुझे न तो आधुनिक साहित्य के सर्जन की तमीज है और न इसके अध्यापन की ही। इसी कार्यक्रम में एक अन्य लड़की ने अध्यापकों को उपाधियाँ दी थीं। एक छात्रा ने मेरा नाम लेकर कहा-**'वज्रादपि कठोराणि मृदूनि कुसुमादपि।'** त्रिपाठी सर राम के लिए यह पंक्ति बताया करते हैं, उन पर भी यह लागू होती है। वे अनुशासन की दृष्टि से वज्रकठोर हैं, अन्यथा कुसुम-जैसे कोमल हैं।

अप्रैल, 1975. एक साहित्यिक कार्यक्रम में मेरी भेंट **श्रीमती सुमन मेहरोत्रा** से हुई। ज्ञात हुआ कि ये कहानी-लेखिका हैं और नये कुलपति की पत्नी हैं। मैंने भारतीय साहित्य परिषद् का परिचय देते हुए कहा, "यदि आप संस्था की सदस्य बनना चाहें तो मैं आपके निवास पर आ सकता हूँ।" उन्होंने स्वीकृति दे दी।

मुझे खोजना पड़ा कि हमारे विश्वविद्यालय के कुलपति का निवास कहाँ है। मैं प्रथम और अन्तिम बार यहाँ गया था। सुमन जी सदस्य बन गयी थीं। उन्होंने पास बैठे हुए कुत्ते की ओर देखते हुए कहा, "इसे सुगन्ध बहुत पसन्द है। जिस व्यक्ति के शरीर से दुर्गन्ध आती है उस पर यह भौंकता है।"

"तब तो इसने मुझे स्वच्छता का प्रमाण-पत्र दे दिया, क्योंकि यह मुझे देखकर नहीं भौंका।"

मैं काफी पी रहा था कि अकस्मात् कुलपति **मेहरोत्रा जी** गाउन पहने आ उपस्थित हुए। मैं हड़बड़ाकर उठने को हुआ तो प्याला छलक गया और काफी मेरे कपड़ों पर गिर गयी। मेहरोत्रा जी मेरे सामने फर्श पर बैठकर तौलिया से मेरे कपड़े पोंछने लगे। मैं पुनः हड़बड़ा उठा, "अरे, यह आप क्या कर रहे हैं? सच मैं तो में अपने कुलपति की आकस्मिक उपस्थिति से सम्भ्रमित हो उठा था।"

"अरे बन्धु, कहाँ का कुलपति! मैं आपका मित्र और साथी हूँ।"

"यह आपका बड़प्पन है।"

मैं दुबारा उनके निवास पर नहीं गया। किसी कार्यक्रम में मिल जाने पर वे पहचान लेते थे। वामपन्थी होते हुए भी ये ऐसे कुलपति थे जो मेरे साथ अन्याय नहीं करते।

13 ख

इधर हमारे **मकान-मालिक गुप्ता** ने पराक्रम दिखाना आरम्भ कर दिया था। उन्होंने अपने राजमहल में चार किरायेदार रखे हुए थे। उन्होंने सबसे पहले बरसाती वाले किरायेदार से संघर्ष किया। फ्लाइंग स्क्वैड बुलाने की नौबत आयी। किरायेदार मकान छोड़ गया। रक्षा-विभाग के वैज्ञानिक त्यागीजी से मारपीट हुई। फ्लाइंग स्क्वैड बुलाया गया। 18-19 फरवरी, 75 को गुप्ता हवालात में बन्द रहे। 22 फरवरी को इन्होंने 10-15 लोगों के साथ त्यागी जी पर आक्रमण कर दिया। पुलिस दोनों पक्षों को थाने ले गयी। रात 2 बजे समझौता हो सका। तीसरे किरायेदार जैन की बिजली काट दी गयी। उन्होंने भी थाने में रिपोर्ट की। त्यागी जी ने मुझसे कहा था, "यदि आप गवाही दे दें तो मैं इसे जेल की हवा खिला सकता हूँ।" मैं गवाही कैसे दे सकता था। गुप्ता कहते रहते कि त्रिपाठी जी से मुझे कोई शिकायत नहीं है।

हाँ, अब गुप्ता और मैं एक-दूसरे से शंकित रहने लगे थे। मैं किराया देता था तो ये रसीद नहीं देते थे। मैं विवाद नहीं बढ़ाना चाहता था। विश्वविद्यालय ने जो यंत्रणा दी थी मैं उससे ही नहीं उबर पाया था। कमसे कम घर के भीतर तो शान्ति से रहना चाहता था।

अप्रैल, 75, मैंने देखा, हेम कुछ उदास सी रहने लगी हैं। मैंने पूछा, "देवी जी, क्या बात है?"

"अजय मुझे डाँटता रहता है। हमेशा अकड़ा रहता है।"

"अकड़ा तो मेरे ऊपर भी रहता है।"

"कहता है कि मेरे ऊपर पहरा क्यों लगाये रहती हो।"

"ठीक तो कहता है। जब वह घर से बाहर निकलता है तुम छज्जे पर जाकर ताकझाँक करती हो, यशोदा मैया की तरह कि **दूर खेलन जनि जाहु लला रे मारेगी काहू की गैया।** अब गैया का स्थान ले लिया है स्कूटर, कार, मोटर साइकल आदि ने। तुम सोचती हो कि वह किसी वाहन की चपेट में न आ जाए। तुम्हारी गोद से वह उतर चुका है। उसे अब तुम्हारे आँचल की छाया नहीं चाहिए। उसके पंख निकल रहे हैं। उसे अपने ढंग की उड़ान भरने दो।"

"तो अकड़ता क्यों रहता है?"

"देवी जी, मैंने गाँव में देखा है, जब बछड़े के सींग निकलने को होते हैं तो वह अपने साथियों से टक्कर लेता है, अथवा दीवार या पेड़ को टक्कर मारता है। तुम्हारे बेटे के भी सींग निकल रहे हैं।"

तभी नीचे से किसी लड़की ने पुकारा, "अंकल, सड़क पर अजय के साथ झगड़ा हो रहा है।" मैं नंगे पैर दौड़ता हुआ गया। अजय 10-15 लड़कों से घिरा खड़ा था। इनका लीडर साजन बोला, "अंकल, यह अजय हमारे साथ झगड़ा कर रहा है।" साजन हमारे पहले वाले मकान के सामने ही रहता था। उसके पिता क० साहब का सुअर के बालों का व्यवसाय है। मैंने लड़कों के इस समूह को शान्त करने के लिए अजय को ही डाँट लगायी। लड़के तू-तू, मैं-मैं करते रहे। साजन फनफनाता हुआ कभी ईंट लेकर झपटता तो कभी सड़क पर पड़ी कोई वस्तु उठाकर। मैंने फिर अजय

को डाँटा। वह बोला, "आप घर जाइए।" अधिक आग्रह करने पर उसने बताया कि साजन एक लड़की की बाँह ऐंठ रहा था।

"तू बड़ा सुधारवादी बनता है। जब मुहल्ले की लड़कियाँ ही उसे बुलाकर चाय पिलाती हैं तो तू क्यों बीच में पड़ता है?"

"अजय का दोस्त अशोक सेठी बोला, "चाचा जी, वह लड़की हमारे दोस्त की बहिन है।"

लड़के छुरी-चाकू मारने की बात करते चले गये थे। मैंने अजय को घर से बाहर नहीं निकलने दिया। 15-20 दिनों के बाद ही उसकी परीक्षा होने वाली थी। वह इसी की तैयारी में जुट गया था। सफेद कार में बैठे लड़के मेरे घर के चक्कर लगाते रहते, सीटियाँ बजाते रहते। धीरे-धीरे माहौल शान्त-सा प्रतीत होने लगा। अजय लम्बे-चौड़े डील-डौल वाले अपने दोस्त **शेखर जैन** के साथ घूमने निकला।

मैं हेम को अपनी नयी पुस्तक के एक-दो प्रसंग सुनाना चाह रहा था। वे बेचैनी के साथ इधर-उधर ताक-झाँक करने लगती थीं। उनके प्राण अजय में समाये थे, आँखें उसी के पीछे दौड़ रही थीं। मैं झुँझला उठा, "सुन रही हो या मुझसे बकवास करा रही हो?" वे हड़बड़ाकर बोलीं, "सुन रही हूँ।" तभी किसी ने नीचे से पुकार लगायी, "अजय के साथ झगड़ा हो रहा है।" बाथरूम में कपड़ा पीटने वाली मुगरी पड़ी थी, मैं उसे लेकर दौड़ पड़ा। पास के मकान के गेट के भीतर पिटा हुआ साजन खड़ा था। मैं संयम खोकर बोल पड़ा, "नीच कमीने, यहाँ गुण्डागीरी करने आ जाता है।"

पता चला कि साजन के साथी घात लगाये बैठे थे। उन्होंने सोचा, अजय अकेला है, इसका दोस्त शेखर भला क्यों झगड़े में पड़ेगा। उन्होंने अजय पर आक्रमण कर दिया था। अजय साजन से उलझ गया और बलिष्ठ शेखर ने अकेले ही दो-चार छोकरों की मरम्मत कर दी। कुछ औरतें इकट्ठी हो गयी थीं। एक बोली, "अजय, तू इस हरामजादे को और मार। इसने लड़कियों का जीना हराम कर दिया है।" जो कोई निकला कहता, "मारो साले को।"

हेम का चेहरा फीका पड़ गया था। चौका निपटाकर वे पलंग पर गिरकर बोली, "मेरी छाती में दर्द है।" मुझे ठीक से नींद नहीं आयी। सवेरे शेखर के पिता जैन साहब आकर बोले, "त्रिपाठी जी, झगड़ा बढ़ सकता है। हमें लड़कों के घर वालों से मिलना चाहिए।" हम अपने कुछ जनसंघी और कांग्रेसी मित्रों को लेकर कुछ लड़कों के अभिभावकों से मिले। उन्होंने हमारी बातें ध्यान से सुनीं और कहा कि वे लड़कों पर अंकुश लगाएँगे। लड़के फिर भी मेरे घर के आसपास सीटियाँ बजाते चक्कर लगाते रहे। हाँ, वे अजय से सीधे-सीधे नहीं टकराये। उन्होंने एक दूसरा मार्ग अपनाया।

मॉडल टाउन के सी. ब्लाक में मेरे मित्र **डॉ॰ राजेन्द्र सिंह कुशवाहा** रहते थे। इनका सम्बन्ध भी संघ से रहा था। गाँधी जी की हत्या के झूठे आरोप में ये भी सताये गये थे। इनमें किसी समय उग्र ठाकुरपना था। अब ये अत्यन्त विनम्र हो गये थे। इन्होंने बताया कि इनके पुत्र पम्मी में भी उग्र ठाकुरपना आ गया है। यह नाहक झगड़ा करता फिरता है। एक बार एक बस्ती में यह कुछ कर आया था। बस्ती के तीस-चालीस लोगों ने लाठी-डण्डे लेकर कुशवाहा जी का घर घेर लिया था। उन्होंने पम्मी को घर के भीतर कैद कर दिया, ताकि यह झगड़ा न कर सके। पम्मी छत पर चला गया और नंगी तलवार लेकर छज्जे से नीचे कूद पड़ा। भीड़ के सभी लोग भाग खड़े हुए थे।

मैं यह विवरण सुनकर खूब हँसा था। अन्य लोगों ने भी बताया था कि पम्मी बड़ा गुस्सैल है और बिना-सोचे-समझे ही हाथ उठा देता है। इस समय इस पर कई गम्भीर केस चल रहे हैं और जमानत पर छूटा हुआ है। बाप का ठाकुरपना देशभक्ति से भरा हुआ था और बेटे का ठाकुरपना निरर्थक-सा था। वैसे भले ही पम्मी गुस्सैल और झगड़ालू हो शायद चरित्रहीन नहीं था।

11 अप्रैल, 1975. **दीपचन्द** मेरे घर बैठे हुए थे। दरवाजे की घण्टी बजी। दो लड़के मुझे धकयाते हुए भीतर घुस आये और सोफा पर बैठ गये। एक लड़का गले में सोने की जंजीर पहने था। वह तेज-तर्रार लग रहा था। दूसरा लड़का कम पढ़ा और बदमाश-सा था। तेज-तर्रार लड़के ने अकड़कर कहा, "आपने मेरी रिपोर्ट की है?"

"बेटे, मैं तो तुम्हें जानता तक नहीं। और मैंने किसी की रिपोर्ट नहीं की है।"

"अजय कहाँ है?"

"तुम्हें उससे मतलब?"

"अजय के साथ झगड़ा हुआ था। इसी सम्बन्ध में आपने नाम-पते सहित साजन और भगत के साथ मेरे भी खिलाफ थाने में रपट की हैं।"

"तुम्हारा नाम क्या है?"

वह अकड़ा बैठा था। अब कुछ ढीला पड़कर बोला, "मेरा भी नाम अजय है।"

"किस मकान नं. में रहते हो?"

"सी 5/14 में।"

"अजय वर्मा हो?"

"नहीं, अजय कुशवाहा।"

उत्तेजित होकर मैं खड़ा हो गया, "नालायक कहीं के, तू पम्मी है। यहाँ मुझे लाल आँखें दिखाने आया है। कुशवाहा जी मेरे छोटे भाई-जैसे हैं, बड़ा गुण्डा बना घूमता है। मैं अभी जाकर तेरे बाप से मिलता हूँ। तेरी ठकुराहट निकाल दूँगा।"

मैं आशंकित था कि अजय आ न जाए और यह जोशीला-झगड़ालू लड़का उस पर प्रहार न कर बैठे। तभी दरवाजा खुला। पम्मी बोला, "यह अजय है?"

"मैं अजय का दोस्त अशोक हूँ। तू यहाँ क्या करने आया है?"

दोनों में तड़पा-तड़पी होने लगी। यह ठीक थी। पम्मी को भी पता लग जाना चाहिए कि उससे डरने वाला कोई नहीं है। पम्मी चला गया। अजय आया। उसका चेहरा तमतमाया हुआ था। वह बोला, "आप लोग मेरे कारण परेशान होते हैं। मैं कुछ दिनों के लिए घर छोड़कर चला जाऊँगा।"

दीपचन्द बोले, "मैं अजय भाई को अपने घर रख लूँगा।"

अजय बोला था, "पिताजी, यह पम्मी कुछ नहीं कर सकता, कतल के केस में फँसा हुआ है। पुलिस को बहाना मिला नहीं कि बच्चू धरे गये। यह साजन ही इसे भड़काकर ले आया था।"

कुशवाहा जी ने मुझे बताया था कि कोई भी व्यक्ति पम्मी के विरुद्ध रिपोर्ट कर दे तो पुलिस को बहाना मिल जाएगा। "भाई साहब, आप मेरे साथ पुलिस स्टेशन चलिए। आप कह दीजिए कि मेरे लड़के के साथ कुछ लड़कों का झगड़ा हुआ था। उनमें पम्मी नहीं था।"

मैंने ऐसा ही किया था और किसी भी लड़के के विरुद्ध रिपोर्ट नहीं लिखायी थी।

धनी माँ-बाप ने सुविधाएँ देकर इन लड़कों को बिगाड़ा था। ये अपराधी प्रकृति के नहीं थे।

कई वर्ष के बाद मैं अजय के साथ किसी मुहल्ले के बाजार गया था। वहाँ एक सुशील युवक ने मुझे आदर-पूर्वक नमस्कार किया। वह अजय के साथ घुलमिलकर बातें करने लगा। अजय मुस्कराकर बोला, "पिता जी, इसे पहचाना? यह साजन है।"

"एँ? यह तो बहुत ही समझदार और सुसभ्य दिखायी पड़ रहा है। लगता है कि अब यह बचपना छोड़ चुका है।"

स्नातक जी ने मुझे कार्यालय में बुलाया था। कोचिन विश्वविद्यालय के हिन्दी विभागाध्यक्ष **प्रो० एन०ई० विश्वनाथ अय्यर** ने हमारे विश्वविद्यालय के रजिस्ट्रार को पत्र लिखा था– "हमारे यहाँ केरल के स्नातकोत्तर कक्षाओं के हिन्दी प्राध्यापकों का पुनश्चर्या कार्यक्रम आयोजित है। आपके हिन्दी-विभाग में कार्यरत डॉ० रमानाथ त्रिपाठी नाम के सज्जन ने गम्भीर शोध-कार्य किया है। हम चार या पाँच दिनों तक इनके भाषणों का कार्यक्रम रखना चाहते हैं। कृपया इन्हें ड्यूटी लीव देकर भेजने का अनुग्रह करें।" दि. 7 जून, 1975.

रजिस्ट्रार ने यह पत्र स्नातक जी के पास भेज दिया था। मेरे पास भी प्रतिलिपि आयी थी। डॉ० विश्वनाथ जी से मेरा परिचय नहीं था। अभी भी रीडर वाले साक्षात्कार का दंश मुझे पीड़ित किये था। मन अशान्त था। मकान-मालिक एक-एक कर किरायेदारों को निकालने का प्रयास कर रहा था।

"स्नातक जी, कहीं भी जाने की मेरी इच्छा नहीं है।"

"क्या कभी आप दक्षिण भारत गये हैं?"

"कभी नहीं। मेरी सीमा बड़ोदरा तक है।"

"दक्षिण भारत देखने का यह स्वर्णिम अवसर है। वहाँ के प्रोफ़ेसर ने किसी और को नहीं आपको बुलाया है। मेरा परामर्श है, आप अवश्य जाइए।"

इधर एक बड़ी ऐतिहासिक घटना हो गयी। 12 जून, 1975 को इलाहाबाद उच्च न्यायालय ने श्रीमती **इन्दिरा गांधी** का लोकसभा-चुनाव रद्द कर उन्हें छह वर्षों के लिए चुनाव लड़ने के अयोग्य घोषित कर दिया। **श्री जय प्रकाश** के नेतृत्व में सारा देश आन्दोलित था।

हेम और अजय ने आश्वासन दिया कि वे घर सँभाल लेंगे। मैं निश्चिन्त होकर यात्रा करूँ। दीपचन्द ने कोचिन के लिए 6 जुलाई का आरक्षण करा दिया।

कोचिन-यात्रा के लिए अभी बहुत दिन थे। मैं सपरिवार इटावा आ गया। बड़े साले श्री कौशल किशोर तिवारी के बेटे अरविन्द का विवाह था। जब मेरा विवाह हुआ था तब अरविन्द छह मास का था। तब बारात तीन दिन तक रुकती थी, चौथे दिन विदा होती थी। मैंने कौशल जी से कहा था कि बारात को एक दिन पहले विदा कर दो। वे बिगड़कर बोले थे, "क्या मैं मरभुक्खा हूँ कि मैं बारात को खिला नहीं सकता, इसलिए एक दिन पहले विदा कर दूँ।" अब उन्हीं कौशल जी के बेटे की बारात तीसरे-चौथे दिन की कौन कहे दूसरे दिन ही लौट आयी थी। बैण्ड बाजे की धमाधम, उचक्का नाच का हुड़दंग और लाउडस्पीकर पर फिल्मी गीतों की गूँज ऐसी छायी रही कि महिलाओं के मंगलगीत मौन हो गये। पण्डित के मुख से निकलने वाले

मंत्र भी फीके पड़ गये। पंक्ति में बैठकर पत्तलों में भोजन भी नहीं परोसा गया। यहाँ भी खड़े-खड़े भोजन की प्रथा चल पड़ी थी। तीन-चार दिनों तक बारात रहती थी तो वर-कन्या के मामा, फूफा, चाचा, ताऊ आदि परस्पर परिचित हो जाते थे। अब तो कन्या के निवास पर एकत्र हुए, खा-पीकर सभी खिसक गये।

जल्दी छुट्टी मिल गयी थी। मैं हेम और अजय को यहीं छोड़कर दि॰ 24 जून को क्योंटरा आ गया। अम्मां और दोनों भाइयों के परिवार मुझे अपने बीच पाकर परम प्रसन्न हुए। यहाँ न समाचार-पत्र आते थे और न रेडियो से समाचार सुनने की सुविधा थी। मैं दो-तीन दिनों तक दुनिया से कटा रहा। 27 जून को औरैया होता हुआ इटावा आया तो ज्ञात हुआ कि 25 जून को देश में **इमरजेन्सी** लगा दी गयी है। यह क्या होती है मुझे ठीक से मालूम नहीं था। घर पर जो अखबार पड़े थे उनके समाचारों में कॉट-छाँट थी। सम्पादकीय का स्तम्भ कोरा छूटा हुआ था। संचार-माध्यमों पर सरकार का नियंत्रण था। रात के अँधेरे में ही विरोधी नेताओं को पकड़कर जेल में डाल दिया गया था। इन्दिरा जी ने सिंहासन बचाने के लिए सारे देश को कारागार बना दिया था। इटावा आकर ही मुझे ज्ञात हुआ कि इन्दिरा जी ने उच्चतम न्यायालय से 24 जून को स्टे ले लिया था। गर्मी की छुट्टी के बाद हाईकोर्ट के फैसले पर सुनवाई होती। इन्दिरा जी को भय था कि यहाँ भी इनका चुनाव रद्द हो सकता है। उन्होंने मंत्रि-परिषद् से भी परामर्श नहीं लिया था और केवल अपने स्वार्थ के लिए निर्लज्ज दुःसाहस का परिचय दिया था। ससुराल के लोगों और हेम को चिन्ता थी कि कहीं मैं भी गिरफ्तार न कर लिया जाऊँ।

"मुझे क्यों गिरफ्तार किया जाएगा। मैं तो जनसंघ या किसी भी राजनीतिक दल का आरम्भिक सदस्य भी नहीं हूँ। मैं अभी कुछ दिनों तक अपना मुँह बन्द रखूँगा।"

हम पाँच जुलाई को दिल्ली लौट आये। यहाँ वातावरण थर्राया हुआ था। जनता में दहशत छायी हुई थी। लोग घर से निकलकर कार्यक्षेत्र जाते थे तो घर वाले भगवान् से मनाते रहते थे कि हमारे लोग सकुशल वापस आ जाएँ। कब किसको पकड़कर जेल में ठूँस दिया जाए पता नहीं।

मैंने **कोचिन** के लिए प्रस्थान किया। विश्वविद्यालय के लोग स्टेशन आ गये थे। 9 जुलाई के प्रातः काल मैं सभागार में उपस्थित हुआ। मुझे बताया गया कि मध्यकालीन काव्य के विषय में बोलना है। मैंने कहा, "मध्यकालीन काव्य को समझने के लिए उसकी सांस्कृतिक पृष्ठ-भूमि की जानकारी अनिवार्य है। मैं आज इसी विषय पर बोलूँगा।" मैंने विद्यापति, सूर और तुलसी द्वारा प्रयुक्त कुछ शब्दों की सांस्कृतिक पृष्ठ-भूमि भी प्रस्तुत की। इन शब्दों के सही अर्थ हिन्दी के विद्वान् नहीं जानते। मध्यकालीन काव्य में प्रयुक्त कुछ लोकतत्त्वों का सन्धान भी मैंने दिया।

जब दूसरा भाषण आरम्भ होने को था तो एक अध्यापक ने अनुरोध किया कि मैं उत्तर प्रदेश में होने वाली **रामलीला** के स्वरूप का परिचय स्वयं अभिनय करता हुआ प्रस्तुत करूँ। मैं हँस पड़ा, "आज आप लोग मुझे गायक, अभिनेता, उद्घोषक सभी कुछ बना देंगे। मैंने बचपन में रात-रात भर जागकर रामलीला देखी है, उसी के आधार पर दो प्रसंग प्रस्तुत करूँगा।"

डायस से मेज-कुर्सी हटा दी गयीं। मैंने पहले रामलीला के खुले मंच का परिचय

दिया। मैदान की एक ओर राम का विमान होता है, दूसरी ओर रावण की लंका। इसके एक पार्श्व में जनक की पुष्प-वाटिका होती है। वही अगले क्रम में रावण की अशोक वाटिका बन जाती है। महिलाओं और पुरुषों के बैठने की व्यवस्था अलग-अलग होती है। एक ओर समाजी लोग हारमोनियम, ढोलक और मंजीरा लिये बैठे होते हैं। गायक 'मानस' के छन्दों का गायन कर पात्रों को अभिनय के संकेत देता है। वह घटनाओं की सूचना भी देता है। तो प्रस्तुत है **परशुराम-प्रसंग।**

धनषु टूट चुका है। सीता राम के गले में वरमाला डाल रही हैं। दुष्ट राजा सीता को छीनकर ले जाने की बकवास कर युद्ध के लिए तैयार हो गये। सखियाँ जल्दी-जल्दी सीता को रनिवास की ओर ले गयीं। लक्ष्मण भी क्रुद्ध हो उठे। तभी उद्‌घोषक का स्वर गूँज उठा,

तेहिं अवसर सुनि सिव धनु भंगा।
आयउ भृगुकुल कमल पतंगा।।

मैंने हथेली को कुठार की तरह हिलाते हुए कड़क-भरे स्वर में कहा,

कहु जड़ जनक धनुष केहि तोरा?

लक्ष्मण बनकर मैंने परशुराम की खिल्ली उड़ायी। परशुराम बनकर अत्यन्त क्रुद्ध होकर मंच पर कूदते हुए संवाद प्रस्तुत किये। राम बनकर स्वर में चौपाइयाँ गाते हुए परशुराम का क्रोध शान्त कराना चाहा, वे नहीं मानें तो मैं राम बनकर ओज-भरे स्वर में बोल पड़ा-

जौ रन हमहिं पचारै कोऊ।
लरहिं सुखेन कालु किन होऊ।।
छत्रिय तनु धरि समर सकाना।
कुल कलंकु तेहिं पावँर आना।।
कहउँ सुभाउ न कुलहि प्रसंसी।
कालहु डरहिं न रन रघुबंसी।।
रन रघुबंसी, रन रघुबंसी..........

मेरा स्वर भवन में गूँज रहा था। मैं मुस्कराकर एक ओर पड़ी कुर्सी पर बैठ गया। तालियों की गड़गड़ाहट हुई। मैं फिर खड़ा हो गया। **लक्ष्मण-शक्ति-प्रसंग।**

लछिमन मेघनाद द्वौ जोधा, हो रामा भजु लछिमन राम।
भिरहिं परसपर करि अति क्रोधा, हो रामा भजु लछिमन राम।।

मैंने त्वरित गति से गाकर श्रोताओं को बताया कि ये ऐक्शन चौपाइयाँ हैं। समाजी गा-गाकर जो सुनाता है पात्र वैसा ही करते जाते हैं। लक्ष्मण के शक्ति लगती है, वे मूर्च्छित होते हैं और राम के पास लाये जाते हैं। वे विह्वल हो उठते हैं।

मैं हिचकियाँ ले-लेकर रोते हुए गा उठा,

जौं जनतेउँ बन बंधु बिछोहू।
पिता बचन मनतेउँ नहिं ओहू।।

जैहउँ अवध कौन मुहु लाई।
नारि हेतु प्रिय भाइ गँवाई।।

आदि...........

भवन में सन्नाटा छाया हुआ था। मेरा स्वर गूँज उठा,

प्रभु बिलाप सुनि कान बिकल भए बानर निकर।
आइ गयउ हनुमान जिमि करुना महँ बीर रस।।

मैंने पर्वत उठाये हुए हनुमान् का अभिनय किया। फिर मुस्कराकर कुर्सी पर बैठ गया। पुनः तालियों की गड़गडाहट हुई। अपने गाँव की रामलीला देखना मेरे लिए सार्थक हो गया था। मैंने प्रसंग के अनुकूल चौपाइयों को विभिन्न शैलियों में प्रस्तुत किया था।

मुझे एक साफ-सुथरे बँगले में ठहराया गया था। भोजन में नारियल, केला और चावल से बने पदार्थ परोसे जाते थे। इनमें तेल या घी के स्थान पर नारियल के तेल का ही प्रयोग था।

रात के आठ-नौ बजे होंगे। मैं सोफा पर लेटा कोई बांग्ला पत्रिका पढ़ रहा था। मैं यात्रा-काल में रेलवे बुकस्टाल से प्रायः बांग्ला पत्रिका खरीद लिया करता हूँ, चाहता हूँ कि बांग्ला भाषा और साहित्य से परिचय बना रहे। बाहर झमाझम पानी बरस रहा था। किसी कार का गर्जन सुनायी पड़ा। तेज रोशनी फेंकती कार बरामदे के पास आकर रुक गयी। मैंने दरवाजा खोला तो देखा, छाता लगाये, बण्डी और घुटनों तक मुड़ी लुंगी पहने, नंगे पाँव डॉ॰ विश्वनाथ अय्यर खड़े हैं।

"अय्यर जी, ऐसी मूसलाधार वर्षा में आप यहाँ?"

"त्रिपाठी जी, क्या करूँ, आप को सुनाने का लोभ-संवरण न कर सका, इसलिए ऐसे मौसम में आना पड़ा। सम्भागी अध्यापक बहुत प्रसन्न हैं। उनका कहना है कि त्रिपाठी जी के रूप में साक्षात् उत्तर प्रदेश अपने सांस्कृतिक वैशिष्ट्य के साथ यहाँ उपस्थित हो गया है।"

मुझे सन्तोष मिला कि मेरा श्रम सार्थक हुआ है।

मेरे द्वारा रामलीला प्रदर्शन के उपरान्त ही **डॉ॰ एन॰ रामन नायर** से मेरा परिचय हुआ। ये महाशय विश्वविद्यालय में हिन्दी के प्राध्यापक थे। इन्होंने मेरा परिचय अपने शिष्यों **जे॰ रामचन्द्रन नायर** और **तंकमणि अम्मा** से कराया। दोनों भाई-बहिन हिन्दी के विद्वान् श्री जनादर्दनन पिल्लै की सन्तान हैं। कालान्तर में ये तीनों व्यक्ति मेरे परिवार के सदस्य-से हो गये।

एक दिन मुझे रामचन्द्रन बस में बिठाकर **आद्य शंकराचार्य** की जन्म-भूमि कालडी (कालटि) दिखाने ले गये। नारियल और केले के वृक्षों से शोभित भूमि को पार करते समय जब हम आगे बढ़ रहे थे रामचन्द्रन ने बताया कि इस क्षेत्र में भारी संख्या में धर्मान्तरण हुआ है। मिशनरियों ने लगभग सारी जनसंख्या को ईसाई बना लिया है।

पेरियार (पूर्णा) नदी के तट पर स्थित आश्रम-जैसे स्थान पर जाकर मैंने शंकराचार्य जी की जन्मभूमि को प्रणाम किया। पेरियार नदी कभी नहीं सूखती। अद्भुत थे शंकर। पाँच वर्ष की आयु में इनका यज्ञोपवीत हो गया था। आठ वर्ष की आयु में इन्होंने चारों वेद कण्ठस्थ कर लिये थे। बारह वर्ष की आयु में ये सभी शास्त्रों में पारंगत हो गये थे। किशोरवस्था में ही इन्होंने संन्यास ले लिया था। देश के चारों

कोनों में इन्होंने मठों की स्थापना कर देश को सांस्कृतिक एकता के सूत्र में बाँधा था। मात्र बत्तीस वर्ष की आयु में ये दिवंगत हो गये थे।

केरल से विदाई के समय विनीता-सी छात्रा तंकमणि आकर बोली थी, डॉ॰ साहब, मैं हिन्दी और मलयालम के खण्डकाव्यों के तुलनात्मक अध्ययन विषय पर शोध-कार्य कर रही हूँ। मैं दिल्ली आऊँ तो क्या आप मेरा मार्गदर्शन कर देंगे।"

"मैं तुम्हारी यथाशक्ति सहायता करूँगा।"

आगे चलकर यह लड़की तो मेरी औरस पुत्री-जैसी हो गयी।

मैं 15 जुलाई को दिल्ली आ गया था। 20-21 जुलाई को मैं सपरिवार हरिद्वार रहा। यहाँ गुरुकुल कांगड़ी विश्वविद्यालय में पी.एच-डी. के एक छात्र की मौखिक परीक्षा लेनी थी।

एक मास के भीतर मैंने इटावा की यात्रा की, कोचिन और हरिद्वार की भी। और अब मुझे एक और बड़ी यात्रा करनी थी।

14

26 जुलाई, 1975. पता नहीं किस खराबी के कारण बिजली का लोड कम हो गया था। बत्तियाँ केवल टिमटिमा रही थीं, पंखे धीरे-धीरे नजाकत के साथ हिलडुल रहे थे। बैठक से मेज-सोफा हटाकर बिछौना बिछाया गया और हम तीनों प्राणी एक ही पंखे के नीचे लेट गये। केवल एक पंखा चलाने से इसमें थोड़ी गति आ गयी थी। गर्मी के कारण हम छटपटा रहे थे। तभी हेम सहमे-सहमे स्वर में बोलीं, "इस इमरजेन्सी में रोज कोई न कोई पकड़ा जा रहा है। तुम्हारे लिए कोई ख़तरा तो नहीं है? कुछ दिन कहीं और सो जाया करो।" मैं झुँझला उठा, "तुम हमेशा अपना दिमाग खराब किये रहती हो। मैं किसी भी राजनीतिक पार्टी का आरम्भिक सदस्य भी नहीं हूँ। संघ की शाखाओं पर भी नहीं जाता।"

"किन्तु, तुम पिछले कई चुनावों में हजारों की संख्या में भयंकर पेम्फ्लेट छपवाकर बाँटते रहे हो।"

यह बात सही थी। मैं समाचार-पत्रों की कतरनें काट-काटकर रखता रहता था। चुनाव आने पर चरम राष्ट्र-प्रेम से प्रेरित होकर सरकार की देश-विरोधी नीतियों की आलोचना करता रहा हूँ। ये पेम्फ्लेट अभी भी मेरी ड्राअरों में भरे पड़े हैं। इन्हें नष्ट करने की इच्छा नहीं होती। बहुत परिश्रम से तैयार किया है न इन्हें। मैंने पत्नी को समझाया, "पैम्फ्लेट तो तब लिखे थे जब प्रजातंत्र था, बोलने-लिखने की स्वतंत्रता थी। अब इमरजेन्सी लगा दी गयी है तो कुछ नहीं लिखूँगा। चुपचाप सो जाओ।"

पलक भारी हो रहे थे। धीरे-धीरे मैं गहरी नींद में खो गया। अकस्मात् नींद टूट गयी। नीचे से पुकार आयी थी, "डॉ॰ त्रिपाठी, तार ले जाइए।" मेरे पास आने वाले तार प्रायः शिक्षा-जगत् के होते हैं। मेरा दिल धड़क उठा, कहीं गाँव-स्थित मेरे परिवार से सम्बन्धित कोई अशुभ समाचार तो नहीं है। हेम ने खिड़की से ताकझाँककर कहा, "कुछ दाल में काला है। मकान को चारों ओर से पुलिस घेरे हुए है।" दीवार घड़ी साढ़े बारह बजा रही थी।

जीना की बती जल उठी। पदचाप ऊपर की ओर आते सुनायी पड़े। घण्टी घनघना

उठी। हेम मुझे लेटे रहने का आदेश देकर आगे बढ़ गयीं। उन्होंने पूछा, "कौन?" उत्तर मिला, "तार वाला।" उन्होंने थोड़ा-सा दरवाजा खोला ही था कि दो-तीन पुलिस वाले सारी मर्यादाएँ भुलाकर हेम को धकयाकर भीतर घुसना चाह रहे थे। वे रास्ता रोककर बोलीं, "कहाँ है तार?"

"त्रिपाठी जी को एस॰ एच॰ ओ॰ साहब ने थाने में बुलाया है।"

"आप तो तार की बात कर रहे थे। यह कौन सा समय है थाने में बुलाने का? वे सवेरे थाना पहुँच जाएँगे।"

लगा कि पुलिस वाले हेम को धक्का मारकर हटा देंगे। मैं झपटकर सामने आ गया, "बहाना-बाजी क्यों करते हो। साफ क्यों नहीं कहते कि गिरफ्तार करने आये हो। मैं बेशर्म तानाशाह के बाप की पुलिस से नहीं डरा था, इनकी पुलिस से क्या डरूँगा। बोलो, कपड़े बदल लूँ"

"जल्दी चलिए।"

मैं पेण्ट-कमीज पहनकर बाथरूम की ओर बढ़ा। इन्स्पेक्टर मेरे पीछे लग गया। मैं भड़क उठा, "यह क्या बदतमीजी है। मैं अपने घर में लघुशंका भी नहीं कर सकता? मैं चोर-डाकू नहीं हूँ कि भाग जाऊँगा।"

इन्स्पेक्टर थम गया। मैंने मुड़कर देखा, हेम की आँखों से आँसू झर रहे थे। अजय तमतमाया खड़ा था। मैंने मुस्कराकर उसके सिर पर हाथ रखा। सीढ़ियों से उतरकर देखा, पुलिस के लोग मकान घेरे खड़े हैं। चिन्तित हो उठा, दुष्ट मकान-मालिक तरह-तरह के हथकण्डे अपनाकर एक-एक किरायेदार को निकाल रहा है। अब मेरे असहाय परिवार पर क्या बीतेगी।

इन्स्पेक्टर ने पूछा, "प्रो॰ साहब, बी.एल. निगम साहब का मकान किधर है?"

"उन्हें भी पकड़ोगे, वे इस समय आस्ट्रेलिया में हैं।"

मॉडल टाउन की छोटी झील के किनारे पुलिस वैन खड़ी थी। भीतर सिपाहियों से घिरे दो नागरिक दिखायी पड़े। गाँधी जी जैसे लम्बे कान वाले एक दुर्बल व्यक्ति को बैठा देख मैं हँस पड़ा, "बड़े मियाँ, आप भी पकड़े गये?" गणित-अध्यापक **डॉ॰ तिलकराज प्रभाकर** भी हँस पड़े। उन्होंने ही दूसरे व्यक्ति का परिचय दिया। ये थे मनोविज्ञान के प्राध्यापक **डॉ॰ हरिसेवक उपाध्याय।** कुछ चहल-पहल सी हुई, खटपुट की आवाज सुनायी दी। अँधेरे में कुछ चमकता-सा आ रहा था। मैं उत्तेजित हो उठा। तो पुलिस ने **डॉ॰ शान्ति स्वरूप गुप्त** को भी नहीं छोड़ा। डेढ़ सप्ताह पहले ही बस से गिर जाने के कारण टाँग तुड़ा बैठे थे। तलुवे से कमर तक प्लास्टर चढ़ा हुआ था। बाथरूम जाने के लिए किसी का सहारा लेना पड़ता था। दूर से इनका प्लास्टर चमका था। पुलिस ऐसे विवश और निरीह आदमी को भी पकड़ लायी थी। वैन में अधिक लोगों के बैठने की जगह नहीं थी। पुलिस के घेरे में हम कुछ लोग पैदल चले। इन्स्पेक्टर बोला, "जहाँ जाता हूँ मछली फँस जाती है।"

"ये बेगुनाह मछलियाँ हैं, इसलिए फँस जाती हैं। मगरमच्छ नहीं फँसेंगे। वे अपने घरों में सोते ही नहीं हैं।"

थाने के एक कमरे में हमें बिठा दिया गया। कई परिचित-अपरिचित लोग लाये जा रहे थे। दो लोगों को आता देख मजा आ गया, **डॉ॰ ब्रजमोहन चतुर्वेदी** (संस्कृत) और **डॉ॰ विश्वम्भर नाथ दीक्षित** (गणित)। ये दोनों जनसंघ को वोट दिया करते थे। 1971 ई॰ के चुनाव में ये दोनों इन्दिरा गाँधी के प्रबल समर्थक हो गये थे। इन्दिरा

सरकार से ये पुरस्कृत हो रहे थे। पुलिस के लोग परेशान लग रहे थे। एक ने बताया कि वे लोग 48 घण्टे से पकड़-धकड़ में लगे हैं, पलक झपकाने का भी अवसर नहीं मिला है। मैंने इन्स्पेक्टर से पूछा, "हमें यहाँ क्यों लाया गया है?" वह मुस्कराकर बोला, "मुझे नहीं मालूम, एस.एच.ओ. साहब बताएँगे।" फिर वह कुछ दबी जुबान से बोला, "प्रो॰ साहब, हमें खुद नहीं मालूम कि आप लोगों को किस जुर्म में गिरफ्तार किया गया है। हमें एक सूची थमा दी गयी थी। उसी के अनुसार हमने आप लोगों को गिरफ्तार किया।"

अब हम 17 लोग हो गये थे। पुलिस वाले बार-बार लिखा-पढ़ी कर रहे थे। इन्स्पेक्टर मेरे पास आकर मुस्कराते हुए बोला, "त्रिपाठी जी, जरा बताइए, मैंने आप को कहाँ से गिरफ्तार किया?"

"घर से।"

"कहाँ? आप, डॉ॰ प्रभाकर और डॉ॰ उपाध्याय तो झील के किनारे भाषण दे रहे थे कि इन्दिरा गाँधी का तख्ता पलट देंगे।"

"वाह! हम एक बजे रात को भाषण दे रहे थे और मछलियाँ सुन रही थीं। यह क्यों नहीं कहते कि हम बम फेंक रहे थे।"

तीन घण्टे बैठे-बैठे बीत गये। चार बजे इन्स्पेक्टर बोला, "आप लोग चलकर आराम कर लीजिए।" हवालात के बाहर लिखा था, 'राजनीतिक बन्दियों के लिए।' ताला खोलकर पहले से बन्द दो कैदियों को गाली-गलौज कर सामने वाले गन्दे अँधेरे कमरे में बन्द कर दिया गया। हम सत्तरह लोग कम्बल बिछाकर लेट गये। कम्बलों में खटमल थे। कमरे के भीतर ही खुली टट्टी थी। मैंने एक फटा कम्बल कठिनाई से बाँध दिया, ताकि भीतर बैठा व्यक्ति दिखायी न दे।

खूब प्रकाश फैल गया। लोग टट्टी जाने लगे। मैंने सोचा, लोगों का मनोबल बढ़ाया जाए। **डॉ॰ सिद्धेश्वर भट्ट** सुलझे हुए आदर्शवादी हैं। मैं उन्हें एकान्त में ले जाकर बोला, "लोगों का मनोबल उठाये रहिए।" उनके चेहरे पर निगाह पड़ते ही मैं चौंक उठा। आँखें सुर्खलाल थीं और चेहरा था फक सफेद। वे रुँधे गले से बोले, "हम यहाँ सैकड़ों मील दूर विदेश में हैं। मेरे नन्हें बच्चों और पत्नी का क्या होगा।" मुझे भट्ट जी की बात समझ में आ गयी। अब मैं उपाध्याय जी के पास आया। वे सिर झुकाये न जाने किस लोक में खोये बैठे थे। चेहरे पर भावों की धूप-छाँह आ-जा रही थी। उन्होंने करुणा से भरी आँखें उठाकर देखा, मैं धक से रह गया। मैंने **डॉ॰ गणेश शंकर पालीवाल** (वनस्पति-शास्त्र) की ओर देखा। उनका चेहरा दमक रहा था। वे बड़बड़ा रहे थे। ओंठों पर मुस्कान थी।

पीछे की खिड़की से पौधों में पानी देता माली दिखायी पड़ा। यह मेरी जान-पहचान का था। मैंने उससे कहा कि मेरे घर जाकर सूचना दे दो कि दोपहर के दो बजे तक हम यहीं हैं। फिर हम कोर्ट ले जाये जाएँगे और वहाँ से जेल। हमारे पास नित्य प्रयोग का सामान पहुँचा दिया जाए। **श्री इन्दर मोहन कपाही** (भौतिक शास्त्र) ने पैसे इकट्ठे किये और चाय-नमकीन मँगाने की व्यवस्था की। कम्बलों पर बैठकर हम चाय की चुस्की लेते हुए हास-परिहास करने लगे। हममें एक थे वकील **उमेश जी मिश्र**। वे बोले, मैं सी-पी-एम. का सक्रिय कार्यकर्ता हूँ। ये बदमाश मुझे आर. एस.एस. का सदस्य बताकर पकड़ लाये हैं।"

अजय आकर एक झोले में दन्त-मंजन, तौलिया, बनयान, अण्डर वियर और आँख

में डालने की दवा पाइलोकार्प भी दे गया। कालामोतिया का रोगी हूँ। रोज इस दवा का प्रयोग न करूँ तो अन्धा हो सकता हूँ। अन्य साथियों ने भी अजय से अनुरोध किया कि वह उनके घरों पर भी सूचना पहुँचा दे। अजय साइकल लेकर सबके घर सूचना दे आया था, सभी का सामान आने लगा था। घरों से पूड़ियाँ भी आ गयी थीं। पुलिस की ओर से साधारण चपाती और उड़द की दाल दी गयी थी। हमने आपस में बाँटकर खाना खाया, कुछ पूड़ियाँ बचा भी ली गयीं।

थोड़ी-थोड़ी देर में पुलिस का कोई न कोई आदमी आकर बाप का नाम, उम्र आदि पूछ जाता। कई-कई बार पूछताछ के बाद लिस्टें तैयार क़ी जा रही थीं। पीछे की खिड़की से देखा कि धूल में सने सिपाही पीठ पर बिस्तर लादे चले आ रहे हैं। इनकी आँखें बता रही थीं कि इन्हें सोने को नहीं मिला है। इन्दिरा गाँधी के सिंहासन की रक्षा के लिए एक-एक सिपाही को व्यस्त कर दिया गया था।

लगभग दो बजे दरवाजे के सामने पुलिस के लोग कतार में खड़े हो गये, ताकि हम ख़तरनाक अपराधी भागने न पाएँ। भारी भरकम ताला खोला गया। एक-एक कर बाहर आने को कहा गया। मैं सबसे आगे था। एक सिपाही ने हथकड़ियाँ आगे बढ़ायीं। मेरे मन में आया कि इन्हें पहन लूँ, ताकि इन्दिरा सरकार को बदनाम किया जाए कि हम निर्दोष बुद्धिजीवियों के साथ कैसा व्यवहार किया गया। तभी पीछे से वकील मिश्र दहाड़ उठे, "त्रिपाठी जी, हरगिज मत पहनना, क्या हम कोई खूनी-डाकू हैं।" मैंने हाथ पीछे खीचकर नारा लगा दिया, "हम हथकड़ियाँ नहीं पहनेंगे।" साथियों ने नारा दुहरा दिया। पुलिस वालों में खलबली मच गयी। हमें फिर हवालात में बन्द कर ताला लगा दिया गया। फोन खटखटाये जाने लगे। 4.30 बजे पुलिस के लोग आकर बोले, "आप लोग चलिए, हथकड़ियाँ नहीं लगाएँगे।"

5 बजे हम तीस हजारी कोर्ट पहुँच गये। तिहाड़ जेल से आयी हुई लारी खड़ी थी। इसमें संघ के सत्याग्रही स्वयंसेवक लाये गये थे। उनकी तारीख थी। वे हमें देखकर जोश में आकर नारे लगाने लगे "इन्दिरा गाँधी, मुर्दाबाद, हमारे अध्यापक भी राष्ट्रयज्ञ में भाग लेने आ गये हैं। वे हैं डॉ॰ त्रिपाठी, डॉ॰ पालीवाल, डॉ॰ ....।" हम हँस पड़े, ये सत्याग्रही मरवाएँगे हमें।

पता नहीं किस-किस रास्ते और किन-किन कमरों में हमें ले जाया गया। आज रविवार था, फिर भी असंख्य गिरफ्तार लोगों पर आरोप लगाने के लिए कोर्ट खुले हुए थे। हमारी तरह से अन्य कई थानों से अध्यापक पकड़कर लाये गये थे। पता चला था कि एक ही रात को छापा मारकर लगभग दो सौ विश्वविद्यालयी अध्यापक गिरफ्तार किये गये थे।

कुछ कागजों पर हस्ताक्षर कराये गये। हमारे ऊपर शान्ति-भंग की 108/151 धारा लगायी गयी। साढ़े छह बज गये। पुलिस ने बताया, "कोर्ट बन्द हो गया है। हवालात लौटना होगा। कल फिर यहाँ आना होगा। हमारे पास वाहन नहीं है। आप लोग टैक्सी करके हवालात चलिए।" मैंने कहा, "जब आप की जालिम सरकार के पास पैसे नहीं हैं, गाड़ी की सुविधा नहीं है तो बेगुनाहों को गिरफ्तार क्यों कर रही है? हम एक पैसा खर्च नहीं करेंगे।"

"तब दस बजे रात तक आपको यहीं रुकना पड़ेगा।"

"हम रुक लेंगे।"

हम सीढ़ियों पर बैठ गये। अँधेरा होने लगा था। हमने पैकेटों से पूड़ियाँ निकालीं

और आपस में बाँटकर पुलिसवालों को चिढ़ा-चिढ़ाकर खाने लगे। वे सूखा-सा मुँह लिये बैठे थे। तौलिया बिछाकर हम लोग लेट गये। **डॉ॰ राणाप्रताप शर्मा** (संस्कृत) कोई कविता गुनगुनाने लगे।

10 बजे पुलिस की लारी आयी। हम फिर हवालात लाये गये। यहाँ अकस्मात् **श्री चन्द्रकान्त वशिष्ठ** दिखायी पड़ गये। ये तो सक्रिय कार्यकर्ता रहे हैं। ये कैसे बच गये। मैंने इनके द्वारा अपने घर पर सूचना पहुँचा दी कि हम अभी यहीं हैं। अजय रात को ही साइकल लेकर सभी अध्यापकों के घर सूचना दे आया। इस संकटकाल में हमारे परिवार के लोग खूब निकट आ गये थे।

मैं लगभग 8 वर्षों से मेरठ विश्वविद्यालय की एम.ए. (हिन्दी) परीक्षा के **बांग्ला भाषा** के प्रश्नपत्र का सेटर था। अजय सारी सामग्री लेकर अपने मित्र शरद जैन के साथ आया। दारोगा ने यह सामग्री मुझ तक नहीं पहुँचाने दी। अजय पीछे की खिड़की से दे गया। मैंने फर्श पर बैठकर दो घण्टे लगाकर दो प्रश्नपत्र बना दिये और उन्हें लिफाफे में डालकर अजय को दे दिये कि इन्हें सील लगाकर भेज देना।

हम सब के घरों से पूड़ियाँ आ गयीं। हमारे बच्चे धैर्य से काम कर रहे थे, किन्तु पत्नियाँ घबरायी हुई थीं। भविष्य अन्धकारमय था। जाने कब छूटेंगे। न छूटे तो नौकरी गयी, तब हमारे परिवार का सहारा क्या होगा। पत्नियाँ आँखों में आँसू भरे आतीं, उन्हें हम से नहीं मिलने दिया जाता। हम पीछे की ओर आने का संकेत कर देते। जिसकी पत्नी आती वह बात करता और हम मुख्य द्वार के सामने खड़े हो जाते, ताकि सन्तरी न देखने पाये।

पुलिस की गाड़ी इस प्रकार कोर्ट ले जायी गयी और ऐसा पहरा लगाया गया कि हम किसी से बात न कर सकें। मजिस्ट्रेट के कक्ष मे मिश्रजी के साथी तीन-चार वकील मजिस्ट्रेट से बोले, "हुजूर, ये सभी प्रोफ़ेसर सोते से जगाकर लाये गये हैं।" कक्ष 'शेम-शेम' की ध्वनि से गूँज उठा। एस॰एच॰ओ॰ पूरी ड्रैस में तमतमाया खड़ा था। हम पर डी॰आइ॰आर॰ 33/43 धारा लगाकर हमें जेल भेजने का आदेश हुआ। इस धारा के अन्तर्गत सात वर्ष तक की कैद का प्रावधान था।

कोर्ट के बाहर भारी भीड़ थी। हमारे घर के लोग भी आ गये थे। सबके चेहरों पर अजीब सा आक्रोश, साथ ही भय की छाया थी। हम खुली गाड़ी में बिठाये गये। दूर खड़ी सत्याग्रहियों से भरी बस से आवाज आयी, 'इन्दिरा गाँधी, मुर्दावाद'। हमने भी नारा दुहरा दिया। एक अध्यापक ने कहा, "हमें ऐसे नारे नहीं लगाने चाहिए, इससे हो सकता है कि हमारी जमानत में बाधा पड़े।" तब मैंने 'भारत माता की जय' का नारा लगा दिया, जिसे सबने दुहरा दिय। डॉ॰ पालीवाल इन्स्पेक्टर से बोले, "आपके भी बीवी-बच्चे होंगे। क्यों नहीं हमें थोड़ी देर के लिए मिल लेने देते। यह भी समझ लीजिए कि एक दिन हम शासन करेंगे और जो हमें जेल भेज रहे हैं वे जेल में बन्द होंगे।"

इन्स्पेक्टर कुछ नहीं बोला। गाड़ी चल पड़ी। दूर-दूर तक हजारों लोग खड़े थे। हमारे पास आने का साहस नहीं हो रहा था। पुलिस के जुल्मी डण्डों से वे डरे हुए थे। हमें जाते देख सैकड़ों आँखें बरस गयीं, अनेक युवा-हाथ कसमसाकर रह गये। तेज धूप में माताओं की गोद में दुधमुँहे बच्चे फड़फड़ाकर रह गये। इन्स्पेक्टर ने अकस्मात् गाड़ी रुकवा दी। वह मानो दुकान से कुछ लेने चला गया। लोग हमसे मिलने के लिए टूट पड़े। सबसे आगे हेम और अजय थे। हेम की आँखें लाल और

सूजी हुई थीं। धूप में देर तक खड़ी रहने के कारण चेहरा भी लाल हो गया था। मैं चीखकर बोला, "शेर-पत्नी होकर तुम रोयी हो। चाहे मुझे वर्षों तक जेल में रहकर तड़पना पड़े मैं सिर नहीं झुकाऊँगा। मैं इन्दिरा के अत्याचारों का कभी समर्थन नहीं करूँगा। बोल अजय, तू अपने को और अपनी माँ को सँभाल लेगा?" नवतरुण अजय का चेहरा तमतमा गया। वह दृढ़ता के साथ बोला, "अवश्य।" सत्याग्रहियों की गाड़ी से फिर नारा लगा। मैं भी जोश में आ गया। मेरी निगाह इन्स्पेक्टर पर पड़ी। उसकी आँखों में घबराहट तैर आयी थी। हम चुप रह गये। आधे घण्टे बाद वह बोला, "अब हम चलें?" हमने सच्चे हृदय से इन्स्पेक्टर को धन्यवाद दिया।

गाड़ी चल पड़ी। सड़क पर जाते लोग उत्सुकता और आश्चर्य से हमें देख रहे थे। मैं हाथ हिलाकर अभिवादन कर रहा था। मैं यह प्रकट करना चाहता था कि हम इमरजेन्सी के शिकार हैं, हम अपराधी नहीं हैं। लोगों के चेहरों पर उल्लास नहीं था। डर के मारे वे हमारे हाथ हिलाने का जवाब नहीं दे रहे थे। जनता को जाग्रत करने के लिए हम बीच-बीच में नारे भी लगा देते थे। एक पुलिस वाला बोला, "आप और भी जोर से नारा लगाइए। हम लोग भी इस इमरजेन्सी से परेशान हैं।"

तिहाड़ जेल के फाटक के आसपास पुलिस की गाड़ियाँ और कुछ जनता की गाड़ियाँ खड़ी थीं। कई लोग उदास और सहमे खड़े थे। वैन से उतरकर मैंने देखा, एक गौरांग महिला दो वर्ष की बच्ची को गोद में लिये बिलख-बिलखकर रो रही थी। यह मेरे शिष्य **सुन्दरलाल कथूरिया** की पत्नी थी। मैंने उसे समझाया, "बेटी, धीरज धरो।" वह बोली, "डॉ॰ साहब, मुझे उनसे एक बार मिलवा दीजिए। मैं कल से चक्कर काट रही हूँ। मुझे मिलने नहीं देते।"

"सुषमा बेटी, मैं भी तो उन्हीं की तरह कैदी हूँ। हम दोनों गुरु-शिष्य आनन्द से जेल में रहेंगे। तुम शेर-पत्नी हो। तुम घर जाकर बच्चों की देखमाल करो। अन्याय की काली रात हमेशा नहीं बनी रहेगी।"

कई औपचारिकताओं को पूरा कर हम खूनी वार्ड संख्या 13 में लाये गये। मुझे देखते ही संघ के सत्याग्रही स्वयंसेवक दौड़े आये। एक बोला, "कल आप पुलिस से घिरे हुए कोर्ट में दिखायी पड़े थे। जब आप शाम तक जेल नहीं आये तो बड़ी निराशा हुई।"

"मुझे जेल तक आना पड़ा, इससे आप लोग खुश हैं?"

"अरे बहुत-बहुत।"

"वाह, आप लोग मेरे बड़े शुभ-चिन्तक हैं।"

दो स्वयंसेवकों ने मुझे कन्धों पर बिठा लिया। मुझसे भाषण देने के लिए कहा गया। मैं जोश में आकर आग उगलता रहा। स्वयंसेवक जोरदार तालियाँ बजाते रहे। **डॉ॰ देवेन्द्र स्वरूप** (पांचजन्य के पूर्व सम्पादक और इतिहास के अध्यापक) चीख-चीखकर सूचना देते घूम रहे थे, "आ गये, आ गये, आज की कवि-गोष्ठी के अध्यक्ष डॉ॰ त्रिपाठी आ गये।"

"अरे भले आदमी, पहले यह तो बताओ कि मैं ठहरूँ कहाँ?"

"जहाँ जगह मिले ठहर जाओ।" कहकर देवेन्द्र जी फिर डुग्गी पीटने लगे।

ज्ञात हुआ कि बैरक संख्या एक में जमाते इस्लामी और मुस्लिम लीग के सदस्य हैं। संख्या दो में विश्वविद्यालय के अध्यापक हैं। स्थान 20 लोगों का है और रह रहे हैं लगभग 200 लोग। बैरक संख्या तीन और चार में राष्ट्रीय स्वयंसेवक संघ के

सत्याग्रही लोग जमे हुए थे। खुले डाक बँगले में कुछ जनसंघी और कुछ भ्रष्टाचारी लाला लोग थे। सेल भी थे, जिनमें अपराधी लोग ठहराये गये थे। बैरक में तिल रखने की जगह नहीं थी। कब्र जैसे बने दो थल्लों के बीच मैंने अपना झोला रख दिया। बैरक के पीछे वाले बरामदे में पानी से भरे तीन घड़े रखे थे। प्यास लगी थी, मैंने एक गिलास पानी पिया। बरामदे के बीच से टट्टियाँ शुरू हो जाती थीं। तीन में दो टट्टियाँ पाखाने से लबालब भरी हुई थीं। मल मिला हुआ पानी बाहर तक आ रहा था। बैरक के डेढ़-दो सौ लोग एक टट्टी का प्रयोग कैसे करेंगे। स्नानगृह तीन थे, इनमें एक में पानी की टोंटी नहीं थी। किसी भी टोंटी से पानी नहीं आ रहा था।

एक साथी ने बताया कि हममें पाँच लोग ऐसे आ गये हैं जो संघ को गालियाँ देकर अपने को कांग्रेसी बताते हैं और माफीनामा लिखकर हस्ताक्षर-संग्रह कर रहे हैं। हो सकता है कि सीधे-सादे, बालबच्चे वाले हमारे कुछ साथियों को भरमाने में ये सफल हो जाएँ। ये पंच पाण्डव माहौल बिगाड़ रहे हैं। मैंने कहा, "पंच पाण्डव नहीं, पंच श्रृगाल, अर्थात् पंच गीदड़।"

बैरक संख्या एक के सामने 40-45 मुसलमान नमाज पढ़ रहे थे। मैदान की एक ओर संघ के स्वयंसेवक शाखा लगाये थे। प्रार्थना के स्वर गूँज उठे–'नमस्ते सदा वत्सले मातृभूमे।' विकिर (समाप्ति) के पश्चात् स्वयंसेवक मैदान में एकत्र होने लगे। झण्डारोहण वाले चबूतरे पर मुझे अध्यक्ष बनाकर बिठा दिया गया। काव्य-गोष्ठी चल पड़ी। कवि लोग तैमूरलंग और नादिरशाह से टक्कर लेने की घोषणा कर रहे थे। वकील नेता का मार्क्सवादी रूप जाग उठा। वे बोल पड़े, "त्रिपाठी जी, ये कम्यूनल कविताएँ बन्द कराइए।" कविताएँ चलती रहीं। एक स्वयंसेवक दाँत पीस-पीसकर इन्दिरा गाँधी पर चोट पर चोट करता कविता पढ़ रहा था। अँधेरा छाने लगा था। मैंने कार्यक्रम रोककर अध्यक्षीय भाषण आरम्भ कर दिया।

"बन्धुओ, यह वीर काव्य-गोष्ठी थी। आप लोग अपना करियर दाँव पर रखकर और राष्ट्रभक्ति से प्रेरित होकर तानाशाही का विरोध करने के लिए सत्याग्रह कर जेल आये हैं। हम बेगुनाह अध्यापक तो पकड़कर लाये गये हैं। हम आप-जैसे पराक्रमी नहीं हैं, तथापि हम झुकने वाले नहीं हैं। हमें भी देखना है कि जोर कितना बाजुए कातिल में है।" मैं अपनी भड़ास निकालने और स्वयंसेवकों का मनोबल बढ़ाने के लिए बहुत-ही जोश-भरा भाषण देने लगा। बार-बार तालियों की गड़गड़हाट हो रही थी। मैंने जब पंच गीदड़ों पर प्रहार किये तो स्वयंसेवक हँस पड़े थे। मैं न जाने क्या-क्या बोलता रहा था। अध्यापक लोग दूर खड़े होकर सुन रहे थे, पास नहीं आये थे। जब मैं उनके पास गया तो अपनी प्लास्टर चढ़ी टाँग फैलाये बैठे **डॉ॰ शान्तिस्वरूप गुप्त** बिगड़ उठे, "मैंने आपका भाषण बिल्कुल पसन्द नहीं किया है। क्या मीसा में जाने का शौक है? क्या बीवी-बच्चे का ख्याल नहीं है? उन पर क्या बीत रही होगी। आप बड़े बहादुर बने फिरते हैं।"

यह सोचकर कि आज मेरे लिए भोजन नहीं बना होगा मैंने सबके साथ भोजन करना उचित नहीं समझा। आलू-टमाटर की सूखी सब्जी और आम के अचार के साथ बची हुई दो पूड़ियाँ खाकर पानी पी लिया। बैरक के भीतर घुटन थी। बाहर **कथूरिया** जी के पास धरती पर कम्बल बिछाकर लेट गया। आकाश में तारे चमक रहे थे, दो-एक बादल भी दौड़ रहे थे। मच्छरों ने संगीत छेड़ दिया था। दिन-भर का थका हुआ था, पता नहीं कब आँख लग गयी।

29 जुलाई प्रातः काल मैंने एक कूपन देकर चाय खरीदी। जेल में नकद रुपये-पैसे नहीं रख सकते। पच्चीस पैसे वाले कूपन खरीदकर रख सकते थे। आधी रात के समय पकड़े गये कई अन्य अध्यापकों से भेंट हुई। पुलिस के अनुसार कोई पार्क के भीतर, कोई बस-स्टाप अथवा दूध डिपो अथवा सिनेमा के सामने खड़े होकर भाषण दे रहा था। अध्यापकों के भाषण का विषय एक ही बताया गया था– 'इन्दिरा गाँधी का तख्ता पलट देंगे।' बाद में पता चला था कि पूरे देश में ही इस प्रकार की गिरफ्तारियाँ हुई थीं। सभी लोग भाँग खाकर आधी रात के समय श्रीमती इन्दिरा गाँधी का खानदानी तख्त ताऊस पलटने निकले हुए थे। हौज खास थाने की पुलिस **डॉ॰ सी॰बी॰ गुप्ता** को पकड़ने गयी थी। वे मकान बदल चुके थे। मकान की सीढ़ियों के पास की मियानी में रहने वाले व्यक्ति से पुलिस ने नाम पूछा, उसने बताया, 'चन्द्रभान।' यही है साला सी.बी. गुप्ता कहकर उसे पुलिस पकड़ लायी थी। यह गरीब आदमी पुराने अखबार के लिफाफे बनाकर रोजी-रोटी चलाता था। इसके परिवार पर न जाने क्या बीत रही होगी। हम लोग विनोद-पूर्वक उसे प्रो॰ गुप्ता कहकर पुकारा करते थे। वह भी हमारे साथ मस्त हो गया था। 'नवभारत टाइम्स' के उप सम्पादक और भारतीय साहित्य परिषद् के महासचिव **श्री रत्नसिंह शाण्डिल्य** बनयान-अण्डरवियर पहने नंगे पैर चहल कदमी करते मिल गये। पुलिस उन्हें इसी रूप में पकड़ लायी थी, चश्मा तक नहीं लेने दिया था।

देवेन्द्र स्वरूप जी साइक्लोस्टाइल्ड पेम्फलेट पढ़वा रहे थे। इस पर **भीमसेन सच्चर** सहित आठ-नौ बुद्धिजीवियों के हस्ताक्षर थे। इन्होंने इमरजेन्सी को हटाने की माँग की थी, अन्यथा ये नौ अगस्त को सत्याग्रह करने वाले थे। इन्हें जेल में बन्द कर दिया गया था।

नलों में तो पानी पीने के लिए उपलब्ध न था, नहाएँ तो कैसे! हैण्डपम्प पर भीड़ लगी थी। एक-एक कर नहाने में घण्टों लग रहे थे। कीचड़ से कपड़े गन्दे हो रहे थे। फिर भी सभी मस्त थे। दोपहर में आलू की सब्जी के साथ रोटी खाने को मिली। संघ के स्वयंसेवक शिविर चलाने में दक्ष होते हैं। उन्होंने जेल को भी शिविर का रूप दे डाला था। सारे कार्य व्यवस्थित चल रहे थे। वे ही मैस का संचालन कर रहे थे। भोजन तैयार करने में वे हम अध्यापकों की भी छोटी-छोटी सेवाएँ ले लेते थे।

पंचसखा (पंच गीदड़?) अध्यापक अलग बैठे संघ को गालियाँ दे रहे थे। इनमें एक सखा मुझे बहुत प्यारे लगे– भारी-भारी चेहरा, भारी आँखें, बढ़ी हुई तोंद, बबुआ टाइप। रोये होंगे, आँखें ऐसा बता रही थीं। राजधानी कॉलेज का हिन्दी अध्यापक **सुधीर उपाध्याय** बोल पड़ा, "ये साहब जेल आने से पहले बीवी के गले से लगकर रो पड़े। वह इन्हें आश्वासन देती बोली, भैया, तुम फिकिर मत करो। तुम्हारी गैर हाजिरी में मैं टेम्परेरी को स्थायी बना लूँगी।" मोटा, लम्बी कलम, बड़ी-बड़ी मूँछे, बड़ी तोंद, यज्ञोपवीत और मोटी भुजाओं वाला यह पट्ठा स्वयं कभी नहीं हँसता, साथियों को प्रत्येक क्षण हँसाता रहता। उसकी उपस्थिति में लोग बीवी-बच्चों को भूल जाते। इसे एक और बात का शौक था, भोजन की तैयारी यह व्यक्ति बड़ी रुचि के साथ करता था।

सूरज डूबने को था। संघ के स्वयंसेवक शाखा लगाये हुए थे। शाखा समाप्त हुई और ये लोग बीच मैदान में एकत्र होकर नारे लगाने लगे। मार्क्सवादी वकील उनके बीच भाषण झाड़ते हुए उन्हीं की आलोचना करने लगे। वे बोले, "बुद्धिजीवी कभी

क्रान्ति नहीं करता। क्रान्ति मजदूर करता है, वह कभी नहीं खोता। जहाँ भी मजदूरी करेगा कमा लेगा। ये प्रोफ़सर लोग दो-दो हजार रुपये वेतन पा रहे हैं। इनकी नौकरी गयी तो इन्हें पाँच सौ रुपये महीने पर भी कोई नहीं लगाएगा। और ये आर.एस.एस. वाले, ये तो मूर्ख हैं।"

बैरक के कोने में कोई सवेरे से कम्बल ओढ़े लेटा था। पास जाकर देखा **डॉ॰ ओम्प्रकाश शास्त्री** (दयालसिंह कॉलेज) थे। ये घर पर तेज बुखार में पड़े छटपटा रहे थे। इस स्थिति में ही पुलिस इन्हें हथकड़ी पहनाकर ले आयी थी।

14 क

30 जुलाई, नलों में पानी साढ़े चार बजे तक ही आता था। मैंने तड़के सवेरे उठकर स्नान किया, कपड़े धोये और मैदान में घूमने निकल गया।

महात्मा गाँधी की हत्या का झूठा आरोप लगाकर संघ को प्रतिबन्धित कर दिया गया था। इस प्रतिबन्ध को हटाने के लिए संघ ने जोरदार सत्याग्रह किया था। दिसम्बर, 1948 में, मैंने भी सत्याग्रह कर गिरफ्तारी दी थी। उस समय मैं एम॰ ए॰ प्रथम वर्ष का छात्र था। मुझे ढाई मास का कारादण्ड मिला था और मुझे कानपुर और उन्नाव की जेलों में रखा गया। स्वयंसेवकों का मन लगाने के लिए मैंने बांग्ला भाषा की कक्षाएँ लगायी थीं। यहाँ भी मैंने बांग्ला कक्षाएँ चला दीं। मैंने सिखाया–

आमि कॅरि – मैं करता हूँ।
तुमि कॅरॅ – तुम करते हो।
से कॅरे – वह करता है।

फिर इनमें कुछ और शब्द जोड़कर मैंने लम्बे वाक्य बनाना सिखाया। जब मैं तड़के सवेरे नहाकर और दक्षिण भारतीयों की तरह घुटनों तक लुंगी मोड़कर वार्ड के अहाते में घूमा करता तो **डॉ॰ देवेन्द्र स्वरूप** दौड़कर मेरे पीछे लग जाते और मुर्गे की तरह चहककर बोला करते–आमि कौरी, तुमि कौरो, से कौरे। वे विनोद-पूर्वक समय बिताने के लिए बांग्ला सीख रहे थे।

मैंने अपने इन छात्र साथियों को रवीन्द्र संगीत भी सिखाया था। मेरे बाप-दादे भी संगीत का ज्ञान नहीं रखते थे और मैं सिखा रहा था शास्त्रीय रवीन्द्र संगीत। 1961 ई॰ में पूरे देश में रवीन्द्र शताब्दी मनायी गयी थी। तब मैं बंगालियों के साथ गीत गाते हुए प्रभातफेरी के लिए निकला था–

हओ कर्म्मे ते बीर, हओ धर्म्मे ते धीर,
हओ उन्नत शिर, नाहि भय।
(कर्मवीर बनो, धर्मधीर बनो, सिर उठाकर चलो, कोई भय नहीं।)

वनस्पति-शास्त्री **डॉ॰ गणेश शंकर पालीवाल** ने जर्मन कक्षाएँ चला दी थीं। लोग डेर-डी-डस सीखने लगे।

जब मैं बांग्ला भाषा और रवीन्द्र संगीत सिखा रहा था कोई मेरे सूखते कपड़े तौलिया, बनयान और अण्डरवियर उठा ले गया। मेरी चप्पलें भी गायब थीं। मैं यहाँ-वहाँ तमतमाया हुआ घूम रहा था। मैं जिसके पास से निकल जाता वही आज का सीखा हुआ बांग्ला पाठ दुहरा देता। **देवेन्द्र जी** दौड़े आये, आमि भात खाइ, तुमि

भात खाओ।

"ऐसी की तैसी आमि-तुमि की। मेरे कपड़े न मिले तो कल से बांग्ला कक्षाएँ बन्द।"

देवेन्द्र जी को चुटकी लेने का अवसर मिल गया। वे रस लेकर सूचना देते हुए घूमने लगे, "भाइयो, त्रिपाठी जी के कपड़े खोजकर दे दो। वे बहुत गुस्सा हैं, कल से गुरुजी बांग्ला कक्षा नहीं लेंगे।"

सवेरे उठकर मैंने स्नान कर जेल वाली ओढ़ने की चद्दर कमर में लपेट ली और बनयान-अण्डरवियर सूखने डाल दिये। जब तक ये सूखे नहीं मैं इन्हीं के आसपास मँड़राता रहा। ये भी चोरी हो गये तो मैं क्या पहनूँगा।

जनसंघी नेता **श्री हंसराज सेठी** को **मीसा** में भेजने का आदेश आ गया। मीसा वालों पर बड़ी सख्ती थी। उनसे घर वालों को मिलने नहीं दिया जाता था। उन्हें यह भी पता नहीं होता था कि मीसा वाले किस जेल में हैं। साथी लोग नारे लगाते हुए सेठी जी को पहुँचाने वार्ड के फाटक तक गये। इनमें सलवार पहने एक व्यक्ति के पैरों में अपनी चप्पलें देखकर मैंने पूछा, "ये चप्पलें किसकी हैं?"

"मेरी।"

"नहीं, ये मेरी हैं।"

"तो आप ले लीजिए।"

"आपने इन्हें पहना ही क्यों?"

"क्या करता, कोई मेरी चप्पलें उठा ले गया था।"

"तो आप मेरी बैरक में घुसकर मेरी चप्पलें उठा ले गये। यह सरासर चोरी है।" यह व्यक्ति खिसिया गया था। यह भ्रष्टाचार के अन्तर्गत गिरफ्तार हुआ था।

हम लोगों ने अपनी व्यवस्था बना ली थी, किसी को भोजन व्यवस्था का प्रभारी बना दिया गया था और किसी को बौद्धिक व्यवस्था का। **डॉ॰ एल॰ अग्रवाल** सफाई दरोगा बनाये गये थे। वे दारोगाई अन्दाज में दहाड़ उठे, "ताश-वास बन्द, गप-शप बन्द, अपने-अपने बिस्तर उठाओ। सफाई होगी।" दो मशक्कती कैदी आकर झाड़ लगा गये और फिनायल से धुलाई कर गये। बैरक के चारों ओर भी फिनायल छिड़की गयी थी। इससे मक्खियाँ कम हुई थीं। हमने चन्दा करके फिनायल के डिब्बे मँगाये थे। जेल से मिलने वाला तेल-साबुन हम सत्याग्रही स्वयंसेवकों को दे दिया करते थे। डॉ॰ अग्रवाल की जमानत हो जाने के बाद राजधानी कॉलेज के श्री एन॰ के॰ गौतम सफाई दरोगा बना दिये गये थे।

एक अगस्त का नवभारत टाइम्स आया तो हम पढ़ने के लिए टूट पड़े। एक समाचार पर आँखें गड़ गयीं। सर्वश्री........ रा॰......., रमेश वक्षी, केवल गोस्वामी आदि लेखकों ने प्रधानमंत्री में आस्था व्यक्त की थी।

इस बार मीसा में भेजे जाने की बारी आ गयी सोमदेव जी की। अपने कपड़ों में से तीन कपड़े अलग रखकर वे बोले, "ये कपड़े मेरे नहीं हैं।" यही तो मेरे कपड़े थे। किन्तु, कपड़े मिलने का सुख एक साथी के बिछुड़ने के दुःख से दब गया। सोमदेव जी सिर झुकाये और परिवार की चिन्ता में डूबे चले जा रहे थे। सत्याग्रही स्वयंसेवक गगन-भेदी नारे लगा रहे थे।

सेल (चक्की घरों) में अपराधी रखे जाते थे। सेल इतने छोटे थे कि पास-पास सटकर दो व्यक्ति ही लेट सकते थे। सेल में ही खुली टट्टी थी। टट्टी करता आदमी

दिखायी पड़ सकता था। इस समय एक सेल में दो बांग्लादेशी तस्कर थे। ये सूर्योदय के बाद निकाले जाते और सूर्यास्त होते ही बन्द कर दिये जाते थे। एक दिन इन्हें तरंग आयी तो कटोरा-गिलास बजाकर बांग्ला लोकगीत गाने लगे। मैं दौड़कर इनके पास गया और इनके स्वर में स्वर मिलाकर गाने लगा। ये अकेले पड़ गये थे। मुझे पाकर ये बहुत प्रसन्न हुए और मुझे दादा मौनी (दादा मणि -भैया जी) कहने लगे। मैंने 'शंखसिन्दूर' उपन्यास की रचना के समय बांग्ला देश में प्रचारित असंख्य गाथागीतों का अध्ययन किया था। उन्हीं में एक को मैंने गाते हुए प्रस्तुत किया–

एइ भाबे शुइया शुइया रे बन्धु, तुमि पाओ क्लेश।
मेजेते बिछाइया दिमू चाँचर चिकन केश॥
केशेर बिछाने, बन्धु रे, सुख नाइ रे पाओ।
अबलार बुके शुइया निरले घुमाओ॥
चक्षेर जले धुइया रे पाओ, बन्धु रे केशेते मुछाबो।
सिथानेर सिन्दूर दिया चरण राँगाइबो॥
ऐसे लेटे-लेटे प्यारे पाओगे तुम क्लेश।
दूँगी बिछा फर्श पर चिकने घूँघरवारे केश॥
केश बिछौना पर भी साजन मिले नहीं यदि कुछ सुख।
अबला के सीने पर सोओ निधड़क रख अपना मुख॥
आँसू से मैं पैर पखारूँ केशों से पोंछूँगी।
माथे के सिन्दूर से स्वामी चरणों को रँग दूँगी॥

मैंने दो थल्लों के बीच में आसन जमाया था। एक ओर के थल्ले पर **डॉ॰ नन्दकिशोर खोसला** थे और दूसरी ओर श्री रहेजा। ये दोनों ही अध्यापक नहीं थे। रहेजा जी वृद्धावस्था की ओर बढ़ रहे थे। वे सोते रहते या बैठे-बैठे ऊँघते रहते थे। इनके परिवार में पत्नी और बेटी को छोड़ और कोई नहीं था। इनका दोष यही था कि ये सीधे-सादे और संघ के निष्ठावान् कार्यकर्ता थे। डॉ॰ खोसला मिलनसार थे। घर से दवाइयाँ मँगा-मँगाकर बाँटते रहते थे। घर से आयी खाने-पीने की चीजें कभी अकेले नहीं खाते थे। प्रायः हँसते-हँसाते रहते। मैंने इन पर दोहा रचा था–

चीर-हरण करते नहीं और न माखन-चोर।
बिन मुरली, बिन पीत पट कैसे नन्द किशोर॥

साथियों का मन लगाने के लिए **श्री इन्दर मोहन कपाही** ने ऊर्जा (इनरजी) विषय पर ज्ञानवर्धक भाषण दिया था। मुझे प्रेरणा मिली और मैंने घोषणा कर दी कि मैं रामकथा पर भाषण दिया करूँगा।

साथियों ने एक थल्ले पर कम्बल बिछाकर ब्यास पीठ बनायी और मुझे आदर-पूर्वक उस पर बिठा दिया। मैंने विषय चुना था– 'सीता-निर्वासन: देश-विदेश की रामकथाओं में'। क्या यह प्रसंग प्रक्षिप्त है, नहीं है तो सीता-निर्वासन का कारण क्या था। देश-विदेश की रामकथाओं में सीता-निर्वासन के कौन-कौन से कारण बताये गये और क्यों। इनमें सत्य कौन है। क्या राम इसके लिए दोषी थे। आधुनिकता-वादियों के आरोप और उनका खण्डन, आदि दृष्टियों से मैंने विषय का विवेचन किया था। जब मैंने भावुक शैली में पाताल-प्रवेश करती सीता की उक्तियाँ प्रस्तुत कीं तो कई श्रोता उच्छ्वसित हो उठे थे। कई रो पड़े थे। बांग्ला-रामायण की

सीता के कथन तो बहुत ही मर्मस्पर्शी थे। प्रवचन के अन्त में भेंट-स्वरूप बर्फी-मिठाई के डिब्बे, बिस्कुट के पैकेट, केला, आम, सेब आदि का ढेर लग गया। मैं परम पुलकित हो उठा। मैं यह सामग्री अपने पड़ोसियों के बीच वितरित करूँगा। खोसला जी, रहेजा जी आदि भी क्या कहेंगे। मैंने सामग्री को समेटने के लिए जैसे ही हाथ पसारे मेरे परम श्रद्धालु भक्त डॉ॰ देवेन्द्र स्वरूप और डॉ॰ केवल कृष्ण ने मेरे हाथ पकड़कर हटा दिये, "यह प्रसाद तो सबमें वितरण के लिए है। आप तो प्रतीक मात्र हैं।" और बेचारा प्रतीक टापता रह गया। कुछ साथियों ने मेरे पैर छुए। डॉ॰ राणाप्रताप शर्मा, डॉ॰ ओमप्रकाश धरमारा, डॉ॰ गोयनका आदि ने मेरे भाषण की प्रशंसा की। डॉ॰ ब्रजमोहन चतुर्वेदी मुख पर भव्य मुस्कान खींचे और गंजे सिर को हिला-हिलाकर कह रहे थे, "त्रिपाठी जी रामकथा के मध्य जिये हैं। उन्होंने रामकथा को जोता है, बोया है............"

"जब फसल पककर तैयार हुई तो और कोई काट ले गया।" मैंने चतुर्वेदी जी के पीछे से सामने आकर वाक्य पूरा किया। मेरे स्वर में खीझ-भरी कड़वाहट थी। विश्वविद्यालय ने मेरे साथ जो अन्याय किया था उसे मैं भूल नहीं पा रहा था।

मैं अहाते में घूमने निकला। मेरे शिष्य **श्री सुन्दर लाल कथूरिया** अपनी कच्ची गृहस्थी को लेकर कुछ चिन्तित दिखायी पड़े। वैसे उनकी वाणी में अभी भी कड़क थी और विषम परिस्थितियों से जूझने की अपराजेय अकड़ भी।

मैंने देखा, मार्क्सवादी वकील मुसलमान बन्दियों को भड़का रहे हैं, "तुम लोग तादाद में कम हो, ये आर॰ एस॰ एस॰ वाले तुम्हें सताएँगे। तुम लोग जेल-अधिकारियों से कहकर अपनी बदली किसी और वार्ड में करा लो।"

कैसी विडम्बना है कि हिन्दू होकर भी लोग हिन्दुओं के विरोध में अनर्गल बातें कहते रहते हैं। बैरक संख्या एक में 25-30 मुसलमान बैठे विचार-विमर्श कर रहे थे। मैं धड़धड़ाता जाकर उनके बीच उपस्थित होकर बोला, "भाइयो, आपसे गलत बात कही जा रही है। मैं मुदर्रिस हूँ, साथ ही आर॰एस॰एस॰ का वालण्टियर भी। आप लोगों से हमारी कोई दुश्मनी नहीं है। हम सब भाई-भाई हैं। आपको कोई नुक़सान नहीं पहुँचाया जाएगा। आप चाहें तो दोनों रसोई एक कर लें। हम सब मिलकर खाना बनाएँगे, साथ बैठकर खाएँगे, कोई भेदभाव नहीं होगा। मैं दोपहर में लेक्चर दिया करता हूँ। आप लोग भी सुनने आइए। अगर आप इस्लाम और कुरान शरीफ़ पर लेक्चर देना चाहें तो हम चाव से सुनेंगे।"

मैं मिडिल में राष्ट्रभक्त मौलवी **अब्दुल क्य्यूम साहब** का शागिर्द रहा हूँ। उनकी सिखायी उर्दू आज काम आ गयी। छह-सात मुसलमान मेरा भाषण सुनने आये थे। मैंने रामकथा और रामलीलाओं के सन्दर्भ में मुसलमानों के योगदान की चर्चा की थी। वे इस्लाम या कुरान शरीफ़ पर बोलने नहीं आये। या तो वे बोल नहीं सकते थे या वे हम क़ाफ़िरों को बताना नहीं चाहते थे। इन मुसलमानों में एक दाढ़ी वाले मौलवी से मेरी दोस्ती हो गयी थी। ऐसा लगा था कि जमाते इस्लामी वाले लोग मुस्लिम लीगियों से अपने को अधिक प्रबुद्ध मानते थे।

वामपन्थी वकील फिर उनके पास जाकर उन्हें संघ के विरुद्ध और भी भड़काने लगे। अब मैं चिढ़ गया। मैं मुसलमानों के बीच पहुँचकर बोला, "भाइयो, आप देख रहे हैं कि आर॰एस॰एस॰ के एक भी आदमी ने आपके साथ बदसलूकी नहीं की है। हमारी कॉमन लड़ाई सरकार से है। हम आपस में क्यों लड़ें। अगर आर॰एस॰एस॰ के

किसी भी आदमी ने आपके साथ बदसलूकी की तो हम टीचर आपका साथ देंगे। मुझे लगता है कि सरकार ने कुछ जासूस हमारे बीच छोड़े हुए हैं। वे हमें लड़ाना चाहते हैं। आप लोग इनसे ख़बरदार रहें।"

मार्क्सवादी सज्जन की दाल उनके बीच नहीं गली। वे उसी बैरक में रहे। जरा कल्पना की जाए, यदि संख्या का उलट होता, अर्थात् हिन्दू कम और मुसलमान अधिक होते तो क्या ये हिन्दुओं को चैन से रहने देते?

हमारी बैरक के बाहर पीपल का पेड़ था। मैंने उसका एक पत्ता तोड़कर **पिपहरी** बनाकर बजायी। दो-तीन अध्यापकों के अनुरोध पर उनके लिए भी पिपहरी बना दी। फिर हम तरह-तरह के स्वर निकालते अहाते में घूमने लगे। हम इस शान से पिपहरी बजा रहे थे मानो शहनाई-वादक श्री बिस्मिल्ला खाँ के खास शागिर्द हमीं लोग थे। हमारे पिपहरी बैण्ड की ऐसी धाक जमीं कि साथी अध्यापकों ने बेचारे पीपल पर आक्रमण कर दिया। सभी कोई पिपहरी बजाना चाहता था, किन्तु बनाना किसी को नहीं आता था। सभी तो मेरी तरह जिला इटावा-औरैया के क्योंटरा गाँव में पैदा नहीं हुए थे।

मित्रवर श्री **रत्नसिंह शाण्डिल्य** मेरे पास आये और हँसकर बोले, "त्रिपाठी जी, आप बहुरूपिया हैं। कभी आप रामकथाओं पर शोध-परक भाषण देते हैं, बांग्ला-भाषा और रवीन्द्र संगीत सिखाते हैं। कभी बांग्ला- देशियों के साथ लोकगीत गाते हैं। कभी ताश खेलते हैं। स्वयंसेवकों के कन्धों पर बैठकर आग उगलने वाले भाषण देते हैं। मुसलमानों के बीच जाकर उर्दू बोलते हैं और कभी बच्चों की तरह पिपहरी बजाते हैं।"

"शाण्डिल्य जी, मैं अपने साथियों का और साथ ही अपना भी मनोबल ऊँचा रखना चाहता हूँ, ताकि सरकार से लड़ाई में यह टूट न जाए।"

टट्टियाँ तो गन्दी थी हीं, पीने के पानी की भी ठीक व्यवस्था न थी। बड़े-बड़े गन्दे मटकों में पानी भरा रहता था। लोग मुसलमानी ढंग से पानी पिया करते थे। वे गिलास डुबाकर मुँह से लगाते और बिना साफ किये रख देते। आधे से अधिक अध्यापकों के गले खराब हो गये थे। मेरे शिष्य **श्री रवीन्द्र दरगन** (हंसराज कॉलेज) फ्लू में पड़े छटपटा रहे थे। और भी कई अध्यापक बीमार हो गये थे। मैंने मन ही मन संकल्प किया कि बीमार नहीं पड़ूँगा, सरकार की छाती पर मूँग दलता हुआ जिन्दा रहूँगा। मैंने मटकों का पानी पीना छोड़ दिया। जब टैंकर आता उससे अपने बर्तन भर लेता या पच्चीस पैसे के कूपन से चाय लेकर प्यास बुझा लेता।

दाढ़ी बढ़ाये और रंगीन लुंगी पहने **डॉ॰ कृष्ण बिहारी वाजपेयी** (अफ्रीकी भाषा-विभाग) ऐसे चले आ रहे थे मानो अभी-अभी बैरक सं. एक से नमाज पढ़कर आ रहे हों। ये कट्टर देशभक्त थे, विनम्र भी, किन्तु कभी-कभी दुर्वासा ऋषि बन जाते थे। उस समय इन्हें सँभालना कठिन हो जाता था। मैं इन्हें कभी मौलाना कहता, कभी हनुमान् जी। जब मैं रामकथाओं पर बोलता ये आरम्भ से अन्त तक विराजमान रहकर सुना करते और अन्त में कुछ बोला भी करते। वे बोले, "अस्पताल चलते हो?" इसी बहाने वार्ड से बाहर निकलने का अवसर मिलेगा यह सोचकर मैं उनके साथ लग गया। वार्ड से बाहर आकर दीवारों पर राम, कृष्ण, गुरु नानक, कबीर, मीरा आदि के चित्र देखे। इनके नीचे कुछ पंक्तियाँ भी लिखी हुई थीं। अर्जुन को गीता का उपदेश देते कृष्ण का भी चित्र था। जनसंघियों ने महानगर परिषद् के शासन-काल

में ये चित्र बनवाये होंगे। उन्होंने यह नहीं सोचा होगा कि एक समय उनकी विचारधारा से सम्बन्धित हजारों व्यक्ति इन्हें देखने के लिए बाध्य किये जाएँगे।

मौलाना वाजपेयी ने गले के रोग की गोलियाँ लीं। मैंने बताया कि मैं काला मोतिया का रोगी हूँ। पाइलोकार्प ड्रॉप का सेवन न करूँ तो अन्धा हो सकता हूँ। यह ड्रॉप भण्डार में नहीं थी। आश्वासन दिया गया कि मँगा दी जाएगी। अस्पताल से हम कैण्टीन आ गये। मैंने मग्गा, साबुन, साबुनदानी, टाफी आदि खरीद लीं। जेल का मग्गा मेरे पास अभी भी है। दाढ़ी बनाते समय मैं इसका प्रयोग करता हूँ।

इस दिन मिलने वालों की भीड़ उमड़ आयी थी। सभी लोग अपने परिजनों से मिलने के लिए आकुल थे। ऐसी धक्कामुक्की हुई कि महिलाओं की साड़ियाँ फट गयीं। पुलिस को लाठी-चार्ज और हवाई फायर करने पड़े थे।

यहाँ **देवेन्द्र जी** मिल गये। उन्होंने एक महिला की ओर संकेत किया। इकहरे शरीर की यह महिला सफेद साड़ी, लाल ब्लाउज़ और लाल पेटिकोट पहने थी। देवेन्द्र जी बोले, "यह **चन्द्रेश शर्मा** है।" मैं चौंक उठा। अखबारों में समाचार छपते रहे थे कि आँख के डॉक्टर जैन ने अपनी प्रेमिका चन्द्रेश शर्मा को पाने के लिए अपनी पत्नी विद्या की हत्या करायी थी। प्रेमी-प्रेमिका दोनों जेल में थे। एक अनपढ़ बन्दी ने चन्द्रेश को देख निराश होकर कहा था, अरे इसकी.......... जैसी .... पर डॉक्टर मरता था। देवेन्द्र जी ने उसके द्वारा प्रयुक्त अश्लील शब्द निःसंकोच दुहरा दिये थे। उन्होंने यह भी बताया था कि राजमाता **विजयराजे सिन्धिया**, महारानी **गायत्री देवी** और संघ-परिवार की **डॉ॰ मंजु अग्रवाल** महिला अपराधियों के साथ बन्द हैं। मजमा लगाकर किसी न किसी ऐतिहासिक प्रसंग पर बोलते रहने की इनकी आदत थी। कल ही पालथी मारकर बैठे जर्मनी का इतिहास बता रहे थे। द्वितीय महायुद्ध के पश्चात् जर्मनी में पुरुषों की संख्या बहुत कम हो गयी थी। जर्मन महिलाएँ सेक्स की भूख मिटाने के लिए पड़ोसी देशों की यात्रा करती थीं। आदि आदि। (बाद में मुझे पता चला था कि डॉ॰ मंजु अग्रवाल को पुलिस फूहड़ गालियाँ देती हुई पकड़ लायी थी। किसी महिला पुलिसकर्मी का सहयोग लेना आवश्यक नहीं समझा गया था। जेल में इन्हें कई दिनों तक फाँसी वाली कोठरी में रखा गया था।)

सत्याग्रही स्वयंसेवकों ने अल्टीमेटम दिया कि यदि उनकी छह माँगें स्वीकार न की गयीं तो वे भूख हड़ताल कर देंगे। एक शाम को वे पूरे वार्ड में घूमते हुए जोर-जोर से नारे लगाने लगे। लगभग नौ बजे रात के समय अकस्मात् बिजली चली गयी। जोशीले नारों से गूँजता घुप अँधेरा। हमारे बुद्धिजीवियों में कुछ प्रवीण लोग चीख उठे, "भागकर बैरक के भीतर आ जाओ। इन सत्याग्रहियों पर अब लाठी-चार्ज होगा। ये साले हमें भी मरवा देंगे।" एक अजीब-सा तनाव, लगा अभी कुछ होता है। मैं भी अपने साथियों के साथ बैरक के बिल में घुस आया, किन्तु मन बार-बार कर रहा था कि मैं भी सत्याग्रहियों के साथ स्वर मिलाकर चीख पड़ूँ।

कुछ नहीं हुआ, बिजली आ गयी। सब लोग सो गये। दूसरे दिन सुपरिण्टेण्डेण्ट ने सत्याग्रहियों के प्रतिनिधियों से बात कर उनकी सभी माँगें स्वीकार कर लीं। ये माँगें थीं-(1) हमारे मिलने वालों को कमरे में बैठकर मिलने का अवसर दिया जाए, जंगले के बाहर खड़े होकर नहीं। (2) हमारे वे प्रोफ़ेसर जो अपराधियों के साथ बन्द हैं उन्हें इस वार्ड में लया जाए। (3) खाने-पीने की चीजों में सुधार हो, आदि। सुना था कि हमारे कुछ साथी अपराधियों के साथ बन्द थे, वे इनके साथ दुर्व्यवहार करते

थे, जैसे कि कोई अध्यापक शौच के लिए बैठा है तो ये उसका कान पकड़कर खड़ाकर कहते, "साले, बहुत देर से बैठा है। अब मुझे बैठने दे।"

खाने-पीने की वस्तुओं में भी सुधार हो गया। तुर्रा यह कि हमारे बुद्धिजीवियों में कुछ बहादुर लोग निरन्तर यही कहते रहे, ये साले सत्याग्रही हमें मरवा देंगे। अर्थात् देश की स्थिति, आपात स्थिति, इन सबसे इन्हें कोई मतलब नहीं। मतलब है तो अपने छूटने से। यह तभी हो सकता था जब हम पालतू कुत्ते की तरह दुम हिला-हिलाकर कूँ कूँ करते रहते। शायद ऐसे ही दो-चार अध्यापकों की मनोवृत्ति देख-समझकर **दलजीत टण्डन** नाम का कोई स्वयंसेवक दहाड़ उठा था, "ये कायर बुद्धिजीवी हमारे कार्यकर्ताओं का मनोबल तोड़ना चाहते हैं। बन्द कर दो इनका राशन-पानी। हमारे मैस से इन्हें भोजन नहीं मिलेगा। ये अपने हाथ से पकाएँ और खाएँ।" डॉ॰ देवेन्द्र स्वरूप और मेरे जैसे कुछ लोगों ने रुष्ट स्वयंसेवकों को समझाया कि हम लोग भी पक्के स्वयंसेवक हैं, किन्तु सभी अध्यापक ऐसे नहीं हैं। ये लोग सीधा-सादा जीवन बिता रहे थे, बाल-बच्चे वाले हैं। ये दुःसाहस नहीं दिखा सकते। इन्हें क्षमा कर दो।

हमें जेल में एक-एक पोस्टकार्ड लिखने के लिए दिया गया था। हम अपने साथियों के मिलने वालों के हाथ से भी चिट्ठियाँ घर पर पहुँचा देते थे। मैं चिट्ठियों में बार-बार लिख रहा था कि अभी मुझसे मिलने की चेष्टा मत करना और जमानत के लिए दौड़-धूप न करना। किन्तु, जब साथियों की मिलाई आती और आवाज लगायी जाती– 'रामलाल किशोरलाल का,' तो मैं भी अपने साथियों के साथ कान उठाकर सुनता कि कहीं मेरा भी नाम तो नहीं पुकारा जाता है। सूची समाप्त हो जाती। जिनके नाम नहीं पुकारे गये वे निराश हो जाते। जिनके नाम पुकारे जाते वे प्रसन्नता से फूले न समाते और उतावले कदमों से चल पड़ते फाटक की ओर। वे लौटते तो कपड़ों और मिठाई-फलों के पैकेटों से लदे हुए। अपने बच्चों की बातें बताते समय उनकी आँखें डबडबा जातीं।

'श्रीचन्द गोयल का', मिलाई की यह आकस्मिक पुकार कैसी? श्रीचन्द हड़बड़ाकर उठे। उन्होंने देखा, मूँछें ताने, तोंद फुलाये मोटा **सुधीर उपाध्याय** खड़ा है। हँसी के मारे लोग लोटपोट हो गये और यह पट्ठा बहुत ही गम्भीर बना खड़ा था। श्रीचन्द जी खिसिया गये, फिर वे भी मसखरे सुधीर की शरारत पर हँस पड़े। साथियों के उकसाने पर सुधीर आगे भी इसी प्रकार की शरारतें करता रहा।

पंचसखा अपना अलग पाकिस्तान बनाये हुए हलुवा-खीर, पूड़ी और सब्जी खाये जा रहे थे। ये अपने घरों से बारी-बारी से पाँच लोगों का भोजन मिलाई के समय मँगा लेते थे और आपस में बाँटकर खाया करते थे। बढ़ी हुई तोंद वाला सखा क्रोध में भादौं मास के मेढ़क की तरह फूलकर बक रहा था, "हम हरामी **नेमकुमार जैन** की लिस्ट के कारण पकड़े गये हैं। यह साला संघ से सम्बद्ध प्राध्यापकों का मासिक मिलन किया करता था। इसने लिस्ट में हमारे नाम भी डाल रखे थे। वही लिस्ट पकड़ी गयी। खुद साला भाग गया और गिरफ्तारी से बच गया। यहाँ से छूटकर इसकी हड्डी-पसली तोड़ दूँगा।"

"उसकी हड्डी तोड़ने के लिए उठे हाथ के मैं दो टुकडे कर दूँगा। जिन पाजी लोगों के कारण आप जेल में आये है उनके बारे में कुछ कहने का साहस नहीं करते और हड्डी तोड़ने चले हैं बेचारे नेमकुमार की। मगर से बस नहीं और बकरी के कान

ऐंठ रहे।"

मैंने एक थल्ले पर खड़े होकर कहा। मेरी गर्जना सुनकर देवेन्द्र जी दौड़े आये। वे भी बोल पड़े, "अभी कल हम सब छूट जाएँ और जनसंघ का शासन आ जाए तो ये ही लोग सबसे आगे दिखायी पड़ेंगे, गर्व से कहेंगे कि हम जेल गये थे। हम तो बचपन से ही शाखा जाते थे।" (जनता पार्टी की सरकार बनने पर ऐसा ही हुआ था।)

पंचसखा चुप हो गये। कुछ और भी अध्यापक इकट्ठे हो गये। उनका कहना था कि जब हमारे सभी कार्य साथ-साथ होते हैं तो ये हमारी पंक्ति में बैठ भोजन न कर अकेले-अकेले पूड़ी-हलुवा उड़ाते हैं। हमारे घर से मिर्च का अचार भी आता है तो हम उसके टुकड़े-टुकड़े कर आपस में बाँटकर खाते हैं।

पंचसखाओं का कहना था कि उन्हें छोड़कर सभी अध्यापक संघ के स्वयंसेवक हैं और ये लोग भोजन आरम्भ होने के पहले संघ-मंत्र पढ़ते हैं–'ॐ सह नाववतु सह नौ भुनक्तु....... बहस छिड़ जाती है। अध्यापक लोग यह मंत्र छोड़ने को तैयार नहीं, यह तो वेद-मंत्र है। पंचसखाओं की बोलती बन्द है। हम लोग नहीं चाहते थे कि हमारी एकता टूटे, हमने सुझाव रखा कि हम दूसरे मंत्र बोलेंगे, जैसेकि 'सर्वे भवन्तु सुखिनः सर्वे सन्तु निरामयाः', आदि।

मिलाई आ गयी। नाम बोलने वाले कर्मचारी को लोग बैरक में ले आये। वह थल्ले पा खड़ा होकर नाम पढ़ने लगा। डॉ॰ रामेश्वर दयालु मिश्र अपने साथ रवीन्द्रनाथ ठाकुर का काव्य-संग्रह लाये थे। मैं इस पुस्तक से अपनी प्रिय कविता–'जेते नाहि दिबो आमि' पढ़ रहा था। मुझे आशा नहीं थी कि कोई मुझसे मिलने आएगा। अकस्मात् सुनायी पड़ा, 'डॉ॰ रामनाथ राम नरायन का।' मैं हड़बड़ाकर उठ बैठा।

मिलाई के लिए 14-15 लोग चल पड़े। हमारे साथ प्लास्टर चढ़ी टाँग घसीटते हुए डॉ॰ शान्ति स्वरूप गुप्त भी आये थे। हम चिलचिलाती धूप से बचाव करते हुए पेड़ों की छाया में खड़े हास-परिहास कर रहे थे। **डॉ॰ योगेन्द्र** (बाबूलाल) **गोस्वामी** का नाम नहीं बोला गया था ये भी हमारे साथ आ गये थे। ये मुस्कराकर बोले, "भाई साहब, मैं यों ही हवाखोरी के लिए निकल आया हूँ। कौन पूछता है कि मेरा कोई मिलने वाला आया भी है या नहीं।" फाटक खुला, पहले मिलने आने वालों की भीड़ बाहर की ओर बढ़ी। नये आने वालों की भीड़ भीतर की ओर उमड़ी। हम धड़कते हृदय चारों ओर देख रहे थे। सीढ़ियों के पास हेम अटैची लिये दिखायी पड़ीं। वे मुस्करायीं, किन्तु आँखें बरस गयीं। उनके पीछे विद्रोही कवि काजी नजरुल इस्लाम जैसे लम्बे केश और बड़ी-बड़ी आँखें तथा कसे हुए जबड़ों वाला मेरा नवतरुण रक्तांश खड़ा था। आँखें मिलीं, लगा कि उसकी आँखों से चिन्गारियाँ छूट पड़ेंगी। मैं चिन्तित हुआ, इसे सँभालना होगा। कहीं सत्याग्रह आदि में भाग न ले बैठे। हेम तो मर ही जाएँगी।

हेम ने बताया, "कई शोध-छात्र हजारों रुपये लेकर सहायता के लिए आये थे। मैंने कह दिया, अभी जरूरत नहीं है, जब होगी तब ले लूँगी। **दीपचन्द** और **ओम्प्रकाश** से कहा कि तुम लोग सरकारी नौकर हो। मेरे घर मत आया करो। इधर विभाग का एक भी अध्यापक झूठ-मूठ पूछने भी नहीं आया।"

"कोई कैसे आता। सबकी बोलती बन्द कर दी गयी है। ऐसे-ऐसे केस हुए हैं कि कोई आदमी किसी की जमानत देने गया तो वह भी बन्द कर दिया गया।"

"इस समय सबसे अधिक सहायता **डॉ॰ सत्यदेव चौधरी** कर रहे हैं। मुझे लग रहा है कि मैं दिल्ली में अकेली नहीं हूँ, एक समर्थ जेठ की मेरे ऊपर छत्रछाया है। **डॉ॰ कृष्णदत्त पालीवाल** भी अँधेरे में छिप-छिपकर खोज-खबर ले जाते हैं। इधर **सरस्वती बहिन** भी ढाँढ़स बँधा गयी हैं। अजय डॉ॰ नगेन्द्र के पास गया था........"

"क्यों भेजा था तुमने?" मैं बिगड़ उठा। क्रोध के मारे मैंने मुँह घुमा लिया। हेम का मुँह निकल आया, "मैं क्या करूँ मिश्रजी ने अजय से कहा था।" बाद में ज्ञात हुआ था कि डॉ॰ नगेन्द्र ने कहा था, "मैं कुछ नहीं कर सकता। अब मेरे घर दुबारा कभी मत आना।"

हेम ने बताया कि मेरा छोटा भाई **रमाकान्त** गाँव से आकर लौट गया है। सबसे छोटा भाई **रमेश चन्द्र** टीकमगढ़ से आया हुआ है। यह सब बताकर अब हेम भी बिगड़ उठीं, "क्या देशभक्ति का ठेका तुम्हारे खानदान ने ही ले रखा है? मुझे लगता है कि तुम्हारे ये दोनों भाई भूमिगत आन्दोलन से जुड़े हुए हैं। दोनों ही सरकारी नौकर हैं। बन्द कर दिये गये तो नन्हें दुधमुँहें बच्चों को लेकर बहुएँ कहाँ जाएँगी?"

मैं चिन्तित हो उठा। मुझसे प्रेरणा लेकर ये दोनों भाई भी स्वयंसेवक बनें। दोनों ही प्रशिक्षित स्वयंसेवक हैं। बड़ा वाला तो सत्याग्रह कर तीन बार जेल जा चुका है। हेम अपना क्षोभ प्रकट किये जा रही थीं, "और तुम्हारा यह लड़का! यह मेरा खून पिये रहता है। हरदम सनसनाता रहता है। यह भी भूमिगत आन्दोलन से जुड़ने या सत्याग्रह करने की सोचता रहता है।"

लड़का भी बिगड़ उठा, "पिता जी, ये अम्मां मेरे बस की नहीं हैं। कभी इस कमरे में पड़ी रो रही हैं, कभी उस कमरे में। खाना नहीं खातीं। सूनी-सूनी आँखों से पागलों की तरह ताकती रहती हैं। पुकारता हूँ तो सुनती नहीं। छोटे मामा (योगेन्द्र किशोर तिवारी) आये थे। दोनों भाई-बहिन गले में बाँहें डालकर रोते रहते थे।"

"तू नहीं रोया?"

"मैं क्यों रोऊँ? क्या आपने किसी का खून किया है? मैं तो रोज टी.वी. पर इन्दिरा और संजय के मुखड़े देखता हूँ, गाना गाता हूँ, मस्ती करता हूँ।"

"तुझे किसी से मोह नहीं है, इसलिए मस्त है।"

हेम ने झोले से पूड़ियाँ निकालकर आँख के सामने ही खिलानी चाहीं। मैंने कहा, "तुम मेरी आदत जानती हो, असमय कुछ नहीं खाता हूँ। "वे काफी पूड़ियाँ लायी थीं, आधी मुझे दे दीं और शेष अपने पास रख लीं। अभी इन लोगों ने भी भोजन नहीं किया था, बाहर जाकर करेंगे। रमेश फाटक के बाहर खड़े थे। उनके लिए मिलाई की अनुमति नहीं ली जा सकी थी। समय समाप्त हो चुका था। विदाई के समय मैंने अजय की पीठ थपथपाकर कहा, "ए लड़के, घर में बैठा करना। तू बौखलाये कुत्ते की तरह सड़कें नापता घूमता रहता है। घर तुझे काटता है। माँ के पास ही रहना।"

कुत्ता कहने पर वह चिढ़ जाया करता था, आज वह मुस्करा रहा था। उसने आश्वासन दिया कि मेरे अभाव में वह घर सँभालेगा, भले ही उसे पढ़ाई छोड़नी पड़े।

डॉ॰ योगेन्द्र गोस्वामी ताक लगाये खड़े थे। उन्होंने अजय को चिट्ठी थमाकर पोस्ट कर देने को कहा। वे हेम से अनुरोध करने लगे, "भाभी जी, बाहर जाकर छह-सात पान भेज देना।"

"मैं कैसे भेज सकती हूँ। ये दुबारा भीतर नहीं आने देंगे।"

"भाभी जी, फाटक के बीच एक गोल छेद है, उसके रास्ते अजय मुझे दे

जाएगा।"

हेम जाते-जाते विह्वल हो उठीं। मैंने आँखें तरेरकर सावधान किया। लोग फाटक से बाहर निकल गये, फाटक बन्द हो गया। गोस्वामी जी को छेद के रास्ते पान मिल गये। उन्होंने एक पान मुँह में डालकर मुझे इस प्रकार घूरकर देखा मानो कह रहे हों कि बन्दर क्या जाने अदरक का स्वाद। वे फूले हुए गाल हिलाते-डुलाते शाही अन्दाज से पीठ फेरकर चल दिये। घर से आये सामान की तलाशी ली गयी, फिर जानवरों की तरह हाँककर हमें बैरकों की ओर धकेल दिया गया। अपमान का घूँट पीकर रह गया।

15

आज दोपहर के समय मेरे भाषण का विषय था, 'तुलसी की प्रासंगिकता।' विषय का तर्क-सम्मत प्रतिपादन करते हुए मैंने यह भी बताया था कि 'रामचरितमानस' में कितनी प्राणवत्ता है। अंग्रेज लोग दीन-हीन भारतीय मजदूरों को झाँसा देकर सात समुद्र पार मारिशस, सूरीनाम, गुयाना, ट्रिनिडाड, दक्षिण अफ्रीका, फीजी आदि देशों में ले गये। वहाँ उनसे हड्डीतोड़ परिश्रम कराया गया। असह्य यातनाएँ न सहने के कारण बहुतों ने आत्महत्या कर ली। कुछ मजदूरों के पास 'मानस' की प्रतियाँ थीं, बहुतेरों को 'मानस' के छन्द कण्ठस्थ थे, उन्हें लगा कि जिस प्रकार राम का निर्वासन समाप्त हुआ था उसी प्रकार उनका भी होगा और वे देश लौट सकेंगे। गोरे शासकों को राक्षस-जैसा मानकर उन्होंने संघर्ष किया और वे विजयी हुए। मारीशस में आज भारतीय मूल के लोगों का राज है। एक विनोदी अध्यापक ने पूछा, "आप कहते हैं कि तुलसी आज भी प्रासंगिक हैं। क्या उन्होंने इमरजेन्सी, अर्थात् आपातकाल के बारे में भी कुछ कहा है?"

मैंने भी विनोद-पूर्वक उत्तर दिया, "गो॰ तुलसीदास को पता था कि आगे कभी आपातकाल लगेगा, तभी वे कह गये हैं–

धीरज धर्म मित्र अरु नारी।
आपदकाल परिखिअहिं चारी।।

ऐसे समय धैर्य, धर्म, मित्र और पत्नी की परीक्षा हो जाती है। देखिए, हममें अनेक ने धैर्य नहीं खोया है और देश के प्रति अपने धर्म (कर्तव्य) का पालन किया है। हमारे सच्चे मित्र हमारी सहायता कर रहे हैं, नकली मित्र कन्नी काट रहे हैं। हमारी पत्नियाँ भी अपने दायित्व का निर्वाह कर रही हैं।"

श्रोताओं में सत्याग्रही स्वयंसेवक भी बैठे हुए थे। उन्होंने आग्रह किया कि सन्ध्याकाल उनके मध्य भी रामायण पर प्रवचन का आयोजन हो। मैं मान गया। सन्ध्याकाल उनके बीच उपस्थित होकर मैंने कहा, "आज भाषण नहीं। आप जी-भर कर रामकथा पर प्रश्न करिए, मैं समाधान करने का प्रयास करूँगा।" सभी सहमत हो गये। मैंने खोज-पूर्ण निगाहों से अच्छी तरह देख लिया कि कहीं श्रोताओं के मध्य डॉ॰ शान्तिस्वरूप गुप्त तो नहीं बैठे हैं। प्रश्न किये जाने के पहले ही मैं उत्तेजित स्वर में बोल पड़ा–

जासु राज प्रिय प्रजा दुखारी।
सो नृप अवसि नरक अधिकारी।।

मैंने मुर्गे की तरह गर्दन घुमा-घुमाकर चारों ओर देखा, फिर नकली गम्भीरता ओढ़कर अर्थ बताने लगा– जिस शासक के राज में प्रिय प्रजाजन दुःखी रहते हैं वह शासक अवश्य ही नरक जाता है, उसका सत्यानाश हो जाता है।

सत्याग्रही स्वयंसेवक प्रमुदित होकर तालियाँ पीटने लगे। मैं गिड़गिड़ाते हुए दीनता-पूर्वक बोला, "आप लोग तालियाँ क्यों बजा रहे हैं? क्या मुझे फँसाएँगे? मैं अपनी इकलौती पत्नी का इकलौता पति और इकलौते बेटे का इकलौता बाप हूँ। सुना है कि यहाँ जेल में भी गुप्तचर हैं। श्रोताओं के मध्य गुप्तचर हैं। स्कूल, कॉलेज, आफिस, रेलवे स्टेशन, बस-स्टाप, हाट-बाट सभी जगह गुप्तचर लगा दिये गये हैं। आप फुसफुसाकर भी कोई बात कहेंगे तो सुन ली जाएगी। और आप लोग हैं कि तुलसी दास की चौपाई पर तालियाँ पीट-पीटकर इनका सन्दर्भ आधुनिक परिस्थिति से जोड़कर मुझे फँसाना चाहते हैं। अरे, मुझे तो वकील मिश्रजी ने कहा था कि मैं इस चौपाई पर भाषण दूँ। कहा क्या था, मुझे भड़काया था। तो भाइयो, मिश्रजी क्या चाहते हैं केवल यह बताने के लिए मैंने उक्त चौपाई बोल दी। मुझमें इतना साहस नहीं कि इस पर कुछ बोलूँ।"

एक स्वयंसेवक बोल पड़ा, "परन्तु, आप जो बोलना चाहते थे बोल गये।"

"शी", ओंठ पर उँगली रखकर मैंने वर्जन का अभिनय किया। उधर श्रोताओं के मध्य बैठे वकील मिश्र जी मुझे पुनः उकसाने लगे। मैंने कड़क-भरे स्वर में कहा, "भाइयो मैं बीस-सूत्री कार्यक्रम का समर्थन नहीं करता।" तालियों की गड़गड़ाहट हुई।

"आप लोगों ने तालियाँ तो बजा दीं, किन्तु यह नहीं पूछा कि मैं समर्थन क्यों नहीं करता।"

"जी, बताइए।"

"क्योंकि मैं जानता ही नहीं कि बीस-सूत्री कार्यक्रम हैं क्या।"

पुनः हास्य-ध्वनि। अब मैंने गम्भीर होकर प्रश्न पूछने का आग्रह किया। मैं पहले से ही जानता था कि प्रश्न क्या होंगे। राम ने धोबी के कहने से सीता को क्यों निकाला। तुलसीदास ने नारी और शूद्र की निन्दा क्यों की। राम ने बाली को छिपकर क्यों मारा। आज के युग में राम के चरित्र की क्या उपयोगिता हैं, आदि। लगभग दो घण्टे तक जमकर प्रश्नोत्तर हुए। स्वयंसेवकों के प्रमुख कार्यकर्ता ने कार्यक्रम को समाप्त करना चाहा। कोई वैद्यजी असन्तुष्ट होकर बोले, "अभी कार्यक्रम समाप्त नहीं होगा। मुझे भी बहुत कुछ पूछना है। ऐसा बढ़िया अवसर फिर कब मिलेगा।" कहा-सुनी होने लगी। कार्यकर्ताओं का धर्म-संकट देखकर मैंने वैद्यजी से कहा, "वैद्यजी, अभी आप लोगों की शुभेच्छा से मैं यहीं हूँ। कल प्रश्न कर लीजिएगा।" वैद्यजी मान गये।

श्री रत्नसिंह शाण्डिल्य साथ-साथ चलते हुए बोले, "त्रिपाठी जी, नौकरी जाने की चिन्ता मत करो। आपके श्रोताओं में भ्रष्टाचारी लाला भी होते हैं। उनका कहना है कि ऐसी रामकथा पहले कभी नहीं सुनी। इन लोगों के बीच कमा-खाओगे।"

मिलाई के बाद मैंने दो-एक लालाओं को नौकरों के सिर पर आम, सेब, केला आदि फलों की पेटियाँ लदाकर आते देखा था। डाक-बँगला के एक छोर पर फलों

की गुठली और छिलकों का ढेर लगा रहता था। लालाओं ने बुद्धिमत्ता की थी। अपने साथ एक-एक नौकर को भी गिरफ्तार करा दिया था। नौकर लालाओं की तेल-मालिश करते, कपड़े धोते और अन्य सेवाएँ भी करते।

5 अगस्त, सारे दिन वर्षा होती रही और छत टपकती रही। सभी साथी बैरक में बन्द रहे। भोजन परोसने की बारी हमारे ग्रुप की थी। अँधेरा हो गया था। रिमझिम वर्षा के बीच नंगे पैर मैस तक जाना पड़ा। पैर कीचड़ से सन गये। वहाँ से थाली में रोटियाँ लाकर परोसनी पड़ीं।

आठ-दस लोगों की जमानत हो गयी। वे जा रहे थे। उल्लास की लहर फैल गयी। आशा होनें लगी कि हमारी भी जमानत हो जाएगी। छूटते ही कुछ लोग दुबारा जेल भेज दिये गये थे, इसलिए लोग जमानत कराने में हिचकते रहे थे।

मुझे नित्य एक ड्यूटी देनी होती थी। मैं नहा-धोकर कार्यालय-इंचार्ज से चाबी लेकर कमोड वाली एक टट्टी का ताला खोल दिया करता। डॉ॰ शान्तिस्वरूप गुप्त इसका ही प्रयोग कर सकते थे।

संघ का एक कार्यकर्ता लुंगी पहने लँगड़ाता हुआ आया। पुलिस के सिपाहियों ने मोमबत्ती से उसके गुप्त स्थान के बाल जलाये थे। अभी भी घाव था। इसे मिलाकर लाजपत नगर के तीन स्वयंसेवकों ने पहाड़गंज में सत्याग्रह किया था। थाना-इंचार्ज ने तीनों की पिटाई की थी। एक स्वयंसेवक के बड़ी-बड़ी मूँछें थीं। सिपाहियों ने दाँत पीस-पीसकर उसकी मूँछें उखाड़ डालीं, रक्त बह निकला था। सिपाही गालियाँ दे रहे थे, "हरामजादो, हमारे एरिया में क्यों मरने आये थे।"

7 अगस्त, परसों रात जिन लोगों की जमानतें हुई थीं उनमें कुछ लोग दुबारा गिरफ्तार होकर वापस आ गये थे। जेल के फाटक से तिहाड़ थाने के ट्रक लगे रहते थे। जैसे ही कोई छूटता गिरफ्तार कर लिया जाता। कुछ की गिरफ्तारी सरकार की योजना के अनुसार होती और कुछ की थाना के इंचार्ज की योजना के अनुसार। रिश्वत माँगी जाती, देने वाले छूट जाते। इमरजेन्सी में पुलिस की नैतिकता का स्तर ऊँचा हो रहा था न!

8 अगस्त, कैम्प थाने द्वारा गिरफ्तार हम अध्यापकों की तारीख़ थी। जाली वाली पुलिस वैन में हम पचास लोग ठूँस दिये गये। सत्याग्रही स्वयंसेवक भी हमारे साथ बैठाये गये थे। वैन रुकी हुई थी। हमारी साँसें वैन में भर गयीं। शरीर से पसीने की धार बह चली। लगा कि मितली हो जाएगी। वैन चली तो कुछ राहत मिली। पुलिस ने जाने के लिए सूना रास्ता चुना था।

कोर्ट के बाहर मिलने वालों की भीड़ लगी थी। असंख्य स्त्री-पुरुष इकट्ठे हो गये थे। गाड़ी रुकी नहीं, सीधे-सीधे एक फाटक में प्रवेश कर गयी। जनता वहाँ तक नहीं जा सकती थी। फाटक के भीतर हवालात में हम बन्द कर दिये गये। कमरे के जंगले सड़क की ओर थे। यहाँ से विशाल जन-समूह दिखायी पड़ रहा था। हम सभी लोग जंगलों में झाँक-झाँककर अपने घर के लोगों को देख लेना चाहते थे। उधर भीड़ भी अकुला उठा थी। लोग जंगले के पास आ जाना चाहते थे। पुलिस के जवान धरती पर डण्डे पटकते हुए आगे बढ़े। भीड़ पीछे हटने लगी। सत्याग्रहियों से भरी एक और वैन आ गयी। जोरदार नारे लगे। भीड़ में खड़े लोगों के मुखों पर आतंक और आवेश के भाव दिखायी पड़े। मुखों से कुछ फूट पड़ना चाहता था, किन्तु मानो ताले जड़े थे, शब्द नहीं फूट रहे थे। भीड़ के भीतर से किसी ने नारों का उत्तर दिया। पुलिस भीड़

पर टूट पड़ी, भगदड़ मच गयी। एक युवक गिरफ्तार कर लिया गया। लोग फिर रेंगते हुए से जंगले के पास आने लगे। **अजय** दिखायी पड़ा। एकटक देख रहा था। भीतर कुछ घुमड़ा, मैंने अपने को संयत किया। तभी पुलिस की ललकार सुनायी पड़ी। एक लड़का अपने पिता से सम्पर्क करने के लिए आगे बढ़ रहा था। एक जवान ने उसे धरती पर पटककर उसके हाथ पकड़ लिये। दूसरे जवान ने उसके पैर पकड़कर टाँग लिया। पता नहीं उसे कहाँ ले गये।

महिलाएँ धूप से बचाने के लिए बच्चों के सिर आँचल से ढँक रही थीं। उनके मुरझाये हुए मुँह पसीने से तर-बतर थे। जंगलों से **डॉ॰ सत्यव्रत शास्त्री** (संस्कृत) की पत्नी दिखायी पड़ीं। अपने स्थान पर शास्त्री जी को खड़ाकर मैं पीछे हट गया, ताकि ये दोनों बात कर सकें।

एक पुलिस जवान की देख-रेख में डॉ॰ ब्रजमोहन चतुर्वेदी और मुझको मेट्रोपोलिटन कोर्ट ले जाया गया। ओड़िया प्राध्यापक मेरे मित्र **डॉ॰ खगेश्वर महापात्र** की पाँच हजार की जमानत स्वीकृत हो गयी। कोर्ट के गलियारों में ठसाठस भीड़ थी। पुलिस के लोग घर वालों से मिलने नहीं देते थे। दूर से **हेम** को देखा। उनकी आँखें लाल थीं। वकील मिश्र के साथी एक वकील ने मजिस्ट्रेट को अर्जी देकर हेम को मुझसे मिलने की अनुमति दिला दी। पुलिस वाला बोला, "इस अर्जी को दिखाकर कोर्ट की हवालात में पत्नी से मिला जा सकता है, यहाँ नहीं।" फिर उसने धीमे स्वर में कहा, "पाँच रुपये दे दो तो मिल लो।" मैंने क्रुद्ध होकर सोचा कि इसे पकड़कर मजिस्ट्रेट के सामने खींचकर ले जाऊँ। यह है इन्दिरा की इमरजेन्सी का अनुशासन। अपने को संयत किया कि होगा कुछ नहीं, बेकार में तीसरी धारा और लग जाएगी। उत्तरी क्षेत्र के एस॰डी॰एम॰ **श्री पद्मनाभन** लड़के-जैसे थे। ये किसी कॉलेज में प्राध्यापक रहे थे।

डॉ॰ सत्यदेव चौधरी अपने पिता के साथ दस-दस हजार की दो जमानतें देने के लिए आये थे। उनके पिता की सम्पत्ति की जाँच ग्यारह जुलाई को होगी। तभी मुझे जमानत पर छोड़ा जा सकेगा।

हेम ने बैग से ताजे धुले पेण्ट-बुश-शर्ट निकालकर दिये। मैंने जल्दी-जल्दी कपड़े बदल लिये। अनुज **रमेशचन्द्र** पुनः टीकमगढ़ से आ गये थे। वे सोडा वाटर की बोतल लिये दौड़े आये। यह मेरे लिए बहुत उपयोगी थी। नारे लगाते-लगाते गला सूख गया था। पुलिस जवान बोला, "कोकाकोला ही पिला दीजिए। मैं भी इन्सान और बालबच्चे वाला हूँ।" शायद पीते हुए पकड़ा न जाए यह सोचकर वह बोल पड़ा, "नहीं, नहीं, मुझे नहीं चाहिए।" हेम ने उसकी मुट्ठी में कुछ थमाकर कहा, "बाहर जाकर पी लेना।"

तुलसी जयन्ती धूमधााम से मनायी गयी थी, दिनांक मुझे याद नहीं रह गया था। **डॉ॰ योगेन्द्र गोस्वामी** ने इसका संयोजन किया था। उन्होंने ईंट और कोयला से कागज पर गोस्वामी जी का चित्र बनाया था। मुख्य भाषण था **डॉ॰ वाचस्पति उपाध्याय** का। इन्हें भाषण देने की कला आती है। मैंने अपने अध्यक्षीय भाषण में 'रामचरितमानस' की चार प्रेरणाओं का उल्लेख किया था— 1. घर-परिवार और समाज के लिए स्नेहमय त्याग, 2. सदाचारमय जीवन-यापन, 3. दलित-उपेक्षित-सन्तप्त जनों के प्रति अपनत्व और 4. आततायी शक्ति के विरुद्ध निर्भय होकर संघर्ष।

डॉ॰ योगेन्द्र कभी-कभी तरंग में आ जाते तो कीर्तन कराया करते थे— **'मेरो वारो**

सो कन्हैया कालीदह पै खेलन आयो रे।' वृन्दावनी संस्कृति में पले ये महाशय समाँ बाँध देते थे।

9 अगस्त, कुछ अध्यापकों की बातें सुनकर आनन्द आ रहा था, कभी-कभी झुँझलाहट भी होने लगती। गिरफ्तारी के कारणों की खोज हो रही थी। एक अध्यापक ने बताया कि विश्वविद्यालय के कांग्रेसी और कम्यूनिस्ट अध्यापकों ने सूची तैयार की थी। दूसरे सज्जन बोले, "संघ के कार्यकर्ता स्वयं तो भूमिगत हो गये और हमें फँसा दिया।" तीसरे सज्जन ने बड़े मार्के की बात कही, "संघ ने स्वयं ही हमारे नाम दिये हैं, क्योंकि हम आन्दोलन में भाग लेते नहीं; सो बलात् यात्रा कराके हमें भी आन्दोलन में सम्मिलित कर लिया गया।" मैं माथा पीटकर चला आया। दलजीत टण्डन का कथन याद आ गया।

ट्वेण्टी-नाइन खेल-पटु **डॉ॰ रामेश्वर दयालु मिश्र** पेड़ की छाया में कम्बल विछाये बैठे ताश खेलने के लिए बुला रहे थे। ये मेरे विरुद्ध मोर्चा लगाकर खेला करते थे। मेरे साथी बनते थे **डॉ॰ श्याम बिहारी लाल शर्मा**। ताश खेलते समय स्कूल इन्स्पेक्टर **बनवारी लाल जी** की किसी उक्ति से रुष्ट होकर मिश्र जी ने ताश फेंककर कहा, "मैं प्रतिज्ञा करता हूँ कि जब तक जेल में रहूँगा मैं कभी ताश नहीं खेलूँगा।" बनवारी जी जितना मनाते मिश्र जी उतना ही भड़क उठते। सभी ने उन्हें मनाने की चेष्टा की। वे नहीं मानें तो नहीं ही मानें।

10 अगस्त, प्रातःस्नान कर भ्रमण के लिए निकला। कोई एक अध्यापक दौड़कर आये और मेरे साथ घूमते हुए बोले, "आप क्या सोचते हैं, हम कब तक छूट जाएँगे?" मैंने चिढ़कर तीखे स्वर में उत्तर दिया, "मैं तो एक ही बात सोचता रहता हूँ कि यदि मैं बाल-बच्चे वाला नहीं होता तो आज अध्यापकी बैरक में नहीं, सत्याग्रहियों की बैरक में बन्द होता, अथवा भूमिगत होता।"

अध्यापक निराश होकर लौट चले। मुझे अपनी भूल महसूस हुई। मैं कट्टर देशभक्त बनने का अहंकार दिखाकर सहज मानवीय भावनाओं की उपेक्षा कर रहा था। मैंने उन्हें बुलाकर बहुत ही मिठास-भरे स्वर में कहा, "भाई, मुझे तो लगता है कि हम शीघ्र ही छोड़ दिये जाएँगे। जमानतें होने लगी हैं।" उनकी आँखों में आशा और कृतज्ञता के भाव झलक आये। शायद घर पर छूटे हुए नन्हें शिशुओं की याद में डूबे ये बेगुनाह, निरीह अध्यापक बैरक की ओर चले गये।

10 अगस्त को हमें ज्ञात हुआ कि इन्दिरा जी ने संविधान में संशोधन करा लिया है। इसका अभिप्राय था कि प्रधानमंत्री या लोकसभा के अध्यक्ष के चुनाव को सामान्य कानून के अन्तर्गत चुनौती नहीं दी जा सकती। यह इसलिए किया गया कि उच्च न्यायालय के माननीय न्यायाधीश **श्री जगमोहन सिन्हा** का फैसला निरस्त हो जाए। कैसे-कैसे दाँव खेले जा रहे थे।

आँख खुल गयी। सन्नाटा छाया हुआ था। लघुशंका के लिए चला। अरे, यह क्या! **डॉ॰ केवल कृष्ण मित्तल** दनादन सूर्य नमस्कार नामक व्यायाम करने में जुटे हुए थे।

"मित्तल जी, आधी रात को यह कौन-सी सनक सवार हो गयी है?"

"आधीरात? अब तो साढ़े चार बज गये होंगे।" डॉ॰ मित्तल चश्मा न होने के कारण आँखें झपकाते बोले।

"अभी तो डेढ़ बजा होगा।"

"ऐं ऽऽ।"

डॉ॰ मित्तल को भौंचक स्थिति में छोड़कर मैं शौचघर की ओर बढ़ा। स्नान-घर से फटाफट की आवाज आ रही थी। पास जाकर देखा संस्कृत- अध्यापक **डॉ॰ दयाराम गुप्त** नहाये-धोये कपड़े साफ कर रहे थे।

"गुप्तजी, यह क्या हो रहा है?"

"साढ़े चार बजे के बाद नलों में पानी नहीं आता, सोचा जल्दी-जल्दी निपट लूँ।"

"जल्दी के मारे रात के डेढ़ बजे?"

"नहीं तो, अब तो सवेरा होने वाला है।"

मैंने मन ही मन कहा, धोए जाइए। जब दो मुर्गे उठ गये हैं तो आधी रात को सवेरा हो ही जाना चाहिए। घड़ियों के अभाव में समय-भ्रम तो होगा ही।

दोपहर को अकस्मात् सुधीर उपाध्याय की हाँक सुनानी पड़ी, "श्रीचन्द गोयल का।" हमने चकित होकर देखा, जमानत पर छूटे श्री श्रीचन्द अटैची लिये वापस आ गये थे। किसी अन्य धारा में गिरफ्तार कर लिये गये थे।

11 अगस्त, डॉ॰ ओम्प्रकाश और डॉ॰ नन्द किशोर खोसला की तारीख थी। इन्हें हथकड़ी पहनाकर कोर्ट ले जाया गया था।

डॉ॰ रामेश्वर दयालु मिश्र मजमा लगाये वीर सावरकर और क्रान्तिकारियों की यंत्रणा-कथाएँ सुना रहे थे। वे साथियों का मनोबल ऊँचा रखने के लिए ऐसा कर रहे थे। इसी समय बनवारी लाल जी ने उनके पैर पकड़कर कहा, "डॉ॰ साहब, ताश खेलिए। मुझे माफ़ कर दीजिए।" और भी लोग समझाने लगे। मिश्रजी के भीतर छिपे दुर्वासा ऋषि जाग उठे, "जब मैंने कह दिया कि मैं ताश नहीं खेलूँगा तो फिर आप मुझे क्यों परेशान कर रहे हैं। मैं नहीं खेलूँगा, नहीं खेलूँगा।"

बैरक में ईसाइयों का साहित्य वितरित किया गया। इन्हें जहाँ भी अवसर मिलता है ये उसका लाभ उठाते हैं।

सत्याग्रहियों के आग्रह पर हमने साथ बैठकर सब्जी काटी थी। दूर मिश्र जी दिखायी पड़े, वे 'संचयिता' पुस्तक पढ़ रहे थे। बनवारी जी ने उनके पैर पकड़ लिये, "डॉ॰ साहब, आप ताश नहीं खेल रहे हैं। बैरक में मुर्दनी छायी है।" कुछ और लोगों ने भी अनुरोध किया। मिश्रजी भभक उठे, सौ बार मना किया है, आप लोग मानते क्यों नहीं", बनवारी जी रुआँसे से हाथ जोड़े बैठे थे, मिश्रजी बिल्कुल नहीं पसीजे। मैंने कहा, "मिश्रजी, आज या कल आप दोनों में कोई भी जमानत पर छूट सकता है। फिर शायद वर्षों तक भेंट न हो। बनवारी जी यहाँ की याद कर ग्लानि में गलते रहेंगे कि व्यर्थ में एक विद्वान् व्यक्ति को रुष्ट किया। ये कुटिल स्वभाव के नहीं हैं। इन्हें अपने वचनों पर पछतावा है। इन्हें क्षमा कर दीजिए। प्रतिज्ञा से मानवता बड़ी होती है।"

मिश्रजी ने मुस्कराकर मेरे हाथ से ताश की गड्डी ली और दुक्की से छक्के तक के पत्ते छाँटकर अलग रखने लगे। खेल जम गया।

वकील मिश्र ने अपनी पार्टी के कार्यकर्ता के दाम्पत्य संघर्ष की चर्चा की। अब दोनों अलग-अलग रह रहे थे। पति ने अपने साथ एक लड़की रख ली थी। पत्नी का कहना था कि इन्होंने ही उसे मार्क्सवाद की शिक्षा दी थी। दोनों में होड़ लगी थी कि कौन अधिक प्रगतिशील है। पति गर्लफ्रेण्ड के साथ 12 बजे तक बाहर रह सकता है तो पत्नी अपने बॉयफ्रेण्ड के साथ 1 बजे तक बाहर क्यों न रहे। जेल से छूटने के बाद मेरी भेंट मार्क्सवादी महिला से हुई थी। इसका वर्णन आगे होगा।

यह भी चर्चा हुई कि पुरबिये, विशेषतः भोजपुरिये प्रगतिशील होने का ढोंग बहुत रचते हैं। उनकी प्रगतिशीलता ब्याही पत्नी और बच्चों को ठुकराकर दिल्ली की किसी युवती (विशेषतः पंजाबी) से प्रेम-विवाह कर लेने तक सीमित है। क्या मानवता के नाम पर इन्होंने कभी सोचा कि परित्यक्ता दुखियारी के दिन कैसे बीत रहे होंगे। हिसाब लगाया गया कि ऐसे कौन-कौन लोग दिल्ली में हैं। अंग्रेजी, संस्कृत आदि कई विभागों में एक-दो लोग हैं, किन्तु अधिक संख्या हिन्दी वालों की निकली। एक साथी बोले, "त्रिपाठी जी, आप गर्व कर सकते हैं कि आपका विभाग अधिक प्रगतिशील है।" मैं तो महापण्डित **राहुल सांकृत्यायन** के बारे में सोच रहा था। वे भी बहुत दिनों तक मार्क्सवादी रहे थे। उन्होंने भी अपनी ग्रामीण पत्नी का परित्याग किया था। पता नहीं, उसके भरण-पोषण का ध्यान इन्होंने रखा था या नहीं। अपनी प्रौढ़ावस्था मे ही सही उस बेचारी को नौकरानी के रूप में ही साथ रख लेते। हो सकता है कि मेरी सोच गलत हो।

12 अगस्त, सत्याग्रहियों की बैरक में शोक-सभा थी। किसी स्वयंसेवक के भाई की मृत्यु हो गयी थी। हम अध्यापकों में आधे से अधिक लोग उस बैरक में गये। वातावरण करुण था। कोई कार्यकर्ता संवेदना प्रकट करता हुआ उत्तेजित स्वर में बोलने लगा। बार-बार रोमांच हो रहा था। मैंने एक दृष्टि बैरक के परिवेश पर डाली। कपड़े-लत्ते, सामान आदि को देखकर लगता था कि यह संघ के संयम-शील स्वयंसेवकों का शिविर है। फैशन और सुविधा वाली वस्तुएँ इनके पास नहीं थीं। कष्टमय जीवन स्वेच्छा से अपनाये हुए थे– **स्वयं स्वीकृतं कण्टकाकीर्ण मार्गम्।** मैं भरे मन से अपनी बैरक में लौट आया।

हमारी बैरक के कुछ अध्यापक तारीख से लौटे थे। वे बहुत क्षुब्ध थे, क्योंकि सत्याग्रही स्वयंसेवक रास्ते-भर नारे लगाते रहते थे। पुलिस इन्हें कुत्तों की तरह खींच-खींचकर कोर्ट ले जाती थी। अध्यापकों का कहना था कि वे आग्रह करेंगे कि उन्हें अलग गाड़ी में कोर्ट ले जाया जाए। उत्तेजित होकर मैं कुछ कह न उठूँ, अतः वहाँ से हट गया। सच में तो ये सत्याग्रही सिंह थे।

12 अगस्त दोपहर में पंक्ति-भोजन के लिए हम बैठ गये। भोजन आरम्भ के पूर्व अकस्मात् एक अध्यापक जोर-जोर से मंत्र बोलने लगा– **ॐ सह नाववतु। सह नौ भुनक्तु। सहवीर्यं करवावहै। तेजस्विनावधीतमस्तु मा विद्विषावहै। ॐ शान्तिः शान्तिः शान्तिः।**

सभी अध्यापकों ने परम पुलकित होकर मंत्र पढ़ा। मैंने कौर तोड़ते हुए पूछा, "यह तो संघ के द्वारा प्रयुक्त मंत्र है। अब आप लोगों को डर नहीं लगता? मंत्र पढ़ने वाला अध्यापक बोल पड़ा, "गीदड़ तो भाग गये। अब हम क्यों घुट-घुटकर रहें।"

"गीदड़ कौन, पंच सखा?"

"पंच सखा नहीं, पंच गीदड़।"

सच में अब कोई प्रतिरोध करने वाला नहीं था। हमारे सभी कार्यक्रम संघ की व्यवस्था के और भी निकट आते गये।

लोगों से ज्ञात हुआ कि किसी वार्ड में दो सरदार 302 धारा में बन्द हैं। समस्त जेल इनसे थर्राती थी। मुर्ग-मुसल्लम और अंग्रेजी शराब तो इन्हें उपलब्ध थी ही, जुआ भी चलता था। एक ही दिन में दस हजार रुपयों का जुआ हो गया। खेल यहाँ, भुगतान जेल के बाहर। जेल-अधिकारी इनके साथ ऐश करते थे। कहाँ ये और कहाँ हम

निरीह अध्यापक।

13 अगस्त, दाँत साफ कर रहा था। बाहर के बरामदे की ओर से अजीब सी चिंघाड़ सुनायी पड़ी– **आक्ख-हा हा हा हा।** जल्दी-जल्दी कुल्ला कर उधर जाकर देखा। डॉ॰ रामेश्वर दयालु, डॉ॰ रामप्रकाश और बनवारी लाल जी आलू छील रहे थे। मुझे भी बिठा लिया गया। आलू बहुत थे और गरम भी बहुत थे। सत्याग्रही स्वयंसेवक बड़े झावे में भरकर आलू लाये थे और बोल गये थे, "गुरुदेव, आप लोग आलू छीलिए। आज आप लोगों को नाश्ते में आलू की सब्जी के साथ पूड़ी मिलेगी।" छीलने के लिए कई आदमी चाहिए। डॉ॰ मिश्र फिर चिंघाड उठे– -आक्ख-हा हा हा हा। कुछ लोग सोते से उठकर आ गये। वे भी हमारी सहायता करने लगे। तीसरी चिंघाड़ होने पर एक सज्जन आये, वे नम्रता के साथ बोले, वैसे वे भीतर ही भीतर क्रोध से भभक रहे थे। उन्होंने चेतावनी दी कि यदि इसी प्रकार उनकी नींद भंग की गयी तो वे रात-भर किसी को सोने नहीं देंगे। मिश्र जी ने चौथी बार आवाज निकाल दी। वे सज्जन चिढ़कर आपे से बाहर होने को थे कि मैं उन्हीं की तरह छद्म नम्रता दिखाता हुआ बोला,

"आप सवेरे नाश्ता करेंगे?"

"करूँगा।"

"आज विशेष नाश्ता दिया जाएगा। चार-पाँच सौ लोगों के लिए आलू कौन छीले? क्या कुछ लोग भोजन तैयार करने के लिए हैं और कुछ लोग केवल खाने के लिए हैं?"

"मैं बात तो इस तरह चीखने............"

"जी हाँ, मिश्र जी कण्ठ का सायरन बजाकर लोगों को आलू छीलने के लिए बुला रहे हैं। उनका उद्देश्य किसी की नींद तोड़ना नहीं है। एक बात और सुन लीजिए। हम कई लोग रात के 10 बजे तक सो जाना चाहते हैं और आप चार-पाँच लोग रात के 12-1 बजे तक ताश खेलते और कव्वालियाँ गाते रहते हैं। फिर आप 7-8 बजे तक पड़े सोते रहते हैं। हमने तो आपसे शिकायत नहीं की कि आप लोग हमें रात में क्यों नहीं सोने देते।"

वे समझदार अध्यापक थे, मुस्कराकर चले गये। मिश्र जी फिर चीत्कार कर उठे। **डॉ॰ कमल किशोर गोयनका** कहीं से दौड़े-दौड़े आये और बड़े अनुनय के साथ बोले, "मिश्रजी, ऐसा कोमल स्वर मत निकालिए। आपके नाजुक गले में दरार पड़ जाएगी।" वे भी आलू छीलने बैठ गये।

जोड़ों में दर्द बढ़ रहा था। चलता था तो घुटनों की हड्डियाँ खटर-खट्ट बोलती थीं। घर पर दूध-फल का सेवन अधिक करता था। यहाँ कहाँ। चिन्तित था, क्या जनता चुपचाप इसी प्रकार अन्याय सहती रहेगी। क्या सच्ची राष्ट्रीयता इस बेशर्म तानाशाही के द्वारा सदा-सदा के लिए दफना दी जाएगी?

14 अगस्त, **अजय** ने सूचना दी थी कि डॉ॰ सत्यदेव चौधरी के पिता जी के द्वारा दी गयी जमानत स्वीकृत नहीं हुई है। अजय ने अपने मित्र शेखर जैन के पिता से 10,000/- उधार लेकर एफ॰डी॰आर॰ बनवा लिया है। इसके आधार पर जमानत हो जाने की सम्भावना है।

जेल में रहकर मैं अपने अनुभव असमीया बांग्ला, ओड़िया, आशुलिपि (Short Hand) आदि लिपियों का प्रयोग कर इस प्रकार लिखता रहता था कि यदि ये

कागज पुलिस के हाथों पड़ जाएँ तो वह समझ ही न सके कि इनमें क्या लिखा है। मीसा में बन्द किये जाने का खतरा जो था। भेंट होने पर मैं ये कागज अजय को दे दिया करता था। एक कविता लिखी थी। इसके आरम्भ और अन्त की पंक्तियाँ भयानक थीं। मैंने इन्हें ऐसी लिपि में लिखा था कि इमरजेन्सी समाप्त होने पर जब मैंने इन्हें पढ़ा तो ये मेरी ही समझ में नहीं आयीं। अधूरी कविता प्रस्तुत है–

किसकी जुर्रत
कौन कह रहा–
डाल-डाल पर
मेरी बीट पड़ी है,
कि मेरे तन की वास
हवा में सड़ी उड़ी है।
चुप कबूतरे, क्या बकता है
कतरो इसकी जीभ
गुटरगूँ क्यों करता है।
शूट करो ये सुग्गे
चोंचें खोल रहे हैं
फोड़ो इनकी आँख
मुझे क्यों घूर रहे हैं।
हवा करो जय-गान
नहीं तो कैद मिलेगी
जी हुजूर न कहे तो
पाजी धूप मिटेगी।

किसी ने मुझे झकझोर कर जगा दिया। मैंने आँखे मिचमिचाकर जगाने वाले की ओर देखा। डॉ॰ खोसला बोले, "आप जानते थे कि आज आप छूट जाएँगे फिर भी ठाठ से पड़े सो रहे थे, आप भी खूब हैं। जाइए आप और डॉ॰ भट्ट के लिए पुकार हो रही है।" वे और कथूरिया जी मेरा सामान इकट्ठा करने लगे। दो अपराधी बन्दी भी आकर सहायता करने लगे। एक अपराधी इन्दिरा गान्धी को भद्दी गाली देकर बोला, "यहाँ से छूटकर............ से ऐसा-ऐसा करना।" मैंने कड़ककर पूछा, "क्या कहा?" वह तुरन्त बदलकर बोलने लगा, "कल 15 अगस्त को लाल किले पर जाकर........तिरंगे को............." मैं दहाड़ उठा–

"चुप रहो। तुम बचे हुए तेल, साबुन और कूपन पाने के लालच में एक नारी और राष्ट्रध्वज का अपमान कर रहे हो। याद रखो, इन्दिरा हमारी ऐसी बड़ी बहिन है जो क्रूर और स्वार्थी है। बहिन चाहे जैसी हो उसे गन्दी गाली नहीं दी जा सकती।"

वार्ड के द्वार तक लोग पहुँचाने आये। एक सत्याग्रही बोला, "गुरुदेव, आप मत जाइए।" दो व्यापारी मेरे पैर पकड़कर बोले, "अब रामकथा पर प्रवचन कौन करेगा?"

जेल के कार्यालय के बाहर हम सात-आठ लोगों को बिठा दिया गया। हमारे बीच कुछ अपरिचित लोग भी थे। वे कह रहे थे कि छूटकर जाना बेकार है। बाहर तिहाड़ थाने के लोग घात लगाये बैठे हैं। वे फिर पकड़ लेंगे। एक व्यक्ति तो उठकर कह

आया कि वह नहीं छूटना चाहता। लिखा-पढ़ी होती रही। हमारे हाथ के निशान कागज पर लिये गये। एक घण्टा प्रतीक्षा करने के बाद लगभग 11 बजे बाहर के गेट की खिड़की खुली।

वैन में हम बन्दियों के साथ कुछ जवान भी बैठ गये। एक अपराधी रो रहा था, उसे शायद किसी थाने के हवालात में फिर बन्द किया जाएगा। दो-एक थानों के सामने गाड़ी रुकी और कैदी उतार दिये गये। लगभग 12 बजे हम कैम्प थाने पहुँचे। मुझे और डॉ॰ भट्ट को कुर्सियों पर बिठाकर पुलिस के लोग अन्य कामों में उलझ गये। हमारे पीछे धरती पर एक तगड़ा साँवला पंजाबी बैठा था। थोड़े से अन्तर से एक चमकुल औरत बैठी थी। वह सस्ती रंगीन साड़ी और पीतल-चाँदी के पूरे आधुनिक गहने धारण किये थे। एक कलूटी महिला स्टूल पर बैठी आँसू बहा रही थी। पुलिस के सरदार जवान ने बताया कि यह मुस्टण्डा पंजाबी ऑटो वाला है। यह कलूटी महिला को ऑटो में बिठाकर सुनसान जगह ले जाकर बलात्कार करना चाहता था। औरत ने आवाज लगायी। दो पुलिस कर्मी ड्यूटी पूरी कर जा रहे थे। वे लोग इस बदमाश को बड़ी मुश्किल से पकड़कर ले आये। यह उनसे भी भिड़ गया था। सरदार ने पंजाबी पर डण्डों की बौछार कर दी। दूसरे जवान ने भी जी-भरकर डण्डे लगाये। एक जवान बोला, "प्रो॰ साहब, अभी थोड़ी देर में आपको छोड़ देंगे।"

भद्दी-भद्दी गालियाँ देते हुए सरदार ने पूरे पराक्रम के साथ फिर डण्डे बरसाने शुरू कर दिये, हथेलियों, बाँहों और जाँघों पर। वह 'भापाजी, भापा जी' कहकर रो रहा था। डॉ॰ **सिद्धेश्वर भट्ट** आँखें फाड़कर देख रहे थे कि यह आदमी इतने डण्डे कैसे सह रहा था। सरदार हाँफने लगा, अब दूसरा जवान आकर पौरुष दिखाने लगा। वह भी थककर हाँफने लगा। अब बारी आयी उन दो पुलिस कर्मियों की जो इसे पकड़कर लाये थे। उन्होंने भी जीभरकर अपना गुबार निकाला। जवान उसे घसीटकर भीतर की ओर ले गये। सरदार गरज रहा था, "हरामजादो, इमरजेन्सी तुम्हारे जैसे कुत्तों के लिए ही लगायी गयी है।" इतना पीटा जाना मुझे अच्छा नहीं लग रहा था। लगा था कि पुलिसकर्मी हम दोनों को आतंकित करना चाहते थे। सरदार चमकुल की ओर संकेत कर बोला, "प्रो॰ साहब, इस हरामजादी के तीन बच्चे हैं और यह पराये मर्द के साथ भागी है। चल साली कुत्ती इधर।" वह डण्डा लेकर आगे बढ़ा। औरत की पेशाब निकल गयी। वह दौड़ती हुई गोलाकार चक्कर काटने लगी। उसके कपड़ों से न जाने कितना पानी निकलकर फर्श पर गिरता जा रहा था। सरदार उसे मारता नहीं था, बस डण्डा लेकर धमकाता और मुँह मोड़कर हँस लेता था। अब यही काम दूसरा सिपाही करने लगा। औरत अभी भी गिड़गिड़ाती दौड़-दौड़कर चक्कर काट रही थी। अभी भी फर्श गीला होता जा रहा था। मेरी सहनशक्ति जवाब दे रही थी। मैं उत्तेजना-वश उठने को हुआ। इच्छा हुई दोनों हाथ मेज पर पटक दूँ। अपने को कठिनाई से संयत कर पाया। सरदार डण्डा दिखाता, धमकाता हुआ बोला,

"क्योंरी हरामजादी, तेरे बच्चे क्या यार के हैं?"

"नहीं मालिक, वे मेरे मर्द के हैं।"

"बोल, अब तो इश्क नहीं लगाएगी?"

"नहीं सरकार, मैं अपने मर्द के साथ रहूँगी।"

पुलिसकर्मी किसी ऊपरी निर्देश की प्रतीक्षा कर रहे थे। अब उन्होंने हमें जाने दिया था। थाने से बाहर निकलते ही अजय और अशोक सेठी (अजय का मित्र)

सामने आ गये। ये दोनों लड़के न जाने कितनी देर से प्रतीक्षा कर रहे थे। अजय ने मेरे हाथ से अटैची ले ली।

हेम के सामने आ खड़ा हुआ। उनकी आँखें भयाक्रान्त थीं।

"आज घर पर मत सोओ।"

"क्यों?"

"अमुक-अमुक छूटकर आये तो घर नहीं आये, किसी और के यहाँ सोये थे। उन्हें भय था कि दुबारा न पकड़े जाएँ।"

"किन्तु, पकड़े तो नहीं गये। मैं तो घर पर ही सोऊँगा। जो होगा देखा जाएगा। पच्चीस हजार की तीन जमानतों पर छूटा हूँ। दो-दो कोर्ट जाना होगा। वे जब चाहेंगे गिरफ्तार कर सकते हैं। छिपते फिरने की कायरता-पूर्ण मूर्खता से लाभ?"

हेम ने मेरा सारा सामान बरामदे में रखवा दिया। इसे सवेरे धोकर शुद्ध किया जाएगा। उन्होंने धुले कपड़े स्नानघर में रख दिये। मैंने साबुन लगाकर मल-मलकर नहाया। डेटौल के पानी से शरीर धोकर जेल की छूत से मुक्त हो गया। लगभग दो बजने को थे। दूध का एक गिलास चढ़ाकर मैं चद्दर तानकर सो गया।

यहाँ एक सूचना लिपिबद्ध करना अपरिहार्य हो गया है। कमलेश्वर जी ने पटना में समान्तर लेखकों का सम्मेलन आयोजित किया था।[1] सम्भागी 40 लेखकों ने आपातकाल लगाने के लिए इन्दिरा जी का समर्थन किया था। कुछ नाम प्रस्तुत हैं–सर्वश्री बच्चन, अमृता प्रीतम, सरदार जाफरी, शिवमंगल सिंह सुमन, अशोक वाजपेयी, हरिशंकर परसाई, मैनेजर पाण्डेय, काशीनाथ सिंह, त्रिलोचन, मुद्राराक्षस, विजयबहादुर सिंह, ज्ञान रंजन, सुधीश पचौरी, कमलेश्वर आदि।.......... श्रीमती इन्दिरा गांधी को 'रानी-महारानी, नवाबों की नानी......... काले बाजार की कीचड़ और काई' बताने वाले श्री नागार्जुन जब जेल में बन्द कर दिये गये तो माफी माँगकर छूटे। अब ये जय प्रकाश जी को गालियाँ देने लगे थे।[2] आपातकाल का समर्थन करने के लिए कमलेश्वर को इसका प्रतिदान भी प्राप्त हुआ था। उन्हें दूरदर्शन का अतिरिक्त महानिदेशक बना दिया गया था।

आपातकाल का समर्थन करने वाले अधिकांश लेखक वामपन्थी या घोर कम्यूनिस्ट थे। इन्होंने कांग्रेसी सरकारों से खूब लाभ हथियाये। कइयों ने लखटकिया पुरस्कार भी पाये। साहित्यिक समारोहों में इन्हें मंच पर बिठाकर आरती उतारी जाती है। ऐसे लोगों को सम्मान देने वालों को धिक्कार।

ऐसे भी लेखक थे जो बिकाऊ, कायर और चापलूस नहीं थे, जैसे कि सर्वश्री जैनेन्द्र, दुर्गा भागवत, फणीश्वरनाथ रेणु, निर्मल वर्मा, लक्ष्मीनारायण लाल, सर्वेश्वर दयाल सक्सेना, शरद जोशी आदि।

---

1. संचेतना, दिसम्बर, 06 (प्रकाशित फरवरी, 07) डॉ॰ महीपसिंह का लेख
2. साक्षत्कार त्रै॰, जून-अगस्त, 06 श्री अरुण भगत का लेख, पृ॰ 205-6

16

जेल से लौटकर सबसे पहले मैंने अपने उन मित्रों के रुपये लौटा दिये अजय ने जिनसे लेकर मेरी जमानत करायी थी। मैं शेखर जैन के पिता और डॉ॰ कृष्ण दत्त पालीवाल के प्रति सदैव आभारी रहूँगा। डॉ॰ सत्यदेव चौधरी और डॉ॰ खगेश्वर महापात्र के घर जाकर मैंने आभार प्रकट किया।

पूरे भारत के अपने इष्ट-मित्रों को असंख्य पत्र लिखकर मैंने सूचित किया कि किस प्रकार दिल्ली विश्वविद्यालय के डेढ़-दो सौ निर्दोष अध्यापकों को रात के समय पकड़कर बन्द कर दिया गया था। बाजार में घूमते समय, सौदा लेते समय, बस में यात्रा करते समय जहाँ भी अवसर मिलता मैं किसी न किसी रूप में अध्यापकों की गिरफ्तारी की सूचना देता। कुछ लोग ध्यान से सुनते तो कुछ लोग बगलें झाँकने लगते। मैंने देखा, फेरी वाले, मजदूर आदि गरीब तबके के लोग इतने डरे हुए नहीं हैं। इनके बीच प्रचार आसान जान पड़ा।

प्रातःकालीन कक्षाएँ लेने कला-संकाय आया। अध्यक्ष डॉ॰ स्नातक ने अपनी कुर्सी के पीछे लिखा हुआ टाँगा था–"आपातस्थिति अनुशासन पर्व है–विनोबा भावे।' वे मुस्कराकर बोले, "मैंने तो यह लिखकर टाँग दिया है। मैं तो सच में डर गया हूँ।"

विश्वविद्यालय के सभी गेटों पर हेलमेट पहने जवान तैनात थे। कई जीपें और वैन खड़ी थीं। ट्रान्समीटर लगे थे। अनेक जवानों के पास गन थीं। सादे कपड़ों में पुलिस के असंख्य लोग लाइब्रेरी, काफी हाउस, विभिन्न कार्यालयों और कक्षाओं में उपस्थित थे। छात्रों, अध्यापकों और कर्मियों पर कड़ी नजर थी। वातावरण थमा-थमा सा था। एक-एक व्यक्ति शंकित था। ऐसे थर्राये हुए माहौल की परवाह न कर वचन-कौशल प्रकट करता हुआ मैं छात्रों को पढ़ाने लगा। कक्षा के बाहर आया तो एक छात्रा बोली, "सर, छोटे मुँह बड़ी बात। मैं कुछ कहना चाहती हूँ।"

"बोलो।"

"सर, आप आवेश में आकर इमरजेन्सी के विरुद्ध बोल रहे थे। प्लीज़, ऐसा मत कीजिए। कक्षा में इन्फ़ॉर्मर बैठे होते हैं। आप मीसा में बन्द कर दिये गये तो हम छात्रों को बहुत कष्ट होगा।"

दो-चार दिनों के बाद यह छात्रा फिर बोली थी, "सर, अब आप तुलसी के काल की परिस्थितियों की चर्चा करने के बहाने घुमा-फिराकर फिर वही बात कहने लगे हैं।"

एक अन्य छात्रा मेरे पीछे लग गयी। एकान्त पाकर आँसू बहाती बोली, "सर, कक्षा में इन्फ़ार्मर बैठे होते हैं। एक मुझसे बोला, "मेरे साथ सिनेमा देखने या जहाँ मैं कहूँ वहाँ चलो, नहीं तो मैं तुम्हारा नाम ब्लैक लिस्ट में डाल दूँगा। सर, मुझे बचा लीजिए।" मैं परेशान हो उठा। मैंने उससे कहा, "बेटी, तुम उसके साथ कहीं मत जाना। अधिक परेशान करे तो कहना कि अभी तक मैंने तुम्हारे बारे में किसी को नहीं बताया है। तुम नहीं मानोगे तो सबको बता दूँगी।" मैंने अपने कुछ विश्वसनीय छात्र-छात्राओं को विशेष निर्देश दे दिये थे।

दो-दो कोर्टों में तारीखें पड़ रही थीं। जेल-साथी मिल जाते तो हास-परिहास चल

पड़ता। साथी **उमेश जी मिश्र** को हमने अपना वकील बना लिया था। वे बोले, "त्रिपाठी जी, मैंने आपके बारे में दो बातें सुनी हैं– 1. आपका मुँह अभी भी बन्द नहीं है, जबकि अन्य अध्यापकों की बोलती बन्द है, 2. आप तथ्य-संग्रह कर कुछ लिखने की सोच रहे हैं।"

इधर किसी छात्रा-छोकरी ने हेम तक सूचना पहुँचा दी कि सर पढ़ाते हैं तो कभी-कभी आँखें लाल हो जाती हैं, मुँह तमतमा जाता है। ये जो कुछ कहते हैं सरकार के विरुद्ध होता है, भले ही घुमा-फिराकर क्यों न बोलें। क्लास में इन्फ़ॉर्मर बैठे होते हैं।" इतनी सूचना हेम की आँखों में आँसू और मन में दुश्चिन्ता लाने के लिए काफी थी। आग पर घी का काम किया था डॉ॰ शान्ति स्वरूप गुप्त ने। इन्होंने हेम से कहा था, "त्रिपाठी जी का मुँह बन्द नहीं रहता।"

यह एक अच्छा वाक्य इस देवी को मिल गया। जब देखो इसे दुहराने लगती। कहीं जाता तो उपदेश देती, ऐसा मत बोलना, वैसा मत बोलना। मेरी डायरी और फाइलों की तलाशी लेती कि मैं कुछ अण्ट-सण्ट तो नहीं लिख रहा हूँ। मैंने मन ही मन कहा, देखें तू कहाँ तक मेरी जासूसी करती है। मैं उर्दू और ओड़िया लिपियों का प्रयोग करने लगा, क्योंकि बांग्ला और असमीया लिपि यह जानती थी।

किरायेदार त्यागी जी मकान छोड़ गये। गुप्ता की विजय हुई। अभी तक गुप्ता कहते आ रहे थे कि त्रिपाठी जी शरीफ है। अब उन्होंने मेरे ऊपर निशाना साधा। बरसाती में मेरे टी॰वी॰ का एण्टिना लगा हुआ था। उन्होंने उसे तोड़ दिया और बरसाती में ताला लगा दिया, ताकि मैं ऊपर जाकर उसे उठाकर ला न सकूँ। बाथरूम की टंकी का पानी बन्द कर दिया। किराये की रसीद देना पहले ही बन्द कर दिया था।

अगस्त बीतने को था। गुप्ता की पत्नी और हेम में मैत्री थी। गुप्तानी घबरायी हुई थीं, आँखों में आँसू थे। वे बोलीं, "बहिन जी, हमारा आदमी क्रोधी स्वभाव का है। इनकी अपने परिवार के किसी भी सदस्य से नहीं बनती। कई मुकदमे चल रहे हैं। आप लोग मकान छोड़ दीजिए।"

हेम जिद करने लगी थीं, "मकान छोड़ दो।" मैं जिद पकड़ गया। मैंने अपने दायित्व का पालन किया है। मैं क्यों मकान छोड़ूँ? मेरे ऊपर गुण्डों से आक्रमण कराया तो मैं इसे डण्डे मार-मार कर दुरुस्त कर दूँगा। मैं कायर नहीं हूँ।

अक्तूबर, 1975, मैं सान्ध्यकालीन कक्षाएँ लेकर रात्रि 9.30 बजे लौटा। घर में सन्नाटा था। हेम और अजय के चेहरे उतरे हुए थे। ज्ञात हुआ कि पुलिस के दो लोग पूछताछ के लिए आये थे। वे कल फिर आएँगे। हेम बहुत घबरायी हुई थीं, "तुम कुछ रातों के लिए कहीं और सो जाया करो। या छुट्टी लेकर क्योंटरा, इटावा या टीकमगढ़ चले जाओ।"

सोच में पड़ गया। कई लोग आजकल अपने घरों में नहीं सोते थे। हेम ने ठीक से भोजन नहीं किया। मैंने कहा, "सो जाओ, कल बताऊँगा।" सवेरे मैंने कहा, "मैं कहीं नहीं जाऊँगा। पुलिस का सामना करूँगा। मैं गीदड़ नहीं हूँ। यदि मैं गिरफ्तार कर लिया जाऊँ तो तुम एक कमरे का मकान किराये पर लेकर रहने लगना। अजय की पढ़ाई का साल बीत जाए और मेरा निपटारा न हो तो इटावा या टीकमगढ़ चली जाना। मैं सारी योजना बनाये देता हूँ।" मैंने चैकबुक निकालकर दो-तीन चैकों पर हस्ताक्षर करके रख दिये।

सवेरे दो इंस्पेक्टर आकर बोले, "आपकी तलाशी लेनी है।"

"आपके पास वारण्ट है?"

"इमरजेन्सी में हम कुछ भी कर सकते हैं।"

"तो फिर तलाशी शुरू करिए।"

"क्या आप किसी एल०एन० दीक्षित को जानते हैं?"

"वी०एन० दीक्षित तो मेरे मित्र हैं, एल०एन० दीक्षित को नहीं जानता।"

"दीक्षित ने पुलिस में रिपोर्ट की है कि डॉ० त्रिपाठी अपने घर में संघ की इल्लीगल मीटिंग करते हैं और पेम्फ्लेट बाँटते हैं। पेम्फ्लेट संलग्न हैं।"

"मैं अभी जेल से छूटकर आया हूँ। क्या मैं मूर्ख हूँ कि ऐसे थर्राये हुए माहौल में अपने घर में मीटिंग करूँगा। करनी ही होगी तो दूसरों के घरों में इस तरह करूँगा कि पुलिस को भनक तक नहीं लगेगी। रही पेम्फ्लेट की बात, तो मैं एक प्रतिष्ठित नागरिक हूँ, विश्वविद्यालय में प्राध्यापक हूँ। ये काम तो छोकरों के हैं। मैं अब इस पौढ़ावस्था में यह सब करता फिरूँगा?"

"आपको किसी पर शक है?"

"यह खुराफात मेरे मकान-मालिक की है। सभी किरायेदारों के साथ इसका झगड़ा हुआ था। दो किरायेदारों को यह निकाल चुका है। यह दो दिन हवालात में बन्द रहा है। थाने में इसका रिकार्ड मिल जाएगा। इमरजेन्सी की ओट में अब यह मेरे खिलाफ षड्यन्त्र कर रहा हैं, ताकि मैं मकान छोड़कर भाग जाऊँ। इसने मेरा एण्टिना तोड़ दिया है। बाथरूम की टंकी का पानी बन्द कर दिया है।"

"आप इसके खिलाफ दरख्वास्त लगाइए। हम इसे ठीक कर देंगे। अभी तो आप यह लिखकर दे दीजिए कि पुलिस इंस्पेक्टरों ने मेरे घर की तलाशी ली, उसमें कुछ नहीं निकला।"

मैंने लिखकर दे दिया था। पुलिस में रिपोर्ट भी कर दी थी। इंस्पेक्टर हरिशरण ने बरसाती का दरवाजा खुलवाकर मेरा एण्टिना दिला दिया था।

20 अक्तूबर, 1975, **दीपचन्द** ने बताया था कि कांग्रेसी श्री दीपचन्द बन्धु उनके सहपाठी रहे हैं। मकान-मालिक की दुष्टता के सम्बन्ध में उनसे सहायता ली जा सकती है। मेरी कमर में दर्द था, छाती जकड़ी हुई थी, खाँसी भी थी। मैं किसी भी कांग्रेसी से नहीं मिलना चाहता था। सरल हृदय दीपचन्द का मान रखने के लिए मैं उनके साथ चल पड़ा। सच में तो मेरे मन में हेम की आँसू-भरी आँखें चुभी हुई थीं। बन्धु जी का मकान साफ-सुथरा था। बरामदे में कुर्सियाँ पड़ी हुई थीं। मँझोले कद और खिचड़ी बालों वाले बन्धुजी आये और उन्होंने हमारा समादर करते हुए ड्राइंग रूम खुलवा दिया। फर्नीचर और पर्दे कीमती थे। दीपचन्द ने कहा, "ये हमारे गुरुजी हैं।"

"कहिए प्रोफ़ेसर साहब, कैसे आना हुआ?"

"मैं आपातकाल में गिरफ्तार कर लिया गया था।"

"तो क्या हुआ। आप आर०एस०एस० में रहे होंगे। मेरे पास पूरी फाइल तैयार है।" अब बन्धु की वाणी में अकड़ थी।

"किन्तु, मैं कुछ और कहना चाहता हूँ।"

"बताइए।"

"इसी को बहाना बनाकर मेरा मकान-मालिक मुझे निकालने के लिए षड्यंत्र करता रहता है।"

"यह गलत है। मैं उसे ठीक कर दूँगा।"

"वह नकली नामों से मेरे विरुद्ध थाने में चिट्ठियाँ भेजता है और उनके साथ न जाने कहाँ से छपे पेम्फ्लेट भी लगा देता है।"

"जब आप पेम्फ्लेट बाँट रहे हैं तो एक जागरूक नागरिक का कर्तव्य है कि वह आपके विरुद्ध पुलिस को सूचना दे।"

मैं उत्तेजित होने लगा, फिर शान्त, किन्तु दृढ़ स्वर में बोला, "मैं पेम्फ्लेट बाँटू भी नहीं, फिर भी एक बदमाश मकान-मालिक का कर्तव्य है कि मुझे झूठे आरोप में फँसाया जाए। यह आप क्या कह रहे हैं?"

"अभी आपको फिर जाना होगा, शायद मीसा में।"

"मकान-मालिक के कहने पर?"

"नहीं, पहले आप जो करते रहे हैं उसके आधार पर।"

"तब तो विचार-स्वातंत्र्य था, मुँह पर ताला नहीं लगा था।"

"आपने पी॰एम॰ का कल का स्टेटमेण्ट नहीं पढ़ा? अब मीसा की गिरफ्तारी का कारण भी नहीं बताना होगा। अब आपको बी नहीं सी क्लास दिया जाएगा। आप लोगों को इतना टार्चर किया जाएगा कि फिर कुछ करने के लाइक नहीं रह जाएँगे। यह सब इलेक्शन के समय होगा। बड़े नेता छोड़ दिये जाएँगे। वे बन्द किये जाएँगे जो छुटभैये हैं, प्रचार करते हैं, काम करते हैं। इस बार आप अध्यापकों के केस मेरे हाथ में हैं।"

मुझे दीपचन्द पर गुस्सा आने लगा। ये मुझे किससे मिलाने ले आये हैं। बन्धु बोलते गये, "देखा, ये बनियों के अखबार। एक लड़की को किसी ने छेड़ दिया तो समाचार मोटे शीर्षक में छापा गया। पी.एम. ने एक डैम का उद्घाटन किया तो नीचे पतली-पतली दो पंक्तियाँ दी गयीं।"

मैंने मन ही मन कहा, दूरदर्शन पर तो तुम्हारी पी.एम. ही छायी रहती हैं।

"ये बेईमान अटल, चाऊ और निक्सन-फोर्ड। इन्होंने षड्यंत्र किया है। इनके समर्थक देशद्रोही हैं। क्यों नहीं इन्होंने बांग्ला-देश बनवा दिया? आर.एस.एस. छोटे-छोटे लौंड़ों को अप्राकृतिक व्यभिचार सिखाता है, बीवी बनाकर रखता है।"

मेरा सिर चकराने लगा। संघ के सच्चरित्र और समर्पित स्वयंसेवकों पर एक क्षुद्र व्यक्ति मनगढ़न्त घटिया और घिनौने आरोप लगा रहा था। यह असह्य था। मैं कुछ कह सकता नहीं था। मैं उठकर खड़ा हो गया। वे बोलते गये। "अखबार पढ़ने चाहिए पेट्रियट, जनयुग और दैनिक मिलाप जो सही खबर देते हैं।"

"नमस्कार," मैंने जोर से कहा और पलटकर चलने को हुआ। अब ये ढीले पड़ गये।

"मैं उस बदमाश को अरेस्ट करा दूँगा। कहाँ एक पठित विद्वान् और कहाँ एक बेईमान बनिया। जनसंघ में ऐसे बनिया ही तो हैं। डॉ॰ नगेन्द्र भी कम नहीं हैं। इस बार इन्हें भी देखना है।"

बिना बोले मैं चल पड़ा। रावण का घमण्ड भी नहीं रह गया था। ये किस खेत की मूली थे।

बेचारे निष्कपट दीपचन्द बहुत सकुचाये हुए थे। बाद में उनसे मिलने गये थे। तब ये बोले थे, "तुम्हारे गुरुजी बहुत चिन्तन-शील लगते हैं। उनके माथे की तीन रेखाएँ ऐसा ही प्रकट करती हैं। उनकी त्यौरियाँ चढ़ जाती थीं। लगता है कि वे स्वाभिमानी

भी हैं।"

"दीपचन्द, अब ऐसे बड़बोले और सत्ता के मद में चूर व्यक्ति से मुझे कभी मत मिलाना। इस आदमी ने मकान-मालिक का नाम-पता तक नोट नहीं किया। यह कौन सी कार्यवाही कराएगा?"

अपने मुहल्ले के बाजार में आकर देखा कि बाजार के एक सिरे से अन्तिम छोर तक प्रत्येक दुकान पर कांग्रेसी झण्डे लहरा रहे हैं, मानो प्रत्येक दुकानदार कांग्रेस सरकार द्वारा लगायी गयी इमरजेन्सी का समर्थन कर रहा है। मैंने एक दुकानदार से पूछा, "तुमने ये झण्डे अपनी मर्जी से लगाये हैं?"

"वह साढ़े चार फुटा कांग्रेसी गोयल दल-बल के साथ आया और बोला, 'पाँच-पाँच रुपये निकालो, दो रुपये का झण्डा और तीन रुपये का डण्डा।' वही हर दुकान पर लगवा गया है।"

सामने से मेरे मित्र श्री ब्रज भूषण गुप्त आ रहे थे। इनका कुछ सम्बन्ध संघ से रहा है। ये मुझे देखकर पलटकर भाग खड़े हुए। इन्हें लगा कि किसी सी.आइ.डी. वाले न मुझसे बात करते इन्हें देख लिया तो इन्हें भी कैद में डाला जा सकता है।

जेल के साथी सीधे-सरल स्वभाव के डॉ॰ उपाध्याय जी मिल गये। वे अपने आस-पास अच्छी तरह देखकर कि कोई सुनता तो नहीं है, फुसफुसाकर बोले, "त्रिपाठी जी, मैं अपने गाँव गया था। ज्ञात हुआ कि मैदान में टट्टी करते ग्रामीणों को पकड़कर जबर्दस्ती नसबन्दी कर दी गयी। आठ वर्ष के बालकों से लेकर साठ-सत्तर वर्ष के बुड्ढों तक को नहीं बख्शा गया। गढ़मुक्तेश्वर में गंगातट-वासी भिखारियों और कोढ़ियों तक को भी नहीं छोड़ा गया। एक दण्डी संन्यासी की नसबन्दी की गयी तो उसने रोकर अपना दण्ड गंगा में फेंक दिया। सुनने में आया है कि कुछ लोगों की मौत हो गयी है।"

कोचिन में मेरा परिचय **तंकमणि अम्मा** नाम की शोध-छात्रा से हुआ था। वह सितम्बर मास में अपने भाई **रामचन्द्रन नायर** के साथ मेरे घर आ गयी। हेम इन दोनों के लिए विशेष रूप से चावल पकाती थीं। एक दिन तंकमणि भोजन के उपरान्त किवाड़ पर उँगली से ठक-ठक करती कोई मलयाली गीत गुनगुना रही थी। मुझे लगा था कि मेरी बेटी ही ऐसा कर रही थी। कुछ दिनों के पश्चात् अजय ने एक कमरे का मकान किराये पर दिला दिया था।

मैंने विश्वविद्यालय के पुस्तकालय में तंकमणि के पढ़ने की व्यवस्था करा दी थी। मैंने उसका पूरा शोध-प्रबन्ध आदि से अन्त तक संशोधित कर दिया। इस लड़की की हिन्दी वयोवृद्ध केरलीय हिन्दी विद्वानों की तुलना में अधिक परिष्कृत थी। मेरे कहने पर श्री मेघश्याम भारद्वाज ने इसका शोध-प्रबन्ध टंकित कर प्रतियों की जिल्द बँधवा दी थी। मास के अन्त तक तंकमणि के पति **श्री सुरेन्द्रनाथ** आ गये थे। विदा की बेला आ गयी। हेम भावुक हो उठी थीं। उन्हें लगा था कि वे अपनी बेटी को ही विदा कर रही हैं। चलते-चलते श्री सुरेन्द्रनाथ ने एक मोटा लिफाफा मुझे थमा दिया।

"यह क्या है?"

"आप इमरजेन्सी के चक्कर में हैं। यह एक तुच्छ सहायता है।"

"नहीं, अभी मैं ऐसे चक्कर में नहीं हूँ कि स्थिति सँभाल न सकूँ। इस लिफाफे

को अपने पास रखो। तुम लोग हिन्दी की बड़ी सेवा कर रहे हो। हम हिन्दी वालों पर तुम्हारा ऋण हैं। मैंने उसे ही थोड़ा बहुत चुकाया है। और अब तो तंकमणि सदा के लिए हमारी बेटी हो गयी है।"

तंकमणि की आँखें भी डबडबा गयी थीं।

दो-दो कोर्टो में तारीखें पड़ रही थीं। मेरी साइकल नीचे जीने के पास रखी रहती थी। सवेरे देखा, वह गुम थी। **रामशरण गौड़** मुझे दूसरी साइकल खरिदवा लाये। मैंने बहुत सावधानी बरती। यह भी गुम करा दी गयी। मैंने तबसे ही साइकल चलाना छोड़ देने का निर्णय ले लिया। गुप्ता अपनी पूरी ताकत से मेर विरुद्ध मोर्चा खोले हुए थे। रोज डाक से आठ-दस चिट्ठियाँ और पत्रिकाएँ आती थीं। ये गायब कर देते थे। ये थाने में दनादन रिपोर्ट लिखाने लगे। मुझे रजिस्टर्ड नोटिस भी देने लगे। मैंने भी इनके पुराने केसों का हवाला देकर पुलिस को रिपोर्ट भेजनी आरम्भ कीं, रजिस्टर्ड पत्रों के उत्तर भी दिये। हरिशंकर इंस्पेक्टर बता जाता कि गुप्ता ने ऐसी-ऐसी रिपोर्ट लगायी है, आप भी लगाइए। आप मास्टर हैं, आपसे तो कुछ मिलने वाला नहीं है। इस लाला को मैं देखता हूँ।

प्रातःकालीन कक्षाएँ लेकर मैं घर लौटा। घबरायी हुई हेम ने बताया कि पुलिस इंस्पेक्टर आकर कह गया है कि तुम दोनों पति-पत्नी और मकान-मालिक गुप्ता को थाने में बन्द कर देंगे। वह अजय से भी कह गया है, तुम्हें थाने में बन्द होना है तो तुम भी चलो।

हेम बहुत ही भयभीत थीं। वे बोली, "मैं तो अभी नीचे जाकर कह आती हूँ कि हम मकान खाली कर देंगे।"

"तब मैं तुम्हारे गीदड़पने को भूल नहीं सकूँगा, यह भी याद रखना।" मैंने कठोर स्वर में कहा था।

हेम बुढ़िया-सी हो गयी थीं। वे लगातार शंका-ग्रस्त रहतीं। सड़क पर कोई व्यक्ति खाकी वर्दी में दिखायी पड़ जाता तो वे काँप उठतीं। इन्स्पेक्टर हरिशरण को देखकर वे पलंग पर कटे वृक्ष-सी आकर गिर पड़तीं। हरिशरण मेरे घर आता तो मुझे पीछे धकेलकर स्वयं आगे बढ़कर किवाड़ खोलतीं। सड़क पर कोई पुलिस वाला दिखायी पड़ता तो मुझे छज्जे पर नहीं जाने देतीं।

इधर **डॉ॰ खगेश्वर महापात्र** की प्रेरणा से मैं जैनेन्द्र जी के 'कल्याणी' उपन्यास की सत्य नायिका **डॉ॰ कुन्तला कुमारी साबत** की खोज में रुचि लेने लगा था। इस प्रसंग का वर्णन अलग से ही ठीक रहेगा।

5 अप्रैल, 1976 को मेरे भानजे चि॰ अनिल कुमार द्विवेदी ने सूचना दी कि उ॰प्र॰ हिन्दी संस्थान (लखनऊ) ने मेरे उपन्यास **शंख-सिन्दूर** को पुरस्कृत किया है। **पं॰ हजारी प्रसाद द्विवेदी** ने 'हिन्दुस्तान साप्ताहिक' में लेख लिखकर इस उपन्यास की प्रशंसा की थी।

पता नहीं किसने, शायद दीपचन्द ने बताया था, 'माताजी कह रही हैं कि ये जनम के जिद्दी हैं। किसी पर अत्याचार करते नहीं हैं, कोई अत्याचार करता है तो सहते नहीं हैं। मकान-मालिक की ज्यादतियों से पीड़ित होकर उसे दण्डित करने के लिए अड़े हुए हैं और इस प्रकार स्वयं दण्डित हो रहे हैं। अब इनकी जिद के कारण मेरी

लाश इस मकान से निकलेगी।"

यह वाक्य मेरे मन को आलोड़ित कर गया। इस नीच कीड़े के कारण मेरा लिखना-पढ़ना बन्द है। मैं कहाँ उलझ गया हूँ! नहीं, पत्नी की लाश नहीं निकलेगी, हम जीवित ही निकलेंगे। सच तो यह है कि मकान-मालिक और किरायेदार के संघर्ष में जीत उस पक्ष की होती है जो दुष्ट है।

मैं और **दीपचन्द** मकान की खोज में चक्कर लगाने लगे। मॉडल टाउन में कोई ठीक मकान नहीं मिल रहा था। हम विश्वविद्यालय और मॉडल टाउन से दूर नहीं जाना चाहते थे। खोजते-खोजते मैं परेशान हो उठा।

सामने के मकान में अजय के दोस्त अशोक और अनिल रहते थे। इनके पिता सेठी जी ने मुझे बुलाकर कहा, "त्रिपाठी साहब, हम नहीं चाहते कि इस कमीने गुप्ता के कारण आप-जैसा शरीफ इन्सान मुहल्ला छोड़कर जाए। पहली मंजिल के पीछे की ओर का मेरा मकान खाली हुआ है। जब मकान दुबारा किराये पर चढ़ता है तो ज्यादा किराये पर। मैं आपसे वही किराया लूँगा।"

मकान पुराने ढंग का था। छज्जा पीछे की सड़क की ओर खुलता था। सामने की ओर खुली छत थी। 20 जून, 1976 को हम इस मकान में आ गये। हमारे संकट-मोचन **श्री रणवीर सिंह चौधरी** ने मजदूर लगाकर सामान उठवाकर नये आवास में रखवा दिया। अब हम दोनों आमने-सामने नहीं, अगल-बगल के मकान में थे। इस रात हम तीनों चैन की नींद सोये थे।

रणवीर जी खीर खाने और खिलाने के शौकीन रहे हैं। वे भगौना भरकर इतनी खीर दे जाते थे कि हम तो खाते ही थे, घर आये इष्ट-मित्रों को भी खिलाते थे। होली के अवसर पर **विजयलक्ष्मी** गुरु-शिष्य की मर्यादा का परित्याग कर छत से गुब्बारा फेंककर मुझे मारा करती थी। एक बार मुझे भी अवसर मिल गया। इसका फेंका एक गुब्बारा फूटा नहीं था, छत पर पड़ा था। वह छत पर पीठ दिये खड़ी थी। मैंने गुब्बारा उठाकर इस तरह फेंका कि वह दीवार से टकराये और छींटे विजय के कपड़ों पर पड़ें। जब तक वह पलटकर देखे मैं लपककर कमरे में आ गया था। "ले बेटी, क्या केवल तू ही होली खेलना जानती है?" इनके दोनों नन्हें बच्चे रंजना और रंजन हम दोनों को बड़े प्यार से नाना-नानी कहा करते थे।

मकान बदलने से एक मास पूर्व का एक प्रसंग प्रस्तुत है। दि॰ 24 मई को विश्वविद्यालय डाक-घर के सामने **वनिता** से भेंट हो गयी। प्रसाद और वनिता दोनों पति-पत्नी **घोर कम्यूनिस्ट** हैं और वही कुछ किया करते हैं जो उनसे अपेक्षित है। इनके दाम्पत्य जीवन में तूफान उठ खड़ा हुआ था। दोनों अलग-अलग रहने लगे थे। प्रसाद के साथ कु॰ रेवती रह रही थीं। हिन्दी के प्राध्यापकों के मध्य इन दोनों की चर्चा हुई तो मैंने वनिता का समर्थन किया था। उनके प्रति मेरे मन में सहानुभूति थी। यह उन्हें ज्ञात हो चुका था। वे मुझसे बात करना चाहती थीं। उन्होंने महिला गेस्ट हाउस में आने को कहा था।

"वनिता जी, मैं महिलाओं के गेस्ट हाउस में कैसे आ सकता हूँ?"

"बन्धन-जैसा कुछ नहीं है। महिलाओं से मिलने पुरुष आया करते हैं।"

मैं गेस्ट हाउस गया था। लाल गाउन पहने वनिता मिली थीं। वे रसोई के काम

में व्यस्त थीं। उन्होंने मुझे सोफे पर बैठने के लिए कहा। मेज पर शीशे का गिलास रखा था, जिसमें ताजे फूल सजे हुए थे। वे अब साड़ी पहने हुए थीं। उन्होंने चाय की ट्रे मेज पर रख दी। बातें चल पड़ीं।

"देखिए डॉ॰ साहब, साहित्य में यदि दलित वर्ग के प्रति करुणा नहीं है तो वह बेकार है।"

"ठीक है, प्रत्येक मानवतावादी साहित्यकार दलितों के प्रति सहानुभूति रखता है।"

"किन्तु, प्रत्येक साहित्यकार उस स्थिति का कारण नहीं दे पाता। मार्क्सवाद एक विश्वजनीन दर्शन है, वह कारण देता है।"

"उसका दिया हुआ कारण एक पक्षीय या अधूरा हो सकता है। इसके अतिरिक्त मार्क्सवाद की व्याख्या विविध रूपों में हुई और विवाद बढ़े। सत्य तो एक होता है, जाने दीजिए। समय नष्ट होगा। मार्क्सवाद हमारे मध्य बाधा बनकर उपस्थित होगा।"

अब निजी जीवन की बातें चल पड़ीं। वनिता ने बताया, "प्रसाद जी से मेरा परिचय बाल्यकाल से रहा है। मेरे पिता कोलकाता में व्यवसाय करते थे। प्रसाद जी मेरे ट्यूटर थे। मैंने मैट्रिक के बाद प्राइवेट परीक्षा दी थी। हम तीन बहिनें थीं, भाई कोई नहीं था। ये खून से चिट्ठी लिखते थे। माँ के चरणों में माथा रखते और धरती पर सिर पटकते थे।"

"अर्थात् एक अबोध किशोरी को प्रभावित करने के लिए आत्म-पीड़न करते थे।"

वनिता की आँखों में आँसू उमड़ आये, "जी हाँ। मैंने इन्हें धन दिया। ये गरीब थे। ये कहा करते थे कि तुम न मिलीं तो मैं विष खा लूँगा। मन्दिर में विवाह हुआ। पिता जी मुझसे बहुत नाराज हो गये थे। दिल्ली आने पर परिवार विशेष से हमारा हेलमेल बढ़ा। इस परिवार की रेवती हमारे घर आने लगी। प्रसाद जी ने कामरेड करम और कामरेड पंचम को घर में रखा, बाद में ये अपयश फैलाने लगे। रेवती ने कई बार गर्भपात कराया था। इन्होंने मुसलमान बनकर उससे विवाह किया था, इन्होंने ऐसा तलाक के समय बताया था।............. हम प्रगतिशीलों में निष्ठा-संस्कार नहीं हैं। आप लोगों में गम्भीर निष्ठा होती है। आप लोगों की पत्नियों का जीवन सुरक्षित होता है।"

"क्या आप पुराने जीवन में लौटना पसन्द करेंगी?"

"असम्भव। सभी दरवाजे बन्द हो चुके हैं। दोनों बच्चों की याद आ जाती है।"

"अब कोई भरोसे का सहारा मिले तो ले लो। वनिता जी, मैं आपका पूरा समर्थन करूँगा।"

"सहारा असम्भव-सा है। करम पार्टी के थे। उन्होंने धोखा दिया।"

"क्या इन्होंने वचन दिया था?"

"जी, कहा था कि बदनामी हो रही है तो विवाह कर लूँगा।"

"क्या आप और कामरेड करम में परस्पर गहरा लगाव भी था या यों ही बदनामी से बचने के लिए तैयार हो गये थे?"

"लगाव भी था।" वनिता कुछ झेंप गयी थीं। दुःख-दर्द बताते समय वे कई बार रो पड़ी थीं। भले ही कम्यूनिस्ट हों इसके पहले तो वे नारी थीं। कोई महिला द्वार के पास से निकल रही थी। वनिता ने मुँह तिरछाकर आँसू छिपा लिये थे। उन्होंने यह भी बताया था कि हम दोनों पूर्व पति-पत्नी में मानो होड़ चल पड़ी थी कि कौन

अधिक प्रगतिशील है। ये औरतों के साथ घूमा करते और एक बजे रात को लौटते थे। मैं भी पुरुष मित्रों के साथ घूमा करती और दो-दो बजे रात को लौटती।"

बाद में मालूम हुआ था कि वनिता ने एक ऐसे वामपन्थी से विवाह कर लिया था जो उन्हीं की तरह विवाहित थे और अकेले रह रहे थे।

मैंने इस प्रसंग को तटस्थ भाव से जस का तस प्रस्तुत कर दिया है, बस नाम बदल दिये हैं।

मानस-चतु:शती के आसपास मुझे कई मंचों से वक्ता के रूप में आमंत्रित किया गया था। **लायन्स क्लब** और **रोटरी क्लब** सम्पन्न बुद्धिजीवियों की संस्थाएँ हैं, इनके मंच से भी मैं बोला हूँ। इन संस्थाओं के तर्ज की एक अन्य संस्था है **भारत विकास परिषद्।** यह संस्था भी धनाढय बुद्धिजीवियों की है, बस मूल अन्तर है कि यह संस्था राष्ट्रवादी चिन्तकों की है। 23 अक्तूबर, 1976 ई० को इस संस्था ने मेरिना होटल में मेरे भाषण का आयोजन किया था, विषय था 'देश और विदेश में रामकथा का स्वरूप।' इन दिनों जो भी मेरे भाषण हुए उनमें मैंने तीन प्रेरणाएँ दीं–

1. रामकथा-प्रभावित देशों का एक शक्ति-गुट–– ब्लाक बनाया जाना चाहिए।
2. राष्ट्र को सांस्कृतिक एकता के सूत्र में बाँधने के लिए एक ऐसी रामायण-फिल्म का निर्माण होना चाहिए जो वाल्मीकि-रामायण की ऐतिहासिकता तथा **'रामचरितमानस'** आदि भाषा-रामायणों के भाव-सौन्दर्य पर आधारित हो। इसका प्रदर्शन भारत के प्रत्येक प्रदेश, जनजातियों और रामकथा-प्रभावित देशों में किया जाए।
3. उपर्युक्त दृष्टिकोण से ऐसा उपन्यास लिखा जाना चाहिए जो विश्वसनीय तथा सभी वर्गों के पाठकों के लिए ग्राह्य हो।

पहला काम तो सरकार को करना चाहिए। जो देश तुष्टिकरण को ही सेक्युलरवाद मानता हो वह भला ऐसा जोखिम का काम कैसे करेगा। सत्ता तो देशी वोटबैंकों से मिलती है। रामकथा पर आधारित शक्ति-गुट बनाने से अल्पसंख्यकों के वोट खोने का खतरा जो है।

दूसरा काम श्री **रामानन्द सागर** ने बखूबी कर दिया है। उन्होंने रामायण-फिल्म बनाकर देश-विदेश के करोड़ों लोगों को प्रभावित किया है।

तीसरा काम मैंने किया है। अपने पचास वर्षों के अध्यापन और दस वर्षों के परिश्रम से मैंने जो **रामगाथा** उपन्यास लिखा है उसके कई संस्करण निकल गये है, तथा गुजराती, अंग्रेजी, तेलुगु आदि भाषाओं में इसके अनुवाद हुए हैं। आलोचकों ने इसे औपन्यासिक शोधप्रबन्ध अथवा शोध-प्रबन्धात्मक उपन्यास कहा है।

मेरे फ्लैट के सामने खुली छत थी। इसके एक कोने में कमरा था। इसमें मकान-मालिक ने खाटें तथा और कुछ सामान भर रखा था। उन्होंने **थाईलैण्ड** के एक छात्र को कमरा किराये पर दे दिया। हेम को चिन्ता हुई कि कहीं इस छात्र को हमारे बाथरूम का प्रयोग करने के लिए न कहा जाए। इससे हम परेशानी में पड़ जाएँगे। हेम नहीं चाहती थीं कि इसे किसी भी रूप में मुँह लगाया जाए। मैं हेम की

इस संकीर्ण भावना से सहमत नहीं था, तथापि मैं उनकी घरेलू व्यवस्था में प्रायः हस्तक्षेप नहीं करना चाहता। मैंने इस छात्र का नाम रख दिया **लंगूरा**।

लंगूरे ने चारपाइयाँ आदि उठाकर कमरे के बाहर फेंक दीं। बस एक चारपाई रहने दी। वह धरती पर बैठकर चारपाई को मेज बनाकर लिखता-पढ़ता रहता। वह केवल नीला नेकर पहने होता। बड़े-बड़े बाल पीठ पर फैले होते। वह तौलिया लपेटकर नीचे के बाथरूम का प्रयोग करने जाया करता। छत पर नल लगा हुआ था। वह उसमें मुँह लगाकर बन्दर की तरह पानी पीता। कमरे में प्रवेश करने के पहले वह चप्पलें बाहर उतार देता।

अब हेम को उस पर दया आने लगी। वह नल का गर्म पानी न पिए इसलिए उन्होंने उसे एक पुराना घड़ा और काँच का गिलास दे दिया। उसने घड़े में पानी भरा और उसे भली प्रकार ढँककर रख दिया। फिर वह घड़े की ओर से उदासीन हो गया। उस पर धूल की पर्तें जमती रहीं।

वह छत की चौड़ी रेलिंग पर बन्दर-सा लेट जाता। उसकी दोस्ती किसी भी लड़के से नहीं थी। चिन्ता वाली बात हो जाती तो वह धरती पर पालथी मारकर बैठ जाता और बहुत देर तक न जाने क्या सोचता रहता। वह प्रायः नाशपाती और डबलरोटी खाया करता।

एक दिन वह कमरे की बत्ती बुझाकर फफक-फफककर रोया। हेम बहुत परेशान हो उठीं, वे बोली, "अपना अजय भी विदेश में होता तो शायद इसी प्रकार रोया करता।" अब उन्होंने स्वयं ही अजय से कहा कि इसका मन लगाया करो। वे छोटी-छोटी चीजें उसे देने लगीं।

वह टूटी-फूटी अंग्रेजी का प्रयोग कर अजय से बात करने लगा। अजय ने उसकी समस्याएँ जानकर उनके समाधान का प्रयास किया। वह अब पहले से प्रसन्न दिखयी पड़ने लगा। वह हाथ जोड़कर हेम को नमस्ते करने लगा। मकान-मालिक की बेटी बीना की शादी के प्रीति-भोज में वह अजय के साथ सम्मिलित हुआ। वह तरह-तरह के भारतीय पकवान चखकर चकित और प्रसन्न था। एक दिन अकस्मात् वह कमरा खाली कर अपने देश लौट गया। हेम खाली कमरे की ओर देखकर न जाने क्या सोचने लग जाती थीं।

जुलाई, 1976. टाइमटेबुल के सम्बन्ध में बैठक थी। डॉ॰ जगदीश कुमार ने कहा था, "मुझे केवल उत्तर और दक्षिण परिसर की कक्षाएँ दी जाएँ। मैं सान्ध्य कक्षाओं में नहीं पढ़ाऊँगा। मुझे दोनों परिसरों में केवल 'अन्धायुग', 'सन्धिनी' और 'उर्वशी' की कक्षाएँ दी जाएँ"। उनकी दोनों माँगें मान ली गयीं। मुझ परम समर्थ व्यक्ति को आदि, मध्य और आधुनिक तीनों ही काल के काव्य पढ़ाने को दिये गये। सान्ध्य कक्षाओं से तुलसी विकल्प हटा दिया गया था। मेरे तीन पीरियड खाली थे। डॉ॰ सत्यदेव चौधरी बोले, "आप जगदीश जी के अन्धायुग, सन्धिनी और उर्वशी वाले पीरियड ले लीजिए या सूर विशेष कवि पढ़ाइए।"

"मेरे विषय सदैव बदल दिये जाते हैं। मैं यहाँ आठ-आठ विकल्प पढ़ा चुका हूँ। आप लोग केवल एक-एक विकल्प लिये बैठे है।"

"आपको सूर पढ़ाना होगा। आप भ्रमरगीत क्यों पढ़ाते हैं?" डॉ॰ ओम्प्रकाश कड़े

स्वर में बोले थे।

"भ्रमरगीत पढ़ाने का यह अर्थ नहीं है कि मैं सूर का विशेषज्ञ हो गया।"

"जब तुलसी विकल्प हटाया गया तब आपने विरोध क्यों नहीं किया?"

"विभाग में मेरी बात सुनता ही कौन है? इसके अतिरिक्त मैंने सोचा था कि मुझे इनके बदले प्रातःकाल वाले तुलसी के पीरियड मिल जाएँगे।"

ओम्प्रकाश जी और भी गर्म होकर बोले, "आपको दिन में 'मानस' मिला तो है। इनकी 'मानस' की पूरी कक्षा छीन ली जाए और तुलसी विकल्प दिया जाए। भ्रमरगीत की भी कक्षा ले ली जाए। सान्ध्य कक्षाओं में भ्रमरगीत मैं पढ़ाऊँगा। इन्हें और कुछ दिया जाए।"

ओम्प्रकाश जी इस तरह क्यों बोल रहे थे मेरी समझ में नहीं आ रहा था। मैंने कई मोर्चों पर इनका साथ दिया था। मैंने कहा, "'मानस' मुझसे क्यों छीना जाएगा? तब भी तो मेरे पीरियड पूरे नहीं होते। मुझे दिन में साकेत, तुलसी और भक्तिकाल से सम्बन्धित कोई विषय दिया जा सकता है।"

डॉ॰ उदयभानु सिंह बोले, "आपको साकेत दिये जाने का औचित्य क्या है?"

"आप लोगों की जो मर्जी पढ़ाने के लिए दे दीजिए। मैं अब कुछ नहीं कहूँगा।" मैं आवेश में बोल रहा था। मेरा कण्ठ-स्वर काँप गया था। मुझे याद है कि रामदरश जी, गुप्त जी, महेन्द्रजी चतुर्वेदी और शायद निर्मला जी ने मेरा समर्थन किया था।

बैठक के बाद मैंने डॉ॰ सिंह से कहा था, "आप साकेत पढ़ाने का औचित्य पूछ रहे थे। साकेत रामकाव्य है और दस वर्षों से इसे सान्ध्य कक्षाओं में पढ़ा रहा हूँ। इसके अतिरिक्त साकेत के विशेषज्ञ डॉ॰ उमाकान्त गोयल अब विभाग में नहीं है। वे अपने रामजस कॉलेज में लौट गये हैं।"

मैं यह भी कह सकता था कि मुझसे पालि पढ़वाने का औचित्य क्या था? मुझे मध्यकालीन साहित्य तक बाँध दिया गया है फिर मुझसे मृगनयनी, त्यागपत्र, चिन्तामणि, रश्मि-बन्ध, राम की शक्ति-पूजा और कामायनी का अध्यापन क्यों कराया गया? एम.लिट् की कक्षाओं में असमीया साहित्य के इतिहास पर तीन भाषण दिलाने का औचित्य क्या था? एक ओर में विद्यापति पढ़ाता हूँ और दूसरी ओर मुझे जगदीश जी द्वारा छोड़े आधुनिक विषय पढ़ाने के लिए कहा गया था। क्या उनसे मानस या बिहारी की कक्षाएँ लेने के लिए कहा जाएगा? सभी अध्यापक अपने-अपने मन-पसन्द विषय पढ़ा रहे हैं। जब भी कभी किसी विषय का पढ़ाने वाला नहीं मिलता उसे मेरे ऊपर थोप दिया जाता है। मेरे ही विषय बार-बार क्यों बदले जाते हैं, क्यों? क्यों? मैं इतना योग्य हूँ कि कोई भी विषय पढ़ा सकता हूँ, बस रीडर नहीं बन सकता। अन्य अध्यापक डी.लक्स ट्रेन हैं, मैं हूँ मालगाड़ी।

ओम्प्रकाश जी मेरे शुभ-चिन्तक रहे हैं। उनका कहना ठीक था। मुझे सूर-साहित्य पढ़ाना चाहिए था। मुझे भी कोई आपत्ति नहीं थी। यदि एम.ए. के पाठ्यक्रम में शेक्सपियर, शैली, कीट्स आदि लगा दिये जाएँ तो मैं इन्हें भी पढ़ा सकता हूँ। मैं केवल यह बताना चाहता था कि जब भी कभी नयी समस्या उत्पन्न होती थी तो मुझे ही नया विषय पढ़ाने को क्यों दिया जाता था और किसी अध्यापक को क्यों नहीं। इसके दूसरे दिन ओम्प्रकाशजी मुझे अपने घर ले गये थे। हम दोनों ने प्रसन्न मन साथ-साथ भोजन किया था।

शोध-छात्रों के निर्देशन को लेकर भी मेरे साथ न्याय नहीं किया गया। इसके

सम्बन्ध में मौन धारण कर लेता हूँ।

18 जनवरी, 1977 ई॰ को प्रधानमंत्री श्रीमती इन्दिरा गान्धी ने घोषणा की कि चुनाव मार्च में कराये जाएँगे। वे परम आश्वस्त थीं कि इमरजेन्सी लगाकर उन्होंने जनता की बड़ी सेवा की है। उनकी पार्टी की जीत सुनिश्चित है। जेलों में बन्द राजनेता छोड़ दिये गये। कांग्रेस और साम्यवादी पार्टी को छोड़ शेष दलों ने मिलकर **'जनता पार्टी'** नाम से नया दल गठित किया। 30 जनवरी को रामलीला ग्राउण्ड पर विराट् सभा का आयोजन हुआ। शायद श्री संजय गाँधी और श्री विद्याचरण शुक्ल की योजना के अनुसार मैदान पर पानी भरने का प्रयास किया गया था, ताकि भीड़ इकट्ठी न हो सके। चारों ओर से लोगों का सैलाब उमड़ पड़ा था। तरह-तरह से पीड़ित लोग अपनी भड़ास निकालने के लिए आ जुटे थे। सभा-स्थल से बाहर कार्यकर्ता चद्दर बिछाकर खड़े हो गये थे। मोरार जी के अनुरोध पर लोग चन्दे के रूप में छोटे-बड़े नोट चद्दर पर फेंक रहे थे। लगभग तेरह लाख रुपये आनन-फानन एकत्र हो गये थे।

मैंने एक दृश्य किंगज़्वे कैम्प में देखा था। यहाँ भी एक विराट् चुनाव सभा का आयोजन था। नेता लोग व्यस्तता के कारण खूब देर से आये थे। जनता टस से मस नहीं हुई थी। नेताओं की प्रतीक्षा में जनता जाड़े की रात में नौ बजे तक प्रतीक्षा करती रही थी। **अटल जी** नें चुटकियाँ लेते हुए इन्दिरा जी और उनके राजकुमार के विषय में जो कहा उसे जनता रस लेकर सुन रही थी। सभा की समाप्ति पर मैं हेम और अजय के साथ लौट पड़ा। लोग बस, कार, मोटर साइकल, रिक्शा में बैठे हुए या पैदल ही लौट रहे थे। अजीब जोश था। कोई बस में जाता हुआ नारा लगाता–'जनता पार्टी' तो सवारियों में जाते या पैदल चलते लोग चीख पड़ते–'जिन्दाबाद'।

मैंने जनता पार्टी की एक और चुनाव सभा घण्टाघर के पास देखी थी। जनसंघ से सम्बन्धित कोई नेता जनता पार्टी के मंच से भाषण दे रहे थे। विघ्न उपस्थित करने के लिए लालरंग का एक छोटा हवाई जहाज गोता लगाकर नीचे आता, पत्रक बरसाकर ऊपर उठ जाता। यह बचकानी हरकत शायद संजय एण्ड कम्पनी की थी। शोर के कारण नेता को भाषण रोक देना पड़ता था। नेता भी मस्ती में आकर फिल्मी गीत गाने लगे।

लहर-लहर लहराये मेरा लाल दुपट्टा मलमल का, हो जी, हो जी।

लोग हँसी के मारे लोटपोट हो गये।

मैं प्रत्येक चुनाव के दौरान अपने पैसों से पत्रक छपवाकर वितरित किया करता था। विश्वविद्यालय के कर्मी और समर्पित कार्यकर्ता श्री मलिक और श्री शर्मा बोले, "डॉ॰ साहब, इस बार भी आप पत्रक तैयार कर दीजिए। हम **प्रो॰ विजय कुमार मल्होत्रा** के चुनाव-क्षेत्र में बाँटेंगे।"

मैंने कहा, "अभी भी मेरे विरुद्ध डी.आइ.आर. का केस चल रहा है। यदि कांग्रेस पुनः सत्ता में आयी तो उसे उत्पीड़न का एक और आधार मिल जाएगा। मैं कायर नहीं हूँ, किन्तु खामखाँ एक नयी बला नहीं पालना चाहता। मैं पत्रक बना दूँगा, आप छपाइए और किसी के नाम से।"

"विजय कुमार जी के क्षेत्र में एक बहादुर सरदार चुनाव लड़ रहा है, वह फक्कड़

है। वह अपने नाम से पेम्फलेट छपवा देगा। इससे कांग्रेस के विरुद्ध वातावरण बनेगा। जनता सरदार को वोट नहीं देगी। लाभ होगा जनता पार्टी का।"

मैंने पत्रक बनाकर दे दिया था। शीर्षक– **'खबरदार, तानाशाह न आने पाए'।** सबसे नीचे छपा था– **बलवीर सिंह, इन्डीपैन्डैन्ट कंडीडेट, साउथ दिल्ली कांसीचुवैन्सी।**

चुनाव के दौरान बड़ी रोचक बातें सुनने में आयी थीं। मुझे एक प्रसंग याद आ रहा है। किसी ने बताया था कि हरियाणा के किसी स्थान पर चुनाव-सभा को सम्बोधित करते हुए वंशीलाल जी ने नारा लगाया–'इन्दिरा गाँधी।' केवल कुछ लोगों ने कहा, 'जिन्दाबाद।' वंशीलाल जी ने और जोर से नारा लगाने के लिए कहा। एक ग्रामीण उठकर बोला, "नारा कैसे लगाएँ, टाँके दुखते हैं।" भीड़ अट्टहास कर उठी। टाँके, अर्थात् नसबन्दी के टाँके।

श्रीमती इन्दिरा गाँधी के विरुद्ध **श्री राज नारायण** चुनाव लड़े थे। समाचार-पत्रों से ज्ञात हुआ था कि संघ के दर्जनों स्वयंसेवक भुने चने बाँधकर साइकलों पर सवार होकर राजनारायण के साथ गाँव-गाँव घूमे थे। चुनाव जीतने के पश्चात् इस विदूषक-जैसे सत्यानाशी नेता ने संघ के साथ और जनता-पार्टी के साथ क्या किया यह आगे स्पष्ट हो जाएगा।

20 मार्च, 1977 तक चुनाव परिणाम घोषित हो चुके थे। जनता ने इमरजेन्सी लगाने और भाँति-भाँति के अत्याचार करने का भरपूर बदला लिया था। कांग्रेस बुरी तरह हारी थी। जनता पार्टी को पूरा बहुमत मिला था। **श्री मोरार जी देसाई** के नेतृत्व में मंत्री-मण्डल का गठन हुआ। जनसंघ से सम्बन्धित **श्री अटलबिहारी वाजपेयी** विदेश मंत्री और **श्री लालकृष्ण आडवाणी** सूचना और प्रसारण मंत्री बनाये गये। मैंने आडवाणी जी से सम्पर्क किया। मैं प्राय: उनके निवास-स्थान पर जाने लगा। उनका स्टाफ़ मुझे देखते ही आदर देता और आडवाणी जी से मिलवा देता। मैंने उन्हें अनेक सुझाव दिये, उन्होंने तुरन्त कार्यवाही की। मैंने 'अन्तर्भारती' संस्था की ओर से उनके स्वागत में एक कार्यक्रम आयोजित किया था। मैं शुद्ध देश-भक्ति से प्रेरित होकर उनसे मिलता था। मैंने न तो उनसे कोई लाभ माँगा और न उन्होंने दिया। मुझमें न तो इतनी तमीज थी कि लाभ की स्थितियों को खोजकर उनकी माँग करता और न ही मैं लाभ की कामना से प्रेरित होकर ही काम किया करता हूँ। लाभ उठाने वाले लोग दूसरे ही होते हैं। (हमारी विचारधारा में ऐसे कुछ नरपुंगव हैं जिन्होंने राजग की सरकार बनने पर गुलछर्रे उड़ाये थे।)

आडवाणी जी ने सबसे बड़ा काम यह किया था कि उन्होंने आकाशवाणी और दूरदर्शन को सरकारी भोंपू बनने से मुक्त किया था। इनके द्वारा निष्पक्ष समाचारों का प्रसारण आरम्भ हुआ था।

इमरजेन्सी के दौरान चुनाव सम्पन्न होने से पूर्व पूरे एक वर्ष तक मैं अनेक संघर्ष झेलता हुआ भी जैनेन्द्र के 'कल्याणी' उपन्यास की सत्य नायिका कुन्तला की खोज में पूरी तरह जुटा रहा। फिर जनता पार्टी के उदय के पश्चात् कुन्तला के सन्दर्भ में किस प्रकार मुझे उत्कल-दर्शन का सौभाग्य मिला इसका वर्णन यहीं समीचीन है।

बांग्लादेश की लोक-संस्कृति पर आधारित मेरा उपन्यास **शंखसिन्दूर** पर्याप्त

चर्चित और पुरस्कृत हुआ था। प्रकाशक राजपाल एण्ड सन्ज़ ने चाहा था कि मैं इसी प्रकार असम और ओड़िसा की संस्कृति को आधार बनाकर एक-एक उपन्यास और लिखूँ। इधर मित्रवर डॉ॰ खगेश्वर महापात्र से ज्ञात हुआ कि जैनेन्द्र जी ने कल्याणी उपन्यास ओड़िया भाषा की श्रेष्ठ कवयित्री **डॉ॰ कुन्तला कुमारी साबत** पर लिखा था। मैंने मन बनाया कि मैं इन्हीं कुन्तला पर ओड़िसा की संस्कृति वाला उपन्यास लिखूँगा। मैंने सामग्री जुटाने में अनथक परिश्रम किया। कुन्तला का जीवन-वृत्त दो खण्डों में विभाजित किया जा सकता हैं—1. दिल्ली आने से पहले ही कुन्तला, और 2. दिल्ली में स्थायी रूप से रहने वाली कुन्तला। जैनेन्द्र जी केवल दिल्ली वाली कुन्तला को जानते थे।

पुरी जिला के एक गाँव का ब्राह्मण बालक श्यामरत्न 10 वर्ष की आयु में अनाथ हो गया था। एक पादरी ने उसे ईसाई बना लिया और ईसाई लड़की से उसकी शादी कर दी। श्यामरत्न की पोती थी **कुन्तला** (1901 ई॰)। कुन्तला के पिता ने बर्मा में रहते हुए दूसरा विवाह कर लिया था। कुन्तला की माँ बच्चों के साथ कटक में रहते हुए गरीबी से जूझ रही थी। कुन्तला बचपन से ही मेधावी बालिका थी। उसने ओड़िया, अंग्रेजी, बांग्ला और हिन्दी भाषाएँ भी सीख ली थीं। उसने रामायण और महाभारत ग्रन्थ भी पढ़ डाले थे। वह हिन्दू संस्कृति और हिन्दू कन्याओं की जीवन-पद्धति से बहुत प्रभावित थी।

1917 ई॰ में उसने कटक के मेडिकल स्कूल में प्रवेश लिया। यहाँ वह प्रो॰ कैलास राव के सम्पर्क में आयी। 35 वर्षीय ये अध्यापक सुन्दर, संगीत-पटु और घोर अनुशासन-प्रिय थे। एक दिन स्कूल बन्द होने पर कुन्तला भीगती हुई जा रही थी। गुरु डॉ॰ कैलास राव के कहने पर वह सकुचाते हुए उनकी बग्घी में बैठ गयी। डॉ॰ राव ने कहा, "यह तुमने क्या किया। हिन्दू संस्कृति के अनुसार तो पत्नी ही बायीं ओर बैठती है।" तभी से दोनों ने परस्पर को पति-पत्नी मान लिया था।

अपने चार साल के छात्र-जीवन में कुन्तला प्रत्येक परीक्षा में प्रथम आयी और उसने 16 रजत और स्वर्ण पदक प्राप्त किये। डॉक्टरी की पढ़ाई के समय वह ओड़िया में उत्कृष्ट कविताएँ लिखने लगी थी। डॉ॰ कैलास राव के सहयोग से उसका पहला कविता-संग्रह **'अंजलि'** प्रकाशित हुआ था, तब वह मात्र 21 वर्ष की थी। डॉ॰ कैलास ने उसका चिकित्सालय खुला दिया था। डॉ॰ राव ब्राह्मण थे। विवाहित थे, दोनों का विवाह हो नहीं सकता था। वह इनके प्रेम में तड़प-तड़पकर कविताएँ लिखा करती। डॉ॰ राव देहातीत प्रेम में विश्वास रखते थे और चाहते थे कि वह संन्यासिनी-जैसा जीवन यापन करे। कैलास राव की पत्नी ने पहले तो इन दोनों का विरोध किया, बाद में उसने कुन्तला को अपनी छोटी बहिन-जैसा मान लिया था।

ईसाई लोग नहीं चाहते थे कि इन दोनों का मेल-मिलाप बढ़े। उन्होंने षड्यंत्र कर डॉ॰ राव की बदली घाटशिला करा दी। अब दोनों के बीच भौगोलिक दूरी बढ़ गयी थी। 1928 ई॰ में कृष्ण प्रसाद दास नाम का एक धूर्त व्यक्ति दिल्ली से कटक आया। यह अपने को ब्रह्मचारी और डॉक्टर बताता था, सच में यह कम्पाउण्डर था। भोले-भाले स्वभाव की कुन्तला को भरमाकर यह दिल्ली ले आया। इस धूर्त ने ऐसी कारगुजारी की कि कुन्तला और डॉ॰ राव में मन-मुटाव हो गया। कुन्तला ने आर्यसमाज मन्दिर में वैदिक धर्म अपना लिया। उसका विवाह कृष्ण प्रसाद ब्रह्मचारी से हो गया। आर्य समाज के सहयोग से कुन्तला ने एस्प्लेनेड रोड पर भारती मेडिकल

हॉल की स्थापना की। जैनेन्द्र का कुन्तला से परिचय इसी समय कभी हुआ था। वे कुन्तला के कटक वाले जीवन के बारे में नहीं जानते थे। अब मैं डॉ॰ कुन्तला के लिए आदर-सूचक क्रियाओं का प्रयोग करूँगा।

डॉ॰ कुन्तला कुमारी साबत सिद्धहस्त डाक्टर थीं। दिल्ली के रईस और आफिसरों तक उनकी पहुँच थी। खूब कमाई चल पड़ी थी। वे पेशे से डॉक्टर और प्रकृति से कवयित्री थीं। अब तक उनके दर्जन से ऊपर ग्रन्थ प्रकाशित हो चुके थे। वे कट्टर देशभक्त थीं। ब्रह्मचारी चाहता था कि वे खूब कमाई करें, किन्तु पर्दे में रहें। ईर्ष्यालु और अधम प्रकृति का यह व्यक्ति कुन्तला पर तरह-तरह के अत्याचार करता था। वे एक आदर्श हिन्दू पतिव्रता का जीवन यापन करती हुईं घुटघुटकर रह रही थीं। वे अपने कक्ष में जगन्नाथ की पूजा करती थीं। वे तपोवन की स्थापना भी करना चाहती थीं। कुन्तला की दो पुत्रियाँ थीं। 23 अगस्त, 1938 ई॰ के प्रातःकाल प्रसव के समय उनका दृढ विश्वास था कि उनकी कोख से स्वामी जगन्नाथ पुत्र के रूप में अवतीर्ण होंगे। पुत्र हुआ था। वे हर्ष-विभोर होकर मूर्च्छित हो गयी थीं। ब्रह्मचारी ने उनके ऐसा इंजेक्शन लगाया कि वे फिर होश में नहीं आयीं। सर्वश्री विष्णु प्रभाकर, यशपाल जैन और जैनेन्द्र ने बताया था कि ब्रह्मचारी ने उनकी हत्या की थी।

जैनेन्द्र जी का कल्याणी उपन्यास विलक्षण प्रतिभा-सम्पन्न संवेदनशील नारी कुन्तला कुमारी की असह्य यंत्रणाओं का दस्तावेज है। मैंने घोर परिश्रम कर कुन्तला पर शोध-लेख तैयार किया था, जो 26 दिसम्बर, 1976 ई॰ के 'धर्मयुग' के बड़े-बड़े ढाई पृष्ठों पर सचित्र छपा था। यह लेख पूरे देश में चर्चित हुआ था। मैं कुन्तला पर उपन्यास तो नहीं लिख सका, **जैनेन्द्र की कल्याणीः उत्कल की कुन्तला** नाम से पुस्तक की रचना मैंने अवश्य की हैं, जो **अनिल प्रकाशन** द्वारा प्रकाशित हुई है।

अचानक **डॉ॰ हरेकृष्ण महताब** का तार पाकर मैं चकित था। उन्होंने सूचना दी थी कि प्रत्येक विषुव संक्रान्ति (13 अप्रैल) के अवसर पर कटक में साहित्यकार, कलाकार, चित्रकार आदि का विराट् सम्मेलन होता है। इसमें किसी अखिल भारतीय स्तर के विद्वान् को सम्मानित किया जाता है। इस वर्ष का सम्मान मुझे दिया जाएगा।

यह सम्मान पहले डॉ॰ सुनीतिकुमार चाटुर्ज्या, मनोज बसु, सूर्यकुमार भुयाँ, विश्वनाथ सत्यनारायण, दिनकर, जैनेन्द्र, अज्ञेय, हुमायुँ कबिर जैसे प्रतिष्ठित लेखकों को दिया जा चुका था। महताब जी ओड़िया के प्रसिद्ध लेखक, पूर्व मुख्य मंत्री और राज्यपाल रह चुके थे। यह मेरा सौभाग्य था कि वे मुझ जैसे तिकड़म-हीन व्यक्ति को इतना सम्मान दे रहे थे। बाद में पता चला था कि कुन्तला कुमारी साबत के बारे में 'धर्मयुग' में लेख लिखने और ओड़िया-रामायण पर शोधकार्य करने के लिए मुझे इस सम्मान के लिए चुना गया था।

मैं दि. 12 अप्रैल, 1977 ई॰ के प्रातः काल कटक पहुँच गया था। मुझे सर्किट हाउस में ठहराया गया था और मेरी सेवा के लिए तीन-चार पत्रकार और जीप की व्यवस्था थी। मैंने देखा कि यहाँ के घरों के द्वार पर सिंह-मूर्तियाँ सुशोभित हैं।

कुछ ऐसी भी मूर्तियाँ थीं जिनमें सिंह हाथियों को दबोचे हुए थे। दोपहर में कवि-गोष्ठी का आयोजन था और सन्ध्याकाल थी विचार-गोष्ठी। मुझे भी इसमें बोलना था। दो-तीन साहित्यकारों ने मुझे एकान्त में ले जाकर कहा, "कृपया आप कुन्तला कुमारी साबत पर न बोलें, क्योंकि हमने आपके 'धर्मयुग' वाले लेख से सामग्री लेकर ओड़िया पत्रिकाओं में लेख छपाये हैं।" मैं झुँझलाया, फिर हँस पड़ा।

मैंने ओड़िया-रामायण में लोकल कलर-- स्थानीय रंगत पर अपना ध्यान केन्द्रित किया। आधे घण्टे के भाषण में मैंने बताया कि रामकथा जहाँ भी गयी उसने अपने को वहाँ के परिवेश में ढाल लिया। ओड़िया-रामायण में रति-क्रीडा के उन्मुक्त चित्रण हैं। कोणार्क और जगन्नाथ मन्दिर के मूर्ति शिल्प का प्रभाव इस पर पड़ा है। रामायण की महिलाएँ ओड़िया नारी के समान आचरण करती हैं। वे शंखचूड़ी पहनती हैं, मंगल अवसरों पर कपोलों के भीतर जीभ हिलाकर उलुध्वनि करती हैं, रात के समय हल्दी का लेप कर प्रातः काल जलाशय में स्नान करती हैं। राम और जगन्नाथ को एक माना गया है। राम की सेना में ओड़िसा की वनवासी जातियाँ भी दिखायी गयी हैं, आदि। ओड़िया विद्वानों ने कहा था कि इसके पहले उन्होंने अपनी रामायण का अध्ययन इस दृष्टि से नहीं किया था। बंगाल और असम की तरह ओड़िसा में भी वैदिक संस्कार देने के लिए कान्यकुब्ज ब्राह्मण बसाये गये थे। इनके वंशज त्रिपाठी, मिश्र आदि अभी भी ओड़िसा में हैं। ओड़िया लोग मुझे ओड़िया त्रिपाठी समझकर ओड़िया में ही बात किया करते।

13 अप्रैल, **विषुव संक्रान्ति,** प्रातःकाल। आज मुख्य कार्यक्रम था। मंच कलात्मक ढंग से सजाया गया था। कई प्रतिष्ठित साहित्यकार और उच्च अधिकारी मंच पर विराजमान थे। मुझे ओड़िसा के राज्यपाल **श्री हरचरण सिंह ब्रार** के पास बिठाया गया था। महताब जी ने मेरा परिचय देते हुए यह भी कहा था, "त्रिपाठी जी जैसे निर्दोष और बहु-भाषा-विद् साहित्यकार को भी इमरजेन्सी के समय जेल में बन्द कर दिया गया था।" राज्यपाल महोदय ने विधि-विधान से मेरा अभिनन्दन किया था। कार्यक्रम के संचालक ने मुझसे चुपके-चुपके कहा, "यदि आप पाँच मिनट ओड़िया में बोलकर शेष भाषण हिन्दी में दें तो जनता प्रसन्न हो उठेगी।"

"यदि आपने कल ही बता दिया होता तो मैं ऐसी तैयारी करके आता कि सारा भाषण ही ओड़िया में होता।"

मेरे शब्द गूँजने लगे- मुँ ओड़िया त्रिपाठी नुहे, किन्तु मुँ किछि किछि ओड़िया जाणे। मुँ पढ़ि पारे, बुझि पारे, लिखि पारे, किन्तु सुचारु रूपेण भाषण करि पारे नाहि। आदि-आदि। शेष भाषण मैंने हिन्दी में दिया था।

भाषण के पश्चात् तालियों की गड़गडाहट से भवन गूँज उठा था। कालेज की छात्राएँ मेरे पास आकर बोलीं, "सर, आप तो ओड़िया बोल रहे थे।"

"नाहि झिअमाने (बेटियो), मैं ओड़िया उच्चारण में संस्कृत-निष्ठ हिन्दी बोल रहा था।"

"हमारे वक्ता तो यंत्रवत् बोल रहे थे। उनके वक्तव्यों में भावों के अनुसार उतार-चढ़ाव नहीं था। आपका मेघ-मन्द्र स्वर मानो अभी भी गूँज रहा है।"

एक दिन पहले डॉ॰ महताब जी से मेरी पहली भेंट हुई थी तो वे मुझे ऊपर से नीचे देखकर शायद कुछ सोचने लग गये थे कि कहाँ मैंने एक बाँगड़ को मुख्य अतिथि का सम्मान देकर बुला लिया था। आज वे मंच पर बोले, "आपने मुझे शर्मिन्दा किया है। देखने में आप मामूली से आदमी, मामूली से कपड़े पहने, कन्धे पर बैग लटकाये हुए आये थे। आपने ओड़िया साहित्य और संस्कृति का ऐसा गम्भीर ज्ञान कैसे प्राप्त किया, ऐसा लगता ही नहीं कि आप पहली बार ओड़िसा आये हैं।

"डॉ॰ साहब, आप भी खादी के मामूली से कपड़े पहने हैं, तथापि इतने महान् हैं। मैंने आप जैसे विद्वानों के ग्रन्थ पढ़कर ही थोड़ा बहुत ज्ञान अर्जित किया है। आपने

ही मुझे उत्कल-दर्शन का सौभाग्य दिया है। इसके पूर्व मैं कभी ओड़िसा नहीं आया।"

अगले दिन ओड़िसा के समस्त अंग्रेजी, ओड़िया और हिन्दी के पत्र-पत्रिकाओं में मेरे भाषण के अंश प्रकाशित हुए थे। डॉ॰ हरेकृष्ण महताब ने 'प्रजातंत्र' का सम्पादकीय मुझ पर केन्द्रित कर लिखा था। इस समारोह की विस्तृत चर्चा मैं अपने अन्य ग्रन्थ–**जैनेन्द्र की कल्याणी: उत्कल की कुन्तला**' में कर चुका हूँ।

आज ही सन्ध्याकाल 7 बजे हम **उत्कल भ्रमण** के लिए निकल पड़े। जीप में श्री चन्द्रशेखर महापात्र, उनकी पत्नी और श्री पूर्ण महापात्र थे। अँधेरे के कारण भुवनेश्वर का लिंगराज मन्दिर नहीं देखा जा सका। हम **पिपली गाँव** पहुँचे। इसकी प्रसिद्धि कपड़े पर बनी वस्तुओं के कारण है। पौने नौ बजे नीमपारा गाँव पहुँचकर छेना की बनी जलेबियाँ खायी गयीं। पौने 10 बजे हम कोणार्क के टूरिस्ट बंगलो के सामने थे। पूर्व सूचना न होने के कारण कर्मचारी हमें कमरा देने में हिचकिचा रहे थे। जब बताया गया कि ये गवर्नर साहब के अतिथि हैं तो उन्होंने तुरन्त दो कमरे खोल दिये।

अगले दिन तड़के सवेरे तैयार होकर जीप से चल पड़े। सूर्योदय देखना था। दायीं ओर पेड़ों के झुरमुट के ऊपर से कोणार्क मन्दिर का शिखर दिखायी पड़ रहा था। जीप दौड़ती जा रही थी। मन में उल्लास भरा था, प्रथम बार **समुद्र** के दर्शन होंगे। आधा मील चलकर जीप रुक गयी। बीस-पच्चीस लोग तट पर खड़े थे। दूर तक समुद्र पसरा था। बीच-बीच में काली शिलाओं के मध्य सफेद झाग से भरा जल आकर किनारे से टकराता था और लौट जाता था। ये काली शिलाएँ नहीं, लहरें ही थीं। लहर पर लहर चढ़ बैठती थी। पीछे लौटने वाली लहर दूसरी आने वाली लहर को पछाड़ देती थी। गर्जन-ध्वनि हो रही थी। देवी जी चप्पलें उतारकर थोड़े-थोड़े जल में जा खड़ी हुईं। मैंने भी शीतल जल का स्पर्श किया। समुद्र का गर्जन-भरा संगीत रहस्यमय और आनन्द-दायक था। किसी व्यक्ति ने तट पर पड़ा नारियल उठाकर फैंक दिया, लहरों ने उसे लौटा दिया।

हमारा दुर्भाग्य। बदली के कारण सूर्य दिखायी नहीं दिया। देवी बोलीं, "पहले क्षितिज पर आग लगी सी दिखायी देती है, फिर कुछ लाल-लाल दिखायी देता है और सूर्य एकदम उछलकर क्षितिज पर आ जाता है।" निराश होकर हम टूरिस्ट बंगलो लौट आये। जल्दी-जल्दी चाय पीकर चलना था। सूरज तपने लगा तो मन्दिर देखना कष्टकर हो जाएगा।

यह **कोणार्क मन्दिर** नहीं, सूर्य भगवान् का साकार रथ है, जिसे सात घोड़े उड़ाकर आकाश की ओर लिये जा रहे हैं। मेरे ओड़िया लेखक मित्र **डॉ॰ कृष्णप्रसाद मिश्र** ने बताया था कि आप कोणार्क मन्दिर देख रो पड़ेंगे। एक महान् कृति मेरे सामने ध्वस्तावस्था में पड़ी थी। कई बार मुसलमानों के आक्रमण यह मन्दिर झेल चुका है। 1568 ई॰ में **काला पहाड़** नामक मुस्लिम सेनापति ने ओड़िसा के कई मन्दिर तोड़े थे। इसने कोणार्क मन्दिर को भी बारूद से उड़ाने का प्रयास किया था। इससे मन्दिर लड़खड़ा गया था। इस बर्बर ने असम का कामाख्या मन्दिर भी तोड़ा था। कहा जाता है कि मन्दिर के शीर्ष पर स्थित चुम्बक के कारण जहाज खिंचे चले आते थे, अत: किसी नाविक ने इसके शीर्ष को तोड़ दिया था। विश्वास नहीं होता। समुद्री हवा मूर्तियों को घिसे जा रही है। रंग पहले ही झर गये हैं, मूर्तियाँ भी झर जाएँगी और रह जाएँगी सपाट शिलाएँ। यह भी बताया गया कि ठेकेदारों ने कई मूर्तियों को

तोड़कर सड़क बना दी है।

विष्णु-पुराण की कथा के अनुसार दुर्वासा के शाप से कृष्ण का पुत्र **साम्ब** कोढ़ी हो गया था। पिता के परामर्श पर उसने चन्द्रभागा नदी के तट पर सूर्य भगवान् की आराधना की। उन्होंने इसे शाप-मुक्त किया और आदेश दिया कि वह चन्द्रभागा नदी से उनकी मूर्ति का उद्धार करे। नदी में स्नान करते समय उसे सूर्य की प्रतिमा मिल गयी। इसे उसने रथाकार मन्दिर में प्रतिष्ठित किया।

इतिहास के अनुसार **राजा नरसिंह देव** ने 13वीं शती में इस मन्दिर का निर्माण चन्द्रभागा नदी के तट पर कराया था। यहाँ बस्ती बस गयी थी और दूर-दूर तक व्यापार होता था। किंवदन्ती के अनुसार 1200 कलाकार 12 वर्षों तक इसके निर्माण में जुटे रहे। प्रधान स्थपित का नाम था–– **महारणा।**

मन्दिर का निर्माण इस प्रकार किया गया था कि सूर्य की प्रथम किरण **नाट-मन्दिर** से होती हुई प्रधान सूर्य-प्रतिमा के माथे पर पड़ती थी। अब यह प्रतिमा कहाँ है पता नहीं। मुसलमानों के आक्रमण के समय पुजारी लोग प्रतिमा को लेकर भाग जाया करते थे। 1956 ई॰ में कटक के एक ताल से मूर्ति निकाली गयी थी। कुछ लोगों के मत में यही वह प्रतिमा है। दिल्ली के राष्ट्रीय संग्रहालय में रखी प्रतिमा सम्भवतः यही हो।

पहले है **नाट-मन्दिर**, इस पर छत नहीं है। दीवारों पर नर्तकियाँ विभिन्न वाद्य लिये नृत्य की विभिन्न मुद्राओं में खड़ी हैं। भरत मुनि के नाट्य-शास्त्र में वर्णित नृत्य-मुद्राओं को ही साकार किया गया है। नाट-मन्दिर के आगे हैं **जगमोहन** (मुख्यशाला)। इसकी दीवारों पर स्त्री-पुरुषों की कामकेलि-रत मूतियाँ हैं। यहाँ दर्शक खड़े होते थे। यह लगभग ध्वस्त है और अब है **गर्भगृह** या मुख्य मन्दिर, इसी में आराध्यदेव की प्रतिमा स्थापित थी, जो अब नहीं है। सूर्य का सारथि **अरुण** है। मन्दिर के सामने ही इसका स्तम्भ था। कहते हैं कि श्रीमन्त शिवाजी ने इसे यहाँ से उखड़वाकर जगन्नाथ के मन्दिर के सामने स्थापित करा दिया था।

रथाकार मन्दिर के सात घोड़े सात दिनों और सूर्य की सतरंगी किरणों के प्रतीक हैं। चौबीस पहिये चौबीस पखवारे, अर्थात् वर्ष के प्रतीक है। प्रत्येक पहिये (चक्र) में आठ आरे हैं, ये आठ प्रहर की सूचना देते है। चक्रों की बारीक पच्चीकारी यों ही नहीं की गयी है, यह ज्योतिष की सूक्ष्म गणना के अनुसार है।

मैं मन्दिर की ओर मुँह करके खड़ा हूँ। मन्दिर के दक्षिण पार्श्व अर्थात् मेरी बायीं ओर में प्रभातकालीन सूर्य की प्रतिमा, पश्चिम पार्श्व में मध्यकालीन सूर्य की प्रतिमा और उत्तर पार्श्व में अस्ताचल-गामी सूर्य की प्रतिमा हैं। मध्याह्न-कालीन सूर्य लम्बी टोपी पहने हैं। अस्ताचल-गामी सूर्य का एक ही घोड़ा हैं। मन्दिर के चारों ओर की दीवारों पर पशु-पक्षियों, देवताओं, गृह-नक्षत्रों आदि की मूर्तियाँ हैं।

गाइड ने हमें एक विशेष दृश्य दिखाया। एक ऋषि उत्तेजित अवस्था में नग्न खड़ा है। उसके सामने उससे सटी हुई सुडौल अंगों वाली तरुणी भी नग्नावस्था में खड़ी है। बताया गया कि ये **विश्वामित्र और मेनका** हैं।

मन्दिर के दक्षिण पार्श्व की ओर **भोग-मण्डप** (रन्धनशाला) टूटा पड़ा था। लम्बी जटाओं वाले बरगद के विषय में बताया गया कि इसीके नीचे बैठकर साम्ब ने तपस्या की थी। मैं बलिष्ठ हाथी की मूर्ति देखकर मुग्ध था। लगता था कि यह कान फड़फड़ाता, सूँड़ हिलाता और चिंघाड़ता हुआ युद्धभूमि की ओर चल पड़ेगा। तगड़ा

घोड़ा भी ऐसा लग रहा था मानो सवार को लेकर दौड़ पड़ेगा। यहाँ खड़े होकर हमने पइड (कच्चा नारियल) का रस चाव-पूर्वक पिया।

साढ़े नौ बजे हम **पुरी** के लिए चल पड़े। मार्ग में धान और पान के खेत दिखायी पड़े। बाँस और झाऊ के पेड़ भी दिखायी दे रहे थे। सड़क के किनारे एक-दो झोपड़ियाँ दिखायी पड़ीं, जिनकी दीवारों को गोबर से लीपकर ऐंपन से चीता आदि की आकृतियाँ बनायी गयी थीं। बकरियाँ और छोटे कद की गायें चर रही थीं। बैलों के सींग लम्बे थे। एक-दो महिलाएँ दिखायी दीं, ये केवल साड़ी पहने थीं, पीठ बिल्कुल खुली थी। स्त्री-पुरुष दोनों ही हरे-नीले रंग के कपड़े पहने थे।

पौने बारह बजे हम पुरी पहुँच गये। कैमरा, चप्पल और जूते हमें जीप में ही छोड़ने पड़े। तपती गर्म धरती पर तलुवे जले जा रहे थे, कंकड़ियाँ चुभ रही थीं। मन्दिर के द्वार पर कोणार्क वाला स्तम्भ स्थापित था। इसकी लम्बाई 10 मीटर है। द्वार पर हँसते हुए सिंहों की मूर्तियाँ थीं। 12वीं शताब्दी में **अनन्त देववर्मन** ने मन्दिर का निर्माण आरम्भ कराया था। **चोड गंगदेव** के शासन-काल में इसका समापन हुआ। जगन्नाथ स्वामी की मूर्ति बहुत प्राचीन है। परिक्रमा करते समय दीवार पर अनेक मूर्तियाँ दिखायी पड़ीं। नग्न पुरुष की टाँगों से वक्ष सटाये बैठी युवती मुँह ऊपर की ओर बढ़ा रही है। यहाँ भी कोणार्क और खजुराहो जैसी कलाकृतियाँ।

अद्‌भुत हैं जगन्नाथ स्वामी। हिन्दी-भाषी क्षेत्र के कई घरों में जगन्नाथ के पट मिल जाएँगे। जगन्नाथ का पण्डा कभी-कभी आता था तो उसकी आवभगत की जाती थी। कट्टर ब्राह्मणों को जब किसी कारण मजबूर होकर छुआछूत छोड़कर कुछ खाना पड़ता तो कहा जाता कि यह तो 'जगन्नाथ का भात है।' इस प्रकार जिनका भूगोल दो-चार गाँव तक सीमित है, जो न कभी मोटर पर चढ़े और न जिन्होंने कभी रेल देखी वे भी जानते हैं कि जगन्नाथ पुरी हमारे चार धामों में एक है। धन्य हैं हमारे आचार्य जिन्होंने पूरे देश को सांस्कृतिक एकता में बाँधा था।

सैकड़ों लोग जगन्नाथ की सेवा में लगे रहते हैं। यहाँ सैकड़ों लोगों के लिए विविध प्रकार का भोजन पकता है। ब्राह्मण लोग मुँह-नाक पर कपड़ा बाँधकर भोजन तैयार करते हैं। भाप-पद्धति से चावल पकाये जाते हैं। ब्राह्मण-चण्डाल एक-साथ भोजन कर सकते हैं। जगन्नाथ जन-देवता हैं, समन्वय के देवता हैं। ये वनवासी शबरों के दारु देवता और वैदिक धर्मावलम्बियों के दारुब्रह्म हैं। इनकी उपासना में ऊँच-नीच, राजा-रंक, छुआछूत, धनी-निर्धन और पण्डित-अपण्डित का भेद नहीं रह जाता।

हमने यूथ हॉस्टल में भोजन किया। कमरे में सामान रखकर हम तीन बजे समुद्र-तट पर आ गये। कमर में छोटा कपड़ा पहने और सिर पर ताल-पत्र का मुकुट धारण किये **नोलिया** मिला। इसके मुकुट पर सफेद पेण्ट था। इसके भीतर ये लोग बीड़ी और पैसे रख लेते हैं, जो भीगते नहीं। मैं बनयान और लुंगी पहनकर समुद्र-स्नान के लिए तैयार हुआ। नोलिया बोला, "बनयान और लुंगी उतार दीजिए, ये लाल रंग की हो जाएँगी।" मैं केवल अण्डरवियर पहनकर समुद्र की ओर बढ़ा। नोलिया मेरा दायाँ हाथ पकड़े था। घुटनों तक पानी में पहुँचा। झाग से भरी लहर आयी। नोलिया बोला, "तिरछे हो जाइए।" इस प्रकार आगे बढ़ते हुए तीन-चार बार लहरों से अपना बचाव कर गया। अब हम कमर तक पानी में थे; लहर आ रही थी।" आप कूद जाइए।" मैं कूद गया। लहर तट की ओर चली गयी। मुझे इस प्रकार

तीन-चार बार कूदना पड़ा। और भी अधिक गहराई की ओर बढ़ने पर बड़ी लहर आती दिखायी दी। "डुबकी लगाइए।" मैं डुबकी लगाकर लहर का प्रबल वार बचा गया। नाक में खारापन भर गया। पेट पर थपेड़े लगने लगे। चार-पाँच बार डुबकी लगाने पर तबियत भर गयी। असुविधा महसूस होने लगी। नोलिया के कहने पर मैं दो-चार डग आगे बढ़ा। मैंने और आगे बढ़ना अस्वीकार कर दिया। सारा शरीर नमकीन हो गया था। हॉस्टल लौटकर मैंने मल-मलकर स्नान किया। श्री पूर्ण महापात्र बोले, "अब साल-भर आपको कोई चर्म-रोग नहीं होगा।" महापात्र मन्दिर के भीतर से खजूर की टोकरी में बन्द प्रसाद खरीद लाये। इसी सन्ध्याकाल पुरी स्टेशन से मेरी वापसी यात्रा हुई थी।

डॉ॰ हरेकृष्ण महताब आयु, अनुभव, योग्यता और पद में मुझसे बहुत बड़े थे, तथापि वे लगातार मुझे बराबरी का सम्मान देते रहे। ओड़िसा ने मुझे कई बार बुलाकर सम्मानित किया है।

17

2 सितम्बर (शनिवार), 1978 के सन्ध्या 6.30 बजे दूरदर्शन पर दिल्ली के उप-राज्यपाल ने सूचना दी कि 6 सितम्बर को दिल्ली में ऐसी बाढ़ आएगी जैसे कि 1924 के बाद कभी नहीं आयी। उत्तरी दिल्ली के कई स्थान डूब जाएँगे। लोग मकान छोड़कर सुरक्षित स्थानों को चले जाएँ। सरकार निरन्तर चेतावनी दे रही थी। 4 सितम्बर को रेडियो से सूचना प्रसारित हुई कि उत्तर दिल्ली के मुहल्ले जहाँगीरपुरी, मॉडलटाउन, आजादपुर आदर्शनगर, इन्दिरा नगर, निरंकारी कालोनी आदि के लोग मकान खाली कर दें। मैं अपनी शिष्या मधु के घर गया था। वहाँ से रात के 10 बजे लौटा तो देखा लोग सड़क पर जमा थे। मालूम हुआ कि आजादपुर तक पानी आ गया है। लोग परेशान नहीं जान पड़े। कुछ लोगों ने बताया कि उन्होंने पलंग और बक्सों के नीचे ईंटें लगाकर उन्हें ऊँचा कर दिया है।

5 सितम्बर, प्रातः 4 बजे नींद खुल गयी। पड़ोस का रॉकी कुत्ता सीढ़ियों पर बैठा रो रहा था। **श्री रणवीर सिंह चौधरी** जोर-जोर से बोलकर बता रहे थे कि सड़क पर पानी भर गया है। सन्ध्याकाल 5 बजे तक पानी घरों के भीतर घुस आया था। सड़क पर जल बह रहा था, जलकुम्भी के पौधे बहते हुए आ रहे थे। बच्चे कमरों में नहाने लगे। नीचे की मंजिल में खिड़कियों तक पानी आ गया। टट्टियों से मल निकलकर कमरों में बिखर गया। सड़कें छह से लेकर दस फुट तक पानी में डूब गयी थीं। नीचे रहने वाले, वे किरायेदार हों या मकान-मालिक अपने सह-आवासी के साथ ऊपरी खण्ड में रहने लगे। कुछ लोगों ने मकान की सबसे ऊपरी छत पर अड्डा बना लिया। हमारे मकान समुद्र के बीच स्थित टापुओं जैसे हो गये थे। सड़क पर दो सिख युवक तैरते हुए जा रहे थे, शायद अपने किसी रिश्तेदार के यहाँ। तैरता हुआ तख्ता पकड़े एक और युवक आ रहा था। रॉकी कुत्ता रोता और तैरता हुआ न जाने कहाँ चला गया था। नलों में पानी आ रहा था, किन्तु बिजली काट दी गयी थी। हमें यह अनुमान नहीं था कि 6 सितम्बर के पहले ही यह स्थिति हो जाएगी, इसलिए सब्जी और दूध की व्यवस्था नहीं हो सकी थी। मकान-मालिक सेठी साहब अपने परिवार

के अन्य आठ सदस्यों के साथ ऊपर आ गये थे। ऊपर एक कमरा खाली पड़ा था। इसी में ये लोग जम गये थे। रसोई और स्नान-घर हम सबके एक हो गये थे। हेम अकेली ही दोनों परिवारों के बारह लोगों का भोजन बनाने लगीं। लड़कों के ससुराल वाले करोल बाग से ट्रक लेकर आये और सेठी परिवार को अपने साथ ले गये, केवल सेठी साहब यहीं रह गये थे। मकान से ट्रक तक महिलाओं को कठिनाई से पहुँचाया जा सका था। शायद शाहदरा को बचाने के लिए सरकार ने उत्तरी दिल्ली को डूबने दिया था। सरकार ने शाहदरा के क्षेत्र में सैकड़ों फौजी जवान लगा दिये थे। घरघराहट सुनायी पड़ी। तीन फौजी हेलिकाप्टर आकाश में मँड़रा रहे थे। एक तो बहुत देर तक हवा में फड़फड़ाता हुआ लटका रहा। एक नाव वाला प्रति व्यक्ति एक ओर का किराया 10/- ले रहा था। कुछ लोग अपने परिचितों के यहाँ नाव से जा रहे थे, कुछ लोग पिकनिक-सी मना रहे थे। पुलिस के लोग ऐसे मौज-मस्ती वाले लोगों को भगा रहे थे। नाव पर सवार कुछ लोग आये और डबलरोटी के पैकेट फेंकते हुए चले गये। एक और नाव में बैठे लोग छोले और चावल के पैकेट उछालकर चले गये। ऐसा सामान हथियाने में सेठी साहब चतुरता दिखा लेते थे। श्री रणवीर सिंह ने आलू-टमाटर झोले में रखकर हमारी छत पर फेंक दिये। हेम ने दूसरी ओर के पड़ोसी को चावल से भरा झोला थमा दिया।

7 सितम्बर को जलस्तर एक फुट कम हो गया। राष्ट्रीय स्वयंसेवक संघ के 39 सहायता-केन्द्र पूरे बाढ़ग्रस्त क्षेत्र में कार्यरत थे। अखिल भारतीय विद्यार्थी परिषद् के सदस्य भोजन बाँटने के काम में जुटे थे। संघ के स्वयंसेवक 7 नावों पर सवार होकर सहायता-कार्य कर रहे थे। सन्ध्या 5 बजे फौजी नाव आयी। तैराकी जाकेट पहने फौजी जवान डबल रोटी के पैकेट बॉट रहे थे।

जल-प्रवाह लौटने लगा था, साथ ही मरा हुआ सुअर, फूला हुआ चूहा और जलकुम्भी के पौधे भी लौट रहे थे। कुछ फर्नीचर बहता हुआ आ गया था, वह यहाँ-वहाँ पड़ा रह गया था। रात को कोई चीखा, चोर-चोर। जिसने सुना वही चीखने लगा, चोर-चोर। कमरों से बाहर झाँकने का साहस कोई नहीं कर रहा था।

8 सितम्बर, अब सड़क पर घुटने-घुटने पानी रह गया था। नीचे के कमरों से पानी निकल गया था। सेठी साहब कमरों में पड़ा सामान देख रहे थे और अपने बेटों के विषय में सोचते हुए बड़बड़ा रहे थे-

रबदियाँ बेपरवाइयाँ,
ते खोते खाँण मलाइयाँ।
(ईश्वर की लापरवाही कि गधे खाते मलाई।)

मैं घुटने-घुटने तक पानी को पार कर कैम्प के पोस्ट आफिस गया और अपनी तथा पड़ोसियों की डाक ले आया। कुछ सब्जी और फल भी खरीद लिये थे। मैंने लौटकर जूते और पेण्ट को रगड़-रगड़कर धोया और डेटौल मिले पानी में डुबाकर सुखाया।

9 सितम्बर, पानी उतर गया। सड़कें खुल गयीं। चक्की और राशन की दुकानों के दाल-आटा से चिपचिपी सड़क बदबू से भरी हुई थी। तरह-तरह की गन्दगी फैली हुई थी। सारा मॉडलटाउन गँधा रहा था। सरकारी ट्रक कूड़ा उठा रहे थे, सड़कें खरौंची जा रही थीं और कीट-नाशक दवाइयाँ छिड़की जा रही थीं।

नीचे के खण्ड में रहने वालों की बहुत हानि हुई थी। कीमती फर्नीचर, ठण्डे-गर्म

कपड़े, पुस्तकें, ए.सी. आदि का सत्यानाश हो गया था। आठ दिनों के बाद बिजली-सेवा बहाल हो सकी थी।

विश्वविद्यालय के मुख्य परिसर के हिन्दी अध्यापक कार्यालय में बैठे बतकही कर रहे थे कि दक्षिण परिसर के हिन्दी-विभाग ने यू.जी.सी. की सहायता से तीन दिवसीय संगोष्ठी का आयोजन किया है, इसमें एकाध को छोड़कर सभी वक्ता वामपन्थी होंगे।

नवम्बर 1978 ई० में यह संगोष्ठी हुई थी। सच में अधिकांश वक्ता वामपन्थी थे। श्री नूरुल हसन भी आमंत्रित थे। मैं एक विशेष सत्र का उल्लेख कर रहा हूँ। वक्ता का नाम याद नहीं। उनके वक्तव्य की दो बातें याद रह गयी हैं–

1. मुगल-शासन को हिन्दुओं ने पसन्द किया था। भक्ति-साहित्य में कहीं भी मुस्लिम शासकों के प्रति विरोधी स्वर सुनायी नहीं पड़ता।
2. हिन्दुओं ने अरबों से बहुत-कुछ सीखा, इनमें एक रहँट-व्यवस्था भी थी। इससे ही कुएँ से पानी खींचा जाता था।

संगोष्ठी में कुछ बाहरी तत्त्व भी आ गये थे। श्रोताओं में दो युवक बार-बार चंचल हो उठते थे। ये खरे गोरे रंग के थे, इनके गालों पर स्वास्थ्य की लालिमा थी। लगता था कि ये धनी और कुलीन मुस्लिम परिवार के सदस्य हैं। वक्ताओं के विरोध में कभी कोई प्रश्न पूछा जाता तो ये विशेष रूप से सक्रिय हो उठते थे। मुझे इनसे चिढ़ सी हो रही थी। लगता था कि ये लाये गये थे।

उपर्युक्त वक्ता के भाषण के पश्चात् कुछ प्रश्न पूछे गये। मैंने भी प्रश्न करना चाहा तो अध्यक्ष ने अवसर नहीं दिया, "अब बहुत समय हो चुका है।"

मैं जानबूझकर नकयाये स्वर में बोला, "मैं इतने दिनों से कई-कई लोगों के भाषण सुनता आ रहा हूँ, मैंने एक शब्द भी नहीं कहा है। आज तो मैं बोलूँगा।" श्रोता भी मेरे पक्ष में थे। अध्यक्ष को अनुमति देनी पड़ी। मैं बोला––

"हाईस्कूल की संस्कृत पुस्तक में 'पंचतंत्र' की एक कहानी समाहित थी। इसमें बताया गया था कि गंगदत्त नामक मेढकों का राजा कुआँ में रहता था। कुछ साथियों के साथ उसकी कलह हो गयी थी। गंगदत्त 'अरघट्ट घट्टिका' अर्थात् रहँट के द्वारा कुएँ से बाहर आकर प्रियदर्शन नामक सर्प को ले आया। सर्प ने एक-एक कर उसके विरोधियों का सफाया कर दिया। इसके पश्चात् वह गंगदत्त के परिजनों को भी खा गया। गंगदत्त अपनी जान बचाकर रहँट के सहारे बाहर आ गया। उसने सन्देश भेजा, **'आख्याहि भद्रे प्रियदर्शनं च न गंगदत्तः पुनरेति कूपम्।'** महोदय, आपने जो वक्तव्य दिया, लगता है वह पूरा का पूरा गलत तथ्यों पर आधारित है। तुलसीदास की निम्न पंक्तियों पर ध्यान दीजिए–

जेहि जेहि देस धेनु द्विज पावहिं।
नगर गाँव पुर आग लगावहिं।।
जिनके अस आचरन भवानी।
ते जानेहु निसिचर सब प्रानी।।

इन पंक्तियों की व्याख्या न कर अभी मैं केवल रहँट-व्यवस्था तक ही ध्यान केन्द्रित कर रहा हूँ।"

वक्ता महोदय बहुत उत्तेजित हो उठे, "मैं आपके एक-एक कथन का उत्तर दूँगा। आपने 'पंचतंत्र' वाला जो रहँट बताया वह वर्टिकल नहीं था, ऊपर से नीचे वाला नहीं। वह होरिजेण्टल था, धरती के समानान्तर, जो कि नदियों और तालाबों के किनारे लगाया जाता था, कुओं में नहीं।"

उनकी बात काटकर राजधानी कॉलेज के **डॉ॰ चन्द्रहंस पाठक** बोल पड़े, "त्रिपाठी जी ने जो पंक्ति पढ़ी है उसमें कुएँ का स्पष्ट उल्लेख है– 'न गंगदत्तः पुनरेति कूपम्।' तब पंचतंत्र वाला रहँट कुएँ वाला रहँट कैसे नहीं है?"

डॉ॰ शान्ति स्वरूप गुप्त ने मेरी पीठ थपथपायी थी। साम्यवादी विचारधारा से चिढ़े कई अध्यापकों ने भी मुझे बधाई दी थी। वे दो गोरे मुस्लिम युवक कुछ छेड़छाड़ के मूड में थे। मैंने भी अपने तेवर उन्हें दिखा दिये थे।

डॉ॰ सत्यदेव चौधरी कुछ कुनमुनाते हुए आये। वे कुछ तिक्त स्वर में बोले, "पंचतंत्र की रचना का समय क्या है?"

"पाँचवी शती से पहले का।"

"नहीं, यह ग्यारहवीं शती का है। आप गलत बोल रहे थे।"

"मैं दावे के साथ कह सकता हूँ कि इस्लाम के उदय के बहुत पहले पंचतंत्र की रचना हो चुकी थी।"

चौधरी साहब सन्तुष्ट नहीं हुए। वे कुछ न कुछ कहते रहे। मैंने पाया है कि संकट के समय चौधरी साहब विश्वसनीय मित्र की तरह सहयोग देते हैं। किन्तु, मैं कहीं भाषण दूँ या कोई मेरे बारे में कुछ अच्छा बोले तो चौधरी साहब विरोध करते हैं। साक्षी हैं डॉ॰ सुन्दरलाल कथूरिया।

यह तो मुझे बाद में ज्ञात हुआ था कि सम्भवतः पाँचवी शती में विष्णु शर्मा द्वारा पंचतंत्र की रचना हुई थी। छठी शती में बादशाह खसुरू नौशेरवाँ के आदेश से पंचतंत्र का अनुवाद पहलवी भाषा में कराया गया था। ग्यारहवीं शती में पंचतंत्र का अनुवाद अरबी भाषा में हुआ। मैगडानल के अनुसार अरबी वाले अनुवाद का अनुवाद 40 भाषाओं में हुआ।

यदि कोई सच्चा वामपन्थी है तो उसे भारतीयता या हिन्दुत्व में कोई अच्छाई दिखायी नहीं पड़ेगी। यदि कोई दिखायी पड़ ही गयी तो उसे मुस्लिम संस्कृति का प्रभाव बता दिया जाएगा।

समापन भाषण में डॉ॰ नगेन्द्र ने परोक्ष रूप से मेरी आलोचना की थी कि कार्यक्रम में आमंत्रित सज्जनों का सम्मान किया जाना चाहिए, आदि आदि। दक्षिण परिसर पर डॉ॰ नगेन्द्र की विशेष कृपा रही है।

राजनीति-शास्त्र के प्रोफ़ेसर मेरे मित्र डॉ॰ मदन मोहन सांख्यधर ने कहा, हम चार लोग **प्रधानमंत्री मोरारजी देसाई** से मिलने चलेंगे।" मैं अब तक किसी प्रधान मंत्री से नहीं मिला था। मुझे वह युक्ति भी मालूम नहीं है जिसका प्रयोग कर किसी उच्च पदाधिकारी से मिला जा सकता है। मुझे बिना प्रयास के ही सुअवसर मिल गया था। मार्च मास (1979) के तृतीय सप्ताह में दोपहर के समम हम चार लोग देसाई जी के 1 सफदरजंग मार्ग वाले निवास-स्थान पर पहुँचे। वहाँ कोई सुरक्षा-अधिकारी मुझे दिखायी नहीं दिया। एक अधिकारी ने हमें सीधे उनके कक्ष में पहुँचा दिया। वे धरती

पर बैठे पतला-पतला सूत कात रहे थे। वे तड़क-भड़क वाले प्रधानमंत्री नहीं, मात्र गाँधीवादी नेता लग रहे थे। जाते ही किसी बात को लेकर देसाई जी से मेरी झड़प हो गयी। मैंने थोड़ा नम्र होकर कहा,

"शायद मैं अपनी बात समझा नहीं पा रहा हूँ।"

"आप खुद ही नहीं समझते, समझाएँगे क्या।"

मैं सकते में आ गया। यह अक्खड़ बुड्ढा तो बोलने ही नहीं देता। हममें दो अध्यापक लकदक टाई-सूट में थे। श्री आर. कोहली ने अंग्रेजी में कुछ कहना चाहा। देसाई जी भड़क उठे, "क्या आपकी कोई भाषा नहीं हैं?" कोहली जी हिन्दी में अपनी बात कहते समय हकला-सा गये। तभी देसाई जी पुनः तड़प उठे, "आपकी अपनी पोशाक नहीं। आप नकल करते हैं। आप-जैसे अध्यापक क्या शिक्षा देंगे।"

कोहली जी के साथ-साथ डॉ॰ सांख्यधर भी अपनी टाई देखते हुए हतप्रभ हो उठे। कुर्ता-पाजामा धारी श्री पी.के. चाँदला मुस्करा उठे। देसाई जी की आँखें मुझसे टकरायीं, मैंने झुककर अपना बन्द गले का कोट देखा। कुछ राहत महसूस हुई। हम विश्वविद्यालय से सम्बन्धित कई समस्याओं पर विचार करना चाहते थे। हमारी निजी कोई माँग नहीं थी। देसाई जी नाक पर मक्खी ही नहीं बैठने दे रहे थे। मैंने अपने स्वर में उनकी जैसी कड़क लाते हुए पूछा, "क्या मैं निर्भय होकर कुछ पूछ सकता हूँ?"

"आप निर्भय होने की बात कहते हैं, इसका अर्थ है कि आप निर्भय नहीं हैं।"

"निर्भय हूँ, किन्तु आपके प्रति सम्मान............"

"तब मेरा सम्मान नहीं, क्योंकि सम्मान में भय नहीं होता।"

"ऐसा समझ लीजिए कि यह मेरे बोलने की शैली है।"

"तो बोलिए अपनी शैली में।"

वे सूत पीछे की ओर खींचते हुए थोड़ा-सा मुस्करा गये थे। मैं समझ नहीं पाया कि उनके ओंठ व्यंग्य से वक्र हुए हैं अथवा कृत्रिम डाँट-भरे स्नेह से। कई समस्याओं को लेकर खुलकर विचार-विमर्श हुआ। वे अपने जीवन के बारे में बहुत-कुछ बताते रहे। हमें यह जानकर प्रसन्नता हुई कि वे एक आदर्शवादी अध्यापक पिता के पुत्र हैं। वे बोले, "जब मैं इक्कीस वर्ष का युवा था................।"

मेरा साहस बढ़ गया था। मैं बीच में ही बात काटकर बोला, "वह तो आप अब भी हैं। गणतंत्र परेड के अवसर पर सैन्य अधिकारी भी आप-जैसी चुस्ती नहीं दिखा पाते। मेरा पुत्र कहता है, इस आयु में भी आप लट्ठ-से सीधे चलते हैं।"

देसाई जी मुस्कराकर बोले, साठ वर्ष की आयु तक कमर को झुकने से बचा लिया जाए तो फिर यह नहीं झुकती।"

अब कोहली जी को बोलने का अवसर था, उन्होंने तुरन्त जड़ दिया, "तभी आप किसी के सामने नहीं झुकते।"

बातें करते-करते डेढ़ घण्टा होने को आया, हमें लग रहा था कि हम उनका समय नष्ट कर रहे हैं। वे हमें सरलता से छोड़ते दिखायी नहीं पड़े। वे बोले, "और लोग मेरे साथ फोटो खिंचाने आते हैं, मैं फोटो खिंचा लेता हूँ। उन्हें पाँच मिनट से अधिक समय नहीं देता। आप लोग बात करने आये हैं, अतः आपसे बात कर रहा हूँ।"

हमने बताया कि हम उन अध्यापकों में नहीं हैं जो अधिकार माँगते हैं। आप अध्यापक और वर्तमान शिक्षा के बारे में जो कुछ कहना चाहते हैं उसे अधिक से

अधिक अध्यापकों को बताइए। ऐसा कार्यक्रम रखा जा सकता है। देसाई जी इसके लिए तैयार हो गये।

डॉ० सांख्यधर उठते हुए बोले, "हमें ऐसा अनुभव नहीं हो रहा था कि हम एक प्रधान मंत्री से बात कर रहे हैं।"

"यदि कोई प्रधान मंत्री यह अनुभव करा दे कि वह प्रधान मंत्री है तो वह सफल प्रधान मंत्री कहाँ?"

मोरार जी ने 28 अप्रैल, 1979 को हम अध्यापकों को प्रधान मंत्री कार्यालय में 5 बजे सायंकाल बुलाया था। यहाँ सुरक्षाकर्मी हल्की-फुल्की मशीनगनें लिये खड़े थे। हमें एक बड़े कक्ष में पहुँचा दिया गया। मेज के आसपास लगभग 60 अध्यापक बन्धु बैठे थे। इनमें अधिकांश लोग आपातकाल के मेरे जेल-साथी थे। ठीक 5 बजे देसाई जी आ गये। डॉ० सांख्यधर आज खादी का कुर्ता-पाजामा पहने थे। वे बहुत ही नम्र स्वर में बोले, "आपने हमें पुनः बात करने का अवसर दिया, यह हमारा सौभाग्य है। हम जानना चाहते हैं कि हमारी आज की शिक्षा में क्या दोष है।"

देसाई जी खनकते स्वर में बोल पड़े, "शिक्षक ही शिक्षा है। शिक्षा में क्या दोष है यह नहीं जानते तो बात करनी बेकार है।"

कुछ देर सन्नाटा छाया रहा। मैं देसाई जी का स्वभाव समझ चुका था, अतः आनन्द ले रहा था। उनका प्रवचन चालू हो गया–

"किया क्या जाए? शिक्षक भी इसी शिक्षा में पनपे हैं। वे जानबूझकर खराब नहीं करते। भारत में जो शिक्षा-प्रणाली थी विश्व में वैसी कहीं नहीं थी, इसीलिए ज्ञान पैदा हुआ। शिक्षा-पद्धति पहले स्वतंत्र थी। शिक्षक ही शिक्षा चलाते थे। इसीलिए स्वतंत्र होकर बाहर निकलते थे। आज विश्वविद्यालय से पढ़-निकलकर लोग मारे-मारे फिरते हैं, निराश घूमते हैं। शिक्षा को होना चाहिए कि व्यक्ति को सत्य की पहचान दे। हरेक मनुष्य सत्य पा सकता है, पाता नहीं, क्योंकि इच्छा नहीं करता। ऐसे भी लोग है जो पढ़े-लिखे नहीं हैं, किन्तु सर्वज्ञानी हैं। रामकृष्ण परमहंस कितना पढ़े थे? उनके पास ईश्वरचन्द्र विद्यासागर जैसे विद्वान् ज्ञान प्राप्त करने आया करते थे। विवेकानन्द को ज्ञान उन्होंने ही दिया।"

बीच में एक अध्यापक बन्धु ने अध्यात्म से सम्बन्धित कोई प्रश्न कर दिया। देसाई जी भड़क उठे, "आप शिक्षक होने के योग्य नहीं। आप सुन नहीं सकते, बीच में क्यों बोलते हैं?" अब देसाई जी अध्यात्म और भौतिकता पर कुछ देर बोलते रहे।

"धर्म का शिक्षण न हो, ऐसा कर हमने गलती की है। धर्म एक है मानव-धर्म। आहार-निद्रा-भय-मैथुन में मानव और पशु समान हैं। धर्म ही उसे पशु से अलग करता है। धर्म न रहने पर वह पशु ही है– धर्मेणहीनः पशुभिः समानः। मानव में विवेक-बुद्धि है। सभी धर्मों में बुनियादी मानव-धर्म है।"

मैंने देसाई जी का पूरा वक्तव्य लिपिबद्ध कर लिया था। यहाँ कुछ ही पंक्तियाँ दी जा रही हैं। वे बोलते गये, "शिक्षा का माध्यम अंग्रेजी होना चाहिए, यह मानना ही खराबी है। माध्यम क्षेत्रीय भाषाओं को होना चाहिए। ज्ञान-ग्रहण करने से पहले भाषा पर काबू पाना होता है। विशेषज्ञ बनने के लिए विदेश जाना पड़ता है। हम गलत हिन्दी या गुजराती बोलें तो नहीं शर्माते, गलत अंग्रेजी बोलने पर बहुत ही लज्जा का अनुभव करते हैं। जापानियों की अंग्रेजी सुनकर रोना आ जाता है। वे ज्ञानार्जन करने के लिए ही अंग्रेजी पढ़ते हैं, बोलने के लिए नहीं। मैकाले हमें नकली अंग्रेज बना

गया। नकल तो बन्दर करता है।...... आज की शिक्षा ऐसी है कि साफ-सुथरा फिरना सम्मान की निशानी माना जाता है। मजदूर को आदर नहीं दिया जाता।"

कोहली जी ने हाथ उठाकर कुछ पूछना चाहा, देसाई जी कुछ रुक्ष स्वर में बोले, "थोड़ा सबर करना सीखो, शिक्षक में धैर्य अधिक होना चाहिए।" कोहली जी ने पुनः हाथ उठाकर अंग्रेजी में कुछ कहा। देसाई जी क्षुब्ध हो उठे, "क्या मैं भी अंग्रेजी बोलूँ? माइण्ड आ'एम नॉट युअर स्टुडेण्ट, टुडे आ'एम युअर टीचर।"

उनके मुख से झर-झर, झर-झर शब्द निकलते जा रहे थे। लगता था कि भारत की धरती पर भारतीय अन्न-जल से पुष्ट कोई ऋषि आत्मा महापुरुष कड़कते स्वर में बोल रहा है। उन्होंने बहुत कुछ कहा था। मैंने कुछ चुनी हुई बातें ही यहाँ प्रस्तुत की हैं। हम बाहर निकले तो एक अध्यापक प्यार-भरे स्वर में बोले, "बुढ़ऊ तो आज बहुत डाँट पिला गये।"

डॉ० बंसल बोले, "हमें गर्व है कि देश को ऐसा सदाचारी और नैतिकता-वादी प्रधान मंत्री मिला है।" "जोकि एक हितचिन्तक कठोर बाप की तरह बोलता है।" मैंने जोड़ दिया।

18

मधु 1972 ई० में पी.एच०डी० हो गयी थी। इसके पहले ही वह मधु टण्डन से मधु खत्री बन गयी थी। वह माँग में गाढ़ा सिन्दूर भरे थी, शायद पैरों में आलता भी लगाये थी। एकाध दिन पहले ही करवाचौथ थी। उसने बताया था कि पति कनाडा में डाक्टरी कर रहे हैं। वे एकाध बार भारत आये हैं, मधु भी एक बार कनाडा जाकर वहाँ कई दिन रह आयी है। मैंने पूछा था, "हवाई जहाज कितने बजे छूटता है और कहाँ-कहाँ होकर कनाडा कब पहुँचता है?" इसका ठीक उत्तर वह नहीं दे पायी थी। मुझे लगा था कि कहीं कोई गड़बड़ है। अगली बार वह जब आयी मैंने पूछा था, "क्या तुम्हारे पति डॉ० खत्री के पत्र आते हैं?"

वह मीठे स्वर में बोली थी, "वह तो आते ही हैं।"

"तो मुझे ताजा पत्र दिखाना।"

वह अचकचाकर मेरी ओर देखने लगी थी।

"मैं उसके भीतर रखा पत्र नहीं पढ़ूँगा। मैं तो केवल लिफाफा देखूँगा। वहाँ के लिफाफे और डाक टिकट कैसे होते हैं।"

हेम ने उससे चुपके पूछा था, "तुम्हारे कोई सन्तान क्यों नहीं है?"

"अरे भाभी! सब कुछ समय से होगा।" आदत के अनुसार उसने खूब मिठास के साथ कहा था। 1972 में ही मैंने अपने 'कामरूपा' उपन्यास के कुछ पृष्ठ लिखकर छोड़ दिये थे। मैंने ये पृष्ठ मधु को दिखाये। वह शिष्या से सखी-जैसे स्तर पर आकर कुछ निर्देश और सुझाव देने लगी। उसने कहा था कि उपन्यास के नायक-नायिका पास आते हैं और हट जाते हैं। इनका मिलन क्यों नहीं करा देते। फिर उसने आधी-आधी आँखें मूँदे हुए हँस-हँसकर किसी ट्रेन-यात्रा का विनोद-पूर्ण वर्णन किया था। मन ही मन प्रसन्न होकर मैं दहाड़ उठा था, "नटखट कहीं की।" वह दुबककर विनीता शिष्या बन गयी थी। 'कामरूपा' उपन्यास के लिए तो मैंने अपनी

अन्य प्रबुद्ध शिष्या नयनबाला शर्मा से सहयोग लिया था।

1974 ई० में किसी दिन हिन्दी विभाग के कार्यालय में एक अद्‌भुत पत्र आया हुआ था। किसी वकील का नोटिस था। इसकी कई प्रतियाँ कई लोगों के पास भेजी गयी थीं, एक यहाँ विभाग को भी भेजी गयी थी। चूँकि मैं मधु का गाइड रहा था क्लर्क ने पत्र मुझे दिखाया था। पत्र का सार था–मधु का अपने पति के साथ विवाह-विच्छेद हो चुका है। यह महिला अभी भी अपने नाम के साथ पति का उपाधि नाम जोड़ती है। यह गैर कानूनी है।

मैंने फोन कर मधु को बुलाकर डाँट लगायी, "तू झूठ बोलती रही। तेरा विच्छेद हो चुका है और तू हवाई जहाज से कनाडा जाने की बात करती रही।" वह फफक-फफककर रो उठी, फिर कुछ सँभलकर बोली, "और मैं क्या करती, यह कड़वा सच मैं कैसे बताती। भाभी बार-बार सन्तान की बात पूछती रहती हैं। सन्तान कहाँ से होगी।" फिर वह शेरनी सी बिफर उठी, "मैं उन्हें भारत बुलाकर रहूँगी। मैंने मुकदमा लड़ने के लिए ही एल.एल.बी. का कोर्स किया है।"

जीवट की है यह महिला। पति के नाम पर करवाचौथ का व्रत करती है। सती-सावित्री की तरह पति को पाने के लिए कृत संकल्प है। कोर्ट में मुकदमा दायर किया है। अपना केस स्वयं लड़ रही है।

"देख मधु, मुझसे झूठ मत बोला कर। अपनी सही स्थिति संकोच छोड़कर बता दिया कर। मैं तुझे आश्वासन देता हूँ, तू यदि किसी की हत्या करके भी आएगी और मुझे बता देगी तो मैं तुझे संरक्षण दूँगा।"

वह एकटक मुझे देखती रह गयी। उसने सारी परिस्थिति मेरे सामने स्पष्ट कर दी। खत्री सम्भवतः अपनी नर्स के प्रेमजाल में उलझ गये थे। वे आज भी मधु को प्रिय थे। वह उनमें कोई दोष नहीं देखती थी। उसे विश्वास था कि वह मुकदमा जीतकर खत्री को वापस भारत बुला लेगी और उनके साथ एक-निष्ठ दाम्पत्य जीवन-यापन करेगी। वह मुझे एकाध बार कोर्ट भी ले गयी। तारीखें पड़ती रहीं। उसके शोध-प्रबन्ध के छपाने के लिए हमने कई प्रकाशकों के यहाँ चक्कर लगाये। हम कुछ साहित्यिक कार्यक्रमों में भी साथ-साथ गये।

एक दिन वह घर आकर खूब रोयी। हेम घबरा गयीं। अभी तक वह पापा के साथ रह रही थी। पापा कहने लगे थे कि तेरे कारण मेरी बदनामी हो रही है। तेरे कारण दो छोटी बहिनों का विवाह नहीं हो सकेगा। वह आँसू पोंछकर बोली, "मैं कहाँ जाऊँ? मेरा क्या कसूर है? भारत में नारी कितनी असुरक्षित है।"

मुझे याद आयीं बचपन की विधवा दुर्गा जिज्जी और विधवा मणिकान्ता जिज्जी। इनके साथ कितना अत्याचार हुआ था। बचपन में ही अम्मां ने मुझे नारी के प्रति सहृदय होने के संस्कार दिये थे। मैंने इनका वर्णन आत्मकथा के प्रथम भाग 'वनफूल' में किया है। मैंने मधु को समझाते हुए कहा, "तुम असुरक्षित कहाँ हो? अपने पैरों पर खड़ी हो। असुरक्षित तो वे महिलाएँ हैं जिनका कोई आर्थिक आधार नहीं।"

"मैं कहाँ रहूँ। अकेली स्त्री को देख समाज उसे चीरफाड़कर खा जाना चाहता है। आप ही बताइए, पापा का घर छोड़कर असहाय मैं कहाँ जाऊँ?"

"तुम आज ही अपनी अटैची लेकर मेरे घर आ जाओ। तुम चाहे जितने दिन हमारे साथ रह सकती हो।"

उसकी भीगी आँखों में चमक आ गयी, वह मुस्करा उठी, "आपके साथ रहने

से आपकी बदनामी होगी। लोग न जाने क्या-क्या कहेंगे।"

"लोगों को कहने दो। तुम मेरे साथ नहीं अपनी भाभी के साथ रहोगी। मैं ऐसा भी कर सकता हूँ कि मैं पास ही कोई कमरा किराये पर लेकर रहने लगूँ और तुम भाभी के साथ इस मकान में रहो।"

"बस, मुझे बहुत बड़ा सहारा मिल गया। अब मैं अकेली नहीं हूँ। मैं आप लोगों को परेशान नहीं होने दूँगी। आप अपने पड़ोस में कोई मकान खोज दीजिए। मैं आपके पड़ोस में आपके संरक्षण में रहूँगी।"

"तू मुझे वचन दे कि चाहे जितनी विपत्ति क्यों न आ जाए आत्महत्या-जैसी कायरता कभी नहीं दिखाएगी।"

मेरे ही पड़ोस में उसे दो कमरों का फ्लैट मिल गया। कभी वह मुझे साथ लेकर कहीं के लिए निकल पड़ती, कभी मैं उसे साथ लेकर किसी साहित्यिक कार्य के सम्बन्ध में चल पड़ता। हेम के साथ भी उसका सखी-पना बढ़ रहा था। हेम उत्तर प्रदेशीय रीति-प्रथा के अनुसार उससे हास-परिहास किया करतीं, कभी मुझे भी लपेट लेतीं। मधु भी कम उस्ताद नहीं, वह भी हेम को वैसा ही बोल सुना देती। मेरे 'कामरूपा' उपन्यास में इन दोनों सखियों के निर्मल हास-परिहास की झलक मिल जाएगी।

जैनेन्द्र जी के 'कल्याणी' उपन्यास की सत्य नायिका डॉ॰ कुन्तला कुमारी साबत की खोज में इसने मुझे बहुत सहयोग दिया था। इस प्रसंग का वर्णन अलग किया गया है। एक बार जैनेन्द्र जी से मिलकर हम इसके शोधप्रबन्ध के प्रकाशक से मिले। लौटते समय यह मुझे दरियागंज के एक रेस्तराँ में ले जाकर बोली, "डॉक्टर साहब, यहाँ का चीज पकौड़ा बहुत बढ़िया होता है।" मैंने पहली बार खाया, अच्छा लगा था। पन्द्रह-बीस दिन बाद वह मुझे दूसरे रेस्तराँ में ले गयी। इसने अपने लिए समोसे और मेरे लिए गुलाब-जामुन मँगाये। मैंने कहा, "यह नहीं होगा, दोनों चीजें बाँटकर खाएँगे।" वह परम पुलकित होकर चम्मच से गुलाब जामुन तोड़कर खा रही थी। मुझे भी उसके मुख पर बिम्बित उल्लास अच्छा लग रहा था। अनुकूल अवसर था। मैंने स्वर में मिठास भरकर कहा,

"मधु, मैं बहुत दिनों से कुछ कहना चाह रहा हूँ, कहूँ?"

"कहिए न, मुझसे कोई भी बात कहने में आप कभी संकोच न करें। मैं सदैव आपको आदर दूँगी।"

"पहले वचन दो कि तुम मेरी बात मानोगी।"

"मैं आपकी प्रत्येक बात मानने का वचन देती हूँ।"

"वह बात चाहे जैसी हो।"

"हाँ, चाहे जैसी हो।"

"तुम मुकदमा-बाजी छोड़ दो और दूसरा ब्याह रचाओ।"

वह शेरनी-सी गरज उठी, "और किसी ने यह बात कही होती तो मैं उसका मुँह नोच लेती।"

मैं भी गरज उठा, "मूर्खे, तू गलतफहमी में है। तू खत्री को वापस नहीं बुला सकती। वे आ भी गये तो कभी तेरे नहीं होंगे। तेरी हत्या भी करायी जा सकती है।"

"हिन्दू नारी का एक ही पति होता है।"

"उन स्त्रियों का जिनका पति राम-जैसा हो।"

"दूसरा ब्याह करना क्या धर्म है?"

"हाँ धर्म है। मैं कहता हूँ कि ऐसी परिस्थिति में यही धर्म है। तूने साध्वी नारी का आचरण किया। उसने विश्वासघात किया है। जब चालाकी से भरा बिच्छेद हो चुका है, तब दो ही विकल्प हैं, या तो तू पहाड़-जैसा जीवन रो-कलपकर अकेले काटे या नये जीवन का आरम्भ करे। नये पति पर अपने को न्योछावर कर देना। उसके नाम पर करवाचौथ का व्रत करना। कड़वे अतीत को बुरे सपने-सा भूल जाना।"

वह परेशान-सी हो उठी थी। उसके संस्कार साध्वी हिन्दू नारी के थे, जिनमें पर-पुरुष का चिन्तन तक पाप माना जाता है। हेम उसे लगातार कोंचती रहीं। एक सप्ताह के बाद वह बोली, "मैं दूसरा ब्याह करूँ भी तो कैसे?"

"तू कोर्टशिप कर। किसी को फाँसकर हमारे पास ले आ। हम दोनों पास कर दें तो उसी से शादी कर।"

"मुझे फाँसने की कला नहीं आती।"

"समय सब कुछ सिखा देता है।"

"मुझे ऐसे कामों से डर लगता है।"

"डर काहे का? मैं तेरे साथ हूँ।"

उसने दूर से दो-एक युवक दिखाये थे जो हमें पसन्द नहीं आये थे। एक दिन वह एक युवक को लेकर आयी। वह देखने में सीधा और आकर्षक था। उसके राणा प्रतापी मूँछें थीं। कोर्ट के चक्कर लगाते समय मधु का परिचय राठौर नामक वकील से हो गया था। उन्होंने ही अपने छोटे भाई से मधु का परिचय करा दिया था। सुरेन्द्रपाल सिंह राठौर एक कैमिस्ट संस्था से जुड़े हुए थे। ये वकालत पास भी थे। मधु ने सुरेन्द्र की निगाह बचाकर भौंहें सिकोड़कर संकेत किया। मैंने वही संकेत हेम की ओर फेंक दिया। हेम ने पलक झपकाकर स्वीकृति दे दी। विवाह पक्का हो गया।

मधु ने अपने फ्लैट की चाबियाँ देकर आदेश के स्वर में मुझसे कहा, "अब मेरे पलंग का प्रबन्ध आप करिए।" दिन भर की दौड़धूप के बाद एक-एक जोड़ी रजाई-गद्दे भरवाकर और कन्धे पर लादकर मैं इस बुद्धू लड़की के शयनघर में सजा आया। इस समय वह कालेज गयी हुई थी।

16 मार्च, 1978, आर्यसमाज मन्दिर में हम एकत्र हुए। वर-पक्ष की ओर से 15-20 लोग आये थे, कन्या-पक्ष की ओर से हम तीन और मधु की सहेली, उसके पति तथा बच्ची, कुल छह लोग थे। प्रतीक्षा हो रही थी मधु के मम्मी-पापा आदि की। मैंने पण्डित से कहा, "विधि-विधान से विवाह सम्पन्न कराना। यह मेरी प्यारी शिष्या है।"

"शिष्य तो मैं भी आपका हूँ। इस समय हंसराज कालेज में पढ़ा रहा हूँ। यह काम भी करा देता हूँ। मैं आर्यसमाजी और सनातनी दोनों पद्धतियों से विवाह कराऊँगा। डॉक्टर साहब, धान कौन बोएगा?"

मधु का भाई दीप भी नहीं आया था। मैंने कहा था, "मधु की सहेली के पति।" कुछ देर और भी प्रतीक्षा की गयी। लग रहा था कि पापा ने इस विवाह का बहिष्कार किया था। पण्डित बोले, "विलम्ब हो रहा है, कन्यादान कौन करेगा?"

मधु आधा घूँघट डाले बहुत ही प्यारी लग रही थी। उसने घूँघट के भीतर से ही तिरछी आँखों से मेरी ओर देखा और संकेत कर कहा, "ये करेंगे।" मैं उठा और मैंने मधु की सुकोमल हथेली मुच्छड़ वर के मजबूत हाथों में सौंप दी। दोनों ने मेरे पैर

छुए।

17 मार्च, 1978 ई० को मधु के विवाह के उपलक्ष्य में प्रीति-भोज का आयोजन कांस्टीट्यूशन क्लब में हुआ था। इस दिन एक ऐतिहासिक घटना हुई थी। विश्वविद्यालय-परिसर की एक किलोमीटर लम्बी सड़क पर **भयंकर बवण्डर** आया था, जो सड़क की दोनों ओर के पेड़ों को जड़-सहित उखाड़ गया था। स्कूटर उड़-उड़कर चारखण्डी भवनों के छज्जों से जा टकराये थे। कारें और बसें भी फिरकी-सी घूमकर तनों से जा भिड़ी थीं। अनेक लोग हताहत हुए थे। लोगों ने देखा था कि लाल कमीज पहने एक आदमी स्कूटर पर बैठा हनुमान् की तरह उड़ता जा रहा था। मैंने इस विनाश लीला का चित्रात्मक वर्णन अपने उपन्यास 'कामरूपा' में किया है। केवल इतना अंश मित्र सम्पादक **श्री राजेन्द्र अवस्थी** ने कादम्बिनी में छापा था, जो चर्चित हुआ था।

दूसरे-तीसरे दिन दोनों पति-पत्नी मेरे घर आये। दोनों मधु-यामिनी के लिए खजुराहो जाने वाले थे। मधु ने एक पोटली हेम को थमाते हुए कहा, "भाभी, इसे रख लो, मैं लौटकर ले लूँगी।" पता नहीं पोटली में साँप-विच्छू क्या थे। हेम ने उसे आल्मारी के लॉकर में डाल दिया था। रुपये-पैसे और गहने रहे होंगे। इनके खजुराहो से लौट आने के बाद हेम ने बताया था कि मधु माँ बनने की स्थिति में आ गयी थी। मेरे कारण मधु के जीवन में नया मोड़ आया था, जो सुखद था। मैं मन ही मन प्रसन्न था।

5 अप्रैल, कोर्ट में मधु की तारीख थी। जज कपूर मेरे कनपुरिया मित्र श्री राजनारायण कपूर के साढ़ू थे। मधु के मन में अभी भी आक्रोश था, वह केस वापस लेने के लिए तैयार नहीं थी। परिस्थितियाँ उसके अनुकूल नहीं थीं। उसके जेठ वकील कामरेड राठौर अपनी अनुज वधू पर बिगड़ रहे थे। जज बोले, "मैं इस महिला को नहीं समझा सकता, डॉ० त्रिपाठी भले ही समझा दें।" उन्होंने थोड़ी देर के लिए कार्यवाही रोककर सोचने का समय दिया। मैंने मधु को समझाया, विवाह करने से तुम्हारा केस कमजोर हो चुका है। जो हर्जा-खर्चा मिल रहा है उसे लेकर हस्ताक्षर कर दो और निश्चिन्त होकर नया जीवन जियो।" वह पिंजड़े में बन्द शेरनी-सी तड़प रही थी। वह बोली, "डॉक्टर साहब, मैं आपके आदेश का उल्लंघन कभी नहीं कर सकती, हस्ताक्षर कर देती हूँ, किन्तु मेरी अन्तरात्मा नहीं कहती............।"

उसके जेठ वकील अभी भी बिगड़ रहे थे, वे क्रुद्ध होकर बोले थे, "यह तो पंजाबी लड़कियों की तरह बहुत ही मतलबिन निकली। मैंने सोचा था कि यह वकालत में मुझे सहयोग देगी, संयुक्त परिवार में रहेगी। यह तो पल्ला झाड़कर खड़ी हो गयी।"

मधु व्यवहार-कुशल है। वह क्यों जेठ के अधीन रहती। प्रत्येक नववधू ही संयुक्त परिवार में नहीं रहना चाहती। कामरेड राठौर यह भी बोले थे, "वैसे यह लड़की करैक्टर की स्ट्रांग है।" उनके ये वचन मुझे बहुत ही अच्छे लगे थे। कामरेड राठौर मधु की शिकायत करने उसके पापा के पास गये। वे खूब गरज-तरजकर मधु की निन्दा करते रहे। पापा चुपचाप इनकी बातें ध्यान-पूर्वक सुनते रहे, अन्त में वे बोले, "मेरे पास क्यों आये हो?"

"तो और किसके पास जाऊँ?"

"जिन्होंने कन्यादान किया है उनके पास।"

जब मुझे यह बात पता चली तो मैं खूब हँसा था, वाह, पापा भी खूब हैं।

मधु को लेकर कई रोचक प्रसंग हैं। मैं जीवन के कई अवसरों पर उसका गाइड रहा हूँ। आत्मकथा की सीमाओं के कारण मैं अपने पर रोक लगा रहा हूँ। कई ऐसे मार्मिक और अन्तरंग प्रसंग हैं जिनका वर्णन कर दूँ तो मधु मुझसे कुछ नहीं कहेगी, वह अवश्य ही खिन्न हो जाएगी। उस पर तो एक छोटा उपन्यास लिखा जा सकता है। केवल एक वाक्य में उसका परिचय देना हो तो कहा जा सकता है—**वह नये समय की सच्चरित्र साहसी नारी है।**

राठौर ने पहले वाला काम छोड़ दिया था। वे सुप्रीम कोर्ट में प्रैक्टिस करने लगे थे। इन्हें इतनी जल्दी केस कहाँ से मिलते। गृहस्थी मधु चला रही थी। दोनों कभी बच्चों की तरह झगड़ पड़ते, कभी गहरे प्यार में डूब जाते। मैं इनकी नोकझोंक का आनन्द लिया करता और कभी-कभी मधु के कान उखाड़ लेने की धमकी देता। दोनों ही विनम्र भाव से मेरा अनुशासन मान लेते।

एक वर्ष के अन्तराल से मधु की गोद में प्यारे-प्यारे खरे गोरे रंग के दो बच्चे आ गये, आशीष और मनु। मधु का सारा ध्यान इन्हीं दो में केन्द्रित हो गया। उसके लिए न कोई पति था, न पिता और न गुरु, थे तो ये दो बच्चे। इनके विकास के लिए उसने अपनी सारी शक्ति लगा दी थी। वह कभी धार्मिक संस्कार देने उन्हें मन्दिर में ले जाती तो कभी तैरना सिखाने के लिए तरणताल। बड़े होकर वे कम्प्यूटर का प्रशिक्षण लेने लगे थे। इन बच्चों के कारण मधु को अपने मायके में भी अपनत्व मिलने लगा था।

'हिन्दुस्तान टाइम्स' में सचित्र समाचार छपा था। भारत में पाये जाने वाले सफेद बाघों की संख्या घट रही थी। चिड़िया-घर की सफेद बाघिन ने दो शावकों को जन्म दिया था। चित्र छपा था, सफेद बाघिन अपने अगल-बगल दोनों शिशुओं को लेकर बैठी थी। अजय भी विनोदी है। वह बोला, "पिता जी, यह मधु बुआ है।"

"तू ठीक कहता है। बाघिन अपने बच्चों के लिए जान दे सकती है। और किसी की ले भी सकती है। तेरी बुआ भी बच्चों के लिए अपनी जान दे सकती है तो किसी की ले भी सकती है, चाहे वह कोई ही क्यों न हो।"

समय बीतता गया। मैं वैशाली स्थित अपने मकान में आ गया था और वह मयूर विहार में रहने लगी थी। दूरी के कारण हम चाहकर भी एक-दूसरे के सुख-दु:ख में सहभागी नहीं हो सकते थे। हमारा एक सहारा ही छूट गया था। अब राठौर की वकालत चल पड़ी थी। यह मधु का सौभाग्य है कि उसे सुन्दर, प्रतिभा-सम्पन्न, सीधा-सादा आदर्श पति मिला हुआ है। दोनों ही एक-दूसरे के प्रति समर्पित आदर्श दम्पति हैं।

इधर आकाशवाणी पर एक नया चटपटा कार्यक्रम आरम्भ हुआ था 'मिर्ची'। लोग अपनी प्रेमिकाओं को मिर्ची कहने लगे थे। एक अफसर को कुछ न सूझा तो उसने फोन पर अपनी पत्नी से कहा, "हैलो मिर्ची।" मुझे विनोद सूझा। मैंने फोन मिलाया, राठौर उपलब्ध हुए। मैंने पूछा, "मिर्ची कहाँ है?" वे हँस पड़े और मधु को बुला लाये।

"हैलो मिर्ची।"

"यह मिर्ची क्या होता है डॉक्टर साहब?"

मैंने उसे स्थिति समझाकर पूछा, "बता तू मिर्ची है या नहीं?"

उसने गहरी साँस लेकर कहा, "आप जो ठीक समझें।"

"अच्छा, और किसी ने तुझे मिर्ची कहा होता तो?"

"मैं उसका मुँह न नोच लेती।" वह खोंखिया उठी।

"हहह, यही तो। मेरा यही तात्पर्य था। तू तीखे स्वभाव की है। लड़ती-झगड़ती रहती है। पति से भी झगड़ती रही। तू मिर्ची नहीं, सुर्खलाल मिर्च है।"

"नहीं डॉक्टर साहब, मैं बहुत शान्त स्वभाव की हो गयी हूँ। आपके आशीर्वाद से आपके दोनों कृपाकांक्षी बच्चे पढ़ाई पूरी कर अमेरिका में ही जॉब पा गये हैं। हम दोनों को बुला रहे हैं। सेवा-मुक्त होने के बाद जाना ही पड़ेगा। डॉक्टर साहब, हमारी दुलारी भाभी कैसी हैं?"

"भाभी आर्थराइटिस रोग से परेशान हैं।"

हमारी बातचीत हेम भी सुन रही थीं। वे कड़क कर बोलीं, "कह दो अपनी मिर्ची से कि इसे मेरे बारे में जानने का कोई अधिकार नहीं। मर गयी तेरी भाभी। साल-साल भर हो जाता है फोन तक नहीं करती। भूल गयी पिछली बातें, निर्मोहन कहीं की?"

मैंने रिसीवर हेम को देकर कहा, "तुम अपनी मुँह बोली ननद को जो सुनाना चाहती हो सीधे-सीधे सुना दो।"

मैंने इस प्रसंग को विस्तार से लिखा था। बार-बार पढ़ता और काटता रहा। सोचा कि दोनों के नाम बदल दूँ या इस प्रसंग को हटा दूँ। मधु का उज्ज्वल और स्नेहमय व्यक्तित्व मेरे मन पर ऐसा छाया रहा कि मैं इसे हटा नहीं सका। अब इसे संक्षिप्त रूप से प्रस्तुत कर रहा हूँ। मधु, कहीं कोई त्रुटि रह गयी हो तो क्षमा कर देना।

19

कैसे-कैसे राजनेताओं के हाथों में देश की बागडोर है, इनके क्रिया-कलाप के बारे में सोच-सोचकर मैं कई-कई रात सो नहीं सका हूँ। मैं दो-एक राजनेताओं के बारे में विचार करने बैठा हूँ। श्रीमान् **राजनारायण** ने श्रीमती इन्दिरा गान्धी को चुनाव में पराजित कर यश कमाया था। संघ के असंख्य कार्यकर्ता चने बाँधकर और साइकलों पर सवार होकर गाँव-गाँव में राजनारायण का प्रचार करते फिरे थे।

जनता पार्टी की सरकार बनी। मोरार जी देसाई के नेतृत्व वाली सरकार में ये भी केन्द्रीय मन्त्री बनें। इन्होंने जोकरी के नमूने पेश करने शुरू किये। ये चपरासी की साइकल पर उसके साथ बैठकर अपने मंत्रालय जाया करते थे। ये किसी बात पर संघ-जनसंघ पर क्रुद्ध हो उठे। इन्होंने जनसंघ से सम्बन्धित जनता पार्टी के सांसदों पर दुहरी सदस्यता का आरोप किया। इन्होंने एण्टी आर.एस.एस. फ्रण्ट खोलकर घोषणा की कि अब लड़ाई गाँधीवाद और गौडसेवाद में है।

यदि संघ ने गाँधी जी की हत्या करायी थी तो आज तक उसके किसी कार्यकर्ता पर मुकदमा क्यों नहीं चलाया गया। निर्दोष संघ पर ऐसे झूठे आरोप लगाना कमीनापन है।

इधर **जमशेदपुर** और **अलीगढ़** में दंगे हो गये। राजनारायण को संघ को बदनाम करने का साधन मिल गया। अदालती कार्यवाही में फँसी इन्दिरा जी को एक ऐसा कठपुतला मिल गया जो अपनी बौड़म हरकतों से जनता पार्टी के मार्ग में अवरोध उपस्थित कर इन्दिरा जी का बचाव कर सका।

अलीगढ़ और जमशेदपुर के दंगों के सम्बन्ध में कुछ बताने से पूर्व संघ के विषय में दो-एक तथ्य देना समीचीन होगा।

1. मौरवी (गुजरात) में **भयंकर बाढ़** आयी थी। हजारों लोग मरे थे। फूले हुए शवों की दुर्गन्ध दूर-दूर तक फैली हुई थी। न सरकार की ओर से और न किसी स्वयंसेवी संस्था की ओर से कोई प्रभावी कार्यवाही की जा सकी थी। 'धर्मयुग' में सचित्र समाचार छपा था कि संघ के स्वयंसेवक नाक पर पट्टी बाँधकर शवों को ट्रक पर लादकर उनकी सामूहिक अन्त्येष्टि कर रहे हैं। कांग्रेस की एक प्रभावी महान् नेता चिन्तित हो उठीं। उनके पास ऐसे समर्पित कार्यकर्ता कहाँ थे। वाहवाही कहीं संघ न लूट ले जाए इसके लिए उन्होंने नया शिगूफा छेड़ दिया। उन्होंने आरोप लगाया कि संघ के स्वयंसेवक मुसलमानों के मुर्दे उठाते नहीं हैं और दूसरों को उठाने नहीं देते। वाह नेतानी जी, धन्य हैं आप और आपका उर्वर मस्तिष्क।

   वास्तविकता यह थी कि संघ द्वारा परिचालित राहत शिविरों में 1500 मुसलमान थे। संघ के स्वयंसेवक प्रात: 3 बजे उठकर उनके लिए भोजन पकाते थे, ताकि वे दिन में रोजा रख सकें।

2. इमरजेन्सी के दौरान जेल में स्वयंसेवकों और मुसलमान बन्दियों के मध्य सम्पर्क स्थापित हुआ। स्वयंसेवकों ने समझाया कि आप लोगों को वोट बैंक बनाने के लिए गद्दार सेक्युलरिया नेता हमारे बारे में गलत सूचनाएँ देकर आप लोगों को भड़काते रहते हैं। हमने आज तक किसी भी मुसलमान को नहीं छेड़ा है। मुसलमानों पर इसका प्रभाव पड़ा था।

आपातकाल में गिरफ्तार लोगों की शिकायत सुनने के लिए जनता पार्टी सरकार ने जाँच आयोग बैठाया था। 22 जून, 1978 को हम कई लोग दिल्ली प्रशासन के कमरा नं॰ 24 के बाहर एकत्र हुए थे। कई स्वयंसेवकों से भेंट हुई। दो नवयुवकों से विशेष परिचय हुआ, एक का नाम था **बाबू इस्लाम** और दूसरे का **अब्दुल हलीम**। इन दोनों ने बताया कि वे स्वयंसेवक हैं और शाखा जाते हैं। देवराज नामक संघ-कार्यकर्ता से ये प्रभावित थे। अब्दुल ने बताया कि वे शाखा में प्रार्थना कराते हैं- 'नमस्ते सदा वत्सले मातृभूमे।' इनका पता मेरी डायरी में नोट है- 3410, बाड़ा हिन्दूराव, दिल्ली-6

हिन्दुस्तान टाइम्स (25 अप्रैल, 1979) में समाचार छपा था, शीर्षक था- **नमाज़ इन टैम्पल.** 23 अप्रैल को आर. एस. एस. ने गोदौलिया चौराहे के पास के राम मन्दिर में हिन्दुत्व और इस्लाम के विभिन्न पक्षों पर विचार करने के लिए बैठक रखी थी। इस बीच नमाज का समय हो गया। संघ के प्रचारक **श्री के॰ एस॰ सुदर्शन** ने तुरन्त स्वयंसेवकों को निर्देश दिया कि मन्दिर परिसर में मुसलमानों द्वारा नमाज पढ़ने की व्यवस्था की जाए।

क्या मुसलमान मस्जिद में हिन्दुओं को पूजापाठ की ऐसी सुविधा देते? वोट-लालची भ्रष्ट नेताओं को संघ की ये विशेषताएँ नहीं दिखायी देती। उन्हें दिखायी देती हैं मनगढ़न्त बातें।

अब प्रस्तुत हैं दंगों के अखबारी समाचार। **जमशेदपुर** के बारे में सच्चाई यह थी कि एक जुलूस के बारे में छह दिनों से झगड़ा चल रहा था। दोनों समुदायों के

प्रतिनिधियों और प्रशासनिक अधिकारियों ने समझौता कर जुलूस का मार्ग निश्चित कर दिया था। किन्तु जैसे ही जुलूस एक मस्जिद के पास आया उस पर ईंटों और बमों से हमला कर दिया गया। इस प्रकार ये दंगे जंगली आग की तरह शहर के कई क्षेत्रों में फैल गये।

क्या बम और ईंटें संघ के स्वयंसेवकों ने फेंकी थीं? क्या जुलूस संघ के स्वयंसेवकों का था?

दूसरी घटना, 9 मई, 1979 के प्रातःकाल 5 बजे **अलीगढ़ मुस्लिम विश्वविद्यालय** के छात्र दिल्ली के बोट क्लब पर प्रदर्शन करने जा रहे थे, उनका प्रदर्शन विश्वविद्यालय को अल्प-संख्यक चरित्र प्रदान के उद्देश्य से था। इन छात्रों ने पूरी ट्रेन पर बैनर लगाये हुए थे। इन्होंने यात्रियों को चढ़ने नहीं दिया। ट्रेन एक घण्टा लेट हो गयी। इन्होंने महिलाओं से छेड़छाड़ की। दादरी से छात्र, कर्मचारी और दूधिये आदि नित्य दिल्ली आते हैं। उच्छृंखल और मतान्ध छात्रों ने इन्हें भी नहीं चढ़ने दिया। तब इन दैनिक यात्रियों और छात्रों में मारपीट हुई और दंगा आरम्भ हो गया। मुस्लिम छात्रों ने पास का मार्केट पूरी तरह जला डाला। सेक्युलरिया जल्लादों ने दैनिक यात्रियों को संघ का स्वयंसेवक बना दिया।

बोट क्लब पर सभा हुई, जिसमें **श्री शरद यादव** ने कहा, "संघ को मुसलमानों पर आक्रमण से पहले हिन्दुओं से निपटना होगा।" यादव जी बिना सोचे-समझे हवा में तलवार भाँज रहे थे।

राजनारायण ने गौडसे का नाम उछालकर संघ को खूब कोसा। इन्होंने यह धमकी भी दी कि यदि जनता पार्टी की सरकार संघ पर प्रतिबन्ध नहीं लगाती है तो वे राजघाट पर आमरण अनशन करेंगे। इतना ही नहीं, वे अलीगढ़ जा धमके और उन्होंने एक मस्जिद में नमाज पढ़ी, उत्तेजक भाषण दिया। फलस्वरूप फिर दंगे भड़क उठे।

सेक्युलरवाद की बहती गंगा में हाथ धोने से भला उत्तर प्रदेश के मुख्यमंत्री **श्री बनारसी दास** कहाँ चूकने वाले थे। उन्होंने घोषणा की कि पुलिस और पी.ए.सी. में मुसलमान बड़ी संख्या में भर्ती किये जाएँगे। इसलिए कि जब छोटी-छोटी बातों को लेकर मजहब के पराक्रमी रक्षक मुसलमान निरीह हिन्दुओं के घर जलाएँ और उनकी दुकानें लूटें तो मुस्लिम-बहुल पुलिस उन्हें रोकने के बजाय फूलमालाओं से उनका स्वागत करे।

धूर्त सेक्युलरिया हिन्दू की तरह मुसलमान कभी अपनी कौम के साथ गद्दारी नहीं करता। जमायत-अल-अल्माए हिन्द के **असद मदनी** ने घोषणा की कि नौ जुलाई को जब लोकसभा का सत्र आरम्भ होगा वे संघ पर प्रतिबन्ध लगाने के लिए देश-व्यापी आन्दोलन करेंगे। हिन्दुस्तान टाइम्स, 4.6.79

शाही इमाम दहाड़ रहे थे कि मुसलमान पहले मुसलमान है, भारत का नागरिक बाद में। 1987 के अन्त में ये पाकिस्तान गये तो इन्होंने भाषण दिया कि हिन्दुस्तान में मुसलमानों पर अत्याचार हो रहे हैं। हमारी रक्षा की जाए।

मुसलमान का साथ देश का मुसलमान देता है, विदेश का मुसलमान भी। भारत-स्थित मोरक्को के राजदूत **अब्दुल हक** सादानी ने अरब देशों के राजदूतों की ओर से भारतीय मुसलमान भाइयों की हालत पर चिन्ता व्यक्त की।

अल्पसंख्यक आयोग के अध्यक्ष **जस्टिस अंसारी** ने दंगों का दोष संघ पर मढ़ दिया। ये कैसे जस्टिस हैं? यही इनका न्याय है?

मुसलमानों की काली करतूतों को सभी अनदेखा कर रहे थे, बस बेगुनाह संघ पर गरज-बरस रहे थे।

अल्पसंख्यक आयोग के कई सदस्य ईमानदार थे। हिन्दुस्तान दै० (18-8-79) में प्रकाशित वक्तव्य मैं उद्धृत कर रहा हूँ-

करारा जवाब

(हमारे विशेष प्रतिनिधि द्वारा)

नई दिल्ली, 17 अगस्त। राष्ट्रीय स्वयंसेवक संघ और साम्प्रदायिक दंगों को लेकर कुछ क्षेत्रों में संघ पर कीचड़ उछालने के प्रयासों को अल्पसंख्यक आयोग के तीन सदस्यों की ओर से करारा जवाब मिला है, जिन्होंने अपने अध्यक्ष डॉ० अंसारी को भी गलत बयानी का दोष दिया है।

समझा जाता है कि आयोग के तीन सदस्यों डा० बी.बी. जान, डॉ० कुमारी अलू दस्तूर और अवकाश-प्राप्त वायुसेनाध्यक्ष एअर चीफ मार्शल अर्जुन सिंह ने इस बात पर आश्चर्य प्रकट किया है कि कुछ क्षेत्रों में तथा स्वयं अध्यक्ष अंसारी द्वारा अलीगढ़ और जमशेदपुर के साम्प्रदायिक दंगों के सम्बन्ध में राष्ट्रीय स्वयंसेवक संघ को प्रत्यक्ष-अप्रत्यक्ष रूप से दोष देने के प्रयास किये जा रहे हैं। उन्होंने ऐसे आरोपों को एकदम गलत बताते हुए कहा है कि हमने अपने दौरों में इन दोनों स्थानों में एक भी ऐसा आरोप या उदाहरण नहीं पाया जिसमें संघ के सदस्यों पर कोई दोष सिद्ध होता हो।

उक्त सदस्यों ने डॉ० अंसारी द्वारा जाने-अनजाने अल्पसंख्यक आयोग को मुसलमानों की लॉबी बनाने के प्रयत्न को अनुचित बताते हुए कहा है कि इस प्रकार की कार्रवाइयों से मुस्लिम हितों पर ही आघात पहुँचेगा। अल्पसंख्यक का अर्थ केवल मात्र मुस्लिम नहीं है और बिना किसी प्रत्यक्ष प्रमाण के किसी समुदाय पर आरोप लगाने का उल्टा असर होगा।

हिन्दुस्तान टाइम्स (21-8.1979) में भी एक वक्तव्य छपा था-

नो आर. एस. एस. हैण्ड इन रॉयट्स--बकुला

अंग्रेजी समाचार का हिन्दी अनुवाद प्रस्तुत है-

अल्पसंख्यक आयोग के सदस्य **श्री कुशल बकुला** ने आज कहा कि अलीगढ़ और जमशेदपुर के दंगों में राष्ट्रीय स्वयंसेवक संघ का हाथ बताना निराधार और मनगढ़न्त है।

एक वक्तव्य में श्री बकुला ने कहा कि अल्पसंख्यक आयोग के अन्य तीन सदस्यों द्वारा व्यक्त विचारों से मैं पूरी तरह सहमत हूँ। इन सदस्यों ने आयोग के अध्यक्ष एम.आर.ए. अंसारी के इस वक्तव्य का जोरदार खण्डन किया है कि अलीगढ़ और जमशेदपुर के दंगों में संघ का परोक्ष हाथ है।

श्री बकुला ने कहा कि आयोग को सेक्युलरवाद और सहअस्तित्व का उदाहरण प्रस्तुत करना चाहिए, तभी वह अल्प-संख्यकों की समस्याओं को प्रभावी रूप से सुलझा सकता है। केवल एक विशेष अल्पसंख्यक समुदाय की समस्याओं और शिकायतों पर विशेष जोर देने से वह उद्देश्य ही ध्वस्त हो जाता है जिसके लिए आयोग का गठन किया गया है।

उ०प्र० शान्ति सेना के संयोजक तथा गाँधी शान्ति प्रतिष्ठान, आगरा के सचिव श्री कृष्णचन्द्र सहाय ने कहा कि अलीगढ़-दादरी दंगों में संघ का हाथ नहीं।

सुभद्रा जोशी नाम की एक सेक्युलरिया बेगम ने साम्प्रदायिकता- विरोधी मोर्चा खोला हुआ था। यह एक पत्रिका भी निकालती थी, जिसमें साम्प्रदायिकता का जमकर विरोध किया जाता था, अर्थात् हिन्दुओं ने जो कार्य नहीं किया है उसके लिए उसकी निन्दा और मुसलमानों ने जो अपराध किया है उसकी अनदेखी। अल्पसंख्यक आयोग के चार उपर्युक्त सदस्यों के वक्तव्य ने भी इसकी आँखें नहीं खोलीं। इस भद्र महिला (?) ने 29 अगस्त की शाम को रेडियो पर बोलते हुए जमशेदपुर के दंगों में संघ का हाथ बताया।

सेक्युलरवाद (अथवा राष्ट्रद्रोह) का एक और नमूना प्रस्तुत है।

जनता पार्टी की सरकार के गृहमंत्री श्री एच.एम. पटेल ने इस रहस्य का उद्घाटन किया था कि ईसाई मिशनरियों के नाम प्रतिवर्ष विदेशों से करोड़ों रुपये आ रहे हैं। यह धन केवल सेवा-कार्यों पर ही नहीं भारतीयों को प्रलोभन देकर ईसाई बनाने पर खर्च किया जाता है।

सम्भवतः धर्मान्तरण-विरोधी बिल आने को था। परम सेक्युलरी **श्री हेमवती नन्दन बहुगुणा** ने धूर्त मिशनरियों का पक्ष लेते हुए कहा कि इस्लाम और ईसाईधर्म के उच्च आदर्शों से प्रभावित होकर हिन्दुओं ने धर्मान्तरण किया था। उन्होंने धर्मान्तरण-विरोधी बिल को लेकर आद्य शंकराचार्य की निन्दा की कि उन्होंने हजारों बौद्धों को धर्मान्तरित किया था।

शंकराचार्यों ने कहा, "भय या प्रलोभन के कारण बौद्धों ने धर्मान्तरण नहीं किया था।" यह सच है। जो बौद्ध शास्त्रार्थ में पराजित हुए थे उन्होंने वैदिक धर्म स्वीकार किया था। ईसाई पादरी किस प्रकार के कुचक्र रचते हैं इसका विवरण कांग्रेस सरकार द्वारा तैयार नियोगी रिपोर्ट में मिल जाएगा। पाठक मेरा उपन्यास 'कली और धुआ' भी देख सकते हैं। विस्तार-भय से लम्बे विवरण छोड़ रहा हूँ। मेरे एक कनपुरिया मित्र का बच्चा कान्वेण्ट में पढ़ता था। स्कूल-बस का ड्राइवर बस लेकर चला, वह फेल हो गयी। ड्राइवर ने बच्चों से राम और कृष्ण की जय के नारे लगवाये। बस नहीं चली। ईसा मसीह की जय बोलते ही बस चल पड़ी। ऐसे उदाहरण मुझे दिल्ली में भी सुनने को मिले हैं। मिशनरी लोग करिश्मा दिखाकर, डरा-धमकाकर या पैसों से खरीदकर दनादन धर्मान्तरण कर रहे हैं।

बहुगुणा जी ने जैसा ठाठदार तर्क दिया वैसा ही कई वर्ष बाद **श्री राजेन्द्र यादव** ने दिया था। जब इस्लामिक आतंकवादी तीन लाख कश्मीरी पण्डितों को कश्मीर घाटी से मार-मारकर खदेड़ रहे थे, उनकी स्त्रियों के साथ बलात्कार कर धर्मान्तरण कर रहे थे, जब वे बसों से हिन्दुओं को उतारकर गोलियों से भून रहे थे, हिन्दू धर्मस्थलों को जला रहे थे, तब यादव जी ने कहा था कि हनुमान् भी तो आतंकवादी थे। चूँकि हनुमान् आतंकवादी थे, अतः मुसलमान आतंकवादी जो कर रहे थे सब जायज था। वामपन्थी सोच के अनुसार सारी खुराफातों की जड़ तो हिन्दू है।

पाकिस्तान ने घोषणा की कि उनके मुल्क में इस्लाम से बावस्ता नस्ल की तैयारी की जा रही है। यह कौन सी नयी बात है। हिन्दुस्तान में यही काम सेक्युलरिया और वामपन्थी लोग कर रहे हैं।

धर्मान्तरण-प्रसंग में, मैं संघ-जनसंघ या भाजपा के किसी नेता का कोई कथन

उद्‌घृत न कर अरुणाचल के कांग्रेसी मुख्य मंत्री श्री अपांग का वक्तव्य प्रस्तुत कर रहा हूँ–

"धर्म-निरपेक्ष का अर्थ है सभी धर्मों के प्रति समान आदर व सम्मान। परन्तु यहाँ इसकी आड़ में ईसाई संस्थाएँ हमारे विश्वासों, हमारे रीति-रिवाजों एवं परम्पराओं को नष्ट करने का कुचक्र चला रही हैं।...... मंसद् में सरकार की ओर से प्रदत्त जानकारी के अनुसार 1976 से 1978 के बीच पूर्वोत्तर सीमा में विदेशी धन अधिनियम के अन्तर्गत ईसाई संगठनों को साठ करोड़ रुपये तो विदेशी धन से प्राप्त हुए।

अरुणाचल के समानान्तर भूटान से बर्मा सीमा तक असमी क्षेत्र में करीब 1200 किलोमीटर लम्बी और 30 किलोमीटर चौड़ी तराई पट्टी में ईसाई संस्थाएँ फैली हुई हैं। ये संस्थाएँ सेवा, शिक्षा, विश्राम-गृह, अस्पताल, अनाथ-आश्रम और विकास कार्यक्रम के नाम पर चलायी जा रही हैं, परन्तु सच तो यह है कि ये धर्मान्तरण के केन्द्रों के रूप में काम कर रही हैं।

मुख्य मंत्री श्री अपांग बताते हैं कि पादरियों के निर्देश पर अधिकांश धर्मान्तरित लोग जन-गणना में अपना धर्म ईसाई नहीं लिखवाते। पिछली जन-गणना के अनुसार अरुणाचल में कोई ईसाई नहीं है।.............

इस प्रकार ये नये ईसाई बने लोग एक गर्हित चाल चल रहे हैं। ऐसा प्रतीत होता है कि जब तक ईसाई मतावलम्बियों की जन-संख्या अन्यों की तुलना में अधिक नहीं हो जाती, ये लोग अपने को ईसाई घोषित नहीं करेंगे, जैसा कि नगालैण्ड, मिजोरम और मेघालय में होता आया है।"

–हिन्दुस्तान साप्ताहिक, 1 नवम्बर, 1987.

बहुगणा इमरजेन्सी के विरोध में इन्दिरा कांग्रेस छोड़कर जनता पार्टी में आये थे। एक समाचार के अनुसार **चरणसिंह जी** ने श्री रामकृष्ण हेगडे को लिखे पत्र में बताया था कि बहुगुणा एक भ्रष्ट मंत्री, सोवियत संघ की गुप्तचर संस्था के.जी.बी. का एजेण्ट और मुस्लिम साम्प्रदायिकता को बढ़ावा देने वाला राजनीतिज्ञ है। (हिन्दुस्तान दै॰ 11.7.79)

जब मोरार जी की सरकार का पतन हुआ तो बहुगुणा श्री चरणसिंह की जनता एस. में आ गये। तब चौधरी जी के लिए ये रूसी एजेण्ट नहीं रह गये थे। चौधरी जी की सरकार का भी पतन हुआ तो ये फिर इन्दिरा कांग्रेस में आ गये। ये संघ को साम्प्रदायिक बताया करते और शाही इमाम के तलुवे सहलाते। इन्दिरा जी के 62वें जन्म दिवस पर उनके घर पर मेला लगा था, तब बहुगुणा नाचने-गाने वालों के साथ इस मेले में पहुँचे और नाचते हुए नारा दे रहे थे, देश की नेता इन्दिरा गान्धी।

जनता पार्टी की सरकार इन्दिरा जी के विरुद्ध विशेष अदालत स्थापित करने की योजना बना रही थी। चरणसिंह जी ने तो इन्दिरा जी को गिरफ्तार करा दिया था। इससे इन्दिरा जी को जनता की सहानुभूति मिली थी। वे दूसरे दिन छोड़ दी गयी थीं। इन्दिरा जी ने कूट चाल चली। उन्होंने राजनारायण जैसे सेक्युलरिया लोगों को भड़का दिया। राजनारायण ने संघ-जनसंघ के विरुद्ध जोरदार मोर्चा खोलकर जनता-पार्टी की सरकार में पलीता लगा दिया। वे इन्दिरा जी की इमरजेन्सी वाली ज्यादतियों के विरुद्ध जूझे थे। अब ये उन्हीं का सहयोग ले रहे थे। ये संजय गान्धी से सात बार मिले थे।

गर्मी की छुट्टियों में, मैं इटावा गया था। मेरे छोटे साले वकील योगेन्द्र किशोर

तिवारी कांग्रेसी हैं। उन्होंने बताया था कि नगर-नगर से चौधरी सा० के पास तार भेजे जा रहे हैं कि हम तुम्हारे साथ हैं।

"इससे क्या होगा?"

"चरणसिंह जी ठहरे चौधरी। फूलकर कुप्पा हो जाएँगे और स्वयं प्रधान मंत्री बनने का प्रयास करेंगे।"

"यह बचकानी सोच है। वे ऐसा नहीं करेंगे।"

मोरार जी के समर्थकों की संख्या घट रही थी। राजनारायण का लगाया हुआ पलीता काम कर रहा था। 16 जुलाई, 1979 को 28 मास पुरानी जनता पार्टी सरकार का पतन हो गया।

26 जुलाई को राष्ट्रपति रेड्डी जी ने चौ० चरणसिंह को मंत्रि-मण्डल गठित करने का आमंत्रण दिया और अगस्त के तीसरे सप्ताह तक विश्वास-मत प्राप्त करने का समय दिया। कांग्रेस के समर्थन से चौधरी सा० प्रधानमंत्री बन गये। उन्होंने और उनके परिवार ने स्वीकार किया कि उनकी बहुत दिनों की अभिलाषा पूरी हुई। राजनारायण परम पुलकित हुए। उन्होंने केश मुँड़वाये और कहा कि इन्हें संग्रहालय में रखा जाए।

जनता पार्टी के सांसदों की प्रतिक्रिया ध्यान देने योग्य है। रामधन-- राष्ट्रपति का निर्णय अभूतपूर्व है। नयी सरकार के नेता इतिहास के सबसे बड़े दलबदलू हैं। कृष्णकान्त-- यह सरकार राष्ट्रीय शर्म की सरकार होगी, क्योंकि सिद्धहस्त दलबदलू द्वारा इसका नेतृत्व किया जाएगा। गौरी शंकर राय-- विश्व के लोकतांत्रिक इतिहास में पहली बार एक दलबदलू प्रधान मंत्री बन रहा है। एच.वी. कामथ-- राष्ट्रपति ने दस दिन पुराने दलबदलू को विश्व के सबसे बड़े लोकतंत्र के प्रधानमंत्री के पद पर पहुँचा दिया। समरेश कुण्डू, रामकृष्ण हेगडे और मधु दण्डवते के भी ऐसे ही विचार थे। (हिन्दुस्तान दै., 27.7.79)

कांग्रेस ने चौधरी सा० की महत्त्वाकांक्षा को करारा झापड़ मारा। उसने समर्थन वापस ले लिया। विश्वास-मत अर्जित करने के पहले ही चौधरी सा० के मंत्रिमण्डल ने त्यागपत्र दे दिया। चौधरी सा० केयर टेकर बनाये गये। 22 अगस्त को लोकसभा भंग कर दी गयी।

पत्रकारों ने राजनारायण को घेरकर प्रश्नों की बौछार की। वे बगलें झाँकते या झल्ला उठते। समाचार-पत्रों में छपा था कि इन्होंने उद्योग- पतियों से करोड़ों रुपये वसूल किये थे। ये अस्पताल में भर्ती हुए तो बताया जाता है कि ये इतना भोजन करते थे जितने से 10 लोगों का पेट भर सकता था। इन्होंने अपने को हनुमान् कहा था या इनके समर्थकों ने इन्हें ऐसा कहा था। सम्भवतः राष्ट्रभक्त राजनेता श्री आरिफ बेग ने टिप्पणी की थी–

एक हनुमान् वे थे जिन्होंने अत्याचारी रावण की लंका जला दी थी। एक हनुमान् ये हैं जिन्होंने राम की अयोध्या ही जला डाली।

चौधरी सा० और उनके समर्थक इसी बात से परम सन्तुष्ट थे कि चौधरी सा० ने लाल किले पर 15 अगस्त के दिन झण्डा फहरा दिया था। इमरजेन्सी के अपराधियों को गद्दी पर बिठाने का पाप चौधरी साहब ने भी किया था।

चुनाव हुए। इमरजेन्सी के दौरान पीड़ित जनता ने जनता पार्टी को भारी बहुमत से जिताया था। जीते हुए प्रतिनिधियों ने उसके साथ विश्वासघात किया था। इन्हें पाठ पढ़ाने के लिए जनता ने भारी बहुमत से इन्दिरा कांग्रेस को जिता दिया। देश में खुशी

की लहर दौड़ गयी थी। लोग एक दूसरे को बधाइयाँ दे रहे थे। महिलाएँ अपनी पड़ोसी सखियों को बधाई दे रही थीं।

यूथ कांग्रेस के लोग चौराहों पर नाच रहे थे, सीटियाँ बजा रहे थे और अश्लील हरकतें कर रहे थे।

14 जनवरी, 1980 को इन्दिरा जी ने शपथ ली। दूरदर्शन पर समारोह दिखाया जा रहा था। मैं टी.वी. बन्द कर बाजार की ओर निकला। कुछ व्यापरी लपककर आये और बोले, "बधाई।"

"शायद आप लोगों को तिहाड़ जेल देखने का सौभाग्य नहीं मिला। कैसी बधाई? छि:।"

विशेष: इस अंश की प्रस्तुति के लिए मैंने जिन समाचारपत्रों से तथ्य एकत्र किये उनकी कतरनें अभी मेरे पास सुरक्षित हैं।

20

मोरार जी देसाई के प्रधानमंत्री बनने पर किसी ने उनसे पूछा था कि क्या आप कम्यूनिस्टों का सहयोग लेंगे? उन्होंने उत्तर दिया था, 'आइ डॉण्ट वाण्ट ट्रॉजन हार्सेज।' एक प्रकार से उन्होंने कम्यूनिस्टों को धोखेबाज या फरेबी कहा था। जब राष्ट्रवादी विचारधारा के लोग सत्ता में आते हैं तो कम्यूनिस्टों की दाल नहीं गलती। कांग्रेस या अन्य कोई सेक्युलरिया पार्टी सत्ता में आती है तो इनके पौ बारह होते हैं। कम्यूनिस्टों का विशेष कार्य होता है हिन्दुत्व का विरोध और अल्पसंख्यकों की प्रत्येक गलत-सलत बात का समर्थन। इससे सेक्युलरिया लोगों के अल्पसंख्यक वोट पक्के होते हैं, इसीलिए ये कम्यूनिस्टों को बढ़ावा देते रहते हैं। कांग्रेस के शासनकाल में ये वामपन्थी लोग विभिन्न महत्त्व-पूर्ण संस्थाओं में घुस गये थे। इनमें एक संस्था थी भारतीय इतिहास परिषद्।

इस संस्था के सम्बन्ध में प्रसिद्ध पत्रकार **श्री दीनानाथ मिश्र** के दो बड़े-बड़े लेख 'नवभारत टाइम्स' (5, 6 फरवरी, 1977) में प्रकाशित हुए थे। इन लेखों की सूचना के अनुसार कांग्रेस सरकार ने 1972 ई० में **'भारतीय इतिहास परिषद्'** नाम की संस्था की स्थापना की थी। उस समय मार्क्सवादी श्री नूरुल हसन केन्द्रीय शिक्षा-मंत्री थे। परिषद् के अध्यक्ष बनाये गये थे **प्रो० आर०एस० शर्मा**, ये भी मार्क्सवादी हैं। उस समय यू०जी०सी० के चेयरमैन श्री सतीशचन्द्रा भी मार्क्सवादी थे। देश में बीसियों उच्च कोटि के इतिहास-वेत्ता थे, किन्तु परिषद् में भरे गये मार्क्सवादी सर्वश्री रोमिला थापर, डी.पी. चट्टोपाध्याय, इरफान हबीब आदि। अनेक समितियाँ बनायी गयीं और संगठित लूट-खसोट की गयी। खूब विदेश-यात्राएँ की गयीं। कई ऐसे प्रकल्पों (प्रोजेक्ट) के नाम पर लाखों रुपये लूटे गये जो कभी पूरे नहीं हुए।

12 भाषाओं की 95 पुस्तकों के अनुवाद हुए। प्रो०आर०एस० शर्मा की पाँचों पुस्तकों के अनुवाद 11 भाषाओं में हुए। इन पर 9 लाख रुपये का व्यय आया। शर्मा जी को 47,000/= रायल्टी के मिले। शर्माजी मार्क्सवादी बनते हैं। इन्होंने सारे नियमों और कानून को धता बताकर अपने प्रदेश और अपनी जाति-बिरादरी के लोगों की नियुक्तियाँ कीं। पुस्तकों का प्रकाशन साम्यवादी संस्था पीपल्स पब्लिशिंग हाउस से

कराया गया।

कांग्रेस सरकार की छत्र-छाया में ही लाल झण्डा छाप नाग पनपते हैं। इन नागों ने लूट-खसोट के साथ दो विशेष काम भी किये। इन्होंने भारतीय इतिहास की तोड़-मरोड़ की और बाबरी मस्जिद को लेकर मुसलमानों के पक्ष का समर्थन किया। यदि भाजपा सरकार देशहित में कोई काम करे तो लाल बुझक्कड़ लोग शोरशराबा मचाते हैं कि शिक्षा का भगवाकरण हो रहा है। और ये लोग शिक्षा का खूनीकरण करते रहते हैं इस ओर किसी का ध्यान नहीं जाता।

इस समाचार के छपने के दो वर्ष पश्चात् **प्रो० के. ए. निजामी** ने भी प्रो० आर. एस. शर्मा पर वही आरोप लगाये थे जो श्री दीनानाथ मिश्र ने बताये थे। निजामी सा० ने यह भी आरोप लगाया कि परिषद् के एक सदस्य की ऐसी पुस्तक को चुनकर उसे 25 हजार रुपये प्रदान किये गये जो लिखी ही नहीं गयी थी। (नवभारत टाइम्स, 9. 9.79)

इन्हीं प्रो० आर. एस. शर्मा और साथियों को महान् देशभक्त शिक्षा मंत्री श्री अर्जुन सिंह की कृपा से एन.सी.ई.आर.टी. का पाठ्यक्रम तैयार करने के लिए लगाया गया था। इनके बनाये गये सत्यानाशी पाठ्यक्रम पर सुप्रीमकोर्ट को 2006 ई० में रोक लगानी पड़ी थी।

संकीर्ण जातिवाद, अल्प-संख्यक-तुष्टि-करण, धर्मान्तरण, बिकाऊ बुद्धिजीवीवाद तथा निरर्थक हिन्दू-विरोध के पर्याय **सेक्युलरवाद** आदि के कारण राष्ट्र को तोड़ा जा रहा है। मैं राष्ट्र को तोड़ने वाली शक्तियों से जूझता रहा, भले ही मेरा प्रयास टिटहरी-जैसा ही क्यों न हो, जिसने समुद्र-द्वारा अपने अण्डे बहा ले जाने से क्षुब्ध होकर अपनी नन्हीं चोंच से समुद्र को उथला बनाने की चेष्टा की थी। मैंने उपन्यास लिखे, कविताएँ लिखीं और भाषण दिये। अध्यापक, छात्र, साहित्यकार तथा जन-साधारण के मध्य शुद्ध राष्ट्रवाद का प्रचार करने के लिए मैंने अपने को संगठनात्मक कार्यों में भी झोंक दिया।

जब भी कोई छोटे-बड़े चुनाव आते मेरा प्रपत्र तैयार होता। मैं नित्य समाचारपत्रों की कतरनें एकत्र करता और इनके आधार पर राजनेताओं और राजनीतिक दलों पर प्रहार करने वाले पत्रक तैयार करता। पत्रकों में जो तथ्य दिये जाते उनकी पुष्टि के लिए मैं सूचना-स्रोत भी दे देता। यह भी एक प्रकार से शोध-कार्य जैसा ही था।

सन् आदि का उल्लेख न कर मैं इमरजेन्सी के पहले और बाद में सम्पन्न चुनावों का विवरण यहाँ एक साथ दे रहा हूँ, मैं दो हजार पत्रक अपने पैसों से छपाया करता, इन्हें वितरित करता तथा पार्टी के नेताओं और कार्यालयों को डाक-द्वारा भेज देता। पत्रक ऐसा होता कि यह किसी भी क्षेत्र में बाँटा जा सकता था। मैं पत्रक के नीचे टिप्पणी दे देता कि इस पत्रक की प्रतियाँ रियायती दाम पर मुद्रक से प्राप्त की जा सकती हैं। विश्वविद्यालय में कार्यरत दो कार्यकर्ता श्री मलिक और श्री शर्मा ने **श्री विजय कुमार मल्होत्रा** के निर्वाचन-क्षेत्र में वितरण के लिए पत्रक की दस हजार प्रतियाँ खरीदी थीं। बाद में इन्होंने दस हजार प्रतियाँ और भी खरीदी थीं। मुद्रक (मदनलाल) ने बताया था कि विभिन्न क्षेत्रों से आयी माँग के अनुसार एक लाख पत्रक छापकर दिये गये थे।

किसी व्यक्ति ने मेरा पत्रक स्थानीय........ पार्टी के प्रत्याशी को दिखाकर कहा

था, "देखा, जनसंघ-समर्थक एक बुद्धिजीवी ने कैसा प्रभाव-शाली पत्रक निकाला है। लोग इसे चटखारे लेकर पढ़ रहे हैं। आप भी ऐसा कुछ निकालिए।" वह राजनेता हँसकर बोला था, "इस पत्रक का प्रभाव केवल बुद्धिजीवियों या पढ़े-लिखे लोगों पर होगा। इनके वोट ही कितने हैं। इसके अलावा ये पत्रक पढ़कर घर में बैठे रहेंगे, वोट डालने नहीं जाएँगे। हार-जीत का निर्धारण करने वाले तो और लोग ही होते हैं। अजुध्या मिल में हड़ताल चल रही है। मजदूर भूखों मर रहे हैं, इनके बीच जब आटे के बोरे बाँटे जाएँगे तो ये हमें वोट देंगे। वे किसी पत्रक से प्रभावित नहीं होंगे।" जीत इसी नेता की हुई थी।

मेरे मित्र **डॉ॰ श्रीराम चौधरी** भी चुनाव लड़े थे। मैंने प्रचार का मोर्चा सँभाला था। मैंने पत्रक, फोल्डर, परिचय-पत्र आदि की सामग्री तैयार की। मैं साइकल पर बैठकर ढका मुहल्ले के प्रेस जाता, फिर प्रूफ़ पढ़ने जाता। दूसरे-तीसरे दिन छपी हुई सामग्री लाकर चुनाव-कार्यालय को सौंप देता। वितरण का दायित्व पार्टी का था। मुद्रक ने कहा था, "त्रिपाठी जी, मैं आपकी लगन से प्रभावित हूँ। किसी-किसी सामग्री के मुद्रण के लिए मैं केवल कागज का पैसा लूँगा। इस तरह एक अच्छी पार्टी के लिए मेरा भी योगदान रहेगा।" उसने रियायती दामों पर बिल बनाकर मुझे दिये। मैंने अपनी जेब से तत्काल उनका भुगतान कर रसीदें ले लीं।

यहीं एक बात और। मेरे पास के मकान में किशोर नाम के एक किरायेदार आ गये थे। ये व्यापारी थे, किन्तु परिष्कृत रुचि के। ये अपने को कम्यूनिस्ट पार्टी से सम्बद्ध बताते थे। मैंने कई कम्यूनिस्टों को इनके घर आते-जाते देखा था। हम दोनों के बीच मैत्री हो गयी थी। इनके दो प्यारे-प्यारे बच्चे अंग्रेजी-माध्यम के स्कूल में पढ़ते थे। इनकी मेम साहब जब श्रृंगार कर सड़क पर आतीं तो किसी तेज विदेशी खुशबू के झोंके दूर तक के वातावरण को गन्ध-विह्वल कर देते। वह सुगन्ध रूस या चीन से आयातित नहीं होगी, फ्रांस या अमेरिका की भले ही हो। मैं प्रेस से चुनाव-सामग्री लाने के लिए साइकल लेकर निकला ही था कि एक नयी जीप पास आकर रुकी। किशोर जी उतरकर बोले, "आज-कल हम कांग्रेस के लिए प्रचार कर रहे हैं।" जीप कीमती बिल्लों, पोस्टरों, फोल्डरों आदि से ठसाठस भरी हुई थी। इसका नम्बर अंग्रेजी के एम. से शुरू होता था। कांग्रेस के प्रचारक जीप लेकर आये थे, मैं साइकल लेकर निकल रहा था। इनकी प्रचार-सामग्री हजारों रुपये की थी। मैंने जो छपायी थी वह कुछ सौ की रही होगी। मैंने निःस्वार्थ भाव से काम किया था, किशोर जी ने अवश्य ही पर्याप्त धनराशि और सुविधाएँ पायी होंगी।

क्षेत्र के सह चुनाव-प्रभारी बोले, "आपने प्रशंसनीय कार्य किया है। आप बिल दे दीजिए, इनका भुगतान हो जाएगा।" मैंने विशेष पत्रक अपनी ओर से छपाया था। मैंने उसकी रसीद को छोड़कर शेष रसीदें उन्हें दे दीं। वे रसीदें लेकर मेरी अवज्ञा करते हुए पीठ देकर चल दिये, अकड़कर कहते हुए, "मैं इनका अवलोकन करूँगा कि इनमें कितने सच्चे हैं और कितने..........."

मैंने उनके हाथ से कागज छीनकर कहा, "ये बिल नहीं, रसीदें हैं। मैं इनका भुगतान कर चुका हूँ। अब मुझे इनका पैसा नहीं चाहिए।"

मैं पी.एच.डी., डी.लिट्., विश्वविद्यालय में प्राध्यापक, कई पुस्तकों का लेखक, तन-मन-धन से राष्ट्रीय संगठन के लिए समर्पित। मैं अपने स्तर से नीचे उतरकर अपने को स्तर-हीन कार्यों में झोंक देता हूँ। मेरी निष्ठा, मेरी योग्यता और मेरे परिश्रम

पर कितना बड़ा झापड़ प्रकाश जी ने मारा था। मैं तिलमिलाया, क्षुब्ध हुआ और सोफे पर धप् से आ गिरा। **प्रकाश जी** का दोष नहीं था। वे सरकारी कार्यालय में काम करते हैं। उन्होंने देखा होगा कि किस तरह झूठे बिल बनाये जाते हैं। दोष तो मेरा था, मैं क्यों सुध-बुध खोकर काम करता हूँ। क्या मैं ही एक राष्ट्र-रक्षक रह गया हूँ। पत्नी बोली थीं, "जनम के जिद्दी हो, मेरी तो सुनते नहीं। जिस भी काम को करते हो चींटे की तरह चिपटकर। क्या आगे भी इसी तरह काम करोगे?"

मुख्य चुनाव-प्रभारी श्री श्यामसुन्दर काबरा को जब ज्ञात हुआ तो उन्होंने मुझसे कहा, "त्रिपाठी जी, आपको पाकर हम धन्य हैं। आपने कांग्रेस पार्टी के लिए इतनी लगन से काम किया होता तो आप मालामाल हो गये होते। आपका भुगतान मैं करूँगा।"

"मुझे भुगतान नहीं चाहिए।"

वे नहीं माने थे और उन्होंने पूरा भुगतान कर दिया था। अन्य किसी प्रेस से काम कराया गया होता तो तिगुना पैसा लगता। मेरे प्रभाव के कारण प्रेस का काम बहुत सस्ते में हुआ था। अगली बार के चुनाव में श्री रामकिशन गुप्त प्रत्याशी थे। कार्यकर्ताओं ने कहा, "त्रिपाठी जी, फिर कमर कसिए।"

"जी नहीं, मैं कन्वैसिंग कर दूँगा, भाषण दे दूँगा, लोगों को घर से निकालकर वोट डलवा दूँगा, किन्तु साइकल लेकर प्रेस तक दौड़ लगाने का काम नहीं करूँगा।"

कार्यकर्ताओं ने मुझे मना लिया था। यह निश्चित हुआ था कि मैं प्रेस के लिए सामग्री का प्रारूप बना दिया करूँगा। कार्यकर्ता इसे प्रेस तक ले जाएँगे, मुझे प्रूफ़ दिखाएँगे और स्वयं भुगतान करेंगे।

मुझ कट्टर राष्ट्रवादी से चुप बैठा कहाँ गया। एक बार मैंने देखा कि सार्वजनिक स्थानों पर बांग्ला भाषा में हाथ के लिखे पोस्टर चिपके हुए हैं। कम्यूनिस्ट, विशेषतः बंगाली कम्यूनिस्ट यह समझते हैं कि उनके पास जो चिन्तन शक्ति है वह और किसी के पास नहीं। ये पोस्टर संघ और शायद नव गठित पार्टी भारतीय जनता पार्टी के विरुद्ध थे। मेरे भीतर का राष्ट्रवादी भड़क उठा। मैं बाजार से नीली और लाल स्याही तथा ब्रश खरीद लाया। हेम से लेई तैयार करने को कहा। मां-बेटे दोनों सो गये। मैंने धरती पर बैठकर पुराने अखबारों पर संघ और भाजपा के पक्ष में लिखना आरम्भ किया, असमीया, बांग्ला, ओड़िया और उर्दू में। रंग-बिरंगे पोस्टरों के ढेर लग गये। अब थोड़ी देर के लिए नंगी धरती पर ही मैं लेट गया। मैंने प्रातः 4.30 बजे **अजय** को जगाया। वह लेई से भरी बाल्टी लेकर चला। बाप-बेटे दोनों ने पार्क, मदरडेयरी, डाकखाना, बैंक, मन्दिर आदि के बाहर की दीवारों पर पोस्टर चिपका दिये।

9-10 बजे मैं अपनी करतूत का प्रभाव देखने निकला। हिन्दी-भाषी चकित होकर देख रहे थे कि ये किस बात के पोस्टर लगे हैं। चुनाव-चिह्न से वे अनुमान लगा लेते थे कि ये किस विचारधारा के पक्ष में हैं। मैंने संघ और भाजपा के लोगों को भी नहीं बताया था, क्योंकि किसी व्यक्तिगत लाभ के लिए मैंने यह कुछ नहीं किया था। एक बंगाली बन्धु मिल गये, बोले, "दादा, एइ सब आपका पॅराक्रम हाय।"

"मेरा क्यों है?"

"एइ काम्यूनल पार्टी में अइसा इण्टैलिजेण्ट कोई नाई हाय जो एतना भाषा जानता।"

बहुभाषी होने के कारण मैं पकड़ा गया था। वैसे मैंने हँसते हुए जैसे को तैसा

जवाब दे दिया था।

मैंने जीवन में कई संघर्ष झेले हैं। एक नया संघर्ष उपस्थित था **पुत्र** को लेकर। यह कुशाग्र बुद्धि लड़का तरह-तरह की खुराफातें करता रहता था, पढ़ता नहीं था। हायर सेकण्ड्री में इसे विज्ञान-विषय दिलाये थे। मैं इसे हिन्दी और अंग्रेजी पढ़ा दिया करता था। रूसी गणित पुस्तके पढ़कर पढ़ा देता। फिजिक्स, कैमिस्ट्री और बॉयलाजी मैं पढ़ा नहीं सकता था। परीक्षा के समय यह प्रायः बीमार पड़ता रहा है, हायर सेकण्ड्री की परीक्षा में भी ऐसा हुआ। अंक ऐसे नहीं आये कि बी.एस-सी. में प्रवेश मिलता। साइन्स मैं पढ़ा भी नहीं सकता था, अपने आप यह पढ़ता नहीं था। विवश होकर हिन्दी आनर्स में प्रवेश की चेष्टा की गयी। किसी भी कालेज ने विज्ञान के छात्र को स्वीकार नहीं किया। मेरे पुराने मित्र **डॉ॰ महीप सिंह** ने इसे खालसा कालेज में ले लिया। यह हिन्दी पढ़ना नहीं चाहता था, विद्रोह किये घूमा करता। मेरा क्या दोष था?

जुलाई से ही मैंने कोचना शुरू किया कि हिन्दी में प्रथम श्रेणी नहीं आयी तो नौकरी नहीं मिलेगी। इस पर कोई असर नहीं हुआ। जुलाई से लेकर मार्च तक इसने एक पंक्ति नहीं पढ़ी। अब जब परीक्षा निकट आयी तो यह पढ़ने लगा था।

मेरी आदत रही है कि मैं रात के 10 और 4.30 के मध्य कभी नहीं पढ़ा। अजय लगभग 10 बजे पढ़ने बैठता और 2 या 2.30 बजे तक पढ़ता रहता। यह ढाई बजे पढ़ाई समाप्त कर सो गया। थोड़ी देर बाद ही बत्ती चली गयी। पंखे बन्द हो गये। मैंने सोचा कि इसे मच्छर काटेंगे, यह सो नहीं पाएगा और पेपर खराब हो जाएगा। मैं चुपके उठा कि हेम न जानने पाएँ। मैं एक बड़ा तौलिया लेकर अजय के ऊपर डुलाता रहा, दायें से बायें, फिर बायें से दायें, कभी खड़े होकर, कभी बैठकर। बाँहें दर्द करने लगीं, फिर भी डुलाता रहा, डुलाता रहा। लगभग चार बजे बत्ती आ गयी। मैं चुपचाप जाकर लेट गया।

अजय पेपर देकर घर आकर बोला, "अम्मां, रात को मुझे ठीक से नींद आ गयी थी। मेरा पेपर ठीक हुआ है।"

हेम ने कहा, "तुम्हें नींद कैसे आयी यह पिताजी से पूछो।"

गुस्सा से अजय का मुँह फूल गया। वह मुझसे दिन-भर नहीं बोला। मैंने मन ही मन कहा, "मत बोल, गँवार कहीं का।"

इसका अर्थ है कि हेम को मेरे क्रिया-कलाप की जानकारी थी।

एम॰ए॰ की कक्षा में आ जाने के बाद एक दिन अजय बोला, "आप मुझे 'सन्धिनी' पढ़ा दीजिए।" उस समय मुझे अवकाश नहीं था। जब मैंने अपना काम निपटाकर उसे पढ़ाना चाहा तो वह बोला, "इस समय मैं कुछ और पढ़ रहा हूँ।"

मैंने टेपरिकार्डर चालू किया, 'सन्धिनी' का एक-एक छन्द पढ़ता जाता और अर्थ करता जाता। इसी प्रकार मैंने तुलसी, सूर, बिहारी, प्रसाद आदि पर व्याख्यान टेप कर दिये थे। अजय बत्ती बुझाकर लेट जाता और टेप सुनता रहता।

एम॰ए॰ पूर्वार्द्ध में उसे प्रथम श्रेणी के अंक मिले थे। मैंने कहा था, "जुलाई से पढ़ाई आरम्भ करो तो पोज़ीशन भी आ सकता है।" किन्तु, उसका वही हाल रहा। जुलाई से लेकर फरवरी तक आठ महीने बीत गये, इसने एक बार भी पुस्तक

खोलकर नहीं पढ़ी। मैं क्षुब्ध और आहत होकर रह जाता, कुछ भी नहीं कहता।

1 मार्च, 1978. मैं प्रातःकालीन कक्षाएँ लेकर लौटा। हेम के चेहरे पर पीड़ा और थकावट के भाव दिखायी पड़ रहे थे। अपराह्न चार बजे वे आँखें धो रही थीं। चाय का प्याला देते समय वे रो पड़ीं। ज्ञात हुआ कि अजय का कोई मित्र आया था। हेम ने प्लेट में दो बड़े सन्तरे रखकर उसे दिये थे। मित्र के जाने के बाद अजय घुड़ककर बोला था, "कब तक बेवकूफ बनी रहोगी? कुछ सीखो। सन्तरे छीलकर देने चाहिए थे।" हेम ने कहा था, "तुम्हीं छील देते।" वह गुर्राकर बोला, "मैं क्यों छीलता?"

"क्या मैं इसकी नौकरानी हूँ? कभी-कभी ऐसे घूरकर देखता है मानो किसी का खून कर देगा।"

"मुझसे ही वह कहाँ ठीक से बोलता है।"

मैं सोच में डूब गया। सन्तरे तो बहाना थे। अन्य किसी कारण उसके मन में आक्रोश है। यह आक्रोश किसलिए है, पता नहीं। वह शाम देर से आया। उसने केवल एक रोटी खायी, फल और दूध नहीं लिये।

हेम ने बताया कि अजय बिना खाये-पिये निकल गया है। कहता गया है कि आज नौकरी खोजकर ही लौटेगा।

नौकरी खोजेगा, किसलिए? क्या मैं इसका खर्च उठाने को तैयार नहीं? यही तो कहता हूँ कि पढ़ो। तुम क्या समझो कि भूख की ज्वाला क्या होती है। मैंने पूरे 10 वर्षों की पढ़ाई में केवल एक जून भोजन किया है, छात्रवृत्ति और ट्यूशन के बल पर गुजारा किया है। मेरे पास केवल दो जोड़ी सूती कपड़े होते थे। दाँत किटकिटाकर जाड़ा बिताया है। जुकाम-खाँसी तक का इलाज नहीं करा सकता था। मुझे कहीं से एक पैसे की सहायता नहीं मिली, छटपटा-छटपटाकर रह गया हूँ। जनाब दो बार नाश्ता और दो बार भोजन करते हैं। न कपड़ों का अभाव और न फीस की चिन्ता। ये नौकरी खोजेंगे। शायद मालरोड के चौराहे पर नौकरियाँ बिखरी पड़ी हैं, जिनमें से एक को ये उठा लाएँगे। मैंने संघर्ष किया गरीबी से, अंग्रेज शासकों से और फिर कांग्रेस सरकार से। आज की पीढ़ी संघर्ष कर रही है अपने पिता-माता से, जिनकी छत्र-छाया में वह फल-फूल रही है।

शाम को हेम ने उससे कहा, "पिताजी ने कहा है कि यदि तुम खाना नहीं खाओगे तो खाना बनेगा ही नहीं। हम दोनों भी नहीं खाएँगे।" वह कुछ सोचता रहा, फिर खाने बैठ गया, किन्तु फल फिर भी छोड़ दिये।

भीतर ही भीतर कुछ घुमड़ता रहता, छाती जकड़ी-सी रहती। दृष्टि धुँधली पड़ जाती। मैं कुछ नहीं कहता। वाल्मीकि की सीता का कथन याद आया, '**मामिकेयं तनुर्नूनं सृष्टा दुःखाय लक्ष्मण**', मेरा जन्म ही दुःख झेलने के लिए हुआ है।

मेरे शरीर का तापमान सामन्यतः 97° रहता है। आज 99° तक पहुँच गया। ज्वर के बारे में हेम को बिना बताये ही पढ़ाने चला गया। दूसरे दिन ज्वर बढ़ गया। मेरी आदत है तापमान का चार्ट बनाने की। बाप-बेटे की बोलचाल बन्द थी। हेम ने बताया था, "जब तुम बाथरूम चले गये थे वह चुपके-चुपके तुम्हारे तापमान का चार्ट देख रहा था।"

अप्रैल मास, परीक्षा आ गयी थी। अब वह पढ़ने लगा था। ठीक से भोजन भी करता था। 23 अप्रैल को उसे 104° बुखार हो गया। एक दिन बाद पहला पेपर था। हेम ने बताया, "वह चुपके-चुपके रोया है।"

मैं उच्छ्‌वसित हो उठा। रात-भर बिछौने पर छटपटाता रहा, नींद नहीं आयी। रात-भर उसकी बाल-सुलभ क्रीडाओं के विषय में सोचता रहा।

प्रातःकाल उसने बिछौने पर लेटे-लेटे दयनीय दृष्टि से मेरी ओर देखते हुए गर्दन की ओर संकेत किया। मैंने गर्दन छूकर बताया कि अभी बुखार उतरा नहीं है। उसकी आँखें छलछला आयीं। मैंने उसके सिर पर हाथ फेरते हुए कहा, "चिन्ता किस बात की। आरम्भ के एक-दो पेपर खराब हो जाएँगे, हो जाने दो। अब तो रिपीट करने की व्यवस्था है। अगले वर्ष इन्हें रिपीट कर लेना। डिवीज़न नहीं जाना चाहिए।" मैं गहरे विषाद में डूब गया था। मेरे बच्चे का एक साल तो बर्बाद हो ही जाएगा।

बचपन से लेकर आगे तक अजय ने जब भी जानना चाहा कि उसे बुखार तो नहीं है और है तो कितना तो उसने मुझसे गर्दन छूकर बताने के लिए कहा है। उसके लिए मैं आज भी थर्मामीटर हूँ।

अजय चढ़े बुखार में मेरे साथ टैक्सी में बैठकर परीक्षा देने जाता था। वह एक या दो प्रश्नों के उत्तर देकर उठ आता था। उसके दो प्रश्नपत्र खराब हो गये थे, शेष ठीक हुए थे। उसे अगले वर्ष प्रथम दो प्रश्नपत्रों में पुनः परीक्षा देनी पड़ी थी। उसका एक वर्ष बर्बाद हो गया था। कुल मिलाकर उसे प्रथम श्रेणी प्राप्त हो गयी थी।

21

28 नवम्बर, 1979 ई., आज दीपावली के बाद का चौथा दिन था। डाकिया दो तार देकर खिसक गया था। क्या किसी विश्वविद्यालय से पी.एच-डी. की मौखिक परीक्षा के लिए सूचना आयी है। धड़कते दिल मैंने पढ़ना आरम्भ किया। मैं सोफे पर निढाल-सा गिर गया। नेत्रों से जलधार बह चली। हेम ने झपटकर मेरे हाथ से तार छीन लिये, वे पढ़ते ही चीखकर रो पड़ीं। आसपास के लोग या तो मेरे घर आ गये या जोर से आवाजें देने लगे, "त्रिपाठी जी, क्या हुआ?" मैंने आँसू पोंछ कण्ठ- स्वर को सहज बनाकर कहा, "गाँव में मेरे छोटे भाई का निधन हो गया है।"

मेरे गाँव के घर में डाकखाना था। विभागीय टेलिफोन लग गया था। मैंने डॉ॰ सत्यदेव चौधरी के घर जाकर छोटे भाई पोस्टमास्टर **रमाकान्त** की पत्नी के लिए ट्रंक कॉल बुक करायी। घण्टे पर घण्टे बीत गये, लाइन नहीं मिली। मिलती कहाँ से, टेलिफोन की कॉल ही तो भाई के लिए विकराल काल बनकर आयी थी। मैंने अजय को गाँव क्योंटरा भेज दिया। मैंने निश्चय किया कि मैं और हेम एकादशा के दिन तक गाँव पहुँच जाएँगे और तेरहवीं के बाद वहाँ की व्यवस्था ठीक करके ही लौटेंगे।

पता चला था कि दीपावली के अगले दिन तड़के सवेरे रमाकान्त अपने पड़ोसी मित्र गणेश शंकर पाण्डेय के साथ बातें कर रहे थे। अभी भी कुछ दीये जल रहे थे। विभागीय टेलिफोन की घण्टी बजी, साथ ही रमाकान्त की बेटी मधु की चीख सुनायी पड़ी। रमाकान्त और गणेश भीतर की ओर दौड़े। रिसीवर से चिन्गारियाँ छूट रही थीं। मधु धरती पर पड़ी हुई थी। उसे रिसीवर अपनी ओर खींच रहा था। वह चिल्ला रही थी। गणेश के रोकने पर भी दुःसाहसी रमाकान्त नहीं माने। जैसे ही उन्होंने रिसीवर उठाया बिजली के जोरदार झटके ने उन्हें दीवार पर पटक दिया। उनकी जीभ निकल आयी। मुँह से फू-फू की आवाज भी निकली थी। तत्काल मृत्यु हो गयी थी। बायें

हाथ, पेट और जाँघ पर भी जलने के चिह्न थे। बनयान के साथ ही पेट में भी तीन छेद हो गये थे। शवयात्रा में सारा गाँव उमड़ आया था। असहाय और दलित लोग फूट-फूटकर रो रहे थे। वे कह रहे थे कि अब विपत्ति आने पर कौन हमारे आगे ढाल बनकर खड़ा होगा। पुलिसिया अत्याचारों से कौन हमारा बचाव करेगा?

जब मैं हेम के साथ औरैया बस स्टाप पर उतरा तो लगा कि हमारा बहुत बड़ा सम्बल ही टूट गया है। अब हम इस क्षेत्र के लिए अपरिचित हो गये हैं। रमाकान्त के प्रोफ़ेसर बड़े भाई के रूप में मेरी ख्याति थी। बहू सुमन हमें देखकर कुररी चिड़िया सी बिलख उठी। चारों छोटे बच्चे मधु, सुनील, सुशील और अर्चना सहमे खड़े थे। लगता था कि मैं धैर्य खो बैठूँगा। लखनऊ से बिट्टी (बहिन) और ग्वालियर से रमेश बहू के साथ आ गये थे।

हमारे गाँव के पास छोटा पुरवा है गौहानी। **फूलन देई** का प्रेमी डाकू **विक्रम मल्लाह** इसी पुरवे का था। उसने हमारे गाँव से कक्षा आठ तक की पढ़ाई की थी। गणेश ने बताया था कि एक दिन विक्रम के साथी डाकुओं ने बन्दूकों और राइफलों के साथ रात के समय डाकखाना घेर लिया। एक डाकू रमाकान्त के पास आकर बोला, "पण्डित जी, विक्रम कहला रहे हैं कि यहाँ या आसपास कोई वारदात होगी तो आप पुलिस तक फोन नहीं होने देंगे।"

धाकड़ पण्डित रमाकान्त भड़क उठे, उन्होंने कहा था, "फोन क्या विक्रम के बाप का है? यह सरकारी फोन है, जो भी पैसा देगा कर सकता है। विक्रम भी कर सकता है। उसकी ऐसी की तैसी, धमकी देने आया है।" डाकू चुपचाप लौट गये थे। गणेश रमाकान्त के दुःसाहस के और भी किस्से सुनाकर बोले थे, "चाचा जी, रमाकान्त जी अपने धाकड़पने के कारण मरे। ये किसी से डरते नहीं थे। मेरे बहुत रोकने पर भी इन्होंने रिसीवर उठा लिया था।"

तरह-तरह की बातें सुनने की मिल रही थीं। हेम ने एकान्त में मुझे बताया, "गाँव की औरतें कह रही थीं कि जब पिछले साल अम्मां मरी तब सुमन ने प्रचारित किया था कि तेरहवीं का सारा खर्चा मेरे आदमी ने उठाया था। परिवार के दो-दो लोग नौकरी कर रहे हैं इन्होंने पैसा नहीं दिया।" यह झूठ था, सारा व्यय मैंने और रमेश ने उठाया था। गाँव के लोगों की आदत होती है, इधर की उधर लगाना। वैसे सुमन ने कहा अवश्य होगा। गाँव के लोगों की यह भी आदत होती है कि जो व्यक्ति बाहर नौकरी कर रहा है उसका अधिक से अधिक शोषण किया जाए। रमाकान्त ने भी मुझसे पैसा ऐंठा था और दुर्व्यवहार भी किया था। इन सब बातों पर ध्यान देने का यह अवसर नहीं था।

रमाकान्त की विवाहिता बड़ी बेटी अंजू 104° ज्वर में पड़ी तड़प रही थी। उसकी बड़ी-बड़ी आँखें अधखुली थीं। नाक में नथ थी। मोती से दो दाँत चमक रहे थे। ढाई साल का सुशील उसके पास आकर बोला, "दीदी हम नंगे हैं।" मैंने उसके हाथ से कपड़े लेकर पहना दिये। अंजू रमाकान्त की दुलारी बेटी रही है। किसी बात पर वे उसकी ससुराल के लोगों से लड़-झगड़कर उसे अपने साथ ले आये थे। डेढ़ वर्ष की अर्चना तुतलाती हुई बोली, "ताऊ, पिताजी कब आएँगे?" मैंने उसे गोद में उठाकर कहा था, "जल्दी आएँगे। तुम्हारे लिए खिलौना लेने गये हैं।" मधु अपराध-बोध कर रही थी कि उसके कारण पिताजी की मृत्यु हुई है।

बिट्टी (बहिन) ने छोटे दद्दा को बड़बड़ाते हुए सुन लिया था। उन्हें शिकायत

थी कि तेरहवीं के भोज में आमंत्रित लोगों की सूची उनकी सहायता से तैयार नहीं की जा रही है। वे मालिकानापन दिखा रहे थे, किन्तु सन्तप्त परिवार की सहायता किसी भी रूप में नहीं कर रहे थे। बड़े दद्दा और छोटे दद्दा हमारे सौतेले भाई थे। बड़े दद्दा ने रमाकान्त का दाह-संस्कार किया था। वे बमभोला स्वभाव के थे। संघर्ष होने पर वे अपने सगे छोटे भाई (छोटे दद्दा) का साथ न देकर हमारे पक्ष में रहते थे। सौतेला-पन छोटे दद्दा में भी नहीं था। झगड़ालू स्वभाव होने के कारण वे कोई न कोई अड़ंगा लगाये रहते थे। मैंने उनके अहं की तुष्टि के लिए आमंत्रितों की सूची इन्हें दिखा ली थी।

तेरहवीं के दिन सन्ध्या सात बजे क्योंटरा गाँव का वातावरण मोटर साइकलों की घरघराहट से गूँज उठा। तेज रोशनी फेंकती हुई कई-कई मोटर साइकलें आकर रुक गयीं। संघ और जनसंघ के कार्यकर्ता और रमाकान्त के इष्ट-मित्र तेरहवीं के भोज में सम्मिलित होने के लिए आये हुए थे, इनमें कइयों ने मेरे पैर हुए। सबके चेहरे लटके हुए थे। कइयों की आँखें डबडायी हुई थीं। उन्हें लग रहा था कि संघ- जनसंघ का एक सुदृढ स्तम्भ ढह गया था। दो घण्टे के बाद ये मोटर साइकलें घरघराती-धड़धड़ाती लौट गयी थीं और अँधेरे से घिरा सन्नाटा और भी गहरा हो उठा था। आधी रात के समय बहू सुमन की सिसकी सुनायी पड़ी जो मेरे अन्तरतम को भेद गयी थी।

बिजली का हाई वोल्टेज का तार गाँव के ट्यूब वैल तक जाता था। बिजली विभाग ने उसके नीचे तार लगवा दिये थे, ताकि कोई गर्म तार टेलिफोन के तार पर न गिरे। लालची और बेईमान किसान इन तारों को चुरा ले गये थे। रमाकान्त ने बिजली, टेलिफोन और डाक विभागों को सूचना दी थी। कोई कार्यवाही नहीं की गयी। बिजली का सशक्त तार टेलिफोन के तार पर गिरा और रिसीवर में करेण्ट आ गया था। कानपुर, इटावा और औरैया के क्षेत्र में बँटने वाले अखबारों में यह समाचार छपा था।

इटावा-क्षेत्र के डाक-अधीक्षक सुमनलता को पोस्टमास्टर नियुक्त कर गये थे, क्षतिपूर्ति के रूप में 500 रुपये भी दे गये थे। रमाकान्त ने राशन की सरकारी दुकान चला रखी थी। डीजल से चलने वाली मशीन किश्तों पर ले रखी थी। खेत के कुआँ से पानी खींचकर वे अपने खेत सींचते थे तथा किराया लेकर दूसरों को पानी देते थे। इस मशीन से वे किराया लेकर कटिया (चारा) भी काटते थे। राशन की दुकान वापस हो गयी। मशीन की कमाई भी ठप हो गयी। सारी अर्थ-व्यवस्था ही चरमरा गयी थी। अब चौका-चूल्हा और झाड़ सँभालने वाली गँवई गाँव की महिला को पोस्टमास्टरी करनी थी। मैंने सुमन को पास बुलाया। उसने मेरे पैरों पर माथा पटकते हुए बिलखकर कहा, "दद्दा जी, हम लोग जली-कटी बातें कहते रहे हैं। मुझे माफ कर दो। अब हम आपकी शरण में हैं।" मैंने बिना उसका स्पर्श किये सिर के ऊपर हाथ पसारकर कहा, "इतना लम्बा घूँघट डालने की आवश्यकता नहीं, माथे तक का काफी है। अब तुम मेरे छोटे भाई की बहू नहीं, छोटी बहिन हो। अब मैं तुम्हें अंग्रेजी की गिनती सिखाऊँगा।"

उसने 10-15 मिनटों में ही गिनती का अभ्यास कर लिया। मुझे डाकखाने का काम थोड़ा-थोड़ा आता था। कुछ सहायता डाकखाना के डाकिया से ली गयी। इधर औरैया के डाक-कर्मचारी भी सहयोग दे रहे थे। काम चल जाएगा। सुमन कुछ स्वार्थी और चण्ट स्वभाव की है। उसका यह स्वभाव ही दुष्ट लोगों से उसकी रक्षा कर

सका।

अब मुझे धुन सवार थी अपने भाई के परिवार के रक्षण-पोषण की। मैंने लिखायी-पढ़ायी छोड़ दी। मैं वकीलों से मिलता फिरा, कोर्ट में, उनके घरों पर। मेरे दो वकील शिष्य श्री बी.एल. चावला और श्री एस. एन. शुक्ल ने बताया कि क्षतिपूर्ति के लिए अकिंचन (**Pauper**) केस बनता है। दिखाना है कि याचिकाकर्त्ता इतना सम्पन्न नहीं है कि स्टाम्प डयूटी दे सके। इन शिष्य वकीलों ने ड्राफ्ट बना दिया। मैं इसे लेकर इटावा आया। मेरे कनिष्ठ साले श्री योगेन्द्र किशोर तिवारी एडवोकेट और रिश्तेदार श्री श्याम प्रताप पाण्डेय एडवोकेट ने मुझे क्षतिपूर्ति के वकील श्री आर.एन. दुबे से मिलवाया। इनके मकान के बाहर लिखा था, 'लेनिन जिन्दाबाद।' ॐ भी लिखा हुआ था। ये अपने को साम्यवादी बताते थे, साथ ही वैदिक अद्वैत दर्शन में इनका अटूट विश्वास था। मुझे बताया गया कि इन्होंने क्षतिपूर्ति के केसों पर जो जोरदार पुस्तिका लिखी है उसे पढ़कर अन्य वकील मुकदमा जीत जाते हैं और हकलाने के कारण ये ठीक से दलील नहीं दे पाते और मुकदमा हार जाते हैं। मेरे मन में एक प्रश्न उठा था, फिर मेरे रिश्तेदार वकीलों ने इन्हें क्यों लगाया।

मेरे शिष्यों द्वारा तैयार किये गये ड्राफ्ट का लाभ इन्होंने उठाया। डाक, तार और बिजली तीनों विभागों पर मुकदमा चलाया जाना था। मुझे तरह-तरह के कागज इकट्‌ठा करने के लिए कहा गया। मुकदमे की तैयारी के लिए मुझे दिल्ली से इटावा तक ट्रेन से, वहाँ से औरैया तक बस से, फिर वहाँ से क्योंटरा तक की 10 किलोमीटर यात्रा पैदल करनी पड़ती। मैं क्योंटरा पहुँचा तो देखकर सुमन रो पड़ी।

"क्या हुआ तुझे?" मैं घबरा गया था।

"दद्‌दा जी, आप कन्धे पर भारी बैग लादे पसीने से लथ-पथ पैदल आये हैं। वे जीवित होते तो क्या आप ऐसे आये होते। आपके लिए सवारी जाती।"

मैंने सूचनाएँ एकत्र कीं। औरैया आकर लोकपाल से मिलकर खेतों से सम्बन्धित तथ्य उपलब्ध किये। हमें सिद्ध करना था कि खेत, घर आदि की सम्पत्ति इतनी नहीं है कि याचिका-कर्ता अपने खर्चे पर मुकदमा लड़ सके। हमें यह भी साबित करना था कि रमाकान्त के न रहने से कितनी क्षति हुई है। सम्भवतः हमने ढाई लाख रुपये की क्षतिपूर्ति का दावा किया था।

सुमन बहू को कई कठिनाइयाँ झेलनी पड़ रही थीं। रमाकान्त से छोटे भाई **बद्रीनाथ** केवल साक्षर हैं। इनका विकास नहीं हो पाया। सरल और अव्यावहारिक हैं, इनमें छल-कपट नहीं है। गाँव के कायस्थ जमीदारों ने गाँव के लोगों को जुआ खेलने की बुरी आदत लगा दी थी। ये स्वयं बर्बाद हुए और कई परिवारों को बर्बाद कर गये। बद्रीनाथ ने सोचा पैसा कमाने का यह आसान धन्धा है। उन्होंने घर में रखे मेरे विवाह वाले भारी-भरकम पीतल के बर्तन जुआ में गँवा दिये। सुमन ने इन्हें काम सौंपा कि मशीन से खींचकर पानी किसानों को दें और जो रुपया मिले उससे मशीन की किश्त चुकायी जाए। पण्डित बद्रीनाथ को मालिकाना हक मिल गया था, परम पुलकित थे। इन्होंने उदार होकर घर का डीजल फूँकते हुए किसानों के खेत सींचने आरम्भ कर दिये। किसी ने फूटी कौड़ी नहीं दी। मैं किस-किस मोर्चे पर लड़ता। जल्लाद की तरह कठोर होकर ही मैं इनकी जुआ वाली कुटेव छुड़ा पाया था। इसके बाद पण्डित बद्रीनाथ जुआ नहीं खेले।

दुर्घटना वाली दीपावली के बाद वाली के अवसर पर मैंने चच्चू द्वारा सिखाये

पारम्परिक ढंग से पूजा आरम्भ की। हेम पास बैठकर निर्देश दे रही थीं। मैंने हल्दी-अक्षत से लक्ष्मी-गणेश का पूजन किया। घी के दिये जलाकर उनका भी पूजन किया। एक-एक दीप एक-एक तीर्थ को अर्पित किया, जगन्नाथपुरी, जोशीमठ, द्वारकापुरी, रामेश्वरम्, अयोध्या, मथुरा, काशी, प्रयाग आदि को। अब बारी थी मृतात्माओं को दीप अर्पित करने की, यह दीप बाबा प्रयाग नारायण जी का, यह दीप चच्चू राम नारायण जी का, यह अम्मां कलावती का और-और यह दीप रमा...... रुलाई फूट पड़ी। मैं उठ खड़ा हुआ। शेष पूजा हेम और अजय ने पूरी की। हमने पूजा तो कर ली थी, किन्तु एक भी दीप बाहर नहीं सजाया था। 10-15 वर्ष तक यह स्थिति रही थी कि जब भी मैं दीपावली के समय मृतात्माओं को दीप अर्पित करता तो बहुत संयम बरतने पर भी रमाकान्त का नाम आते ही मैं रो पड़ता था। गला तो अभी भी भर आता है। उसे मैंने गोद में खिलाया था।

गाँव के परिवार से सम्बन्धित कई-कई समस्याएँ थीं। मैं दिल्ली में बैठा-बैठा समाधान किया करता। बद्री परमुखापेक्षी हैं, कुछ-कुछ मूर्ख, किन्तु दिल के साफ हैं। सुमन के बच्चों के प्रति उनके मन में अपार प्यार है। मन की ऐसी निर्मलता सुमन में नहीं। इन दोनों परिवारों में भी कभी-कभी टकराव की स्थिति आ जाती थी।

मेरे सौतेले भाई छोटे दद्दा (पं. शम्भुदयाल त्रिपाठी) का पत्र आया, "बहू घूँघट हटाकर डाकखाने में काम करती है, साड़ियाँ बदल-बदलकर बैठती है, बिधवन्ह कै शृंगार नबीना"

वाह, छोटे दद्दा, अपनी असहाय अनुज-वधू की सहायता करने के बजाय उसके रास्ते में काँटे बो रहे थे। वे इसी डाकखाने के कई वर्ष तक पोस्टमास्टर रहे थे। डाकखाने के काम में उसकी सहायता कर सकते थे। क्या बहू घूँघट डालकर लोगों के मनीआर्डर और रजिस्ट्री स्वीकार करती? क्या वह थिंगड़ा-लगी मैली धोती पहनकर डाकखाने में बैठती? मैंने उसे निर्देश दिया, तुम अपने ढंग से काम करो। किसी की परवाह मत करो। कह दो कि मैं अपने दिल्ली वाले दद्दा जी के आदेश पर काम करती हूँ।

अब औरैया थाने का एक कान्स्टेबल सुमन के पीछे पड़ गया था। मैं जानता था कि कौन व्यक्ति इसे उकसा रहा है। मैं उसका नाम नहीं दे रहा हूँ। कान्स्टेबल धमकाने आ धमकता, "तुमने आठवीं का जाली प्रमाणपत्र दिखाकर पोस्टमास्टरी पायी है। मुझे वह प्रमाण-पत्र दिखाओ। मैं कार्यवाही करूँगा।" सुमन ने मेरा सिखाया हुआ उत्तर उसे सुना दिया, "तुम प्रमाण-पत्र माँगने वाले कौन होते हो? यदि यह जाली है तो हमारा विभाग कार्यवाही करेगा।"

"अच्छा, कानूनपना झाड़ती हो। मैं तुम्हारे हथकड़ियाँ लगवाकर रहूँगा।"

सुमन का पत्र आ गया था। अन्ततः एक असहाय नारी पुलिस के आदमी से कहाँ तक संघर्ष करती। वह बहुत घबरा गयी थी। मैं पत्र पढ़ ही रहा था कि घर के सामने पुलिस की जीप आकर रुक गयी। उतरकर खड़ी हुई **सुधा पाण्डेय**। यह मेरी कानपुर की शिष्या थी और वहाँ के एक कालेज में प्राध्यापिका थी। उसने आते ही कहा, "डॉक्टर साहब, आपके पास मेरी डी.लिट्. का शोधप्रबन्ध मूल्यांकन के लिए आया हुआ है। आप उसकी रिपोर्ट क्यों नहीं भेजते हैं?"

"सुधा, तुम्हारा शोधप्रबन्ध स्तरीय नहीं है। मैं प्रतिकूल रिपोर्ट भेज सकता हूँ।"

वह मुस्कराकर बोली, "आप प्रतिकूल रिपोर्ट ही भेजिए। कुछ ऐसा मालूम हुआ

है कि डॉ. रामकुमार वर्मा और श्री विष्णुकान्त शास्त्री अपनी रिपोर्ट भेज चुके हैं। आप प्रतिकूल रिपोर्ट भेजिए। शोध-प्रबन्ध चौथे परीक्षक के पास भेजा जाएगा। कार्यवाही चल पड़ेगी।"

मैं रिपोर्ट तो पहले ही भेज चुका था। मैं तो उससे विनोद कर रहा था। मैंने पूछा, "सुधा, तुम कानपुर से पुलिस जीप लेकर कैसे आ गयीं?"

"डॉक्टर साहब, जब आप कानपुर में थे आपने देखा होगा कि घर के बाहर एक नंगा बालक खेला करता था। यह मेरा छोटा भाई **दिनेश पाण्डेय** गाजियाबाद में डी. वाई.एस.पी. है। यह जीप उसी की है।"

मैंने सुधा को अपनी समस्या बतायी। उसने गाजियाबाद लौटकर अपने भाई से इटावा के पुलिस अधीक्षक को पत्र लिखा दिया, "मेरे गुरुजी की भाभी को औरैया थाने का........ मिश्रा नामक कांस्टेबल तंग कर रहा है। इसके विरुद्ध कार्यवाही की जाए।" कार्यवाही हुई और सुमन के पीछे लगा यह कांस्टेबल प्रताड़ित हुआ।

सुधा की मौखिक परीक्षा के समय डॉ. रामकुमार वर्मा और श्री विष्णुकान्त शास्त्री से भेंट हुई थी। सुधा ने हम तीनों को अपने घर ले जाकर भोजन कराया था। सुधा उन्नति करती गयी। वह कुछ समय के लिए गढ़वाल विश्वविद्यालय की कुलपति भी बन गयी थी। मुझे इस उच्च पदाधिकारी से कोई सरोकार नहीं, मैं तो केवल अपनी विनीता शिष्या सुधा पाण्डेय को जानता हूँ।

अब सुमन का पत्र आया, "दद्दा जी, गाँव की कुछ औरतें कहती हैं कि तुम मुकदमे के बहाने यारों के साथ गुलछर्रे उड़ाने इटावा जाया करती हो।" मैं आग-बबूला हो उठा, धिक्कार है इन बदतमीज औरतों को, 'गरि न जीह मुँह परेउ न कीरा'। मैंने सुमन को लिखा, "जहाँ तक हो सके तुम अपना मुँह बन्द रखो। 1 दिनों का फेर है। यही स्थिति नहीं रहेगी। यदि ऐसी औरतें न मानें तो कह देना, "ईश्वर करे किसी हादसे में तुम लोगों के खसम भी मर जाएँ, तब तुम लोग भी यारों के साथ गुलछर्रे उड़ाने इटावा जाया करना।"

22

कुछ लोगों के मतानुसार आत्मकथा में ऐसे प्रसंग नहीं आने चाहिए जिनका वर्णन मैं करने जा रहा हूँ। जो घटनाएँ मेरे मन को बुरी तरह मथती रहती हैं, जो रात को मेरी नींद हराम कर देती हैं उनका वर्णन मैं क्यों न करूँ? अन्ततः यह मेरी आत्मकथा है। वोट बैंक लोलुप नेताओं की पोल खोली ही जानी चाहिए। देश के सम्मुख एक से बढ़कर एक संकट घुमड़ रहे हैं। इनमें कुछ की बानगी देना अपरिहार्य है।

13 अगस्त 1980 ई., **मुरादाबाद** में ईद की नमाज पढ़ने 15,000 मुसलमान एकत्र हुए थे। किसी ने कहा कि यहाँ सुअर घुस आया है। बस, उपद्रव आरम्भ हो गया। घरों में आग लगायी गयी, दुकानें लूटी गयीं। एक पुलिस चौकी जला दी गयी। पी.ए.सी. के दो जवानों को मार डाला गया। एक कान्स्टेबल तथा अन्य कई लोग भी मारे गये। बखानाल की एक हिन्दू-बहुल बस्ती को हिंसक भीड़ ने जला दिया, जिसमें 17 व्यक्तियों की मृत्यु हुई। मुरादाबाद के एक स्थानीय विधायक ने मुसलमानों की बस्ती में जीप पर सवार होकर हथियार बाँटे। वरिष्ठ अधीक्षक श्री वीर मेहता ने

बताया कि रात कहीं से नमाज पढ़ने की आवाज सुनायी दी और सभी दिशाओं से गोली चलने लगीं और आग के शोले फेंके जाने लगे, एसिड बल्ब भी फेंके गये। यून्यू के अनुसार सारी रात और दिन में भी लोग छतों से गोलियाँ चलाते रहे। एक मस्जिद से भी गोलियाँ चलायी गयीं। पुलिस असहाय थी। पी.ए.सी. के जवान अपनी ही रक्षा नहीं कर पा रहे थे। सेना बुलानी पड़ी थी। बरेली, संभल और पीलीभीत में भी सेना बुलानी पड़ी। अमरोहा, सहारनपुर, कानपुर, इलाहाबाद, उन्नाव, रामपुर, आगरा और मेरठ में भी अशान्ति फैल गयी। उ॰प्र॰ के पुलिस महानिरीक्षक श्री महेन्द्रसिंह ने आगजनी और लूटपाट करने वालों को देखते ही गोली मारने के आदेश दिये।

पुरानी दिल्ली में भी गोलियों और मिसाइलों से हमला हुआ। एक पुलिस अफसर का कहना था कि हमें कार्यवाही नहीं करने दी जाती, अन्यथा हम बहुत कम समय में स्थिति को काबू में कर सकते हैं।

दिल्ली की चौक बारादरी में स्वतंत्रता-दिवस के उपलक्ष्य में स्थानीय कांग्रेसी नेता तथा कुछ अन्य लोग तिरंगा ध्वज फहराना चाहते थे। इसी बीच कुछ लोग जामा मस्जिद से नमाज पढ़ने के बाद बाँह पर काली पट्टियाँ बाँधे और काला झण्डा लिये आये। उन्होंने तिरंगा झण्डा फाड़ दिया। दो पुलिस कर्मियों को पीटा गया। छतों से सोडा वाटर की बोतलें फेंकी गयीं।

तत्कालीन विदेश मंत्री श्री नरसिंह राव बांग्लादेश के दौरे पर गये तो वहाँ के मुसलमानों ने मुरादाबाद के दंगों को लेकर प्रदर्शन किया।

गुलाम मोहम्मद (लोकदल) ने कहा कि ये दंगे साम्प्रदायिक नहीं, यह तो पुलिस का विरोध था।

कोई मुस्लिम राजनेता या बुद्धिजीवी दंगाई मुसलमानों की निन्दा नहीं करता। सेक्युलरिया हिन्दू या कम्यूनिस्ट हिन्दू क्या करता है, इसका नमूना पेश है–

हिन्दुस्तान टाइम्स के अनुसार कम्यूनिस्ट पार्टी ने माँग की है कि उ॰ प्र॰ सरकार को उन पुलिस अफसरों को मुअत्तल कर देना चाहिए जिन्होंने मुरादाबाद में मुसलमानों पर गोली चलाने का आदेश दिया। पार्टी के महासचिव श्री सी. **राजेश्वर राव** ने कहा कि राज्य सरकार को साम्प्रदायिकता से प्रभावित पुलिस का पुनर्गठन करना चाहिए।

(तथ्य-संग्रह के आधार–हिन्दुस्तन टाइम्स और नवभारत टाइम्स, 14 से 18 अगस्त, 1980)

मुरादाबाद प्रसंग यहीं समाप्त नहीं हुआ। मुसलमान कितने मुँहजोर हैं इसके दो नमूने और भी प्रस्तुत हैं–

शाही इमाम ने इन्दिरा जी से भेंटकर कहा कि संघ के इशारे पर पी.ए.सी. के कर्मचारी निर्दोष लोगों को गिरफ्तार कर रहे हैं। इन्दिरा जी ने उनकी बात ध्यान से सुनी और त्वरित कार्यवाही का आश्वासन दिया। नवभारत टाइम्स-3.9.80

दरियागंज से संसद् भवन तक अलीगढ़ मुस्लिम विश्वविद्यालय के विद्यार्थी मार्च करते हुए गये। उन्होंने प्रधानमंत्री के आवास पर 24 घण्टे का धरना दिया। उनकी तीन माँगें थीं–

1. पी.ए.सी. की वापसी
2. बेगुनाहों को छोड़ना
3. पुलिस में मुसलमानों की भर्ती

ये छात्र जो बैनर लिये थे उनमें एक पर लिखा था–वी आर पाकिस्तानी एजेण्ट्स. प्रोज़िक्यूट एण्ड एक्ज़िक्यूट अस। हिन्दुस्तान टाइम्स–10.9.80

पवित्र पूजा-स्थल में सुअर घुस आया, यह गलत था। इसके लिए निर्दोष पुलिस कर्मियों की हत्या करना, पुलिस चौकी फूँकना, दुकानों और घरों में आग लगाना, छतों से पुलिस पर गोलियाँ चलाना आदि क्या उचित था?

मुस्लिम राजनेता गुलाम मोहम्मद ने इसे साम्प्रदायिक दंगा न बताकर पुलिस-विरोध बताया है। तो हिन्दू-बहुल बस्ती को जलाकर खाक क्यों कर दिया गया? यह पुलिस-विरोध नहीं **उग्र धार्मिक उन्माद** था। कम्यूनिस्टों ने मुसलमानों के एक भी कृत्य की आलोचना नहीं की। उन्होंने पुलिस अफसरों को मुअत्तल करने की बात कही। पुलिस अफसर ने यह आदेश नहीं दिया था कि देखते ही मुसलमानों को गोली मारो। उसका आदेश था कि दंगाइयों को देखते ही गोली मार दो। दंगाई यदि हिन्दू होते तो वे मारे जाते। कम्यूनिस्ट क्या चाहते थे? मुसलमान गोलियाँ बरसाते, एसिड बल्ब फेंकते, दुकानों को आग लगाते आते और पुलिस सफेद झण्डा और फूलमालाएँ लिये उनका स्वागत करती और उनके हाथ में लाल झण्डा थमा देती। कम्यूनिस्ट तथा कुछ अन्य पाखण्डी सेक्युलरवादी भी कहते हैं कि पुलिस साम्प्रदायिक है, इसमें मुसलमान भर्ती किये जाएँ। तुम्हारी यह सोच ही साम्प्रदायिक है।

इन्दिरा जी ने इमाम की बातें ध्यान से सुनीं और तत्काल कार्यवाही का आश्वासन दिया। यदि इमाम की बात सही है तो पी.ए.सी के लोग इन्दिरा जी की पार्टी की सरकार के मातहत हैं या संघ के? मैं इन्दिरा जी के स्थान पर होता तो इमाम सा० से पूछता कि जामा मस्जिद से नमाज पढ़कर निकले आपके अनुयायियों ने राष्ट्र-ध्वज क्यों फाड़ा? इन्दिरा जी इसी बात से प्रसन्न जान पड़ीं कि इमाम संघ के विरोध में बोल रहे थे, जबकि संघ पर्दे पर कहीं नहीं था।

कहा जाता है कि मुसलमान अशिक्षित हैं इसलिए भरमा दिये जाते हैं। क्या अलीगढ़ विश्वविद्यालय के उच्च शिक्षित छात्र भरमा दिये जाते हैं? अपने जाति-भाइयों का ठीक मार्गदर्शन न करते हुए ये भी धार्मिक उन्माद को बढ़ावा देते हैं। जब तक तुष्टिकरण की नीति अपनाने वाले नेता हैं तब तक आपको प्रोजिक्यूट और एक्ज़िक्यूट करने की जुर्रत किस माई के लाल में हैं?

23 अक्तूबर, 1980 ई०, रात्रि के 10.30 बजे मेरी नींद खुल गयी। शोरगुल हो रहा था। शायद चोर आ गया है, यह सोचकर छत पर पड़ी ईंट उठाकर मैं सीढ़ियों की ओर लपका। आवाजें आ रही थीं, आग, आग। सीढ़ियों से ऊपर की ओर मिट्टी के तेल की गन्ध से भरा धुआँ उठ रहा था। मकान-मालिक सेठी चीत्कार कर बोले, "हाय, मेरी राज जल गयी।" सीढ़ियों से नीचे नौकरानी **राजकुमारी** (रजक) जली पड़ी थी। उसकी आँखें एक पल को झपककर स्थिर हो गयीं। जाँघों का कपड़ा जल गया था, वह नंगी पड़ी थी। सेठी ने आग बुझाने की चेष्टा की होगी। उनके हाथ, मुँह और छाती पर जले के चिह्न थे।

"हाय, मेरा कोई मददगार नहीं।"

"सेठी साहब, धीरज धरिए। हम आपके साथ हैं।"

साइरन बजाती फायर ब्रिगेड की गाड़ी आ गयी। वे लोग लाश को उठा ले गये।

पुलिस की गाड़ी भी आ गयी थी। पुलिस ने घायल और उघाड़े सेठी को गाड़ी में बिठा लिया। मैंने शर्ट खोजकर उन्हें पहनने को दी। इन्स्पेक्टर ने सेठी से पूछा, "यह आपकी कौन थी?"

"मेरी बीवी।"

"नहीं, नौकरानी थी। ये घबरा गये, इसलिए ऐसा कह रहे हैं।" मैंने स्थिति को सँभालकर कहा था।

किचन में पुलिस के साथ मैं भी गया। पीतल और काँच की दो-दो चूड़ियाँ पड़ी थीं। तेल की खाली बोतल और दियासलाई भी पड़ी थी। इन्स्पेक्टर ने नाक सिकोड़कर कहा, "गैस क्यों खुली है?" उसने गैस बन्द कर दी। जलने के निशान स्नानघर और सीढ़ियों के पास तक थे। जले कपड़े के टुकड़े और बाल यहाँ-वहाँ बिखरे पड़े थे। क्राइम ब्रांच के लोग भी आ गये थे। एक ने मुझसे पूछा, "आप कौन हैं?"

"किरायेदार।"

"क्या इनके बीच झगड़ा हुआ था?"

"कभी नहीं, ये लोग तो शान्ति-पूर्वक रहते थे। नौकरानी ने किसी कारण आत्महत्या की है। सेठी सा० तो सो रहे थे। उन्होंने इसे बचाने की कोशिश की। वे बुरी तरह जल गये हैं। पहले उनका इलाज कराइए।"

एक पुलिस-कर्मी ने किसी को फोन किया, "आत्महत्या का मामला लगता है। पड़ोसी मकान-मालिक को बचाने की कोशिश कर रहे हैं।"

अजीब दहशत छायी हुई थी। मेरे नीचे के खण्ड में जैन परिवार रहता था। इनके स्नानघर के सामने भी जले कपड़े के टुकड़े पड़े हुए थे। जैन वधू नीना ननद को लेकर रात को ही अपने चाचा के घर चली गयी थी। दोनों जैन भाई इतने डरे हुए थे कि लिपटकर सोये। लघुशंका के लिए जाते तो एक दूसरे का हाथ पकड़कर। सेठी का मकान खुला पड़ा था। इसके बरामदे में अजय अपने मित्र उपेन्द्र के साथ बैठा रात- भर जागता रहा। मैंने हेम को नींद की गोली दे दी थी। मेरी स्मृति मे बार-बार जली हुई औरत की तस्वीर कौंध जाती।

सवेरे होते ही पड़ोस के दो परिवार मकान में ताला लगाकर और कहीं चले गये। मैं भूत-प्रेतों में विश्वास नहीं करता, तथापि जब सीढ़ियों के पास आता तो न जाने कैसा लगता। अभी भी जले हुए चिथड़े पड़े हुए थे। जमादारिन ने सफाई करने से इन्कार कर दिया था। हेम का चेहरा उतरा हुआ था। रात-भर जागने से अजय के सिर में दर्द था। दोपहर के समय हेम ने खाना परोसा। वे सूनी निगाहों से चकले को देखती रोटी बेलने लगीं। मैंने कौर मुँह में रखा, अरे दाल में तो नमक ही नहीं था। उनका हाथ ऐसा सधा हुआ था कि दाल या सब्जी में कभी नमक कम या अधिक नहीं पड़ता। मैंने कहा, "दाल में नमक नहीं है।" वे बोली ही नहीं। मैंने दुबारा कहा। वे चौंक उठीं और थाली में नमक डालते हुए बोली, "यह मकान छोड़ दो।"

मैं झुँझला उठा। यह सोचकर कि अन्ततः तो यह भी नारी है और डरी हुई है मैंने कुछ नहीं कहा। अगले दिन सवेरे सब ठीकठाक लगा। जैसे ही दोपहर ढलने लगी हेम का चेहरा सफेद पड़ने लगा। मैं चिन्तित-सा पढ़ाने चला गया। जैसे ही लौटकर आया हेम बोल पड़ीं, "मैं इस भुतहे मकान में नहीं रह सकती।" लगा कि अब अजय भी धैर्य खो रहा है। भोजन करने के बाद रात के दस बजे मैं सीढ़ियों से नीचे उतरकर

वहाँ खड़ा हो गया जहाँ राजकुमारी जलकर मरी थी। मैं चीख उठा, "मैं भूत-चुड़ैल कुछ नहीं मानता। मैं यहाँ अँधेरे में खड़ा हूँ। कोई मेरा कुछ नहीं बिगाड़ सकता।"

अगले दिन नीना ने साहस का परिचय देते हुए बाल्टी भर-भरकर पानी उड़ेला और झाड़ से जले कपड़े और बाल समेटकर फेंक दिये।

चौथे दिन सवेरे मैं सोच में डूबा हुआ था। हेम के चेहरे पर अभी भी थकान थी। इतनी जल्दी नया मकान कहाँ खोजा जा सकता है। अब शायद दूना किराया देना होगा और लिखा-पढ़ी भी करनी होगी। मैंने निश्चय किया कि मकान खोजने का दिखावा करता रहूँगा, तीन-चार दिनों में स्थिति सामान्य हो जाएगी। अजय ने सूचना दी कि सेठी लौट आये हैं। मैंने राहत की साँस ली कि चलो नीचे का भुतहा खण्ड आबाद हो जाएगा और महिलाओं के मन का डर निकल जाएगा।

सेठी के मुँह, पेट और बाँहों पर पट्टियाँ बँधी हुई थीं। अजय उन्हें दूध और डबल रोटी दे आया। अजय ने बताया, "बेचारे पर दया आती है। वे कोई चीज खाते हैं तो मुँह से गिर जाती है।" ऐसे भुतहे घर में ये सारी रात अकेले कैसे रहेंगे। सवेरे मैंने नीचे जाकर जानना चाहा कि ये सकुशल तो हैं। उन्होंने बताया कि रात-भर न जाने कैसा लगता रहा। वे दो बजे तक कमरे में चक्कर लगाते रहे।

सेठी का पूरा परिवार करोल बाग में रहने लगा था। इनका नौकर भाग गया था। सेठी बिल्कुल अकेले पड़ गये थे। इनके किसी मित्र ने राजकुमारी को इनके घर लगा दिया था। उसने घर की पूरी व्यवस्था सँभाल ली थी। पति से इसकी नहीं पटती थी। यह माँ के पास आकर रहने लगी थी। मां कपड़े धोने का काम ईमानदारी और मेहनत से करती थी। उसे अपनी रंगीन तबियत की लड़की के रंग-ढंग पसन्द नहीं थे। यह फैशनेबल लड़कियों के साथ घूमती थी। सेठी के घर आकर वह एक भद्र महिला का जीवन जीना चाहती थी। उसने आसपास की महिलाओं से हेलमेल बढ़ा लिया था। जैन परिवार में वह घुल-मिल गयी थी। हेम का सामना करने में वह झिझकती थी। दोपहर के समय हेम आराम कर रही होतीं तब यह लैटर बॉक्स से मेरी चिट्ठियाँ निकालकर दे जाती। मैं न तो इसकी उपेक्षा करता और न मुँह लगाता।

सेठी के घर में न स्टोव था और न मिट्टी का तेल। वे यह जानने के लिए परेशान थे कि राज को मिट्टी का तेल दिया किसने। उधर उस महिला की जान निकली जा रही थी जिसे चकमा देकर राजकुमारी ने मिट्टी का तेल पा लिया था।

राज के पति को अच्छा अवसर मिल गया। उसने थाने में सेठी के विरुद्ध अर्जी लगाकर उन्हें ब्लैकमेल करना चाहा। पुलिस के लोग भी घर के चक्कर लगाया करते। मैंने सेठी को आश्वासन दिया कि मैं दल- बल के साथ कोर्ट जाकर आपके पक्ष में गवाही दूँगा। आप किसी के धमकाने में न आएँ। आश्वस्त होकर अब वे पुलिस वालों पर अकड़ गये, "आप लोग रात में नहीं दिन में आया करें और प्लेन ड्रैस में नहीं, ड्रैस में। मैं कोर्ट में जाने के लिए तैयार हूँ।" उन्होंने राज के पति को भी फटकार कर भगा दिया। यह कपड़े धोने का काम करता था।

अजय सेठी के कमरे से गिलास-प्लेटें आदि उठा लाया। इनमें सिगरेट की राख और अधजले टुकड़े भरे हुए थे। कुछ गन्ध भी आ रही थी। हेम ने बर्तनों को खौलते पानी और विम से धोया था। सेठी परमुखापेक्षी होकर कुछ अधिक अपेक्षाएँ रखने लगे, जो हमारी परेशानी को बढ़ाने वाली थीं। हेम चिन्तित हो उठीं।

किसी ने अल्मोड़ा से आये ब्राह्मण नौकर मोहन को सेठी के यहाँ लगा दिया। यह

पहाड़ी आदमी भूतों से बहुत डरता था। यदि इसे राज के जलने की सूचना मिल जाती तो यह भाग खड़ा होता। हमने ऐसा नहीं होने दिया। अब हेम और नीना को आश्वस्ति और मुक्ति मिली। जिन्दगी पहले की तरह चल पड़ी।

कभी-कभी हेम का **पवित्रता-बोध** बहुत ही कष्ट-दायक हो जाता था। जब वे नववधू के रूप में आयी थीं तब उन्होंने मुझसे वचन लिया था कि रसोई-विषयक उनके नियमों में कोई हस्तक्षेप नहीं करेगा। रसोई के भीतर हाथ-पैर धोकर धुले वस्त्रों में ही प्रवेश किया जा सकता है, उनका यह नियम आज तक नहीं टूटा है। नयी सभ्यता में पली महिलाएँ पता नहीं क्यों घर में आते ही रसोई में प्रवेश की चेष्टा करती हैं। हेम चाय तैयार करने जाएँ तो कुछ महिलाएँ छूट पड़ती हैं सहायता के लिए, या जलपान के पश्चात् जूठे बर्तन लेकर लपकती हैं रसोई की ओर। क्या बिना रसोई में घुसे अपनापन नहीं दिखाया जा सकता?

मेरी प्रिय शिष्या **नयनबाला शर्मा** आयी हुई थीं। हेम ने उनके सामने चाय प्रस्तुत की। हेम थोड़ी देर के लिए उठकर शयनगृह की ओर चली गयीं। नयनबाला गुरुआनी की सहायता के उद्देश्य से जूठे बर्तन उठाकर रसोई की ओर लपकीं। मैंने जोर देकर कहा, "नयन, रुक जाओ। यह मत करो, सुनो। मेरी बात पर ध्यान दो।" नयन ने एक न सुनी। वे तो समझ रही थीं कि वे एक नेक काम कर रही हैं। कोई पुरुष होता तो मैं उसके हाथ पकड़ लेता। नारी को तो मैं संस्कारी व्यक्ति छू भी नहीं सकता। नयन चप्पलें चटकाती जूठे बर्तन रसोई के भीतर शैंक में रख आयीं।

उस समय मैंने कुछ कहना उचित नहीं समझा। बाद में जब मैं उनके घर गया तो मैंने कहा, "तुम्हारी सेवा का क्या फल हुआ जानती हो? हेम ने बर्तन धोने के पश्चात् फर्श भी धोया। तुमने उनका काम बढ़ा दिया।"

"क्या मैं अछूत हूँ?"

"तुम अछूत नहीं हो, तुम्हारी चप्पलें अछूत थीं। न जाने कौन-कौन सी गन्दगी रौंदती हुई तुम आयीं और रसोई में घुस गयीं।"

"किचन तो स्टैण्डिंग है।"

"रसोई का फर्श तो स्टैण्डिंग नहीं है।"

"यह तो मेरा अपमान है।"

"अपमान तो तुमने स्वयं बुलाया। मैं तुम्हें बार-बार रोक रहा था। तुम पर पागलपन सवार था रसोई में घुसने का। हम तो तुम्हारे रसोईघर में प्रवेश नहीं करते। तुम्हारे किसी नियम में हस्तक्षेप नहीं करते। तुम क्यों मान न मान मैं तेरा मेहमान बनने पर उतारू हुईं। रसोई में घुसने की तुम्हारी बहुत इच्छा है तो पहले हाथ-पैर धोओ। धुले हुए कपड़े तुम्हें दिये जाएँगे। इन्हें पहनो फिर रसोई में प्रवेश करो। अब तुम्हें रोका जाए तो तुम्हारा अपमान है।"

नयन आश्वस्त होकर बोली थीं, "हम नागर ब्राह्मणों के भी विधि-निषेध हैं, किन्तु अब ये कहाँ चलते हैं।"

एक बार पुत्र अजय की एक सहपाठिन भी नयनबाला की तरह आचरण करने जा रही थी। अजय ने उसे रोका तो वह क्षुब्ध होकर बोली, "आण्टी जी मेरा अपमान कर रही हैं।"

"जिस स्थिति में तुम रसोई में घुसना चाहती हो उसमें तो वे पिताजी को भी रसोई में नहीं घुसने देतीं। तुम हो किस खेत की मूली?"

वह लड़की हँस पड़ी थी।

हम रसोई के बाहर भारतीय नागरिक हैं। हमें किसी के हाथ का भोजन करने में आपत्ति नहीं है, वह चाहे जिस जाति या धर्म का हो। हाँ, रसोई में हमारे अपने नियम होंगे।

यहीं मुझे चिन्ता लग गयी है। आज देश की चप्पे-चप्पे जमीन पर आरक्षण थोपा जा रहा है, वोट बैंकों के सहारे सत्ता का हलुवा गपकने के लिए। मसीहा बनने के लिए उतावला कोई अवसरवादी राजनेता कहीं यह कानून पास न करादे कि किसी भी व्यक्ति को किसी की भी रसोई में घुसने का अधिकार है।

जब हमारे पास फ्रिज आ गया था तब भी हेम का सिद्धान्त लागू हुआ था। हाथ-पैर धोकर घर के वस्त्रों में ही फ्रिज छुआ जा सकेगा। फ्रिज में दाल-चावल आदि कच्चा भोजन नहीं रखा जाएगा। इसमें होंगे दूध, पानी, फल, हरी सब्जी और पकायी हुई सब्जी आदि। मैं विश्वविद्यालय के एक अध्यापक के घर गया था। उन्होंने बैठक में फ्रिज को सजावट की सामग्री के रूप में रखा हुआ था। उनका छोटा पोता आया। उसने फ्रिज खोलकर पानी की चारों बोतलें क्रमशः उठायीं और एक-एक घूँट पानी पीकर उन्हें यथास्थान रख दिया। दादा ने उसे नहीं रोका। मेरे बाद कोई नया अतिथि उनके घर गया होगा तो उसे यही जूठा पानी पीने को मिला होगा। हेम किसी बच्चे को फ्रिज नहीं छूने देतीं। यदि किसी ने बोतलें छू ली हैं तो वे उन्हें खाली कर नये सिरे से भरतीं। किसी भी अतिथि को जूठा पानी नहीं पीना पड़ता। इस शुद्धता -बोध में बुराई क्या है? ऐसी सफाई रखने के लिए तो डॉक्टर भी जोर देते हैं।

फ्रिज को लेकर एक नयी उलझन हमारे सामने आयी। मकान-मालिक सेठी जी अकेले रहते थे, मस्त थे। खाने-पीने का कोई परहेज नहीं करते थे। वे एक दिन दूध का भगौना लेकर आये, "त्रिपाठी सा०, हमारा फ्रिज खराब हो गया है। इसे अपने फ्रिज में रख लें। मैं कल सवेरे ले लूँगा।" मैं परेशान हो उठा। सेठी जूते पहनकर रसोई में जाते हैं, जूठे बर्तन लुढ़के पड़े होते हैं। कई-कई दिनों तक सफाई नहीं होती। हाथ-पैर या कपड़े धोने की शुद्धता भी नहीं बरती जाती। हेम ऐसी रसोई में उबले दूध को अपने फ्रिज में कैसे रख सकती थीं। वे कड़े स्वर में बोलीं–

"वापस कर दो यह भगौना।"

"सबको तुम्हारे नियम मालूम नहीं। वे बुरा मान जाएँगे।"

"मानते रहें।"

"नियम से बड़ी होती है मानवता। सेठी गुस्सा हो जाएँ और कहें कि मेरा अपमान किया गया है, मकान खाली कर दो।"

"तो मकान खाली कर देंगे।"

अब मैं बिगड़ उठा, "तुम्हें क्या, जरा सी परेशानी हुई कि जुबान हिला दी, खाली कर दो मकान। खोजना तो मुझे पड़ता है। तुम तो महारानी जोधाबाई बनी घर में बैठी टर्राती रहती हो। क्या आसानी से मन-चाहा मकान मिल जाएगा?"

हेम रो पड़ीं, "कुछ भी हो जाए मैं ऐसी छूतछात वाली स्थिति में आये दूध को फ्रिज में नहीं रख सकती।"

"पहले शान्त हो जाओ। उपाय सोचो, आवेश में आकर कुछ न करो।"

मैंने फ्रिज का एक खाना बिल्कुल खाली कर दिया। फिर काठ के एक फलक को अच्छी तरह धोकर उसे खाली खाने में जमा दिया। दूध के भगौने पर मैंने प्लास्टिक की थैली चढ़ा दी।

"अब देखो जोधाबाई, तुम फ्रिज का दरवाजा पकड़कर खड़ी हो जाओ। मैं इस भगौने को काठ के फलक पर रख देता हूँ। इस प्रकार यह तुम्हारे फ्रिज का स्पर्श नहीं करेगा। दूध के भीतर जो तत्त्व हैं वे भी ढँके होने के कारण अदृश्य रूप से भी तुम्हारे फ्रिज का स्पर्श नहीं करेंगे।"

"ठीक है, ऐसा ही करो। अगली बार साफ मना कर देना, मैं दुबारा यह कवायद नहीं करने दूँगी।"

हम कान्यकुब्ज ब्रह्मण हैं। मेरे अधिकांश विनीत शिष्य अब्राह्मण हैं। मेरी इनसे खूब पटती है। ब्राह्मण शिष्यों से तो ऐसी आत्मीयता नहीं। अजय का तो एक भी मित्र ब्राह्मण नहीं। ये है जाट, हरिजन, ईसाई, मुसलमान, सिख और खत्री। ये लोग आते रहते हैं और मां जी के हाथ का भोजन उड़ाते रहते हैं। मैंने हेम से कहा, "इन वानरों में तो कोई ब्राह्मण नहीं है। तुम इन्हें हँस-हँसकर खिलाती-पिलाती हो और जूठे बर्तन माँजती हो।"

"ये सभी वानर मेरे लिए अजय के समान हैं, ये मेरे बेटे हैं।"

जब हम मॉडल टाउन में रहते थे एक जमादारिन हेम के पास आकर बोली, "बीवी जी, आज मैं बिना खाये ही घर से निकल पड़ी थी। मेरे लिए भी आज आप दो रोटियाँ सेंक लीजिए।"

हेम ने सूखी सब्जी और नीबू के अचार के साथ कुछ रोटियाँ उसे देकर पूछा था, "तुमने मुझसे ही रोटियाँ क्यों माँगी? मुहल्ले में इतने सारे लोग रहते हैं।"

"मैं जानती हूँ बीवी जी, आप पाक-साफ रखकर खाना बनाती हैं। आप जूठा खाना न खिलाती हैं और न खाती हैं। मैं सड़क पर झाड़ लगाती हूँ तो इससे क्या। मैं भी इन्सान हूँ। लोग मुझे जूठा या बासी खाना दिया करते हैं। मैं क्यों ऐसा खाना खाऊँ?"

हेम ने उसे आगे भी दो-तीन बार खाने के लिए कुछ न कुछ दिया था।

कई परिवारों में देखा गया है कि लोग प्लेटों में नमकीन और मिठाइयाँ तैयार रखते हैं। उनके घर में जो भी अतिथि आता है उसके सामने ये स्थायी प्लेटें प्रस्तुत की जाती हैं। अतिथि के जाने के पश्चात् इन्हें सुरक्षित रख दिया जाता है। हमारे घर आने वाले अतिथि को थोड़ी वस्तु दी जाएगी, ताकि वह उसी समय समाप्त हो सके। यदि बच रही है तो उसे किसी जानवर को दे दिया जाएगा या फेंक दिया जाएगा। वह जूठी वस्तु फ्रिज में नहीं जा सकती, किसी नये अतिथि के सामने परोसी भी नहीं जा सकती।

23

दिल्ली विश्वविद्यालय के अध्यापकों की कालोनी **वैशाली** में मुझे भी एक प्लाट मिल गया था। अजय ने एम.ए. की परीक्षा उत्तीर्ण कर ली थी। अपना शोधकार्य छोड़कर यह 24-25 वर्षीय अनुभव-हीन नव तरुण मकान बनवाने में जुट गया था।

प्लाट पर लगा पम्प खारा पानी दे रहा था। पीने के लिए मीठे पानी की सुविधा नहीं थी। दोपहर में अजय घर से आया ठण्डा खाना खाकर रह जाता। मैं प्लाट पर जाता तो मेरी समझ में न आता कि काम की देखरेख कैसे की जाए। मैं खाट पर बैठकर चिट्ठियाँ लिखने लगता। वह व्यंग्यपूर्वक मुस्कराकर कहता, "आप घर जाकर चिट्ठियाँ लिखिए। मकान बनवाना आपके बस का नहीं है।" वह मुझे प्लाट से भगा देता। कारीगरों से निपटना आसान काम नहीं, वे बड़ों-बड़ों को चूना लगाते हैं, यह तो अल्हड़ नव तरुण था। कई बार सैकड़ों रुपयों का चूना लगाकर कारीगर भाग खड़े होते। अजय घुट-घुटकर रह जाता। वह भीतर से परेशान हो उठता, किन्तु कभी भी समस्या के विषय में मुझसे एक शब्द नहीं कहता। वह दुर्बल हो गया था। धूप में दौड़धूप करते रहने से काला पड़ गया था। अजय मकान से सम्बन्धित सारे काम स्वयं करता था, किन्तु ऐसे कामों से उसे परहेज था जिसमें लाइन लगानी पड़े। सीमेण्ट लाने या बिजली का बिल जमा करने के लिए वह मुझे लगा देता था। इसी सम्बन्ध में एक **रोचक प्रसंग** प्रस्तुत है।

20 अप्रैल, 1981. मकान के लिए बिजली कनेक्शन लेने का फार्म जमा करने के लिए लारेन्स रोड स्थित विद्युत प्रदाय कार्यालय गया हुआ था। यहाँ से लौटकर मुझे शकूरपुर के बस-स्टॉप से बस पकड़नी थी। रेलवे लाइन पर एक **मालगाड़ी** खड़ी थी, यह बहुत लम्बी थी। सोचा, पता नहीं यह गाड़ी कब तक खड़ी रहेगी। क्यों न इसे नीचे से पार किया जाए। कुछ ही सेकण्ड में इसे पार कर जाऊँगा। मैंने गाड़ी के पास जाकर निरीक्षण किया। पहियों के बीचों-बीच स्थान का चुनाव किया कि यदि गाड़ी किसी भी दिशा में चल पड़े तो आसानी से बाहर निकल जाऊँगा। गाड़ी के नीचे लटकते हुए पाइपों का भी निरीक्षण किया। मैं पलक झपकते गाड़ी के नीचे घुस गया। हाथ का बैग सँभालकर अनेक पाइपों के बीच से गुजरता हुआ बढ़ चला। सोच रहा था कि अकस्मात् गाड़ी चल पड़े तो पाइपों से टक्कर हो सकती है, अतः सावधान होकर चलना चाहिए। आधी दूरी पार हो गयी। झटाक से आवाज हुई, कोई चीज सिर से टकरायी। गाड़ी अकस्मात् चल पड़ी थी। सिर की चोट से कहीं बेहोश न हो जाऊँ और मैं लाइन पार न कर सकूँ या किसी पाइप की टक्कर से ढेर न हो जाऊँ, दिल धड़क उठा था। पहियों की स्थिति का अनुमान कर बिना किसी ओर देखे मैं जोर से ओ-ओ-ओ कहता हुआ बाहर की ओर झपट पड़ा। बैग और चश्मा सँभाले मैं बाहर खड़ा हो गया। झड़ाझड़ की आवाज करती गाड़ी भागी जा रही थी। पलक झपकते सभी कुछ हो गया। कई लोग मुझे घेरकर खड़े हो गये थे। वे बोले जा रहे थे और मैं अपना बैग, चश्मा, घड़ी, कलम और पर्स टटोल रहा था। एक स्वर कानों में टकराया, "बाबूजी, आपने जीवन में कोई बहुत बड़ा पुण्य किया है।" दूसरा स्वर, "बाबू जी, आपके बीवी-बच्चे बहुत भाग्यशाली हैं। बचने की कोई उम्मीद नहीं रह गयी थी।"

मैं हथेली से सिर दबाये धीरे-धीरे चल पड़ा था। एक व्यक्ति ने पास आकर मुझे पकड़कर धरती पर बिठा दिया। उसने मेरी हथेली उठायी, खून और काले तेल से भीगी हुई थी।

"अरे बाबू जी, आप तुरन्त डॉक्टर के पास जाइए। आपके कई टाँके लगेंगे।"

मुझे चिन्ता थी तो इस बात की कि सिर की चोट पत्नी और लड़के से कैसे छिपाऊँगा। मन ही मन बहाना खोजने लगा। मुझमें न घबराहट थी और न परिताप।

मैं संयत होकर बोला, "बिना सीटी दिये गाड़ी चल पड़ी।"

"बाबू जी, डॉक्टर के पास जाइए।"

"कहाँ है डॉक्टर?"

गुब्बारे बेचने वाला एक छोटा बालक मुझे अपने साथ ले चला। रिंग रोड पारकर हम आगे बढ़ते गये। बच्चा बोला, "बाबूजी, पीछे पीठ और बाँहों पर कमीज एकदम काली पड़ गयी है।" उतारकर देखी, हाय मेरी नयी बुशशर्ट, यह तो काले तेल, मिट्टी और कीचड़ से लिप-पुतकर कैसी हो गयी थी। मैं जब दुबककर निकला चलती गाड़ी के पाइप पीठ छूते सरकते गये होंगे। अब इस बुशशर्ट को कैसे छिपाऊँगा। कुछ दूर और चलने के बाद हम एक कोठरी के सामने जा खड़े हुए। यह था 'हंस क्लिनिक'। एक दुबले सरदार डॉक्टर मिले। एक-दो गरीब मरीजों से घिरे बैठे थे। गरीबों के गरीब डॉक्टर। उन्होंने तुरन्त उपचार किया, कुछ केश काटे, घाव पोंछा और दवा लगायी। मैंने फीस पूछी तो वे बोले, शुक्रिया। अब डॉक्टर की गरीबी का कारण स्पष्ट हुआ। मॉडल टाउन के डॉक्टर के पास गया होता तो वे बीस-पच्चीस रुपये ले लेते। इस डॉक्टर ने मानवीयता नहीं खोयी थी, इसीलिए वह सम्पन्न नहीं था। मैंने अत्यन्त विनम्र भाव से कहा, "धन्यवाद।"

इस बीच गुब्बारे वाला लड़का सेवा-धर्म का निर्वाह कर चला गया था। इतनी देर मेरे साथ रहने के कारण वह गुब्बारे नहीं बेच पाया था। मैं उसे कुछ देना चाहता था। मेरा मन कृतज्ञता से भर उठा।

बस स्टाप या बस के भीतर लोग चकित होकर मेरी पीठ देख रहे थे कि सामने से साफ-सुथरे कपड़े पहने इस सज्जन की पीठ पर यह क्या है। अपने प्लाट पर आ गया। चौकीदार जुगल किशोर चौंक उठा, "बाबू जी, आपकी पीठ पर क्या है?"

"मैं पैट्रोल पम्प के पास खम्भे से टकराया, सिर में चोट आयी, पैर फिसला और कपड़े खराब हो गये।" जासूस मां का बेटा अजय जासूसी निगाहों से मुझे देखने लगा। उसने मेरे हाथ-पैर टटोले कि कहीं चोट तो नहीं है। उसने रूमाल से घाव के आसपास पोंछा। वह दबी जुबान से बोला, "यह कैसी टक्कर और फिसलन है कि बुशशर्ट खराब है और पेण्ट ठीक है।"

मैंने बैग से अपना खाना निकालकर खाना आरम्भ कर दिया, उसका खाना उसे दे दिया। वह चुपचाप देखता रहा। खाना खा चुका तो वह बोला, "अब आप घर जाइए।"

हेम मेरे कपड़े देखकर चौंक उठीं। मैंने उन्हें भी मनगढ़न्त कहानी सुना दी। मुझे चिन्ता थी तो केवल अपनी नयी बुशशर्ट की। शाम को थका-थकाया अजय लौटा। वह गुर्राकर बोला, "मकान बनवाना आपके बस का नहीं है। आप घर बैठिए। मैं दावे के साथ कहता हूँ, यह चोट खम्भे से टकराने की नहीं है।" हेम ने शंकालु दृष्टि से मुझे देखा। मैंने दोनों को घुड़क दिया और अखबार पढ़ने का अभिनय करने लगा। जीभ खुजला रही थी कि सचाई बता दूँ। आशंका यह थी कि मां-बेटे मुझे प्लाट पर नहीं जाने देंगे और अजय अकेला पड़ जाएगा।

हैल्थ सेण्टर से एण्टी टिटनेस का टीका लगवाकर मैं लौट आया। हेम बुशशर्ट साफ करते हुए बोलीं, "उँगलियाँ घिस गयीं। कालापन तो दूर हो गया, पीले-पीले निशान रह गये हैं। किसी भली जगह इसे पहनकर मत जाना।" ये पीले निशान शायद लोहे के जंग के थे।

चार-पाँच वर्ष पश्चात् मेरा भतीजा **अमित** ग्वालियर से आया हुआ था। उसने कहा, "ताऊजी, कोई कहानी सुनाइए।" मैंने आपबीती सुना दी। मैंने अपना नाम न लेते हुए बताया था कि एक सज्जन ने ऐसा-ऐसा किया। उन्होंने उतावली दिखायी, इसके लिए वे दण्डित हुए। वैसे वे थे बुद्धिमान्। वे हिसाब लगाकर गाड़ी के नीचे से निकले थे, अतः बच गये। अच्छा, अब तू बता, वे सज्जन कौन थे?"

वह मुस्कराकर बोला, "मेरे ताऊजी।" बस फिर क्या था, उसके पास ही बैठी उसकी ताई खूब लड़ी।

"तो सचाई यह थी और हम मां-बेटे को कैसे-कैसे बहाने गढ़-गढ़कर सुना दिये थे। अब तुम्हें घर से बाहर नहीं निकलने दिया जाएगा।"

मैं तीन बार नदी में तैरते समय डूबने से बचा हूँ। 1942 ई॰ के आन्दोलन के समय मेरे अगल-बगल खड़े दो लोग पुलिस की गोलियों के शिकार हुए, मैं बच गया। दो बार काले नाग के काटने से बचा हूँ। तीन बार स्कूटर की टक्कर झेल चुका हूँ। और भी कई ऐसे अवसर आये हैं। तथापि, मैं दुःसाहस कर बैठता हूँ। भगवान् भी मेरे ऊपर कृपालु है कि वह करवाचौथ का व्रत निष्ठा-पूर्वक पालन करने वाली मेरी कलहान्तरिता जोधाबाई के माँग का सिन्दूर और पैर के बिछुए अक्षत रखे हुए है।

कामचलाऊ अधूरा मकान बन गया था। अप्रैल में रामनवमी के दिन हवन-पूजन कर हम **जून, 1982** के प्रथम सप्ताह में अपने मकान में आ गये थे। सरकार ने किसानों से खेत खरीदकर यह कालोनी बनायी थी। मकान में काले झींगुरों की भरमार थी, चूहे और छछूँदर भी घूमा करते थे। अधूरे मकान में पानी की बौछार से बचने के लिए हम सामान को इधर से उधर खींचते रहते थे। हेम यह स्थिति न झेल पाने के कारण निरन्तर ज्वरग्रस्त रहने लगीं। हमारे घर के सामने दूर-दूर तक खाली जमीन पड़ी हुई थी। दिन में भी सन्नाटा छाया रहता। रात के समय दिल धड़कता रहता, कहीं चोर-उचक्के घर में न घुस आएँ। हमने कुछ बिहारी मजदूरों को अपने बरामदे में रख लिया था। वे दिन में काम पर निकल जाते और रात के समय रैम्प पर खाना बना-खाकर सो जाते। यही हमारे चौकीदार थे।

रीडर के दो पद विज्ञापित हुए थे, इनमें एक मध्य-कालीन काव्य का था और दूसरा सामान्य था। विभाग में कार्यरत हम तीन व्यक्ति थे, क्रमशः मैं, डॉ॰ विश्वनाथ त्रिपाठी और डॉ॰ नित्यानन्द तिवारी। मैंने विश्वनाथ जी को कानपुर में पढ़ाया था। नित्यानन्द जी भी आयु और अध्यापन-अनुभव में मुझसे 11-12 वर्ष छोटे थे। अध्यक्ष थीं डॉ॰ निर्मला जैन। इन्होंने स्पष्ट घोषणा की थी कि मैं पहले विश्वनाथ जी और नित्यानन्द जी को लगाऊँगी, इनमें किसी एक को न लगा सकी तो रमानाथ जी को लगा सकती हूँ। महिला स्पष्ट-भाषी हैं। ये स्नातक जी की तरह की भाषा नहीं बोलीं। उपर्युक्त दोनों व्यक्ति उनके सुहृद थे। उन्होंने कालेज में बी.ए. तक की कक्षा पढ़ाने वाले किसी अध्यापक का नाम नहीं लिया था। साक्षात्कार से बहुत पहले गुरुवार **डॉ॰ भगीरथ मिश्र** से भेंट हुई थी। उन्होंने कहा था, "इस विश्वविद्यालय में मेरे सुयोग्य शिष्य की जो उपेक्षा हुई है वह मेरे लिए अत्यन्त कष्टदायक है। यदि मैं साक्षात्कार में आया तो मैं न्याय करूँगा। किन्तु ध्यान रहे कि साक्षात्कार के पहले और बाद में मुझसे मिलने का प्रयास नहीं करोगे। उपस्थित प्रत्याशियों में तुम सर्वाधिक योग्य होगे

तो तुम्हें लगाऊँगा। तुमसे अधिक कोई योग्य हुआ तो उसे लगाया जाएगा।"

11 सितम्बर, 1982 को साक्षात्कार रखा गया था। कुलपति श्री गुरुबख्श सिंह, समकुलपति श्री मुखर्जी, कोई सरकारी नॉमिनी, अध्यक्ष निर्मला जी, विशेषज्ञ पं. भगीरथ मिश्र और डॉ॰ विजयपाल सिंह के समक्ष हमें उपस्थित होना था।

कई प्रत्याशियों के बाद मेरी बारी आयी। मेरे शोधक्षेत्र को ध्यान में रखकर सरकारी नॉमिनी ने अंग्रेजी में प्रश्न किया, "रामकथा का 'एन्शिएण्ट' प्रमाण क्या है?"

"रामकथा का उपलब्ध प्राचीनतम प्रमाण वाल्मीकि-रामायण है। यह ऐतिहासिक तथ्यों पर आधारित महाकाव्य है। कहा जाता है कि इस कृति के पूर्व जनता में रामकथात्मक लोकाख्यान प्रचारित थे।"

तभी निर्मला जी ने प्रश्न किया, "मुसलमानों ने कृष्ण के चरित्र को क्यों अपनाया?"

"वे स्वभाव के रसिया होते है, कृष्ण का चरित्र उनके स्वभाव के अनुकूल है। हिन्दी के रसखानि और ताज जैसे कवि अन्य भाषाओं में भी हैं, गुजराती में राजे, ओड़िया में सालबेग, बांग्ला में सैयद मरतुजा, चाँद काजी आदि। आप अनुमति दें तो एक छन्द निवेदित करूँ?"

अनुमति मिल गयी और मैंने भावों के अनुरूप स्वर के उतार-चढ़ाव के साथ शुद्ध बांग्ला उच्चारण में चाँद काजी द्वारा रचित अपना प्रिय छन्द सुना दिया था—

बाँशी बाजानो जानो ना।
असमय बाजाओ बाँशी परान माने ना।।
जखन आमि बैसा थाकि गुरुजनार माझे।
नाम धैरा बाजाओ बाँशी आमि मरि लाजे।।...

(तुम्हें बाँसुरी बजाना नहीं आता। असमय बाँसुरी बजाते हो, मन नहीं मानता। जब मैं गुरुजनों के बीच बैठी होती हूँ तुम नाम लेकर बाँसुरी बजाते हो। मैं लाज से मर जाती हूँ।.....)

डॉ॰ विजयपाल सिंह ने पूछा, "आपका शोध-क्षेत्र क्या है?"

"मध्यकालीन काव्य, विशेषतः देश-विदेश के राम-काव्य।"

"आप क्या पढ़ाते हैं?"

"मध्यकालीन काव्य, सूर, तुलसी, बिहारी आदि।"

"आप कौन से शोध-छात्रों को गाइड करते हैं?"

"मध्यकालीन काव्य के छात्रों को।" उत्तर देते समय मेरे लहजे में कुछ विनोद का स्पर्श था।

तभी मिश्र जी ने प्रशन दाग दिया, "आप 'कान्हावत' के बारे में क्या जानते हैं?"

मैं चौंका। अमृतसर विश्वविद्यालय से दो लघुशोध-प्रबन्ध आये थे, इनमें एक 'कान्हावत' था, सम्भवतः इसका सम्पादन डॉ॰ शिव पूजन पाठक ने किया था। राणाप्रताप बाग मुहल्ले से 'प्रकर' नामक समीक्षा- पत्रिका निकलती थी। इसमें इसकी समीक्षा छपी थी। मैंने उत्तर दिया,

"कान्हावत के लेखक जायसी बताये जाते हैं। यह 'पदमावत' के तर्ज का है।"

"इसकी विशेषता क्या है?" मिश्रजी ने पूछा।

"यह कृष्ण के चरित्र पर आधारित है। यह ग्रन्थ 'पदमावत' के स्तर का नहीं है।

इसमें कृष्ण को ब्रह्म तो माना गया है, किन्तु उनके चरित्र को ऊँचाई नहीं दी गयी है।" मैं अनुमान से उत्तर दे रहा था। मैंने स्वयं यह गन्थ पढ़ा नहीं था, इसकी समीक्षाएँ पढ़ी थीं। मैं जानता था कि मिश्रजी को छोड़कर उपस्थित सज्जनों में शायद ही किसी ने इसे पढ़ा हो और भी कई प्रश्न पूछे गये थे जो मुझे याद नहीं। अन्य साथियों ने बताया था कि मिश्र जी ने उनसे भी 'कान्हावत' के बारे में पूछा था, इसका उत्तर वे नहीं दे पाये थे। विश्वनाथ जी बोले थे, "आपका साक्षात्कार बहुत लम्बा हुआ, समझ लीजिए आपकी नियुक्ति हो गयी।"

दूसरे दिन सामान्य पद का साक्षात्कार था। निर्मला जी ने चुटकी ली, "कल आप बहुत सारे ग्रन्थ और पत्रिकाएँ लाये थे। आज खाली हाथ आये हैं।"

मैं चौंका, कहीं ये यह संकेत तो नहीं दे रही हैं कि मेरी नियुक्ति हो गयी है और मुझे ज्ञात भी हो गया है। अत: मैं खाली हाथ आया हूँ। ऐसा कुछ नहीं था।

"डॉक्टर साहब, वही लोग साक्षात्कार लेने बैठे हैं। इन्हें दुबारा ग्रन्थादि दिखाने की क्या आवश्यकता? देख रहा हूँ कि मिश्र जी के स्थान पर शायद तोमर जी आये हैं। इनके लिए मैं अपना टंकित परिचय लाया हूँ।" मैंने जेब से एक कागज निकालकर उन्हें दे दिया।

मेरी और डॉ॰ विश्वनाथ त्रिपाठी की नियुक्ति हुई थी। मैंने नियुक्तिपत्र ड्राॅअर में फेंक दिया था। विभाग के एक प्रोफ़ेसर ने बताया था कि साक्षात्कार के अन्त में निर्णय लेने के अवसर पर किसी ने मुद्दा उठाया था कि ये महाशय इमरजेन्सी के दौरान जेल में बन्द रहे थे। कुलपति डॉ॰ गुरुवख्श सिंह ने कड़े स्वर में कहा था कि हमें इससे क्या मतलब, इस व्यक्ति की प्रोन्नति तो बहुत पहले हो जानी चाहिए थी।

जो कार्य डॉ॰ नगेन्द्र, डॉ॰ सावित्री सिन्हा, डॉ॰ विजयेन्द्र स्नातक और डॉ॰ उदयभानुसिंह के कार्यकाल में न हुआ, वह हुआ ऐसे व्यक्ति (डॉ॰ जैन) के कार्यकाल में जिनसे मेरा कुछ-कुछ वैचारिक मतभेद रहा है। मैं इनके तथा साक्षात्कार में उपस्थित सभी महानुभावों के प्रति आभारी हूँ। अब मेरे रिटायरमेण्ट के 4 वर्ष रह गये थे। कोई संकीर्णमन वाला कुलपति होता तो मैं इसी तरह टापता रह जाता। मैंने मन ही मन निश्चय कर लिया था कि यदि इस बार भी मेरी उपेक्षा की गयी तो या तो मैं कोर्ट चला जाऊँगा या पेन्शन लेकर रिटायरमेण्ट ले लूँगा।

अपनी स्थिति समझाने के लिए मैं एक उदाहरण दे रहा हूँ। मेरे एक प्रिय शिष्य हैं अमुकजी। वे मेरे निर्देशन में शोधकार्य कर रहे थे। वे अभी पी-एच॰डी॰ नहीं हुए थे। वे एक कालेज में पढ़ा रहे थे। मैं पढ़ा रहा था विश्वविद्यालय के केन्द्र में। हम दोनों को एक साथ रीडर का पद मिला। रीडर की स्थिति में आने तक की हम दोनों की स्थिति का विवरण प्रस्तुत है--

1982-83 तक की स्थिति

	गुरु डॉ॰ त्रिपाठी	**शिष्य श्री अमुक**
शिक्षा	एम॰ए॰, पी-एच॰डी॰, डी.लिट्॰	एम.ए., एम.लिट्.
अध्यापन-अनुभव	32 वर्ष	12 वर्ष
शोध-निर्देशन	25 वर्ष	....
प्रकाशित साहित्य	20 पुस्तकें तथा विभिन्न पत्रिकाओं में लगभग 300 रचनाएँ	. . . .
पुरस्कार-सम्मान	ग्यारह	....

यह विवरण अमुक को छोटा बनाने के लिए नहीं दिया गया है। उनसे कुछ कम योग्यता वाले अध्यापक तो उनसे पहले रीडर बन गये होंगे। उन्होंने अपना नाम देने की अनुमति मुझे दे दी थी। मैं ही नाम नहीं दे रहा हूँ। यह विवरण इसलिए प्रस्तुत किया गया कि लोग जान सकें कि विश्वविद्यालय के अधिकारी कितने न्यायप्रिय और निष्पक्ष हैं। हिन्दी को छोड़ किसी अन्य विभाग में ऐसा अन्याय किसी के साथ नहीं हुआ। किसी ने पूछा–– क्या राजनीति के कारण आपकी यह दशा हुई? मेरा उत्तर है, नहीं। कांग्रेस या कम्यूनिस्ट पार्टी ने यह अनर्थ नहीं किया। यह हुआ अनुचित पक्षपात के कारण।

अब स्थिति बदल गयी है। बहुत ही साधारण योग्यता वाले अध्यापक पाँच-छह वर्ष पढ़ाने के बाद एसोशिएट प्रोफ़ेसर बनकर तगड़ा वेतन पाने लगे हैं।

डॉक्टर नगेन्द्र ने मुझे पूर्वांचलीय भाषाओं का कम्प्यूटर बनाकर रख दिया था। एक-दो कार्य मैं कर चुका था। उनके कहने पर केन्द्रीय हिन्दी निदेशालय ने मुझसे **हिन्दी-असमीया कोश** का पुनरीक्षण कराया। असमीया लेखक ने बहुत लापरवाही दिखायी थी। लगता है उसने अपना तैयार किया हुआ कोश पढ़ा ही नहीं था। वर्तनी की एकरूपता नहीं थी, कहीं धर्म्म लिखा था कहीं धर्म। व-ब और य-ज के लिए कोई निश्चित नियम स्वीकार नहीं किया गया था। हिन्दी शब्दों के अर्थ समझे बिना ही उनके हास्यास्पद असमीया पर्याय दिये गये थे। दूसरे ग्रन्थ **हिन्दी-असमीया तत्सम कोश** की भी यही स्थिति थी। पारिश्रमिक बहुत कम था, परिश्रम अधिक। फिर भी डॉक्टर सा० के लिहाज के कारण मैंने इन दोनों ग्रन्थों का संशोधन किया था।

अब असमीया **मुहावरों** पर काम करने के लिए कहा गया। मैंने साफ मना कर दिया। निदेशालय के निदेशक डॉ० रणवीर रांग्रा का पत्र आया कि मैं **हिन्दी-असमीया वार्त्तालाप** पुस्तिका तैयार करूँ। मैंने असमीया भाषा पुस्तकें पढ़कर सीखी थी, बोलचाल की भाषा में वार्त्तालाप तो वही तैयार कर सकता है जो उस भाषा को बोलने वाला हो। मैंने इस कार्य को भी स्वीकार नहीं किया था। कोई भी असमीया विद्वान् सहयोग देने को तैयार नहीं होता था। डॉक्टर सा० मुझे ही शूली पर चढ़ा देते थे।

डॉक्टर साहब को ग्रन्थों के सम्पादक का शौक था। उन्हें स्वयं तो कार्य करना नहीं पड़ता था, लोगों से काम कराना उन्हें आता था। केन्द्रीय हिन्दी निदेशालय में उनकी धाक थी। अब उनकी योजना थी कि संस्कृत से प्रत्येक भाषा में समानधर्मी शब्दों का कोश बनाया जाए। उन्होंने **संस्कृत-असमीया** कोश का भार मेरे ऊपर थोप दिया। उदाहरण प्रस्तुत है–संस्कृत में अंक शब्द के अर्थ हैं, संख्या, गोद, चिह्न आदि। मुझे पता करना था कि क्या असमीया में अंक शब्द के यही अर्थ हैं या अन्य। मैं असमीया-असमीया, अंग्रेजी-असमीया, बांग्ला-बांग्ला, अंग्रेजी- बांग्ला, और अंग्रेजी-हिन्दी कोश लेकर बैठता। तब मेरी आँखों में लेन्स नहीं लगे थे। दिन में भी टेबुल लैम्प जलाकर मैं काम करने बैठता। कोशों को टटोलता, अर्थ पर विचार करता। उन दिनों नाई जितनी देर में बाल काटई के दस रुपये ले लेता उतनी देर के परिश्रम का मुझे शायद पचास पैसा भी नहीं मिलता।

सभी भाषाओं के लेखकों की बैठक बुलायी गयी। डॉ० नगेन्द्र का आदेश हुआ, सभी लोग शब्दों के साथ लिंग भी दें। मैंने कहा, "पूर्वांचलीय भाषाओं में बेजान वस्तु

आदि के लिंग नहीं होते। हिन्दी में लोटा पुल्लिंग है, थाली स्त्री-लिंग। ऐसा पूर्वांचलीय भाषाओं में नहीं है।" नगेन्द्रजी कड़े स्वर में आदेश देते रहे, "नहीं, लिंग-परिचय देना होगा" फिर उन्होंने मुझसे कहा था कि मैं लिंग छोड़कर कार्य करता रहूँ।

कोश लगभग तैयार हो गया था। सभी लेखकों की बैठक निदेशालय में बुलायी गयी। तमिल-लेखिका ने कहा, "तमिल में एक ही शब्द के एकाधिक उच्चारण हैं और उनके अनुसार अर्थ बदल जाते हैं।" डॉक्टर साहब को तो आदेश देना है, उनका आदेश हुआ, "सभी लोग शब्दों के उच्चारण भी दें।"

"मुझसे यह नहीं होगा। देश की सभी भाषाओं में असमीया का उच्चारण विकट है। इसमें च-छ का उच्चारण स हो जाता है। और श- ष-स का ह या ख। त, थ द, ध का ट, ठ, ड, ढ होता है। सीता को खीटा कहें या हीटा यह मैं कैसे निर्धारित करूँ। असमीया मेरी मातृभाषा नहीं है, यह मैं बार-बार कहता रहा हूँ। अन्य सभी लेखक अपनी-अपनी भाषा के विद्वान् हैं।"

"नहीं, आपको करना होगा।" डॉ॰ नगेन्द्र गुर्रा उठे थे। डॉक्टर साहब मुझसे सिर के बल खड़ा होने को कहते तो मैं वैसा करने को तैयार था, किन्तु जो कार्य मेरे वश का नहीं उसे मैं कैसे करता। दूसरे दिन उनका फोन आया,

"आप उच्चारण लिख सकेंगे या नहीं?"

"जी नहीं।"

"आप काम करेंगे?"

"नहीं।"

"करेंगे?"

"नहीं।"

"करेंगे?"

"नहीं।"

बस फोन रख दिया गया। तीन तलाक हो गया। इस कोश की पाण्डुलिपि अभी भी मेरे पास है। काला और सफेद मोतिया का रोगी मैं दिन में भी टेबुल लैम्प लगाकर कई-कई कोशों को खँगालता, कई-कई घण्टे, कई-कई मास तक कार्य करता रहा, उसका क्या होगा? व्यवहार-कुशल लोग कभी ऐसा कष्टकर और अलाभप्रद कार्य स्वीकार ही नहीं करते। मैं ही एक बछिया का ताऊ हूँ कि चाहे जब चाहे जिस कार्य में झोंक दिया जाता हूँ।

मैंने विद्रोह कर दिया, मैं अब किसी भी हालत में पूर्वांचलीय भाषाओं से सम्बन्धित नाकारा काम नहीं करूँगा। मैं कम्प्यूटर नहीं हूँ। कई पूर्वांचलीय लेखकों ने चाहा कि मैं उनकी रचनाओं के अनुवाद हिन्दी में कर दूँ। कई हिन्दी-लेखकों ने चाहा कि मैं उनकी कृतियों का अनुवाद तीनों पूर्वांचलीय भाषाओं में कर दूँ। कदापि नहीं, हरगिज नहीं। मुझे पूर्वांचलीय भाषाओं से चिढ़-सी होने लगी। मैं अपने मौलिक चिन्तन-लेखन से दूर फेंका जाता रहा।

डॉ॰ नगेन्द्र जैसे उद्भट विद्वान् के आदेशों की अवहेलना मैं नहीं कर सका था। पूर्वांचलीय भाषाओं के कोश या व्याकरण से सम्बन्धित कार्य मैंने छोड़ दिये थे, किन्तु डॉक्टर साहब के अनुरोध पर साहित्य- सम्बन्धी एक-दो कार्य मैंने कर दिये थे। वे मास में दो-तीन बार मुझे पंजाब नेशनल बैंक भेजकर काम करा लिया करते थे।

कभी-कभी गपशप के लिए भी यों ही बुला लेते थे। उन्होंने मेरे साथ कभी छल-कपट नहीं किया, उनके स्वभाव का खरापन मुझे पसन्द था। उनके आत्मकेन्द्री स्वभाव के प्रति मेरे मन में कभी-कभी रोष जागा है। यह ऐसा ही होता था जैसा कि श्रद्धेय पिता या बड़े भाई के प्रति होता है। मुझे गर्व है कि ऐसे उच्च कोटि के विद्वान् का सान्निध्य मुझे प्राप्त हुआ।

24

भारतीय साहित्य परिषद् का वर्णन मैं पहले कर चुका हूँ। इमरजेन्सी के समय परिषद् एकदम निष्क्रिय हो गयी थी। इसके कई सदस्य कारागार में डाले गये थे, शेष डरे हुए थे। अब जनता पार्टी का शासन था। पुनः सदस्यता-अभियान चलाया गया। मुझे लगा था कि परिषद् के संस्थापक श्री रत्नसिंह शाण्डिल्य को उपेक्षित किया गया है। वे साहित्यकार नहीं थे, तथापि वे थे संस्था के समर्पित कार्यकर्ता। श्री जीतसिंह जीत शायद नेतृत्व का अधिकार पा गये थे। वे मुझसे बोले, "त्रिपाठी जी, प्रदेश समिति का गठन होना है। अमुक दिनांक को अध्यक्ष का चुनाव होना है, आप किसी से अपने नाम का प्रस्ताव करा दें।" एक बार श्रीमती कमला रत्नम् ने अध्यक्ष बनने की इच्छा प्रकट की थी। मैं उन्हें ही अध्यक्ष बनाना चाहता था। जीत जी के दुबारा आग्रह करने पर मैं असमंजस में पड़ गया था। मुझे संकोच हो रहा था, मैं किससे अपना नाम प्रस्तावित कराऊँ। यह काम जीत जी ने किया होता तो ठीक रहता। मैंने अपने पड़ोस की लेखिका और चित्रकार श्रीमती अनीता को सदस्य बनाया था। वे मेरा नाम प्रस्तावित करने के लिए सहर्ष तैयार हो गयीं। हम दोनों चुनाव-स्थल की ओर चल पड़े। रास्ते में बस खराब हो गयी, दूसरी बस पकड़ी। सोचा कि पाँच बजे चुनाव होना है सवा पाँच बजे तक पहुँच जाएँगे। हम दोनो 5.20 तक पहुँच गये। 20-22 लोग उपस्थित थे। कविता-पाठ हो रहा था। आधे घण्टे बाद जीत जी बोले, "त्रिपाठी जी, नव निर्वाचित अध्यक्ष को बधाई दीजिए।" मैं भौंचक रह गया। जीत जी ने मुझसे नाम प्रस्तावित कराने के लिए क्यों कहा था। चुनाव कभी ठीक समय पर सम्पन्न नहीं होते। मैंने संयत होकर कहा, "मुझे पता नहीं कि कौन अध्यक्ष निर्वाचित हुआ है।"

"डॉ॰ लक्ष्मी नारायण लाल।"

मैंने सच्चे मन से बधाई दी। दुष्ट लोग परिषद् पर साम्प्रदायिकता का ठप्पा लगाते हैं। इसी भय से साहित्यकार परिषद् से जुड़ने में हिचकिचाते हैं। डॉ॰ लाल जैसा स्तरीय साहित्यकार संस्था से जोड़ा गया, यह तो शुभ संकेत था। डॉ॰ लाल अकस्मात् तो आ नहीं गये। उन्हें अध्यक्ष पद के लिए तैयार करके लाया गया होगा। यही करना था तो जीत जी मुझे बता देते। यह छल-कपट क्यों? लौटते समय अनीता जी बोली थीं, "चुनाव की पद्धति मेरी समझ में नहीं आयी।"

"जाने दीजिए अनीता जी।"

संविधान के अनुसार नव निर्वाचित अध्यक्ष ने कार्य-समिति की घोषणा की थी। मेरा नाम तीसरे उपाध्यक्ष के रूप में रखा गया था। फिर कुछ सोचकर दूसरे स्थान पर कर दिया गया था। संस्था का अधिवेशन शानदार हुआ था। डॉ॰ लाल का भाषण प्रभावी था। पर्याप्त संख्या में श्रोता उपस्थित थे। डॉ॰ लाल के भाषण में छन्द शब्द

का विशेष प्रयोग हुआ था। मुझे भी बोलने का अवसर दिया गया। मैंने विनोद-पूर्वक छन्द शब्द पर जोर देकर रवीन्द्रनाथ ठाकुर की पंक्ति का उल्लेख किया था– 'छन्दे छन्दे नाचि उठे तरंगेर दल'– नृत्यरता उर्वशी के एक-एक छन्द (पदक्षेप) पर नाच उठती हैं सागर की तरंगें। मैंने डॉ॰ लाल के भाषण की प्रशंसा करते हुए कहा था कि अब उनके नेतृत्व में परिषद् का विकास होगा।

जब श्री **विजय कुमार मल्होत्रा** दिल्ली महानगर परिषद् के मुख्य कार्यकारी पार्षद थे, **साहित्य कला परिषद्** नाम की संस्था की स्थापना हुई थी। इसकी ओर से साहित्यकार, संगीतज्ञ आदि सम्मानित किये जाते थे। इस समय महानगर परिषद् पर जनसंघ का ही अधिकार था। तत्कालीन पार्षद डॉ॰ सत्यपाल चुघ पुरस्कार-समिति के सदस्य थे। वे मेरे घर आये। उनका मत था कि राष्ट्र-द्रोही कम्यूनिस्ट सभी जगह छाये हुए हैं। इन्हें पुरस्कार नहीं मिलना चाहिए। कांग्रेस या समाजवादी विचारधारा का सत् साहित्यकार चलेगा। मैंने उनसे सहमति जतायी। उन्होंने कहा, "हिन्दी के दोनों पुरस्कारों के लिए श्री रघुवीर सहाय और श्री सर्वेश्वर दयाल सक्सेना कैसे रहेंगे?"

"मैं भी इन्हीं के पक्ष में हूँ।"

चुघ जी ने अपनी ताजी कविताएँ सुनायीं, सच में तो उन्होंने हेम को सुनायीं। हेम उनकी प्रशंसक रही हैं। चुघ जी जब मेरे घर आते हेम उनसे कविता सुनाने का आग्रह करतीं। चाय पीकर चुघ जी उठ खड़े हुए और सीढ़ियाँ उतरते-उतरते बोले, "तीसरा नाम डॉ॰ रमानाथ त्रिपाठी का।"

मैं तीखे स्वर में बोला, "कदापि नहीं, मुझे तीसरा स्थान स्वीकार्य नहीं। कृपया मेरा नाम प्रस्तावित न करें।"

साहित्य कला परिषद् के दक्ष अधिकारी दया प्रकाश सिन्हा जी से मेरा कुछ-कुछ परिचय था। एक दिन उनसे अकस्मात् भेंट हो गयी। वे बोले, "त्रिपाठी जी, कई लोग पुरस्कार पाने का प्रयास कर रहे हैं। आप भी कर सकते हैं।"

"मुझे अभी तक जो सम्मान मिले हैं वे बिना प्रयास के ही मिले हैं। मुझे लाभ झटकने की कला आती ही नहीं। मेरा थोथा स्वाभिमान भी बाधक बनता है।"

सिन्हा जी मुस्कराकर चले गये थे, मेरे मन में थोड़ी-सी उथल-पुथल मचा गये थे। मुझे पुरस्कार-समिति के कुछ लोगों के नाम ज्ञात थे। मैंने कभी अपने लिए सिफारिश नहीं करायी। किसी से पुरस्कार के लिए कहने में संकोच हो रहा था। पिछले कुछ वर्षों से मैं **जैनेन्द्र जी** के निकट आ गया था। मैंने उन्हें सकुचाते-सकुचाते फोन किया। उन्होंने बिना सकुचाये हुए मेरा नाम प्रस्तावित करने से साफ मना कर दिया। मैंने कहा, "आपकी स्पष्टवादिता से मुझे प्रसन्नता ही हुई है। यदि आपकी दृष्टि में मुझसे कोई अधिक योग्य व्यक्ति है तो आप उसी का नाम प्रस्तावित करें। मैं बिल्कुल ही बुरा नहीं मानूँगा।"

श्रीगणेश ही गड़बड़ा गया था। हमारी विचारधारा के एक प्रभावी कार्यकर्ता ने मुझसे कहा कि वे पुरस्कार-समिति के सदस्य द.म. जी से कह देंगे। फिर दो दिन के बाद इन कार्यकर्ता जी ने मुझे सूचना दी कि द.म. जी को फोन कर दिया है। उनका कहना है कि त्रिपाठी जी और किसी से नाम प्रस्ताविल न कराएँ। यह काम वे स्वयं करेंगे। इधर मेरे पड़ोसी और साथी डॉ॰ जगदीश कुमार ने भी कहा था कि

वे या तो मेरा नाम प्रस्तावित करेंगे या समर्थन करेंगे। मैंने निश्चय किया कि अब मैं किसी से कुछ नहीं कहूँगा। मैं स्वाभिमान खोकर मारा-मारा नहीं फिरूँगा।

दि. 23 अगस्त, 1979 को पुरस्कार-समिति की बैठक हुई। पुरस्कारों की सूचना जब समाचार-पत्रों को भेज दी गयी सचिव श्री दया प्रकाश सिन्हा ने मुझे बधाई दी।

"क्या मेरे नाम का प्रस्ताव द.म. जी ने किया था?"

"वे तो मीटिंग में आये ही नहीं।"

"अच्छा तो डॉ० जगदीश कुमार........"

"जगदीश जी तब आये जब मीटिंग समाप्त हो गयी थी और सदस्य चाय पीकर लौटने वाले थे।"

"जैनेन्द्र जी, डॉ० चुघ........"

"जैनेन्द्र जी नहीं आये थे। डॉ० चुघ और डॉ० रामलाल वर्मा के अपने-अपने प्रत्याशी थे।"

"फिर मेरा नाम कैसे आया?"

"**श्री जय प्रकाश भारती** ने आपका नाम प्रस्तावित किया।"

"उनसे मेरा कोई परिचय नहीं। मैंने उनका नाम-भर सुना है। उनतक मेरी कोई सिफारिश भी नहीं पहुँचायी गयी।"

दयाप्रकाश जी की भूमिका निष्पक्ष थी। उन्होंने किसी नियम का उल्लंघन नहीं किया था। बड़ी कठिनाई से उन्होंने ये बातें बतायी थीं। बहुत सी बातें उन्होंने नहीं बतानी चाही थीं। पुरस्कारों में पहला नाम वामपन्थी श्री भीष्म साहनी का था और दूसरा नाम मेरा। यह भी एक संयोग ही था कि कुछ वर्ष पूर्व उ.प्र. हिन्दी संस्थान ने भीष्म जी के **तमस्** उपन्यास और मेरे **शंख-सिन्दूर** उपन्यास को पुरस्कृत किया था। पुरस्कार-समिति के अध्यक्ष थे **पं. हजारी प्रसाद द्विवेदी।**

इस घटना के साल भर बाद **भारती जी** से मेरी भेंट हुई थी। मैंने उनसे कहा था, "हमारा परिचय नहीं था, मेरी ओर से कोई अनुरोध नहीं था, फिर आपने मेरा नाम कैसे प्रस्तावित किया?"

"त्रिपाठीजी, मैंने राम-साहित्य विषयक आपके कई शोधलेख पढ़े हैं। आपका 'शंख सिन्दूर' उपन्यास भी पढ़ा है। आपने भारतीय साहित्य परिषद् के कई कार्यक्रमों का कुशलता-पूर्वक संचालन किया है। मैं इनमें उपस्थित रहता था। **श्री हेम बरुवा** वाले कार्यक्रम में आप कुछ देर तक असमीया में बोले थे। मैंने आपके मुँह से बांग्ला और ओड़िया कविताएँ भी सुनी हैं। एक कार्यक्रम में आपने सुकान्त भट्टाचार्य और काजी नजरुल इस्लाम की कविताएँ ओजस्वी स्वर में सुनायी थीं।"

"भारतीजी, आपने निःस्पृह भाव से जो किया मैं उसे कभी नहीं भूलूँगा। आपने इस पुरस्कार को निष्कलंक बना दिया है।"

किसी ने द.म. जी से कहा था कि आपने त्रिपाठी जी से विश्वासघात क्यों किया। आपने अमुक कार्यकर्ता से फोन पर कहा कि आप त्रिपाठी जी का नाम प्रस्तावित करेंगे, वे और किसी से नाम प्रस्तावित न कराएँ। और आप स्वयं नदारद रहे, ताकि उनका नाम ही प्रस्तावित न हो पाए। द.म. जी चकित होकर बोले थे कि मेरा फोन तो एक महीने से खराब है, उन कार्यकर्ता जी से बात करने का कोई प्रश्न ही नहीं। सत्य स्थिति क्या थी पता नहीं। कुछ भी हुआ हो, मैं समिति के प्रत्येक सदस्य के प्रति आभारी रहूँगा। उन्होंने भले ही मेरा नाम प्रस्तावित न किया हो, जब मेरा नाम

प्रस्तावित हुआ तो किसी ने विरोध नहीं किया। यह एक बड़ी बात थी। 19 नवम्बर को सा. क. परिषद् के भव्य समारोह में हम सभी पुरस्कृत व्यक्तियों को शाल, प्रशस्ति-पत्र और धनराशि की चैक देकर सम्मानित किया गया था। तब महानगर परिषद् के मुख्य कार्यकारी पार्षद थे **श्री केदार नाथ साहनी।**

जनता पार्टी की सरकार का पतन हो चुका था। भारतीय साहित्य परिषद् निष्क्रिय-सी हो गयी। अध्यक्ष डॉ० लाल का कहीं नाम नहीं सुनायी पड़ रहा था। वे कहा करते थे कि इमरजेन्सी में उन्हें गिरफ्तार तो नहीं किया गया, मानसिक यंत्रणा दी गयी थी। जनता पार्टी सरकार से उन्होंने कोई अपेक्षा रखी होगी जो शायद पूरी नहीं हुई। भारतीय साहित्य परिषद् को सक्रिय करने के लिए श्री रामकुमार 'भ्रमर' के निवास पर कुछ कार्यकर्ताओं के मिलन का आयोजन था। कहा गया कि त्रिपाठी जी को पुरस्कार मिला है, इनका स्वागत-समारोह किया जाए। मैं इसके लिए तैयार नहीं था, तथापि प्रस्ताव स्वीकार हो गया। यह कार्यक्रम नहीं हो सका था। जो अपमान--जनक और हास्यास्पद स्थिति प्रस्तुत की गयी मैं उसकी चर्चा नहीं करूँगा।

मकान में आये हुए चार-पाँच महीने हो गये थे। वर्षा बीत गयी थी। मकान पूरा बन गया था। घर के सामने के हरी घास के अपने लॉन में चटाई पर लेटा मैं गुनगुनी धूप का आनन्द ले रहा था। चारों ओर शान्ति छायी थी, किसी प्रकार का शोरगुल नहीं था। एक कार आ कर रुकी और मेरे नये मित्र **श्री हरिकृष्ण गुप्त** गेट खोलकर भीतर आ गये। मैं भीतर से कुर्सी लाने के लिए चला तो वे धप से घास पर बैठ गये। वे आयकर के परामर्शदाता थे। हमारे पास की कॉलोनी में ही रहते थे। एक संस्था के मंच पर हमारा परिचय हुआ था। वे बोले, "आपकी महत्त्व- पूर्ण पुस्तक कौन सी है?"

"मेरी डी.लिट्. का शोध-प्रबन्ध–'रामचरितमानस और पूर्वांचलीय रामकाव्य।"

"मुझे इसकी 10 प्रतियाँ अभी इसी समय चाहिए।"

"आप इनका क्या करेंगे?"

"इससे आपको क्या मतलब?"

मैं हीला-हवाला करता रहा, किन्तु वे प्रतियाँ लेकर ही माने और मुझे पूरा मुद्रित मूल्य दे गये। गुप्त जी बहुत दिनों तक असम में रहे थे और असमीया और बांग्ला भाषाएँ धारा-प्रवाह बोलते थे। इन भाषाओं के लिखने-पढ़ने का ज्ञान उन्हें नहीं था। मैं कई भाषाएँ जानता हूँ, इस बात से वे बहुत प्रभावित थे।

एक दिन वे गाड़ी भेजकर बोले, तुरन्त आ जाइए। मैं पहुँचा तो वे देखकर बोले, "आप कुछ दुर्बल लग रहे हैं।" उन्होंने नौकर से कहकर शुद्ध शहद की बोतल मँगायी और मुझे देकर कहा, "इसका सेवन करिए।"

गुप्त जी प्राकृतिक चिकित्सा के शिविर लगाया करते थे। इसमें वे अंकुरित अन्न, अनेक फल आदि खाने के लिए दिया करते। उनका कहना था कि हमारे ऋषि-मुनि बहुत समझदार थे। किसी पवित्र कार्य के पहले आचमन कराया जाता है। इसका तात्पर्य है कि पानी एकदम नहीं पीना चाहिए। मैं प्रातः उठकर पानी पीता हूँ। उस समय गुप्त जी का कथन याद आ जाता है और मैं आचमन की तरह पानी पीता हूँ। मैं जब तक जीवित रहूँगा प्रातः पानी अवश्य पिऊँगा और गुप्त जी मुझे आजीवन याद

आते रहेंगे।

उन्होंने पत्नी के नाम 'रमा हैल्थ होम' चलाया था। मैंने कहा था, "गुप्त जी, मैं नकली रमानाथ हूँ। असली रमानाथ तो आप हैं।" गुप्त जी मेरे इस विनोद पर हँस पड़े थे।

मेरे प्रिय शिष्य **डॉ० सुन्दरलाल कथूरिया** के प्रयास से मेरे घर टेलिफोन लग गया था। गुप्त जी का फोन आया, "मैं आपके घर आ रहा हूँ और आपको लेकर कहीं जाऊँगा।"

"मैं कपड़े पहनकर तैयार होता हूँ।"

"तो क्या अभी तक नंगे बैठे थे?"

उनसे बात करने में सावधानी बरतनी होती थी। अगली बार जब कहीं चलने के लिए फोन आया तो मैंने कहा था, "कपड़े बदलकर तैयार होता हूँ।"

एक दिन वे आकर बोले, "टी.वी. चालू करो, विशेष समाचार आ रहे हैं।

"वह तो एक सप्ताह से खराब है।"

"तो आपका काम चल जाता है?"

"क्यों नहीं चलेगा?"

"मैं होता तो तत्काल टी. वी. खरीदता, भले ही किश्तों से लेना पड़ता। ब्राह्मण बड़ा सन्तोषी होता है।"

उन्होंने दूसरे दिन टी.वी. ठीक करने के लिए मैकेनिक भेज दिया था। इस बीच अजय ने नया टी.वी. खरीद लिया था। वे मेरे ऊपर अनुग्रहों की बौछार करते। मैं उनकी निर्मल मैत्री चाहता था; अपने ऊपर धन व्यय नहीं करने देता। मैंने कहा, "आप इतना सब क्यों करते हैं? मुझसे तो कुछ आपको मिलने वाला नहीं है।"

"प्रोफ़ेसर, आपको क्या मालूम कि मुझे क्या मिलने वाला है। बनिया कभी निःस्वार्थ भाव से काम नहीं करता। यार प्रोफ़ेसर, एक किस्सा सुना रहा हूँ। बनिया का एक बालक सड़क पर गिर पड़ा। लोगों ने उसे उठाया। बाप ने पूछा, "बेटा, क्या बात है? कैसे गिर पड़े, तबियत तो ठीक है?" वह बोला, "पिता जी, तबियत ठीक है। सड़क पर चवन्नी पड़ी थी, उसे उठाने के लिए मैंने गिरने का बहाना किया था।"

एक दिन मित्रवर गुप्त जी बोले, "प्रोफ़ेसर, आपको एक सच्ची कहानी सुनाता हूँ। सौ साल पहले की बात है। एक लाला की मां ने कहा, बेटा मैं देखना चाहती हूँ कि एक लाख रुपये कैसे होते है। अगले दिन लाला ने मां को एक लाख रुपये दे दिये। मां ने रुपये देखकर कहा, अब इन्हें वापस ले जाओ। लड़का वापस ले जाने को तैयार नहीं हुआ। तब निश्चय किया गया कि पड़ोस के पण्डित को बुलाकर यह धनराशि दान कर दी जाए। आँगन में चौक पूरा गया, विधि-विधान से पूजा हुई। धनराशि पण्डित को देकर लाला ने कहा, पण्डित जी, तुम्हें ऐसा दानी नहीं मिला होगा। पण्डित एकान्त में गया, उसने कान पर जनेऊ चढ़ाकर रुपयों पर पेशाब कर दी और कहा, तुम्हें ऐसा त्यागी भी नहीं मिला होगा। और वह खाली हाथ चला गया। तब के एक लाख आज के डेढ़ करोड़ के बराबर हैं। यार त्रिपाठी, वह पण्डित तुम्हारी तरह टेढ़ा ब्राह्मण था।"

मैं हँस पड़ा था, "गुप्त जी, संसार में जितने भी टेढ़े ब्राह्मण हैं सब मेरी तरह हैं। वैसे मैं इतना टेढ़ा नहीं हूँ। मैं उस धनराशि को अपने ऊपर व्यय नहीं करता, यहाँ तक तो टेढ़ा हूँ। मैं उसे किसी ऐसी परियोजना में लगा देता, जिससे राष्ट्र के सबसे

भयंकर रोग-- पाखण्डी सेक्युलरवाद की कलई खोली जाती।"

मार्च (1983) के प्रथम सप्ताह में मैंने **चित्रकूट** की दुबारा यात्रा की थी। पहली यात्रा नवम्बर, 1973 ई० में हुई थी। पहली यात्रा के एक मास पूर्व चित्रकूट से श्री बाबूलाल गर्ग का पत्र आया था कि डॉ० **राम मनोहर लोहिया** की प्रेरणा से यहाँ राष्ट्रीय रामायण मेला का आयोजन होगा। लोहिया जी की फाइल में एक नोट मिला है कि राष्ट्रीय रामायण मेला में राम-साहित्य के विद्वान् डॉ० रमानाथ त्रिपाठी का सहयोग लिया जाए। इसी से प्रेरित होकर आपको यह पत्र लिखा जा रहा है। कृपया आप आएँ और राम-साहित्य से सम्बन्धित विद्वानों के नाम सुझाएँ।

मुझे याद आया कि लोहिया जी ऐसे रामायण मेला का आयोजन करने वाले थे जिसमें विभिन्न भाषा-रामायणों के विद्वान्, स्तरीय प्रवचनकर्ता, संगीतज्ञ, नर्तक आदि कलाकारों का समागम हो। उन्होंने फरवरी, 1961 ई० में मुझे पत्र लिखा था। उनकी दुःखद आकस्मिक मृत्यु हुई थी। कई वर्ष बाद उनके सपने को साकार कर रहे थे श्री बाबूलाल गर्ग और उनके साथी श्री गोपाल कृष्ण करवरिया।

चित्रकूट जाकर मैंने पाया था कि यहाँ के छोटे वन-पर्वत, मन्दाकिनी नदी, कामदगिरि, गुप्त गोदावरी आदि पर अभी भी राम की छाप है। हमें रावटियों (छोटे तम्बुओं) में ठहराया गया था। पुआल पर बिस्तर लगाकर सोने की व्यवस्था की गयी थी। कड़ाके की ठण्ड में हम कुआँ के पानी से स्नान करते थे। खुले मैदान में टाट से घेरकर शौचालय बनाये गये थे।

मेले का आयोजन प्रतिवर्ष महाशिवरात्रि को होने लगा था। गर्ग जी के बारबार आग्रह पर भी मैं जा न सका। 1983 ई० में उन्हेंने कहा था कि मेले की दसवीं वर्ष गाँठ पर आप अवश्य आइए। मैं उनका अनुरोध टाल नहीं सका था।

इस बार मैंने चित्रकूट की व्यवस्था में परिवर्तन देखा। उत्तर प्रदेश सरकार ने आधुनिक सुविधा-सम्पन्न विश्रामालय बनवा दिया था। कुछ धर्मशालाएँ भी बन गयी थीं। हमारे ठहरने की व्यवस्था विश्रामालय में थी। सवेरे के जलपान में हमें गर्म जलेबियाँ, नमकीन और कुल्हड़ में चाय मिलती। दोपहर के भोजन में दाल, चावल, रोटी, सब्जी आदि की व्यवस्था थी। अपराह्न के समय चाय के साथ पकौड़िया मिलतीं और ब्यालू में पूड़ी-सब्जी। यहाँ का पानी भूख बढ़ा देता, हम जमकर खाया करते। दिन-भर व्याख्यान और प्रवचन चला करते और रात के समय रामकथा के विभिन्न प्रसंगों पर नृत्य-नाट्यों का आयोजन होता। पूरे देश के विद्वानों और कलाकरों का यह संगम अत्यन्त सुखदायक और मंगलदायक था। हजारों की संख्या में श्रोता उपस्थित होते थे।

मेरे भाषण का विषय था-**सीता-निर्वासनः देश-विदेश की रामायणों** में। यह मेरा प्रिय विषय था। विशाल भीड़ थी, जनता तन्मय होकर सुन रही थी। आधा भाषण शोध-परक था और आधा था भावनात्मक। भाषण के अन्त की ओर जब पाताल-प्रवेश के पूर्व सीता की मर्म-भेदी उक्तियों का उल्लेख किया तब भावावेश से मेरा गला काँपने लगा था। मैंने कई रामायणों से उद्धरण दिये थे। असम के **सन्त शंकरदेव** ने असमीया रामायण के उत्तरकाण्ड में जो वर्णन किया है उसमें सीता के ओजस्वी रूप के साथ ही करुणरूप के दर्शन होते हैं। मैंने सीता की उक्तियाँ सुनायी थीं। श्रोताओं

में महिलाएँ आँचल से आँसू पोंछ रही थीं, पुरुषों ने भी रूमाल निकाल लिये थे। मैं स्वयं भी भावुक हो उठा था। भाषण समाप्त करते हुए जैसे ही मैंने रुँधे कण्ठ से कहा, 'जब श्री राम,' पण्डाल तालियों की गड़गड़ाहट से गूँज उठा था।

तभी किसी ने मेरे हाथ में पर्ची थमा दी, लिखा था—कृपया असम की समस्या पर भी प्रकाश डाल दीजिए। मैं पुनः माइक के सामने था। मैंने असम-समस्या का गहन अध्ययन किया था। मैंने विभिन्न स्रोतों से सामग्री एकत्र की थी। मैंने 10 मिनट का जो वक्तव्य दिया वह प्रस्तुत है—

"भारत के बँटवारे से पहले ही मुस्लिम लीग ने पूरा प्रयास किया था कि असम में मुसलमानों को इतनी बड़ी संख्या में बसा दिया जाए कि विभाजन के समय उसे पूर्वी पाकिस्तान के हिस्से के रूप में माँगा जाए। इस प्रकार 1947 ई० से ही बंगाली मुसलमान असम में घुस-पैठ करने लगे थे। राष्ट्रीय स्वयंसेवक संघ के **गुरु गोलवलकर** जी ने इस खतरे की ओर बार-बार आगाह किया था, असम में दो तरह के लोग आ रहे थे, एक थे वे बांग्ला-भाषी हिन्दू जो मार-मारकर भगाये जा रहे थे। दूसरे थे बांग्ला-भाषी मुसलमान, ये असम की धरती पर कब्जा करने आ रहे थे। सरदार पटेल ने घोषणा की थी कि मुसलमानों को वापस किया जाए और हिन्दू शरणार्थियों को बसाया जाए और पाकिस्तान से इसके लिए मुआवजा माँगा जाए। मुसलमानों ने एक चालाकी की थी। शुरू में इन्होंने अपनी भाषा असमीया बतायी थी, ताकि ये पहचान में न आ सकें और मतदाता-सूची में नाम दर्ज करा सकें।

कांग्रेस ने इन मुसलमानों को बसने दिया। इन्हें वोट-बैंक बनाया गया। असम में इनकी आबादी 40 प्रतिशत हो गयी। अब स्थिति यह है कि कोई भी राजनीतिक पार्टी इनके वोटों के बिना सत्ता में नहीं आ सकती। इनकी संख्या बढ़ती जा रही है। एक दिन ऐसा आएगा जब असम कश्मीर बना दिया जाएगा और यहाँ के हिन्दू शेष भारत की ओर खदेड़ दिये जाएँगे।

अपने देश के सेक्युलरिया लोग भारत को विराट् धर्मशाला बनाये हुए है। यहाँ चाहे जिसको बसा दिया जाता है। कहते हैं कि कम्यूनिस्ट लोग घुसपैठियों के एक हाथ में लाल झण्डा और दूसरे में राशन कार्ड थमा देते हैं। बांग्लादेश (पहले का पूर्वी पाकिस्तान) एक सजग राष्ट्र है। उसने अपने देश को धर्मशाला नहीं बनने दिया। बर्मा से कई हजार बांग्ला-भाषी मुसलमान वहाँ आये थे। बांग्लादेश ने इन अपने मजहबी भाइयों को बर्मा वापस भेज दिया था। बांग्ला-देशीय लोग चोरी-चुपके अरब देशों में पहुँचते हैं तो वहाँ के लोग जाति-बिरादरी की भावना से हटकर इन घुसपैठियों को खदेड़ देते हैं। अरब के लोग मुसलमान होने से पहले राष्ट्रवादी हैं।

असम देश को खनिज तेल देता है, उत्तम कोटि की चाय देता है और प्लाइवुड भी देता है। उसका दोहन किया जाता रहा, किन्तु उसके विकास की अनदेखी की गयी।

जनसंख्या-विस्फोट और राजनीतिक दलों की वोट-बैंक वाली लोलुपता के कारण असम की जनता क्षुब्ध हो उठी। गौहाटी विश्वविद्यालय के छात्रों ने घुसपैठ-समर्थक मार्क्सवादी छात्रों का घोर विरोध किया। **असम गण संग्राम परिषद्** ने प्रबल आन्दोलन छेड़ दिया। असम की श्रेष्ठ और प्रभावशाली साहित्यिक-सांस्कृतिक संस्था **असम साहित्य सभा** का आशीर्वाद इसे प्राप्त था। कहा गया कि आन्दोलन का मस्तिष्क है असम साहित्य सभा और इसकी बलिष्ठ भुजाएँ हैं असम के छात्र। यह

आन्दोलन 1979 ई॰ से आरम्भ हुआ था। आन्दोलन शान्ति-पूर्ण था। जनता धरने और जुलूसों के द्वारा प्रदर्शन कर रही थी। उसकी माँग थी कि 1951 ई॰ की मतदाता-सूची को आधार मानकर जाँच की जाए और जो भी विदेशी मिले उसे निकाला जाए। जब तक यह काम पूरा न हो तब तक लोकसभा के चुनाव न कराये जाएँ। भला सरकार मुस्लिम घुसपैठियों के वोट-बैंक को कैसे छोड़ सकती थी। उसने कर्फ्यू लगाकर सैनिक शासन की घोषणा कर दी। चेतावनी दी गयी कि कोई घर से बाहर न निकले। दो घण्टे के भीतर लाख-लाख लोग गौहाटी की सड़कों पर आ गये। वे रामधुन गाते हुए प्रदर्शन कर रहे थे। इस प्रबल और शान्तिपूर्ण आन्दोलन के आगे जवानों की संगीनें नीची हो गयी थीं। सरकार को झुकना पड़ा था। राजनीतिक दलों ने प्रचार किया था कि यह आन्दोलन साम्प्रदायिक है, मुसलमानों के खिलाफ है। यह सरासर झूठ था। आन्दोलन भारतीयों का था और विदेशियों के विरुद्ध था। आन्दोलन में कई असमीया-भाषी मुसलमान भी भाग ले रहे थे।

मैंने 1967 ई॰ में जो **कली और धुआँ** उपन्यास लिखा था उसमें मैंने असम की इस समस्या का भी उल्लेख किया था, साथ ही तीन सुझाव भी दिये थे-

1. बांग्लादेशी मुसलमानों को तुरन्त वापस भेजा जाए।
2. सीमा पर पूर्व सैनिक बसाये जाएँ।
3. सीमा पर कँटीले तार लगाये जाएँ।

असम के अतिरिक्त पश्चिम बंगाल, त्रिपुरा, बिहार, उत्तर प्रदेश, दिल्ली और मुम्बई में भी बांग्ला-देशीयों का सैलाब उमड़ता आ रहा है। दो करोड़ से अधिक बांग्लादेशी यहाँ आकर बस गये है। इनमें पाकिस्तानी एजेण्ट भी हैं। ये हमारे देश के अर्थ-तंत्र को चौपट कर देंगे। ये चोरी, डकैती और हत्या में लिप्त हैं। यदि कहीं बांग्ला-देश या पाकिस्तान से युद्ध छिड़ जाए तो सेना इन देशों से लड़ेगी या इन दो करोड़ घुसपैठियों से। सत्ता-लोलुप नेता इस महान् खतरे की अनदेखी कर राष्ट्र के साथ गद्दारी कर रहे हैं। धिक्कार है इन राष्ट्र-द्रोहियों को।"

पण्डाल फिर एक बार तालियों से गूँज उठा था। एक कांग्रेसी सज्जन माइक के सामने दहाड़ उठे, "यह रामायण मेला का मंच है, राजनीति का मंच नहीं। डॉ॰ त्रिपाठी को ऐसा भाषण नहीं देना चाहिए था।" मंच के संचालक **डॉ॰ चन्द्रिका प्रसाद दीक्षित** भी घबराये स्वर में बोले, "डॉ॰ त्रिपाठी उद्‌भट विद्वान् हैं, किन्तु स्वभाव के भोले और सरल हैं। कुछ लोग यहाँ मेला में विघ्न डालने के लिए उपस्थित हैं। किसी ने त्रिपाठी जी को पर्ची थमाकर ऐसा बोलने के लिए भरमा दिया है।"

मैं गहरे सोच में डूब गया। भावावेश में आकर मैंने यह क्या कर डाला। मैं मंच से उतरकर चल पड़ा। कार्यालय में **श्री बाबूलाल गर्ग** बैठे हुए थे। वे बोले, "त्रिपाठी जी, आप क्या बोल गये? मैं यहाँ बैठा-बैठा सुन रहा था।"

"गर्ग जी, यदि मैं आपकी दृष्टि से अनुचित बोल गया हूँ तो कल मैं मंच से घोषणा कर सकता हूँ कि मुझे पर्ची थमा दी गयी थी तो मैंने समझा कि संयोजक की ओर से यह आयी है। इसीलिए मैं बोल गया। मैंने जो कुछ कहा उसे मैं अभी भी सही मानता हूँ, तथापि मंच की मर्यादा का ध्यान रखकर मैं खेद प्रकाश करता हूँ। गर्ग जी, यह मैं इसलिए कह रहा हूँ कि मैं नहीं चाहूँगा कि मेरे वक्तव्य से रुष्ट होकर सरकार रामायण मेला को अनुदान देना बन्द कर दे। बस मुझे इसी की चिन्ता

है।"

गर्ग जी मुस्कराकर बोले, "त्रिपाठी जी, अनुदान की चिन्ता मत कीजिए। अरे कोई तो ऐसा हो जो एक कटु सत्य को बहादुरी के साथ कह सके। आपको मंच से सफाई देने की कोई आवश्यकता नहीं है।" ऐसा कहकर गर्ग जी समाचार-पत्रों को आज के कार्यक्रम का विवरण देने के लिए फोन खटखटाने लगे। दूसरे दिन 2 मार्च, 1983 ई० को कई समाचार-पत्रों में इस कार्यक्रम की रपट छपी थी। 'दैनिक आज' की कतरन मेरे पास है। प्रकाशित समाचार का कुछ संशोधित रूप प्रस्तुत है–

रामायण मेला में असम की गूँज

राष्ट्रीय रामायण मेले में आज 50 हजार से अधिक की भीड़ रही। मेले में हिन्दी के प्रसिद्ध विद्वान् डॉ० त्रिपाठी ने देश की विभिन्न भाषाओं की रामायणों में वर्णित सीता-निर्वासन की कथा पर प्रकाश डाला। उन्होंने कहा कि असम में विदेशियों को छद्म नागरिकता देकर असम की संस्कृति को नष्ट किया जा रहा है और यही स्थिति रही तो देश के अनेक टुकड़े हो जाएँगे। त्रिपाठी जी के कथन पर भूतपूर्व मंत्री...... ने कहा, यह रामायण मेला है, कोई राजनीतिक मंच नहीं। सभा में डॉ० सूर्य नारायण गोप (नेपाल), डॉ० कुँवर चन्द्र प्रकाश सिंह, श्री लल्लन प्रसाद व्यास, डॉ० इन्दिरा गोस्वामी आदि विद्वान् उपस्थित थे। सांस्कृतिक कार्यक्रम में भरत नाट्यम् तथा कठपुतली नृत्य मनोहारी थे।

कार्यक्रम के पश्चात् कई लोग मेरे कक्ष में आकर बधाई दे गये थे। वे उस भूतपूर्व मंत्री के कथन से रुष्ट थे जिसने मेरा विरोध किया था। अन्त में एक संन्यासी मिलने आये। वे बैठे-बैठे मुस्करा रहे थे। मैंने मुस्कराने का कारण पूछा। वे बोले, "मंच पर वह पर्ची मैंने ही आपको दी थी। आपका वक्तव्य जरूरी था। तुष्टिकरणवादी नेताओं ने भ्रम फैला रखा है। इसका निराकरण होना ही चाहिए। कोई विरोध करता है तो उसकी परवाह मत कीजिए। जनता ने आपका वक्तव्य सराहा है।" इन्होंने अपना नाम स्वामी प्रेमानन्द बताया था। ये विश्व हिन्दू परिषद् से सम्बद्ध जान पड़े। ये ऋषिकेश से आये थे।

जब मैं मन्दाकिनी नदी की धार पर अपने हाथों से पतवार चलाकर नौका-विहार का आनन्द ले रहा था तब भी तट पर खड़े लोग हाथ हिला-हिलाकर मेरा अभिनन्दन कर रहे थे।

मैं यहाँ दर्शनीय स्थलों का वर्णन नहीं कर रहा हूँ, क्योंकि मैंने इस वर्णन का उपयोग अपने 'रामगाथा' उपन्यास में किया है।

डॉ० **शशि भूषण सिंहल** से सम्बन्ध बढ़ रहे थे। उन्होंने म० द० विश्वविद्यालय के हिन्दी विभाग की ओर से मुझे वक्ता के रूप में आमंत्रित किया था। उन्होंने दोपहर के पहले ही आने का आग्रह किया था, ताकि भोजन साथ-साथ हो सके। भाभी ने ऐसा सुस्वाद भोजन परोसा था, जो शाकाहारी सनातनियों के यहाँ बना करता है। आँगन में बिछे पलंगों पर हम दोनों लेट गये थे। जाड़े की गुनगुनी धूप सुहावनी लग रही थी। भाभी प्लेटों में गुड़ की गजक ले आयीं। मुझे चीनी नहीं, गुड़ की गजक पसन्द है। यह मेरे लिए रुचिकर थी।

पहले भाषण का विषय था–**राम-साहित्य में सीता-निर्वासन।** इस विषय पर मैं

कई संस्थाओं के मंच से बोल चुका था। प्रत्येक बार मैं नये तर्क और तथ्य जोड़ता रहता था।

चाय-पान के पश्चात् दूसरे भाषण का विषय था—**राम-साहित्य में स्थानीय रंगत**। इसमें मैंने बताया था कि रामकथा जिस प्रदेश या अंचल में गयी इसने अपने को वहाँ के परिवेश में ढाल लिया। यह भी मेरा प्रिय विषय था। मैंने बहुत ही श्रम-पूर्वक वस्त्र-अलंकार, रीति-प्रथा, भोज्य-सामग्री आदि की दृष्टि से अछूती सामग्री एकत्र की थी। मैंने यह भी बताया था कि अंग्रेजी के लोकल कलर को मैं पहले स्थानीय रंग कहा करता था, अब रंग के स्थान पर रंगत कहता हूँ। मुझे यह शब्द डॉ॰ सिंहल की आलोचनात्मक पुस्तक से प्राप्त हुआ है। मैं उनके प्रति आभारी हूँ।

उपस्थित विद्वज्जनों और छात्रों ने माना था कि राम-साहित्य के सन्दर्भ में उन्हें ज्ञान-वर्धक और रोचक तथ्य ज्ञात हुए हैं। एक किसी विद्वान् ने कहा था कि हम तो सोच भी नहीं सकते थे कि इस दृष्टि से भी राम-साहित्य का अध्ययन किया जा सकता है। मेरे इस प्रकार के शोध-आलेख मेरी पुस्तक **रामकथा-नये सन्दर्भ** में समाविष्ट हैं। यह कार्यक्रम 8 दिसम्बर, 1983 ई॰ को हुआ था।

मैं उसी दिन दिल्ली लौट आया था। यह साहित्यिक यात्रा मेरे लिए बहुत उपयोगी रही थी। सिंहल जी सेवा-मुक्त होकर हमारे पास के मुहल्ले कपिल विहार में बस गये थे। वे हमारी कालोनी वैशाली के पार्क में घूमने के लिए आने लगे थे। सम्मान्य **डॉ॰ उदयभानु सिंह** भी हमारे साथ पार्क में घूमा करते थे। घूमते-घूमते कई विषयों पर चर्चा हो जाया करती थी। यह एक प्रकार की चलन्त गोष्ठी हुआ करती थी। सिंहल जी डॉ॰ सिंह से और मुझसे प्रश्न पर प्रश्न करते और हमारे ज्ञान का अपहरण करते रहते। अपने विशाल ज्ञान का एक कण भी हमें नहीं दिया करते थे। मैं उनकी इस वणिक-वृत्ति पर मुग्ध था।

डॉ॰ जयप्रकाश से मेरे दो प्रकार के सम्बन्ध हैं। मैंने इनके बड़े भाई को विधिवत् कानपुर के कालेज में पढ़ाया है। ये भी मुझसे एकाध दिन पढ़े हैं। मेरी नियुक्ति दिल्ली विश्वविद्यालय में हो गयी थी, अतः मैं इन्हें अधिक दिनों तक नहीं पढ़ा सका था। फिर भी ये मुझे गुरुवत् मानते हैं। दूसरा सम्बन्ध यह है कि मेरे सहृदय मित्र और संवेदनशील सत्कवि प्राचार्य **रामेश्वर प्रसाद द्विवेदी** इनके फूफा हैं। जब ये चण्डीगढ़ विश्वविद्यालय पढ़ने गये तो इनके गुरु **पं. हजारी प्रसाद द्विवेदी** ने इनसे कहा था— तुम अपने नाम से द्विवेदी उपाधि हटा दो। लोग समझेंगे कि तुम मेरे परिवार के हो और मैं तुम्हारा पक्षपात करता हूँ। तब से ये जयप्रकाश द्विवेदी से केवल जयप्रकाश रह गये। वैसे पण्डित हजारी प्रसाद जी सरयूपारीण द्विवेदी थे और ये हैं कान्यकुब्ज द्विवेदी।

जयप्रकाश जी की नियुक्ति अमृतसर विश्वविद्यालय में हुई थी। इन्होंने मुझे एम. फिल. की दो शोध-छात्राओं की मौखिक परीक्षा लेने के लिए बुलाया था। शोध-प्रबन्धों में एक **कान्हावत** पर था, जिसका उल्लेख मैंने 1982 के साक्षात्कार में किया है। मैं इन्हीं के घर ठहरता था। बहूरानी मुझे परिवार का गुरुजन मानकर आदर देती थीं। जयप्रकाश जी ने ही मुझे अमृतसर के स्वर्ण मन्दिर और जलियाँवाला बाग देखने का

अवसर प्रदान किया था। जालियाँवाला बाग देखकर मेरा खून खौल उठा था। **प्रो. रमेश कुन्तल मेघ** ने अपने घर बुलाकर मुझे भोजन कराया था। मुझे उनके घर की सुस्वादु कढ़ी की याद अभी तक है। इन दोनों विद्वानों ने कभी एक दूसरे के बारे में मुझसे कुछ नहीं कहा, तथापि लगा था कि इन अक्खड़ कनौजिया बाँभनों की आपस में पट नहीं रही थी।

जयप्रकाश जी चण्डीगढ़ विश्वविद्यालय में आ गये थे। 13 जनवरी, 1984 ई॰ को इन्होंने दो शोध-छात्राओं की मौखिकी के लिए मुझे बुलाया था। परीक्षा सम्पन्न हो जाने के बाद जयप्रकाश जी मुझे लेकर एक कक्ष में आ गये। वहाँ **प्रो. धर्मपाल मैनी** आदि प्रोफ़ेसर और छात्र-छात्रा विराजमान थे। मुझे बताया गया कि छात्र मेरे वचनों से लाभान्वित होना चाहते हैं। मैं घबरा गया, मुझे कुछ सूझ नहीं रहा था कि क्या कहूँ। मैंने अपने को संयत कर कहा, "मेरे अध्ययन का क्षेत्र राम-साहित्य है। आप इस क्षेत्र से सम्बन्धित कोई भी प्रश्न करें, मैं उसका उत्तर दूँगा।" एक छात्रा ने कहा, "राम ने गर्भावस्था में सीता को निकाला। क्या यह उचित था?"

"बेटी, तुमने मेरी समस्या का समाधान कर दिया। मैं इसी विषय पर बोलूँगा।" मैंने मन को एकाग्र कर आधे घण्टे का भाषण दिया था। अन्त में मैंने कहा, "अब आप प्रश्न कर सकते हैं।" सन्नाटा छाया रहा, किसी ने प्रश्न नहीं किया। संचालन करने वाले अध्यापक बार-बार संकेत कर रहे थे कि कुछ तो पूछो। एक छात्रा उठ खड़ी हुई,

"सर, आप स्वयं ही प्रश्न प्रस्तुत करते और समाधान देते गये। अब कुछ पूछने को रह ही नहीं गया है। हम क्या पूछें।"

पूरे कक्ष में हँसी गूँज गयी थी।

चण्डीगढ़ नया शहर है। इसे योजना-बद्ध ढंग से बसाया गया है। यहाँ मैंने अनेक लड़कियों को हेल्मेट लगाये विकी पर जाते देखा है। जयप्रकाश जी मुझे अपने स्कूटर से रोज़ गार्डन छोड़कर अपनी क्लास लेने चले गये थे। वे मुझे बता गये थे कि यहाँ से रिक्शा लेकर मैं रॉक गार्डन और झील अवश्य देखूँ। रोज़ गार्डन में बहुत सारे गुलाब लगे हुए थे। मेरी रुचि इनमें नहीं थी। मैं रॉक गार्डन पहुँच गया। पहाड़ी टीला काटकर भूल-भुलैयाँ जैसा कुछ बनाया गया था। सँकरे रास्ते की दोनों ओर सीढ़ियों पर भाँति-भाँति की प्रस्तर मूर्तियाँ स्थापित थीं। कहीं-कहीं झरने झर रहे थे। एक अध्यापिका बच्चों का दल लेकर आयी। वह बोली, "बच्चो, सँभलकर रहना। देखो, ये पत्थर के आदमी हाथ उठाये तुमसे लड़ने को तैयार खड़े हैं।" बच्चों ने चकित होकर देखा। मैं हँस पड़ा। वह अध्यापिका भी मुस्करा गयी।

दूर तक फैली झील भी देखी। जलाशय देखकर मेरा मन करता है कि नाव पर बैठकर अपने हाथ से पतवार चलाये जाएँ। पता नहीं यहाँ नौकायन की व्यवस्था थी या नहीं। वापसी की बस पकड़नी थी। मैं बस अड्डे की ओर चल पड़ा।

जयप्रकाश जी और बहूरानी सामने आने पर मुझे भरपूर आदर-सम्मान देते हैं। एक ही शिकायत है, अपनी बुआ (डॉ॰ रामेश्वर प्रसाद द्विवेदी की धर्मपत्नी) का सगा भतीजा ऐसा निर्मोही है कि कभी एक पत्र का भी उत्तर नहीं देता है।

25

जनता पार्टी की सरकार के पतन के साथ ही **भारतीय साहित्य परिषद्** शिथिल हो गयी थी। 1982 ई॰ में एशियायी खेल हुए थे। इसी दौरान कभी झण्डेवाला में 15-20 लोग विचार करने बैठे कि संस्था को पुनः जीवित किया जाए। मित्र लोग मुझे अध्यक्ष बनाना चाहते थे। मैंने श्रीमती कमला रत्नम् का नाम प्रस्तावित किया था। इस बार लोग चाह रहे थे कि अध्यक्ष ऐसा चुना जाए जो केवल शोभा की वस्तु न हो, वह सक्रिय संगठन-कर्ता हो। मैं अध्यक्ष, डॉ॰ कमल किशोर गोयनका महासचिव, श्री जीतिसंह संगठन-सचिव और श्री हरिकृष्ण गुप्त अर्थ-सचिव (कोषाध्यक्ष) बनाये गये।

मैंने दौड़धूप कर विश्वविद्यालय के विभिन्न विभागों के प्रोफ़ेसरों को सदस्य बनाया। जब कार्यक्रम का आयोजन होता मैं लगभग 50 निमंत्रण पत्र लोगों के पास पहुँचाता या पोस्टमैन की तरह लैटर बाक्सों में डाल आता। इस प्रकार संस्था का डाक-व्यय बचाने का प्रयास करता। मैं कई वर्ष तक दिल्ली प्रदेश समिति और केन्द्रीय समिति दोनों का अध्यक्ष रहा। मैं संस्था का काम अपने पैसों से करता था। कार्यक्रम के दिन मंच के सजाने में सहयोग देता, बैनर टाँगता, मेज-कुर्सी ठीक लगाता। मेरे कई प्रिय छात्र भी संस्था से जुड़ गये थे, ये महत्त्वपूर्ण पदों पर कार्यरत थे। मैं पागल की तरह जुटा रहता। मन में एक ही धुन समायी हुई थी कि किस प्रकार वामपन्थी साहित्यकारों का कुचक्र निर्मूल किया जाए। ये लोग संचार-माध्यमों में घुसपैठ कर उनका दुरुपयोग कर रहे थे। ये लोग राष्ट्रीयता की जड़ें खोखली करते रहते थे। मैं सर्जन और शोध के अपने क्षेत्र से हटकर अपने को संगठन-कार्य में निःस्पृह भाव से झोंके हुए था। क्या मुझे इस स्तर तक उतरना चाहिए था?

अगले सत्र में मैंने अध्यक्षीय पद से **डॉ॰ सुन्दरलाल कथूरिया** को महासचिव घोषित किया था। जीत जी, कथूरिया जी और गुप्त जी के सहयोग से कई साहित्यिक कार्यक्रम आयोजित हुए थे। **श्री हरिकृष्ण गुप्त** मेरे कारण संस्था में आये थे। उन्होंने संस्था का पंजीयन अपने अकेले दम पर कराया था। इस काम के लिए कार-ड्राइवर सहित एक आदमी लगाया गया था। गुप्त जी ने पैसा भी लगाया था। संस्था नये नाम से पंजीकृत हुई-**अखिल भारतीय साहित्य परिषद्।** जीत जी का आग्रह था कि संस्था का स्थायी पता उनके घर का दिया जाए, भला मुझे क्या आपत्ति थी। मैं अध्यक्ष, जीत जी महासचिव और गुप्त जी अर्थ-सचिव थे। इस प्रकार मैं प्रदेश समिति और केन्द्रीय समिति दोनों का ही अध्यक्ष था और गुप्त जी भी दोनों समितियों के अर्थ-सचिव थे।

केन्द्रीय कार्यकारिणी के सदस्यों की बैठक बुलायी गयी थी। गुप्त जी ने सदस्यों के ठहरने की व्यवस्था अपने प्राकृतिक चिकित्सा केन्द्र रमा हैल्थ होम में की थी। इसमें सात-आठ राज्यों के कार्यकर्ता अपने खर्चे पर आये थे। इनमें सर्वश्री डॉ॰ कृष्णचन्द्र गोस्वामी, डॉ॰ मथुरेश नन्दन कुलश्रेष्ठ, डॉ॰ भुवनेश्वर गुरुमैता, डॉ॰ दयाकृष्ण विजय-वर्गीय आदि थे। बैठक में जीत जी ने प्रस्ताव रखा था कि संविधान में संशोधन कर एक स्थायी संयोजक का प्रावधान किया जाना चाहिए। शायद वे स्वयं

स्थायी संयोजक बनना चाहते थे। यह प्रस्ताव पास नहीं हो सका था।

पं. चन्द्रकान्त बाली के सहयोग से 17 जनवरी, 1986 को राष्ट्रपति भवन में **गुरु गोविन्द सिंह जयन्ती** का आयोजन किया गया था। महामहिम राष्ट्रपति **ज्ञानी जैलसिंह जी** ने अध्यक्षता की थी। परिषद् के इस महत्त्वपूर्ण कार्यक्रम का समाचार आकाशवाणी से प्रसारित हुआ था। संस्था के एक सदस्य तथा मेरे प्रिय शिष्य **श्री सुभाष सेतिया** तब आकाशवाणी के समाचार-प्रभाग में थे।

मैं अक्तूबर, 1986 में प्रमाण-पत्र के अनुसार साठ वर्ष का होने जा रहा था। मेरे प्रिय शिष्यों और पूरे देश में फैले प्रिय जनों ने निश्चित किया कि मेरा **षष्टि-पूर्ति** समारोह मनाया जाए। समिति का गठन कर धनराशि जुटायी जाने लगी। शिष्यों ने इस अवसर पर अभिनन्दन-ग्रन्थ भी प्रस्तुत करने का सुझाव दिया। मुझे नहीं लगता था कि मेरे-जैसे साधारण व्यक्ति के लिए अभिनन्दन-ग्रन्थ छप सकेगा। कार्यकारिणी की बैठक में, मैंने कहा, "यह कैसे होगा?" मेरे मित्र गुप्त जी गुर्राकर बोले, "यह होगा?"

"कैसे होगा?"

"इससे आपको मतलब? जब मैंने कहा कि होगा तो होगा। आप लोग सामग्री तैयार कर मुझे दीजिए। ग्रन्थ को छपाने की सारी व्यवस्था मेरी होगी। प्रथम संस्करण की दो हजार प्रतियाँ छपेंगी।"

"गुप्त जी, एक हजार प्रतियाँ छपाइए। इससे अधिक छपाना बेकार है। मेरी शर्त होगी कि अभिनन्दन-ग्रन्थ को मेरे प्रिय विषय रामकथा पर केन्द्रित किया जाए, ताकि वह सन्दर्भ ग्रन्थ बन सके। जो अभिनन्दन-ग्रन्थ केवल व्यक्ति विशेष पर केन्द्रित होता है लोग उसे प्रायः नहीं पढ़ा करते। मेरे बारे में बहुत कम सामग्री इसमें दी जाए।"

अंग्रेजी पुस्तकों का वितरण करने वाली संस्था बिबिलिया इम्पैक्स के मालिक **श्री हरीशचन्द्र** के सहयोग से गुप्त जी ने बहुत ही बढ़िया रूप में अभिनन्दन-ग्रन्थ छपाया था। डॉ॰ सुन्दरलाल कथूरिया ने नाम दिया था– **रामकथाः विविध आयाम–डॉ॰ रमानाथ त्रिपाठी अभिनन्दन ग्रन्थ।** मेरे गुरु **डॉ॰ भगीरथ मिश्र** इसके प्रधान सम्पादक थे। योजना बनायी गयी थी कि मेरे अग्रज तुल्य वयोवृद्ध मित्र **डॉ. हरे कृष्ण महताब** समारोह में मुख्य अतिथि के रूप में उपस्थित रहेंगे। उन्होंने अनुमति भी दे दी थी। किन्तु, शोक, इस अवधि में उनका देहान्त हो गया।

मैंने विनम्र सुझाव दिया था कि ग्रन्थ का लोकार्पण रामनवमी के अवसर पर किया जाए। ऐसा ही हुआ था। मैं समारोह का वर्णन स्वयं न कर आयुष्मान् **अवनिजेश अवस्थी** द्वारा प्रस्तुत तथा समाचार-पत्रों में छपी रपट ही यहाँ ज्यों की त्यों दे रहा हूँ–

षष्टि-पूर्ति-समारोह की रपट

रामनवमी (7-4-87) के अवसर पर रामकथा के मर्मज्ञ विद्वान् डॉ॰ रमानाथ त्रिपाठी की षष्टि-पूर्ति के अवसर पर डॉ॰ भगीरथ मिश्र द्वारा सम्पादित ग्रन्थ–'रामकथाः विविध आयाम' का विमोचन किया गया। विमोचन-कर्ता कल्याण मंत्रालय के उपमंत्री श्री **गिरिधर गोमांगो** ने कहा, लोग डॉक्टरेट करने के बाद अध्ययन करना छोड़ देते हैं, त्रिपाठी जी अभी भी अध्ययनरत हैं। गोमांगोजी ने धर्म-संस्कृति की सूक्ष्म व्याख्या कर रामकाव्य को मानव-धर्म का महाकाव्य बताया। वाल्मीकि का उदाहरण देकर उन्होंने सिद्ध किया कि एक दस्यु भी साधना के द्वारा महापण्डित हो

सकता है। उन्होंने डॉ॰ त्रिपाठी की एकनिष्ठा की भूरि-भूरि प्रशंसा की।

दिल्ली विश्वविद्यालय के समकुलपति **डॉ॰ गंगराडे** ने बताया कि मराठी में एक कहावत है कि साठ साल का होने पर व्यक्ति की बुद्धि नष्ट हो जाती है, किन्तु डॉ॰ त्रिपाठी ने अथक परिश्रम से इस उक्ति को झुठला दिया है।

शीर्षस्थ आलोचक और विद्वत्वर **डॉ॰ नगेन्द्र** ने डॉ॰ त्रिपाठी को स्नेहाशीष देते हुए कहा—रामभक्ति के प्रति एकनिष्ठा होते हुए भी त्रिपाठीजी की साधना में व्यापकता है। साधना का सबसे बड़ा रहस्य यही है कि व्यक्ति केन्द्रित भी रहे और व्यापक भी। साधना ही एक अध्यापक का मोक्ष है। यह अभिनन्दन व्यक्ति का नहीं, निष्ठा का साधना का और समर्पण का है।

वरिष्ठ प्रोफ़ेसर और डॉ॰ त्रिपाठी के मित्र **डॉ॰ ओम्प्रकाशजी** का कहना था कि मैंने अभी मणिपुर की यात्रा की तो पता चला कि पूर्वांचल में यदि कोई हिन्दी विद्वान् प्रचारित है तो वे हैं डॉ॰ रमानाथ त्रिपाठी। डॉ॰ त्रिपाठी का अभिनन्दन एक निष्ठावान् प्राध्यापक और साहित्यकार का है। राम के प्रति भक्ति के तीन स्वरूप हैं— 1. तुलसी-कबीर वाली भक्ति, 2. गुरु गोविन्द सिंह और समर्थ गुरु रामदास वाली भक्ति और 3. पं॰ रामचन्द्र शुक्ल और त्रिपाठी जी वाली। इन्होंने कई भाषाएँ सीखकर जो तुलनात्मक अध्ययन किया वह जीविका के लिए नहीं किया। भारत में ऐसा कोई विद्वान् नहीं है जिसने चार-पाँच भाषाओं के साहित्य का हिन्दी साहित्य के साथ तुलनात्मक अध्ययन किया है।

हिन्दी-विभागाध्यक्ष **प्रोफ़ेसर महेन्द्र कुमार** ने कहा कि डॉ॰ त्रिपाठी को अपनी योग्यता और प्रतिभा के अनुसार उनका प्राप्य नहीं दिया गया। उनमें बच्चों जैसी निश्छलता है। वे जो बात ठीक समझते हैं उसका पालन करते हैं, अन्यथा साफ इन्कार कर देते हैं। तुलसी के शब्दों में वे ऐसे सन्त हैं जिन्हें यथालाभ सन्तोष है।

अभिनन्दन-समिति के संरक्षक, डॉ॰ त्रिपाठी के अभिन्न मित्र और ग्रन्थ के प्रकाशक **श्री हरिकृष्ण गुप्त** ने कहा—त्रिपाठी जी ने नम्रता-पूर्वक चाहा था कि अभिनन्दन-ग्रन्थ में राम के विषय में शोध-सामग्री हो। उनका परिचय या तो दिया ही न जाए और दिया जाए तो सबसे अन्त में। मैं पूर्वांचल में रहा हूँ, मैंने देखा है कि लोग 30-30 वर्ष तक पूर्वांचल में रहे और वहाँ की भाषाएँ न सीख पाए। त्रिपाठी जी ने यहाँ बैठे-बैठे तीनों पूर्वांचलीय भाषाएँ सीख लीं। हमारी मैत्री का एक सुदृढ़ आधार यह भी है कि डॉ॰ त्रिपाठी ने मुझसे कुछ नहीं चाहा।

श्रीमती कमला रत्नम् ने श्रीमती हेम त्रिपाठी को डॉ॰ त्रिपाठी की मूल प्रेरणा मानते हुए उनका अभिनन्दन किया। उन्होंने कहा कि त्रिपाठी जी ने रामकथाओं पर तो कार्य किया ही है उन्होंने बांग्ला-देशीय आख्यान- गीति-समूह पर आधारित **शंख-सिन्दूर** उपन्यास में एक नूतन शिल्प का परिचय दिया है। यह उपन्यास हिन्दी-साहित्य को नयी देन है।

कार्यक्रम की अध्यक्षता प्रसिद्ध विधिवेत्ता और साहित्यकार **डॉ॰ लक्ष्मीमल्ल सिंघवी** ने की। उनका कहना था कि त्रिपाठी जी का अभिनन्दन कर वस्तुतः हम अपना ही परिष्कार कर रहे हैं। रामकथा हमारे जीवन का सांस्कृतिक स्पन्दन है और रामकथा-मर्मज्ञ का अभिनन्दन कर हम सचमुच में भारतीय मनीषा को ही सम्मानित कर रहे हैं। व्यक्ति की महानता इसमें नहीं है कि उसने समाज से क्या लिया, अपितु इस बात में है कि उसने समाज को क्या दिया। ग्रन्थ में डॉ॰ त्रिपाठी की धर्मपत्नी की

भेंटवार्त्ता छपी है। यह भेंटवार्त्ता त्रिपाठी जी के चरित्र को उजागर करती है।

कार्यक्रम का दक्ष-संचालन करते हुए उनके प्रिय शिष्य **डॉ॰ सुन्दरलाल कथूरिया** ने कहा कि डॉ॰ त्रिपाठी कभी लाभ के पद पर नहीं रहे, तथापि इनके प्रिय शिष्य-शिष्याओं और मित्रों ने उनके सम्मान में इतना भव्य आयोजन किया।

अन्त में प्राचार्या **डॉ॰ कमला सांघी** ने त्रिपाठी जी के शोध-परक अध्यवसाय की प्रशंसा मुक्त हृदय से की। उन्होंने सभी उपस्थित सज्जनों के प्रति आभार व्यक्त किया।

दिल्ली विश्वविद्यालय का टैगोर हाल खचाखच भरा हुआ था। विभिन्न भाषाभाषी अनेक विद्वान् और नगर के प्रख्यात साहित्यकार उपस्थित थे।

प्रस्तुति : डॉ॰ अवनिजेश चन्द्र अवस्थी

देश-विदेश की रामकथाओं पर केन्द्रित यह ग्रन्थ सन्दर्भ ग्रन्थ बन गया था। यह इतना प्रचारित हुआ कि विदेश मंत्रालय ने इसकी 150 प्रतियाँ खरीदकर विदेश-स्थित दूतावासों के लिए भेजी थीं। विभिन्न विश्वविद्यालयों के शोध-छात्र अभी तक इसकी माँग करते आ रहे हैं।

अभिनन्दन-ग्रन्थ के लोकार्पण के कुछ ही दिनों के बाद मुझे मध्य प्रदेश के मुख्य मंत्री **श्री मोती लाल वोरा** का पत्र मिला था। ज्ञात हुआ था कि सरकार की ओर से भोपाल में **मध्य प्रदेश तुलसी अकादमी** की स्थापना की जा रही है। मुझे भी कार्यकारिणी का सदस्य बनाया गया था। अन्य सदस्य थे पं॰ भगीरथ मिश्र, श्री विष्णुकान्त शास्त्री, संस्कृत के आचार्य पं॰ आद्याचरण झा, डॉ॰ ज्ञानवती अवस्थी, पं॰ गोरेलाल शुक्ल आदि। शायद दि. 28 मई, 1987 को कार्यकारिणी की पहली बैठक रखी गयी थी। भोपाल उतरकर जब मैं होटल की ओर चला तो सड़कों पर अजीब सा सन्नाटा था। यहाँ-वहाँ पुलिस के जवान तैनात थे। मुझे बताया गया कि मुसलमानों के अतिचार से पीड़ित होकर हिन्दू समाज ने निर्णय लिया है कि ईद के आस-पास तीन दिनों तक पूरी हड़ताल रखी जाए, होटल तक बन्द रहें। गाँवों से दूध की आपूर्ति भी न होने पाए। देखें ये कैसे ईद मनाते हैं। इसका अर्थ था कि हम लोगों को चाय-भोजन कुछ नहीं मिलेगा। होटल के एक कक्ष में गुरुवर भगीरथ जी मिल गये। वे बोलो, "त्रिपाठी, घर की गाय के घी से सिकी पूड़ियाँ मेरे पास हैं। हम दोनों इसी का नाश्ता करते हैं। अकादमी के सचिव **डॉ॰ सिद्धनाथ शर्मा** और संस्कृति सचिव **श्री अशोक वाजपेयी** ने दौड़-धूप कर किसी तरह हमारे भोजन की व्यवस्था करा दी थी। कार्यकारिणी की बैठक के समय मुख्य मंत्री श्री वोरा का व्यवहार बहुत ही आत्मीयता से भरा हुआ था। मैंने कहा था, "वोरा जी, गो॰ तुलसीदास का जन्म उत्तर प्रदेश में हुआ और उनके नाम की अकादमी की स्थापना आप लोग मध्य प्रदेश में कर रहे हैं।" वोरा जी ने मुझसे कहा था कि आप ट्रेन से नहीं हवाई जहाज से आया कीजिए। मैंने कहा था कि ट्रेन से यात्रा ही मेरे लिए सुविधा-जनक है। रात भर सोता चला आऊँगा।

मैंने अकादमी के सचिव डॉ॰ सिद्धनाथ शर्मा से पूछा था-- मेरे- जैसे तिकड़म-हीन व्यक्ति को आपने कैसे आमंत्रित कर लिया? उन्होंने बताया-आपको प्रदत्त अभिनन्दन-ग्रन्थ की प्रति तुलसी मानस प्रतिष्ठान के कार्यकारी अध्यक्ष श्री गोरेलाल शुक्ल ने दिखायी थी। इसी से मैं और श्री अशोक वाजपेयी प्रभावित हुए थे।

पर बोला था। मैं 45 मिनट बोलना चाहता था, किन्तु केवल 25-30 मिनट बोला था। मेरे मन पर प्रभाव पड़ा हुआ था कि कार्यक्रम का आरम्भ निर्धारित समय पर भले न हुआ हो समापन ठीक समय पर ही होगा। सभा में विश्वविद्यालय से सम्बद्ध **श्री कल्याणमल लोढ़ा** और **श्री विष्णुकान्त शास्त्री** भी उपस्थित थे। हेम ने बताया था कि जालान वधुएँ परस्पर कह रही थीं कि त्रिपाठी जी अच्छा बोले, कुछ और देर तक बोलते तो और अच्छा रहता।

20 अगस्त, **शान्ति-निकेतन** के प्रोफ़ेसर **डॉ॰ सियाराम तिवारी** ने मुझे आमंत्रित किया था। जालान जी ने मुझसे कहा, "आपके साथ हमारा आदमी जाएगा। वह सारी व्यवस्था करेगा।"

मैंने हैरान होकर कहा, "जालान जी, आप इतना कष्ट क्यों करेंगे?"

"नहीं, जब तक आप बंगाल में है आपको पूरी सुविधा देना हमारा कर्तव्य है।"

उनका एक कर्मचारी हमें शान्ति-निकेतन ले गया था और साथ वापस लाया था। बन्धुवर सियाराम जी ने हिन्दी-विभाग में कार्यक्रम रखा था, इसमें अन्य भाषाओं के प्राध्यापक भी उपस्थित थे।

मैंने डॉ॰ आम्बेडकर के रामकथा-विषयक 10 आरोपों का तर्क-सहित खण्डन संयत भाषा में किया था। प्रश्नोत्तर के समय मराठी भाषा की प्राध्यापिका ने कहा था, "आप रामकथा के वैशिष्ट्य पर बोले होते तो अच्छा रहता। हमें रामकथा-विषयक नकारात्मक बातें मालूम ही नहीं तो उनका उल्लेख करने से क्या लाभ?" एक अन्य अध्यापक ने कहा था कि डॉ॰ आम्बेडकर जी द्वारा लगाये गये इन आरोपों की खूब चर्चा हुई है। इनका समाधान अनिवार्य था। त्रिपाठी जी ने सही तर्क प्रस्तुत कर हमारा ज्ञान-वर्धन किया है।

मैंने कहा, "बहिन जी, आपके कथन में भी सच्चाई है। सरकार डॉ॰ साहब की ग्रन्थावली प्रकाशित करने जा रही थी। प्रबल आन्दोलन हुआ था कि ग्रन्थावली से वे अंश हटा दिये जाएँ जिनमें राम और कृष्ण के चरित्र पर आक्षेप किये गये हैं। सरकार इसके लिए तैयार नहीं थी। उसने यह टिप्पणी अवश्य छाप दी थी कि इन विचारों से सरकार का सहमत होना आवश्यक नहीं। डॉ॰ साहब ने कभी बहुत पहले ये विचार प्रकट किये होंगे। एक वामपन्थी सम्पादक ने अपनी पत्रिका में इसी दृष्टिकोण को लेकर राम पर खूब आरोप लगाये। कुछ अन्य वामपन्थी संस्थाओं ने भी इनका प्रचार किया। इस दुष्ट प्रचार का असर लोगों पर पड़ता है। इसी मास के आरम्भ में जब मैं एम.ए. प्रथम वर्ष की पहली कक्षा लेने क्लास में गया तो एक नवबौद्ध छात्र ने विनम्र स्वर में कहा, "सर, 'रामचरितमानस' पढ़ाने के पहले आप मेरे कुछ प्रश्नों का उत्तर दे दीजिए।" मैं समझ गया कि वह क्या पूछने वाला है। मैंने कहा, "बेटे, तुम्हारे अनुरोध को ध्यान में रखकर मैं रामकथा पर दो भाषण दूँगा। इसके बाद तुम प्रश्न कर लेना।" अन्त में उस छात्र ने सन्तुष्ट होकर कहा था– सर, अब मुझे कुछ नहीं पूछना। सच में तो मैं इन वामपन्थियों के दुष्ट प्रचार को ध्यान में रखकर बोल रहा हूँ।"

मैं एक बार पहले भी शान्ति-निकेतन आ चुका था। मेरे मित्र डॉ॰ **खगेश्वर महापात्र** ने ओड़िया-विभाग की ओर से मेरे भाषण का कार्यक्रम रखा था। अपने भाषण में मैंने भारतीय भाषा-रामायणों का तुलनात्मक विवेचन किया था। इस कार्यक्रम में भी अन्य भाषाओं के विद्वान् उपस्थित थे।

यहाँ हमने विश्वविख्यात कवि रवीन्द्रनाथ ठाकुर के कई आवास-स्थल देखे। वे

ऋतुओं के अनुसार इनमें रहकर प्रकृति का निरीक्षण करते थे। वे हमें सच्चे कवि लगे, किन्तु सम्भ्रान्त परिवार के। हेम को यहाँ की लालरंग की स्वस्थ गायें और करघे पर तैयार होते वस्त्र बहुत अच्छे लगे। सियाराम जी ने बताया कि बंगाली बड़ा संकीर्ण होता है। वह सभी समस्याओं का कारण केन्द्रीय सरकार को बताता है। अधिक पानी बरसे या कम, प्रत्येक स्थिति में वह केन्द्र सरकार को दोषी मानता है।

शाम के भोजन के बाद हम जालान-परिवार के साथ टी.वी. देखने बैठे। हमारे कमरे में टेलिफोन की व्यवस्था थी। यदि हमें किसी वस्तु की आवश्यकता हो तो ये-ये नम्बर मिलाकर बताया जा सकता है। हमारे लिये कार भी तैयार रहती थी। जालान गृहिणी ने बताया कि इस कार्यक्रम के लिए अन्य लोग आते थे तो तरह-तरह की माँगें रखते थे। .....सुमन जी के कारण कुछ परेशानी भी हुई थी। आपने तो कोई माँग ही नहीं रखी। मुझे श्री हरिकृष्ण गुप्त का कथन याद आया, "ब्राह्मण बड़ा सन्तोषी होता है।"

जालान जी ने कार द्वारा हम दोनों को दक्षिणेश्वर मन्दिर और बेलूर मठ आदि देखने की सुविधा प्रदान की थी। हेम ने काली के मन्दिर में पूजा भी की थी। अपार भीड़ रहती है। मैं इसके बीच इसलिए नहीं गया कि कोई बंगाली कारीगर जेब हल्की न कर दे। जेब भारी थी, जिसे किसी साड़ी की दुकान तक सुरक्षित रखना था।

21 अगस्त को बड़ा बाजार के **कुमार सभा पुस्तकालय** में भी मेरे भाषण का विषय था– रामकथा और आक्षेप। मैंने बताया था, किस प्रकार वामपन्थी डॉ॰ आम्बेडकर के वचनों का सहारा लेकर भारतीय जीवन-मूल्यों पर प्रहार करते रहते हैं।

विदाई के समय जालान जी ने अत्यन्त नम्रता-पूर्वक कहा था, "त्रिपाठी जी, आपको कोई शिकायत है?"

"जी हाँ।"

"क्या?" वे थोड़े से घबरा गये थे।

"यही कि आपने शिकायत का कोई अवसर ही नहीं दिया।"

सभी लोग हँस पड़े थे।

हम सकुशल लौट आये थे। अब जैथलिया जी हमारे और भी अधिक आत्मीय हो उठे थे।

मैंने बी.ए. के पाठयक्रम में ऐच्छिक विषय के रूप में अंग्रेजी साहित्य को भी लिया था। पाठ्यक्रम में शेक्सपियर के दो नाटक लगे थे–'मैकबैथ' और 'ए मिड समर नाइट्स ड्रीम'। तीसरा नाटक था गोल्ड स्मिथ का '**शी स्टूप्स टु कौंकर**'। इसका दूसरा नाम था कॉमेडी ऑफ ऐरर्स–गलतियों से भरा प्रहसन। मेरा जीवन रहा हैं ट्रैजेडी आफ़ ऐरर्स–गलतियों से भरी त्रासदी। मैं गलतियों पर गलतियाँ करता रहा हूँ। ऐसी ही एक गलती तुलसी अकादमी के सन्दर्भ में हो गयी।

श्री अशोक वाजपेयी ने सुझाव दिया कि तुलसी दास पर **निर्देशिका** बननी चाहिए। गुरुवर डॉ॰ भगीरथ मिश्र का आदेश हुआ– त्रिपाठी, तुम इसे तैयार करो। बन्धुवर श्री विष्णुकान्त शास्त्री ने कहा कि इसे त्रिपाठी जी ही तैयार कर सकते हैं। मैं चुप बैठा रहा। चार-पाँच मास के बाद जब कार्यकारिणी की दुबारा बैठक हुई तो गुरुदेव मिश्रजी ने डाँट लगायी कि अभी तक काम शुरू क्यों नहीं किया। मुझे कोई

भी साधन उपलब्ध नहीं कराया गया था। अब कुछ वित्तीय सहायता दी गयी। मैंने पत्र-पत्रिकाओं में सस्ते विज्ञापन दिये। लगभग 5000 पत्र हाथ से लिखे। आठ प्रकार के परिचय वाली इस निर्देशिका की प्रस्तुति में मेरे तीन वर्ष लग गये। मैं रोज आठ-दस घण्टे काम करता था। परिचय-कार्ड बनाना, फिर उन्हें क्रमानुसार टाइप कराना भी एक कठिन काम था। परिचय-कार्ड तैयार कराने में मैंने कुछ छात्र लगाये थे और उन्हें कुछ मानदेय दिला दिया था। मेरी आँखें काम नहीं कर रही थीं, तथापि मैं जुटा रहता था। मैं सम्पादक, क्लर्क, दफ्तरी और चपरासी सभी कुछ था।

बेवकूफी से भरे परिचय आते थे। इनका सम्पादन कठिन था। विभिन्न शीर्षक देकर 10-12 पंक्तियों का परिचय पूछा गया था। सागर के एक प्रोफ़ेसर ने 120 पृष्ठों का परिचय भेज दिया। मैंने लौटा दिया तो 12 पृष्ठों का भेजा। पूछी गयी थी जन्मतिथि, एक ने उत्तर दिया था, मेरी जन्मतिथि वही है जो सरदार भगत सिंह की थी।

पं. विद्यानिवास मिश्र से मैंने उनके तुलसी-विषयक शोधछात्रों के नाम-पते पूछे थे। उत्तर न आने पर मैंने उनके पास स्मारक भेजा। उन्होंने उत्तर दिया, "मैं क्यों परिचय भेजूँ। क्या मेरे ऊपर आपका कोई अहसान है? आप मुझे भविष्य में कभी पत्र न लिखें।" **कुँवर चन्द्रप्रकाश सिंह** भी उत्तर नहीं दे रहे थे। उन्हें जब स्मारक भेजा तो उन्होंने रुष्ट होकर लिखा, "आपको सम्पादन के लिए लाखों रुपये मिलने वाले हैं। आप मेरे शोध-छात्रों की पुस्तकें बाजार से खरीदें और परिचय तैयार करें।" मैं अपमान का घूँट पीकर रह गया था, मैंने संयम खोकर इन दिग्गज विद्वानों से एक शब्द भी नहीं कहा था। विद्यानिवास जी अन्य दो अवसरों पर भी विचित्र व्यवहार कर चुके थे। मैं इस सम्बन्ध में भी मौन धारण कर लेता हूँ।

'तुलसी निर्देशिका' का कार्य आरम्भ हुआ तब मुख्यमंत्री और पदेन तुलसी अकादमी के अध्यक्ष थे श्री मोतीलाल वोरा। जब कार्य सम्पन्न हो गया तब मुख्य मंत्री थे भाजपा के श्री सुन्दरलाल पटवा। बीच में कुछ समय के लिए श्री अर्जुन सिंह मुख्य मंत्री बने थे। श्री मोतीलाल बोरा या श्री सुन्दर लाल पटवा हमारे बीच आते तो लगता ही नहीं था कि वे मुख्य मंत्री हैं, जबकि श्रीमान् अर्जुन सिंह तामझाम और चकाचौध के साथ यह दर्शाते हुए आते कि वे साधारण जन नहीं, महान् शासक या अति मानव हैं।

दिल्ली के नचिकेता प्रकाशन को 15 हजार रुपये का आर्थिक सहयोग देकर शर्त रखी गयी थी कि इसके बदले में यह अकादमी को 200 प्रतियाँ देगा। वह बिकी हुई प्रतियों पर 10 प्रतिशत रॉयल्टी सम्पादक को और 5 प्रतिशत अकादमी को देगा। प्रकाशक ने अकस्मात् प्रकाशन बन्द कर दिया। कुछ प्रतियाँ छोड़कर उसने और कुछ नहीं दिया।

स्टेशनरी, विज्ञापन, डाक-व्यय, छात्रों का मानदेय आदि को मिलाकर जो भी धनराशि व्यय हुई थी मैंने उसकी रसीदें अकादमी को दे दी थीं। अकादमी ने तत्काल भुगतान कर दिया था। मैंने एक पैसा नहीं लिया था। मुझसे गलती हुई, मुझे यह काम लेना ही नहीं चाहिए था। लिया था तो शर्त लगानी चाहिए थी कि रॉयल्टी से मुझे कोई सरोकार नहीं। मुझे मानदेय के रूप में इतनी-इतनी धनराशि अग्रिम दी जाए, तभी मैं यह काम स्वीकार करूँगा।

तुलसी अकादमी ने एक काम अवश्य किया था। निर्देशिका के लोकार्पण के समय मुझे 'मानस-सम्मान' देते हुए 1000/ की नकद धनराशि दी थी। दिल्ली आकर

मैं बहुत दिनों तक सोच-विचार में पड़ा रहा, फिर मैंने 1000/- की चैक अकादमी के पास भेज दी थी। भेंट होने पर सचिव डॉ॰ सिद्धनाथ शर्मा मेरे श्रम की प्रशंसा कर मनाते रहे थे। उन्होंने मुझे चैक वापस कर दी थी।

मैंने मित्रवर श्री जगदीश चतुर्वेदी से पूछा था कि यदि केन्द्रीय हिन्दी निदेशालय ने ऐसी निर्देशिका तैयार की होती तो कितना व्यय आता। उन्होंने बताया था कि इसके लिए सम्पादक, क्लर्क, टाइपिस्ट आदि लगाये जाते। लाख-लाख रुपये तो विज्ञापन पर ही लग जाते। मैंने तो बहुत सस्ते में निर्देशिका तैयार करा दी थी। इसकी प्रस्तुति में मैंने इतनी शक्ति लगा दी थी कि मुझे एक आँख का ऑपरेशन कराने के लिए बाध्य होना पड़ा था। तुलसी अकादमी का कोई भी बुद्धिमान् सदस्य यह काम करने को तैयार न होता। मैं ही एक बछिया का ताऊ था कि 'चढ़ जा बेटा सूली पर, तेरा भला करेंगे राम।'

पाठकों की जानकारी के लिए **तुलसी-निर्देशिका** की विषय-सूची प्रस्तुत है–

तुलसी-निर्देशिका

1. तुलसी-साहित्य पर लघुशोध-प्रबन्ध अथवा शोध-प्रबन्ध प्रस्तुत करने वाले शोधकर्ता, तुलसी-साहित्य के आलोचक।
2. तुलसी पर कविता, नाटक, कहानी और उपन्यास लिखने वाले रचनाकार।
3. देशी-विदेशी भाषाओं में तुलसी-साहित्य के अनुवादक।
4. तुलसी पर कार्य करने वाले विदेशी विद्वान्।
5. तुलसी और उनके साहित्य के प्रवचन-कर्ता।
6. तुलसी से सम्बद्ध पत्र-पत्रिकाएँ।
7. तुलसी से जुड़ी संस्थाएँ।

तुलसी अकादमी के कार्यक्रम भोपाल के अतिरिक्त अन्य नगरों में भी आयोजित हुए थे। संस्था के सौजन्य से हमने उज्जैन के महाकाल मन्दिर के दर्शन किये थे। सतना का रामवन भी देखा था। यह राम-संस्कृति का छोटा सा केन्द्र है। सचिव डॉ॰ सिद्धनाथ शर्मा ने दीपावली के दो अवसरों पर अकादमी के कार्यक्रमों का आयोजन **चित्रकूट** में रखा था। मैंने देखा था कि असंख्य महिलाएँ गोद में बच्चा और सिर पर लकड़ियों का गट्ठर लिये चली आ रही हैं। पुरुष सिर पर राशन के कनस्तर आदि लिये हैं। जंगली भूमि पर जिसको जहाँ जगह मिली वहीं पत्थर का चूल्हा जला लिया। भोजन कर वहीं खुले आसमान के नीचे सो गये। मुझे बताया गया कि 8-10 लाख लोग यहाँ एकत्र हुए हैं। ये लोग दीपावली के दिन मन्दाकिनी की धार पर जलते हुए दीपक अर्पित करेंगे। मैंने एक दलित जाति के व्यक्ति से पूछा, "तुम लोग घर पर दीपावली न मनाकर यहाँ क्यों आये हो?" उत्तर मिला कि जिससे रामजी ऐसा महसूस न करें कि वे यहाँ वन में अकेले हैं। मैंने इन लोगों के मध्य घूम-घूम कर इनकी जाति जाननी चाही। पता लगा कि लगभग 30 प्रतिशत तो सवर्ण हिन्दू हैं, शेष दलित या पिछड़ी जाति के हैं।

अकादमी के कार्यक्रमों में **श्री विष्णुकान्त शास्त्री** से मेरा सान्निध्य बढ़ा था। उन्होंने शिप्रा नदी के तट पर खड़े होकर मुझे नागार्जुन की कई कविताएँ सुनायी थीं। इसी प्रकार चित्रकूट में कामदगिरि की परिक्रमा करते हुए उन्होंने पद्माकर आदि रीतिकवियों के भी असंख्य छन्द सुनाये थे। इनकी स्मरण-शक्ति अद्भुत थी। कई बार

हम दोनों एक ही कमरे में ठहराये गये थे।

अकादमी की ओर से एक कार्यक्रम दि. 27-28 मार्च, 1990 ई॰ को भोपाल में आयोजित हुआ था। इसमें मास्को से आये हुए श्री पैत्रोविच बारान्निकोव भी सम्मिलित हुए थे। इनके पिता **श्री ए.पी. बारान्निकोव** ने रामचरितमानस का रूसी भाषा में अनुवाद किया था। उन्होंने 'मानस' के छन्दों के अनुरूप रूसी छन्दों का प्रयोग किया था। उन्होंने भारतीय दृष्टिकोण से साम्य स्थापित करते हुए भूमिका भी लिखी थी। मैंने उनके कृतित्व और व्यक्तित्व से प्रभावित होकर अपना पी-एच॰डी॰ का शोध-प्रबन्ध 'कृत्तिवासी बंगला रामायण और रामचरितमानस' उन्हें ही समर्पित किया था। कम्यूनिस्ट रूस में रहते हुए भी वे कम्यूनिस्ट नहीं थे।

पैत्रोविच जी से मेरा पत्र-व्यवहार हो चुका था। तुलसी अकादमी के कार्यक्रम में पैत्रोविच जी ने बताया था कि जब पिता जी 'मानस' का रूसी अनुवाद साथ लेकर रेलयात्रा कर रहे थे तो नाजियों के विमान ने बम गिराये थे। लगभग सभी डिब्बे ध्वस्त हो गये थे, बस पिताजी वाला डिब्बा सुरक्षित था। पैत्रोविच जी ने बताया था कि पिता जी की इच्छा के अनुसार उनकी समाधि पर 'मानस' का निम्न दोहा अंकित है–

भलो भलाइहि पै लसइ, लहइ निचाइहि नीच।
सुधा सराहिय अमरता, गरल सराहिय मीच॥

बहिन **डॉ॰ ज्ञानवती अवस्थी** ने प्रश्न कर दिया, "पैत्रोविच भाईसाहब, यह प्रचार किया गया था कि रूस में 'मानस' के अनुवाद की एक लाख प्रतियाँ हाथों-हाथ बिक गयी थीं। क्या यह सच है?"

श्री विष्णुकान्त शास्त्री बोल पड़े थे, "अस्सी हजार प्रतियों की बात तो मैंने भी पढ़ी थी।"

पैत्रोविच जी परेशान से हो उठे थे। उन्होंने अपने को संयत कर कहा, "अब हमारे देश में प्रजातंत्र है। झूठ नहीं बोलूँगा। कुल दो हजार प्रतियाँ छपी थीं। कम्यूनिस्टों ने अनुवाद का विरोध ही किया था।"

पैत्रोविच जी ने एक बहुत बड़ा सच उद्‌घाटित कर दिया था। कम्यूनिस्ट रूस निरन्तर प्रचार करता आ रहा था कि अमुक-अमुक हिन्दी लेखक की पुस्तक की लाख-लाख प्रतियाँ छपीं और वे हाथों-हाथ बिक गयीं। ये लोग रूस में ही रहकर अपनी रॉयल्टी का उपयोग कर सकते थे, रूस ने ऐसी व्यवस्था की थी। इस प्रकार कम्यूनिष्ट रूस भारतीय लेखकों की खरीद करता था और ये बिके हुए साहित्यकार जोर-शोर से साम्यवाद की जड़ें सींचते थे और भारतीयता की जड़ें खोदकर उनमें मट्ठा डालते थे। सच में न तो इनकी पुस्तकों की प्रतियाँ लाख-लाख की संख्या में छपती होंगी और न प्रचारित होती होंगी।

'तुलसी निर्देशिका' के सन्दर्भ में, मैंने अपनी भूलों की चर्चा की है। मुझसे एक और बड़ी भूल हो गयी। एक मित्र के गलत परामर्श पर मैंने पेन्शन न लेकर फण्ड स्वीकार किया। मैं नहीं जानता था कि महँगाई भत्ते को मिलाकर पेन्शन की धनराशि निरन्तर बढ़ती जाएगी। मैंने फण्ड का एक बड़ा भाग यू.टी.आइ. में लगा दिया था। आगे चलकर जिस पर बहुत घाटा हुआ। अजय सेण्ट स्टीफन्स कालेज में प्राध्यापक हो गया था। वह मोटर साइकल से आया-जाया करता था। आशंकाओं से घिर कर मेरा दिल धड़कता रहता था, फण्ड के पैसे से ही मैंने उसके लिए मारुति कार खरीद दी थी।

26

मैंने कई बार आग्रह किया कि मैं वर्षों से **अखिल भारतीय साहित्य परिषद्** का अध्यक्ष हूँ। संस्था पंजीकृत है। संविधान के अनुसार चुनाव कराये जाने चाहिए और नये केन्द्रीय अध्यक्ष का निर्वाचन होना चाहिए। मैं आदर्शवादी हूँ न। यदि मैं लगातार अध्यक्ष बना रहता तो मेरा लाभ ही था। मेरी बात मान ली गयी। हिसार विश्वविद्यालय के डॉ॰ भुवनेश्वर गुरुमैता के प्रयास से **डॉ॰ विद्यानिवास मिश्र** नये केन्द्रीय अध्यक्ष बनने को तैयार हो गये। निश्चित किया गया कि जून, 1989 ई॰ में कोटा में अधिवेशन किया जाए। मिश्र जी ने अध्यक्ष बनने की स्वीकृति दी थी, अभी संवैधानिक प्रक्रिया आरम्भ नहीं हुई थी। समाचार-पत्रों में सूचना छपने लगीं कि मिश्र जी संस्था के अध्यक्ष हैं। ये सूचनाएँ दिल्ली, हरियाणा और राजस्थान से भेजी जा रही थीं। अभी भी मैं केन्द्रीय अध्यक्ष था। मुझसे बिना पूछे ही यह सब हो रहा था। जीत जी ने मुझसे अनुरोध किया कि मैं श्री यशपाल जैन से अनुरोध करूँ कि वे अधिवेशन में मुख्य अतिथि के रूप में उपस्थित रहें। वे तैयार हो गये। दो-एक दिन के बाद समाचार छपा कि अमुक व्यक्ति मुख्य अतिथि के रूप में उपस्थित रहेंगे। यशपाल जी ने रुष्ट स्वर में कहा–आपकी संस्था का नियंत्रक कौन है? आप कुछ कहते हैं और अखबारों में कुछ और छपता है। मैंने कहा–– यशपाल जी, मुझे क्षमा करें। संस्था में मेरी विचित्र स्थिति है। आप कोटा न जाएँ।

जीत जी मुझसे बार-बार कह रहे थे, "आप किसी भी रूप में अध्यक्ष के रूप में अपना नाम न दें। अध्यक्ष तो आपको रजिस्ट्रेशन के लिए बनाया गया था।" ठीक है, मैं नालायक हूँ। मेरा नाम नहीं जाना चाहिए। किन्तु, जीत जी किस अधिकार से महासचिव के रूप में अपना नाम दे रहे थे। उन्हें भी रजिस्ट्रेशन के लिए महासचिव बनाया गया था। तीन स्थानों के तीन लोग निरन्तर चेष्टा कर रहे थे कि वे संस्था में प्रमुख स्थान पा जाएँ। उद्‌भट विद्वान् पं. विद्यानिवास मिश्र की अध्यक्षता वाली समिति में वे महत्त्वपूर्ण पद पर रहना चाहते थे। शायद इन्हें भय था कि कहीं मैं महासचिव न बना दिया जाऊँ। मैंने मन ही मन निश्चय किया हुआ था कि मैं भविष्य में किसी भी संस्था का महासचिव नहीं बनूँगा। जीत जी बार-बार यह भी कहते थे––एक बार अध्यक्ष रहकर अब आप कोई भी पद स्वीकार न करें, यह आपकी गरिमा के अनुकूल न होगा। जीत जी अपना रास्ता साफ कर लेना चाहते थे। कोटा अधिवेशन का निमंत्रण-पत्र छप गया। उसमें निवेदन-कर्ताओं के नाम इस प्रकार दिये गये थे।

विनीत

रामजी दास मोदी	**जीत सिंह जीत**	**डॉ॰ दयाकृष्ण 'विजय'**
स्वागताध्यक्ष	महासचिव	संयोजक

जब निमंत्रण-पत्र छपने गया था उस समय तक मिश्र जी संस्था के अध्यक्ष निर्वाचित नहीं हुए थे। कोटा में मेरी अध्यक्षता में कार्यकारिणी समिति की बैठक होनी थी। इसी में उनका निर्वाचन या निर्वाचन की पुष्टि होने वाली थी। उद्घाटन समारोह तक मैं ही केन्द्रीय अध्यक्ष था। निमंत्रण-पत्र पर यदि मेरा नाम नहीं जा सकता था

तो जीत जी का नाम महासचिव के रूप में कैसे जा सकता था। उन्हें महासचिव किसने बनाया? संस्था के संविधान के अनुसार नव निर्वाचित अध्यक्ष अपनी कार्यकारिणी की घोषणा करता है। अभी तो मिश्र जी भी विधिवत् अध्यक्ष निर्वाचित नहीं हुए थे। जीत जी संविधान की उपेक्षा कर स्वयं ही अपने को महासचिव के रूप में थोपे जा रहे थे। निमंत्रण-पत्र देखकर ही मुझे आपत्ति या बहिष्कार करना चाहिए था। मैं किसी रूप में संस्था का अहित नहीं करना चाहता था।

25 जून, 1989 ई॰, मेरी अध्यक्षता में केन्द्रीय कार्यकारिणी की बैठक हुई और मिश्रजी के निर्वाचन की पुष्टि हो गयी। उद्घाटन समारोह का संचालन जीत जी करने वाले थे। उन्होंने मुझसे कहा–उद्घाटन भाषण के पश्चात् आप संस्था का परिचय देंगे, साथ ही नव निर्वाचित अध्यक्ष मिश्र जी का भी। फिर आप उनके गले में माला डालकर नया दायित्व उन्हें सौंप देंगे। मुझे अच्छा लगा था कि जीत जी मुझे सम्मान दे रहे हैं। उद्घाटन समारोह विधिवत् आरम्भ हुआ। एक विद्वान् का भाषण हुआ, दूसरे का हुआ। मैं सावधान हुआ कि अब मुझसे अनुरोध किया जाएगा। तभी जीत जी का स्वर गूँज उठा, "अब नव निर्वाचित अध्यक्ष डॉ॰ मिश्र जी अध्यक्षीय भाषण देंगे।" मिश्रजी अचकचा गये कि यह अकस्मात् निवेदन कैसा। मैं भी चौंका कि जीत जी ने मुझसे कुछ और कहा था। कोई बात नहीं, शायद मिश्र जी के बाद मुझसे बोलने के लिए कहा जाएगा या धन्यवाद दिलाया जाएगा। कुछ भी नहीं हुआ। धन्यवाद किसी और से दिलाया गया। मैं मंच पर बैठा टापता रह गया। अभी 12 दिन पहले ही मेरी बायीं आँख का ऑपरेशन हुआ था, लेन्स लगा दिया गया था। मैंने जेब से शीशी निकालकर आँख में दवा डाली और सिर झुकाये हुए मंच से नीचे उतरकर चल पड़ा। एक साथी ने पास आकर कहा–– ये कैसा उद्घाटन? आपकी उपेक्षा क्यों? मैंने फीकी हँसी हँसकर कहा–– जो हुआ, ठीक हुआ।

भोजन के समय मैं सभी साथियों के साथ पंक्ति में बैठकर भोजन करता था। मिश्र जी के भोजन की व्यवस्था अलग कक्ष में होती थी। वे वाराणसी से दिल्ली तक हवाई जहाज से आये थे, कोटा तक की यात्रा उन्होंने प्रथम श्रेणी में की थी। मैंने अपने पैसे से यात्रा की थी, परिषद् के सभी सदस्यों ने ऐसा किया था। भोजन, कार्यक्रम या भ्रमण के लिए बस की व्यवस्था थी। मैं सबके साथ बस में बैठकर या खड़े होकर यात्रा करता था। मिश्रजी के लिए कार का प्रबन्ध था। वे विशिष्ट व्यक्ति थे, उन्हें ये सुविधाएँ दी ही जानी चाहिए थीं।

अधिवेशन समाप्त हो चुका था। अब वापसी यात्रा का मन बन रहा था। मैं अपने कक्ष से निकलकर चला। पास के कक्ष के भीतर से आवाज आ रही थी–– हमें तो ऐसा अध्यक्ष चाहिए जो पंक्ति में हमारे साथ बैठकर भोजन करे, न कि अलग कक्ष में। जो हमारे साथ बस में खड़े-खड़े यात्रा करे, न कि अलग कार में, जो हवाई किराया न लेकर अपने किराये से यात्रा करे......। मैंने इस कमरे में प्रवेश किया। भोपाल से आये **डॉ॰ देवेन्द्र दीपक** चार-पाँच सदस्यों से घिरे बैठे ये बातें कह रहे थे। वे मुझे देखकर चौंके। मैं हँसकर बोला–– दीपक जी, आप मेरी अनुपस्थिति में मेरा जो परोक्ष गुणगान कर रहे थे मैं उससे अभिभूत हूँ, आपको पता नहीं था कि मैं आपके ये वाक्य सुन लूँगा। दीपक जी अचकचाकर मुझे देखते रह गये थे। भोपाल से एक कवयित्री श्रीमती **विनय राजाराम** आयी थीं। एक बार इनके लिए मेरे मुँह से अकस्मात् बेटी सम्बोधन निकल गया, तभी से ये मेरी धर्मपुत्री बनी हुई हैं। भारत

भवन के सन्दर्भ में इनकी चर्चा फिर कभी करूँगा।

परिषद् की ओर से मेरी उपेक्षा होती गयी, मैं भी इसकी ओर से उदासीन होता गया। एक अधकचरी बुद्धि के कार्यकर्ता ने आदेश के स्वर में कहा– अगला अधिवेशन हैदराबाद में होगा, आप को चलना है। मैंने अस्वीकार किया तो वे बोले–– आपको इसका दुष्परिणाम भोगना पड़ेगा। मैंने कहा कि मैं इसके लिए तैयार हूँ। वे मुझे संकेत दे रहे थे कि इस समय भाजपा सत्ता में है। एक दूसरे अधकचरी बुद्धि के कार्यकर्ता ने भी अपमान-जनक बातें कहीं। मैंने उन्हें करारा जवाब दिया। ये लोग हवा पर सवार थे। मैं बहुत सी बातें छिपा रहा हूँ। मैं नहीं चाहता कि दो-चार लोगों के आचरण से संस्था की छवि धूमिल हो। **श्री जुगल किशोर जैथलिया** से चर्चा हुई। वे बोले, "जब आप संघ में आये तो समर्पण-भाव से आये। आप यह सोचकर नहीं आये थे कि विचारधारा के लोग कभी सत्ता में आएँगे और लाभ की स्थितियाँ उपलब्ध होंगी। हम तो संघ की गंगोत्री से जुड़े हुए हैं। गंगोत्री, अर्थात् डॉ॰ केशव बलिराम हेडगेवार।"

जैथलिया जी की बातें मेरे लिए प्रेरणादायक थीं। मैं किसी भी रूप में राष्ट्रीय विचारधारा का परित्याग नहीं कर सकता। अब मैं किसी संगठन से जुड़कर सेवा अर्पित नहीं करूँगा। मैंने लिखने-पढ़ने में अपना मन लगाया और मेरे 10 ग्रन्थ प्रकाशित होकर आ गये। यदि मुझे पहले सद्बुद्धि आ गयी होती तो अब तक न जाने मेरे कितने ग्रन्थ प्रकाश में आ गये होते। मैं अब लेखन के माध्यम से राष्ट्रीय भावना के संस्कार दे रहा था।

मेरे मित्र **श्री हरिकृष्ण गुप्त** ने संघ के एक कार्यकर्ता के बारे में जो बाताया वह इसलिए महत्त्वपूर्ण है कि गुप्त जी स्वयं कभी संघ के स्वयंसेवक नहीं रहे।

"यार प्रोफ़ेसर, जिन दिनों मैं तेजपुर (असम) में रह रहा था राष्ट्र सेवक संघ का एक युवा कार्यकर्ता कभी-कभी मेरे यहाँ आया करता था। वह साइकल लेकर निकल जाता और जंगल और पहाड़ पर बसे आदिवासियों के बीच कार्य किया करता। उसने एकल विद्यालय चलाये थे। एक ही बालक मिला तो उसे ही पढ़ाना शुरू किया। धीरे-धीरे संख्या बढ़ने लगी, पूरा स्कूल लगने लगा। इन छात्रों में ही किसी को प्रशिक्षित कर उसे स्कूल सौंप कर वह दूसरे गाँव चला जाता था। वह थोड़ी-सी होम्योपैथी जानता था। आदिवासियों के छोटे-मोटे रोगों का इलाज कर लेता था। वह आदिवासियों को राम, कृष्ण और दुर्गा की कहानियाँ सुनाता, उनके पर्व-उत्सवों में भाग लेता, लोकगीत गाता और कीर्तन कराता। यार त्रिपाठी, धूर्त पादरियों ने कई बार उस पर आक्रमण किया। उसके चलाये कामों में भी रुकावट डाली। परन्तु, वह डटा रहा। एक दिन मैंने पूछा–– तुम साइकल लेकर चक्कर काटते हो। रास्ते में जब साइकल खराब हो जाती है तो क्या करते हो? उसने कहा–– जब साइकल ठीक रहती है तो मैं उस पर सवारी करता हूँ, जब खराब हो जाती है तो वह मेरे ऊपर सवारी करती है। मैंने कहा–– तुम घर-बार छोड़कर यहाँ जुटे हुए हो। जवानी ऐसे ही बीत जाएगी। कब तक यह काम करते रहोगे। वह बोला–– जब तक शरीर में जान है। प्रोफ़ेसर, आपके संघ में गजब के आदमी हैं।"

"यार गुप्त जी, ये तन-मन-धन से संगठन के कार्य में जुटे हुए हैं। इन्हें न टी.

वी. पर चर्चित होने की लालसा है और न समाचारपत्रों में छपने की। इनके पास कोई सम्पत्ति नहीं। झोले में एक जोड़ी कपड़े और कुछ पुस्तकें ही इनकी सम्पत्ति हैं। सच में तन-मन-धन का त्याग क्या होता है कोई इनसे सीखे। ये तो संन्यासियों से भी बढ़कर त्यागी हैं। ये मेरे लिए छोटे-छोटे डॉ॰ हेडगेवार हैं। महात्मा गाँधी की हत्या करने का झूठा और ओछा आरोप लगाने वाले कुटिल-धूर्त राजनेता और देशद्रोही कम्यूनिस्ट इनकी निष्ठा को कभी नहीं समझ सकेंगे।"

मेरे बारबार टोकने पर भी गुप्त जी संस्था का नाम राष्ट्र सेवक संघ कहा करते।

परिषद् पर कब्जा बनाये रखने वाले बन्धुओं की थोड़ी-सी आलोचना मैंने की है। दोष इनका नहीं मेरा है। मैं पूर्णतः समर्पित होकर अन्धाधुन्ध कार्य करता रहा और अपेक्षा करता रहा कि ये भी इसी प्रकार निःस्वार्थ भाव से आचरण करें। सभी व्यक्ति एक साँचे में ढले नहीं होते। जो जैसा है वह वैसा ही ठीक है। मेरे इन बन्धुओं की देशभक्ति में कोई सन्देह नहीं। ये बिकाऊ नहीं हैं। ये किसी भी देश के एजेण्ट बनकर काम नहीं कर सकते। इनका दोष यही है कि ये थोड़े से स्वार्थी और नासमझ हैं। जीत जी ने संस्था पर एकाधिपत्य चाहा तो तन-मन से पूरी तरह समर्पित होकर उसे निरन्तर सक्रिय रखा। हम साहित्यकार लोग एकाग्रचित्त होकर संस्था को इतना समय नहीं दे सकते थे। जीत जी संस्था के सुदृढ़ स्तम्भ सिद्ध हुए। वे प्रशंसा के पात्र हैं। यदि कोई मुझसे पूछे कि संस्था का आगामी संगठन-कर्ता किसे होना चाहिए तो मेरा उत्तर होगा श्री जीत सिंह को।

पूर्वांचल के ओड़िया प्रदेश ने धूमधाम से मेरा सम्मान किया था, यह मेरे लिए अभूतपूर्व था। बंगाल ने भी मुझे अपनत्व दिया। और अब बारी थी असम की। मार्च, 1991 में गुवाहाटी से असमीया के विद्वान् **डॉ॰ रामचरण ठाकुरिया** का फोन आया। उन्होंने बताया कि वहाँ की प्रसिद्ध साहित्यिक संस्था **असम साहित्य सभा** अपने 57वें अधिवेशन में मुझे मुख्य अतिथि के रूप में आमंत्रित करना चाहती है। दोनों ओर के हवाई टिकट भेज दिये जाएँगे। अंग्रेजी या हिन्दी में बोलने की मुझे छूट रहेगी। मैंने स्वीकृति दे दी थी और कहा था कि मैं पूरा भाषण लिखित असमीया में पढ़ना चाहूँगा।

असम साहित्य सभा से मैं परिचित था। असमीया के दिग्गज साहित्कारों का संगठन है यह। इसकी यह भी विशेषता है कि यह संस्था असम के राजनीतिक और सामाजिक जीवन को भी प्रभावित करती है। यह मेरा सौभाग्य था कि इस वर्ष के मुख्य अतिथि का सम्मान वे किसी असमीया-भाषी को न देकर मुझे दे रहे थे। मैं ही एक ऐसा व्यक्ति हूँ जिसने असमीया रामयण पर शोध-कार्य किया था। इसके पूर्व किसी असमीया-भाषी विद्वान् ने भी ऐसा कार्य नहीं किया था। श्रीमती इन्दिरा गोस्वामी जैसे कई लोगों को इससे प्रेरणा मिली थी।

20 अप्रैल, 1991. विमान-पत्तन पर मेरा स्वागत करने के लिए डॉ॰ रामचरण ठाकुरिया, श्री सुरेशचन्द्र चौधरी और असमीया के अध्यापक **श्री भवप्रसाद चलिहा** उपस्थित थे। मैं पहले भी गुवाहाटी आ चुका था। तब चलिहा जी ने मुझे घर पर बुलाकर मेरा आतिथ्य-सत्कार किया था। वे मेरे आत्मीय मित्र हैं।

मुझे ब्रह्मपुत्र महानद के तटवर्ती सर्किट हाउस में ठहराया गया। कुछ देर आराम करने के बाद मैं कार में बैठकर साथियों के साथ चल पड़ा। अधिवेशन गुवाहाटी से

100 किलोमीटर दूर दुधनै नामक स्थान पर आयोजित था। हमारी गाड़ी के आगे-पीछे तीन-चार फौजी गाड़ियाँ चल रही थीं, जिनमें सुरक्षा-बल के सशस्त्र जवान तैनात थे। मेरे लिए यह अभूतपूर्व अनुभव था। स्तरहीन साधारण-सा आदमी भी तिकड़म भिड़ाकर या वोटबैंक के सहारे राजनेता बन जाता है, तब उसे यह सौभाग्य मिल जाता है। साहित्यकार के आगे-पीछे ऐसी सुरक्षा मैंने पहली बार देखी। मेरे जीवन में ऐसा अवसर शायद कभी न आए, क्योंकि मैं राजनीति के पंकिल पथ पर कभी नहीं जाऊँगा और ऐसा बाहुबली नेता कभी नहीं बनूँगा जो आज जेल में बन्द है तो कल राजगद्दी सँभाले हुए है।

मेरा पूरा भाषण पुस्तिका के रूप में वितरण के लिए छपा लिया गया था। मेरे पास प्रति पहले ही भेज दी गयी थी। असमीया और बांग्ला लिपि समान हैं, केवल दो अक्षरों का अन्तर है। असमीया का उच्चारण विकट है—श-ष-स का उच्चारण ह या ख है, च-छ का स और त-थ -द-ध का ट-ठ-ड-ढ है। दीपचन्द का डीपसण्ड और वसन्त का बखॅण्ट हो जाता है। बांग्ला और असमीया दोनों में अ का उच्चारण ओ जैसा है, कहीं-कहीं अपवाद भी है। 'आछिल' शब्द दोनों भाषाओं में है। बांग्ला उच्चारण है आछिलो और असमीया उच्चारण है आसिल। रास्ते-भर चलिहा जी मेरा उच्चारण ठीक कराते गये। मैं बांग्ला भाषा में अधिक पटु हूँ। असावधान होने पर मैं बांग्ला उच्चारण कर जाता तो वे अध्यापक की तरह डाँट देते और मैं हँस पड़ता।

मैं दुधनै के गैस्ट हाउस में ठहराया गया। इसके आगे-पीछे दोनों ओर के दरवाजों पर फौजी जवान गन लिये बैठे या लेटे रहते। मेरे भोजन की व्यवस्था सींक के व्यापरी श्री हुकुम चन्द जैन के यहाँ थी। भोजन स्वादिष्ट होता था, किन्तु मिर्च की अधिकता रहती थी। यहाँ आते-आते समय हमारी कार के आगे-पीछे फौजी गाड़ियाँ लग जाती थीं।

21 अप्रैल, संस्था की नव निर्वाचित अध्यक्षा **डॉ॰ निर्मल प्रभा बरदलै** के सम्मान में विशाल जुलूस निकाला गया था। जुलूस के आगे 21 हाथी तथा 57 कुमारियाँ जल से भरे मंगलघट लेकर चल रही थीं। राभा, बोडो, खासी आदि जनजानियों के युवक-युवतियाँ रंग-बिरंगे परिधान में नाचते हुए चल रहे थे। जुलूस डेढ़ किलोमीटर लम्बा था। महिलाएँ शंख बजा रहीं थीं या पूर्वांचलीय प्रथा के अनुसार कपोलों के भीतर जीभ हिलाकर मंगल-ध्वनि (उलुध्वनि) कर रही थीं।

सभा-स्थल पर अध्यक्षा निर्मल प्रभा जी बरदलै तथा असमीया के शीर्ष साहित्यकारों ने असम की परम्परा के अनुसार सराइ (पीतल का सुराही-जैसा बर्तन), गमछा और बाँस की गोल पेटिका में बन्द तथा रेशमी वस्त्र पर अंकित प्रशस्ति-पत्र प्रदान कर मेरा अभिनन्दन किया। चलिहा जी ने टीकापात का बना हैट (जापि) भेंट किया। मुझसे उद्घाटन भाषण देने का अनुरोध किया गया। मेरे सामने लगभग डेढ़ लाख लोगों का विशाल समुदाय था। मैं अभिभूत था। मैं जीवन में कभी इतनी विशाल भीड़ को सम्बोधित करने का सौभाग्य प्राप्त न कर सकूँगा। मुझे बताया गया था कि सभा में असंख्य अपठित और जनजाति के लोग हैं। ये सब अपने साहित्यकारों को पहचानते हैं।

जैसे ही मैंने असमीया में प्रथम वाक्य बोला, जनता तुमुल हर्ष-ध्वनि कर उठी। जब मैंने कहा, 'अशॅम शाहित्त शॅभा' तो जनता हाथ हिलाते हुए बोली, 'नहॅय-नहॅय।' मैं सावधान हुआ, मैं बांग्ला उच्चारण कर गया था। अब मैंने कहा, 'अखॅम खाहिट्ट

खँभा, हॅय?' जनता हर्ष-ध्त्रनि कर उठी, 'हॅय, हॅय'। इस प्रकार जनता के साथ संवाद स्थापित करते हुए, हँसाते हुए मेरा भाषण चल पड़ा।

मेरा भाषण पौन घण्टे का था। यह मुद्रित पुस्तिका के रूप में अभी भी मेरे पास सुरक्षित है। इसके कुछ संक्षिप्त अंश ही मैं यहाँ प्रस्तुत कर रहा हूँ-

* मैंने पुस्तकों की सहायता से पूर्वांचल की तीनों भाषाएँ सीखकर इनकी रामायणों का तुलसीदास के 'मानस' के साथ तुलनात्मक अध्ययन किया है। मैंने पूर्वांचल के भूगोल, इतिहास, साहित्य-संस्कृति, पशु-पक्षी, वनस्पति, संस्कार-प्रथा, व्रत-पर्व, वस्त्राभूषण और जनजातियों का अध्ययन कर यहाँ की संस्कृति को जानने का प्रयास किया है।
* असम भारत माता का अपरूप वाम स्कन्ध है। रामायण-महाभारत काल से ही यह समस्त भारत से जुड़ा रहा है। ब्रह्मपुत्र महानद में परशुराम ने रक्त-रंजित परशु धोया था। यहाँ कामाख्या वाले नीलाचल पर्वत पर शिव-पार्वती की कामकेलि निरन्तर चलती रहती है। महादेव के कोप से दग्ध कामदेव ने यहाँ नया रूप पाया था, इसीलिए इस देश का एक नाम कामरूप है। कृष्ण की रानी रुक्मिणी और पुत्रवधू उषा यहीं की बतायी जाती हैं। मुसलमानों के आक्रमण कभी इस अजेय देश को पराजित नहीं कर सके।
* असम की कई विशेषताएँ है। यहाँ के आहोम राजाओं ने 'बुरंजि' नामक इतिहास-ग्रन्थ लेखन की परम्परा चलायी थी। भारत में अन्यत्र इतिहास-ग्रन्थ नहीं के बरावर ही लिखे गये। भारत, कम से कम उत्तरी भारत में प्रथम गद्य-नाटक लेखक श्रीमन्त शंकर देव हो गये हैं, जिन्होंने अनेक अंकीयानाट लिखे। उन्होंने नामघर और कीर्तिन द्वारा असम के जन-जन को धार्मिक-सांस्कृतिक एकता के सूत्र में बाँधा। जहाँ-जहाँ शंकर देव का प्रभाव है धर्मान्तरण नहीं हो सका है।
* यहाँ की नारी अबला नहीं सबला है। वह कमनीय, साहसी और आत्मनिर्भर-शील है। यहाँ पर्दा प्रथा नहीं। मेखला परिधान में सजी अत्यन्त सुन्दरी युवतियों को मैंने वन-पर्वतों में निर्भय घूमते देखा है। माधव कन्दली विरचित असमीया रामायण का उत्तर-काण्ड किसी कारण विलुप्त हो गया था। इसकी रचना श्रीमन्त शंकरदेव ने की थी। इस ग्रन्थ की सीता में मुझे असम की तेजस्विनी नारी के दर्शन हुए हैं। असम की नारियों की इन्हीं विशेषताओं के कारण शायद ऐसा माना जाने लगा कि यहाँ की नारी पुरुषों को भेड़ा बना देती है। सच में तो वह देवी है। कामरूप के घर-घर में देवियाँ विराजमान हैं-'अन्यत्र विरला देवी, कामरूपे गृहे गृहे।'
* असम की समस्या बाढ़ की है-- एक बाढ़ पानी की और दूसरी बाढ़ विदेशियों की। यहाँ की कई जनजातियों को धर्मान्तरित कर उकसाया गया और असम के खण्ड-खण्ड कर दिये गये। स्वार्थी नेताओं की पंकिल राजनीति के कारण बांग्लादेश के कई लाख घुसपैठिये असम में घुस आये और यहाँ की मतदाता-सूचियों में प्रवेश कर यहाँ के स्थायी निवासी बन बैठे हैं। केन्द्र की उपेक्षा और राजनेताओं की धूर्तता के कारण यहाँ जो प्रचण्ड तूफ़ान उठ खड़ा हुआ है वह पर्याप्त आक्रामक हो गया है। यदि यह आन्दोलन मुख्यधारा से जुड़कर असम की अखण्डता का प्रयास करता है तो मैं इसका समर्थन करता हूँ। भारत के अन्य

राज्यों से आये हुए व्यवसायियों और कर्मचारियों से स्वस्थ प्रतियोगिता करनी चाहिए न कि उनके प्रति विद्वेष। और भी अनेक बातें कहते हुए मैंने औपचारिक रूप से सम्मेलन के उद्घाटन की घोषणा इन शब्दों में की थी—आपनालोकक आकौ आन्तरिक धन्यवाद जनाइ मइ आनुष्ठानिक भावे आजिर सम्मिलन मुकलि करिलौं। जय असम, जय भारत मातृ।

कार्यक्रम के पश्चात् मैं प्रदर्शनी देखने चला। मेरे आगे-पीछे बन्दूकें लिये जवान लग गये। मैंने झुँझलाकर कहा, "इससे मुझे असुविधा होती है।" उनमें से एक बोला, "आप वी.आइ.पी. हैं। उल्फा वाले आपको पकड़ ले गये तो आपकी मुसीबत और हमारी भी मुसीबत।"

मैं गैस्ट हाउस में आ गया। कई लोग मिलने आये। कुछ लोग अपनी संस्था की ओर से गमछा प्रदान कर चले गये। कुछ लेखकों ने अपनी पुस्तकें तथा अन्य उपहार दिये। कुछ ने प्रश्नों की बौछार कर दी। असमीया के कवि **श्री शास्त्री** और **श्री राय** अन्त तक रुके रहे। इन्होंने पूछा, "बांग्लादेश से आये हिन्दुओं को भी क्या आप वापस करना चाहेंगे?"

"नहीं, क्योंकि वे मार-मारकर भगाये गये हैं। वे कहाँ जाएँगे? मुसलमान तो असम की धरती पर कब्जा करने आये हैं। एक दिन ऐसा आ सकता है जब ये असम को कश्मीर बना देंगे और बांग्लादेश से मिलना चाहेंगे।"

ये लोग मुस्कराकर बोले, "हम दोनों राष्ट्रीय स्वयंसेवक संघ से सम्बन्धित हैं। आपके भाषण में राष्ट्र के प्रति जो पीड़ा व्यक्त हो रही थी उससे हमने अनुमान लगाया कि आप भी स्वयंसेवक हैं। क्या यह सच है?"

मैं भी मुस्करा उठा, "मुझे गर्व है कि मैं स्वयंसेवक हूँ।"

गोआल पाड़ा के प्रधानाचार्य **श्री पाण्डेय जी** धाराप्रवाह हिन्दी और असमीया बोल रहे थे। उन्होंने बताया कि बांग्लादेश के अनुप्रवेशकारी अब इतने प्रबल हो गये हैं कि हम परम्परा से चली आ रही प्रथा के अनुसार दुर्गा की प्रतिमा का विसर्जन तक नहीं कर सकते। ये मारपीट, खून-खराबा के लिए तैयार हो जाते हैं।"

"पाण्डेय जी, इनके पीछे किसी का हाथ है क्या?"

"हाथ का हाथ है। पंजे की यह सारी करामात है।" कहकर पाण्डेय जी व्यंग्य-सहित मीठा-मीठा मुस्कराये।

दूरदर्शन के **कुतुबुद्दीन** महाशय अपनी टीम के साथ आये और दस मिनट की भेंटवार्ता लेकर चले गये। प्रश्न अंग्रेजी में किये गये, किन्तु मुझे छूट दी गयी कि मैं इनका उत्तर हिन्दी, असमीया या अंग्रेजी में दूँ। टीम के सज्जन ने कहा था, "किन्तु बांग्ला भाषा में कदापि नहीं।" स्पष्ट था कि असमीया लोग बांग्लादेशी घुसपैठियों से कितने चिढ़े हुए थे। अपने को सेक्युलर बताने वाले राजनीतिक दल इन्हीं घुसपैठियों को वोटबैंक बनाये हुए हैं। सत्ता-सुख भोगने के लिए लार टपकाये बैठे इन निर्लज्जों को राष्ट्र की चिन्ता न तब थी और न अब है।

22 अप्रैल, प्रातः सोफे पर बैठा मैं अखबार पढ़ रहा था। असम के सभी असमीया, अंग्रेजी और हिन्दी अखबारों ने तीन-चार दिन तक मेरे बारे में छापकर प्रचार किया था। चित्रों के साथ मेरा पूरा भाषण छापा गया था। दूरदर्शन और आकाशवाणी ने भी अच्छी कवरेज दी थी। अंग्रेजी के एक अखबार ने छापा था—'डॉ॰ त्रिपाठी ने हिन्दी उच्चारण सहित साहित्यिक असमीया भाषा में चालीस मिनट का जो

भाषण दिया वह जनता के लिए अत्यन्त रोचक और जानदार था। जनता बार-बार तालियाँ बजाकर हर्ष प्रकट कर रही थी।' सच में तो मैं कभी-कभी बांग्ला उच्चारण में असमीया बोल जाता था। 'पूर्वांचल प्रहरी' में **श्री चित्र महन्त** का लेख छपा था, जिसका शीर्षक था– **डॉ॰ रमानाथ त्रिपाठीः एक रामायण-पीठ।**

दो जवानों ने सैल्यूट कर मुझसे कहा, "सर, हम दोनो इन्स्पेक्टर हैं। हमारे बटालियन कमाण्डेण्ट साहब आपसे मिलना चाहते हैं।"

"मुझसे मिलकर क्या करेंगे? खैर, उन्हें भेज दो।"

फौजी वर्दी में एक लम्बे-तड़ंगे अफ्सर ने प्रवेश कर सैल्यूट किया। उसकी कमर के पास रिवाल्वर लटक रहा था। उसने मेरे पैर छूने के लिए हाथ बढ़ाया।

"हैं, वर्दी पहने आप यह क्या कर रहे हैं?"

"गुरु को प्रणाम करने में वर्दी बाधक नहीं होती। मैं **जगदीश प्रसाद दुबे** आपका पुराना शिष्य हूँ। हमारा एक और नाता है, आपके छोटे भाई रमेशचन्द्र की पत्नी निशा का मैं मौसा हूँ। आपसे मेरा नाता गुरु-शिष्य का ही चलेगा।"

"ओह, अब समझ में आया कि मेरे आसपास इतना तगड़ा पहरा क्यों लगा है।"

"जब तक आप हवाई जहाज पर बैठ नहीं जाते पहरा ऐसा ही रहेगा।"

दुबे जी के आग्रह पर मैं उनके साथ क्वार्टर पर गया। वहाँ फौजी अफसरों के साथ भोजन हुआ। फोटो खींचे गये। अपराह्न गुवाहाटी की वापसी यात्रा हुई। मुझे पुनः सर्किट हाउस में ठहराया गया।

23 अप्रैल, प्रातः ठाकुरिया जी मुझे दर्शनीय स्थान दिखाने के लिए चले। मार्ग में मुझे खादी भण्डार दिखायी पड़ा। मैंने गाड़ी रुकवाकर खादी भण्डार में प्रवेश किया। मैनेजर हड़बड़ाकर खड़ा हो गया और बोला, "आहॅक, आपुनि आमार सीफ गैस्ट"–आइए, आप हमारे चीफ़ गैस्ट हैं। मैंने चकित होकर पूछा, "आप मुझे कैसे जानते हैं? क्या आप दुधनै अधिवेशन में उपस्थित थे?"

"जी नहीं, तीन-चार दिनों से यहाँ के सभी समाचार-पत्रों में आपका चित्र छप रहा है और टी.वी. पर भी बार-बार दिखाया जा रहा है। यहाँ का बच्चा-बच्चा आपको पहचान लेगा।"

ठाकुरिया जी हँसकर बोले, "त्रिपाठी जी, चुनाव होने वाले हैं। आप खड़े हो जाइए, अवश्य ही जीत जाएँगे।"

मैंने वहाँ से ढाई मीटर कपड़ा खरीदा। ठाकुरिया जी के पूछने पर मैंने बताया, "यहाँ मुझे इतना सामान मिला है कि वह अटैची में नहीं आएगा। मैं इसमें बाँधकर ले जाउँगा। बाद में कपड़े का कुर्ता सिलवा लूँगा।"

"आप इसकी चिन्ता न करें। आपका सारा सामान पैक कर जहाज पर चढ़ा दिया जाएगा।"

हम **वसिष्ठ-आश्रम** पहुँचे। यहाँ तीन जलधाराएँ ऊँचाई से उतरकर कल-कल ध्वनि करती हुई जलाशय में गिरती थीं। इन झरना-जैसी नदियों के नाम बताये गये, सन्ध्या, ललिता और कान्ता। यहाँ विश्वामित्र ने तपस्या कर ब्रह्मर्षि का पद प्राप्त किया था। हमने नवग्रह मन्दिर और संग्रहालय भी देखे।

सन्ध्या-समय हम पहुँचे असमीया के प्रख्यात लेखक **डॉ॰ महेश्वर नेओग** के घर। बैठक की दीवारों पर अनेक वस्तुएँ सजी हुई थीं, इनमें नगा जनजाति द्वारा प्रयुक्त आयुध भी थे। नेओग जी से परिष्कृत बांग्ला में बातें हुईं। उन्होंने मुझे गमछा भेंट

किया। **डॉ॰ सत्येन्द्र नाथ शर्मा** और **श्री नवकान्त बरुवा** ने भी गमछा दिये। सबसे अन्त में हम लोग दिल्ली स्थित असमीया लेखिका **डॉ॰ इन्दिरा गोस्वामी** के घर गये। उनकी माता जी ने भी मुझे गमछा प्रदान किया। अब तक मेरे पास लगभग 25 गमछे हो गये थे।

ठाकुरिया जी ने रामायण-साहित्य का अच्छा अध्ययन किया है। केन्द्र सरकार की नीति से वे असन्तुष्ट जान पड़े। उनका कहना था कि राजनीतिक दृष्टि से असम को स्वतंत्र कर देना चाहिए। सांस्कृतिक दृष्टि से इसका जुड़ाव भारत से ही रहेगा। उन्होंने यह भी बताया कि किसी समय वे विश्व हिन्दू परिषद् से जुड़े थे। अटल जी से भी उनका सम्बन्ध रहा है, अब नहीं है।

वायुयान ढाई घण्टा लेट था। सभा के कार्यकर्ता मुझे विमान-पत्तन पर दो असमीया पत्रकारों की देखरेख में छोड़कर चले गये। इनमें एक असमीया पत्रिका **दिनरात** के प्रधान सम्पादक थे श्री एम. मती उर रहमान। दूसरे सज्जन श्री शर्मा जब बोलते थे तो उनकी आँखों से चिन्गारियाँ छूटने लगती थीं। उनका कहना था कि असम पहले भारत का अंग नहीं था। वर्मा के मान राजाओं ने असम पर अधिकार कर अत्याचार किये थे। तब अंग्रेजों से सहायता ली गयी। अंग्रेज असम पर कब्जा कर बैठे। क्यों न अब असम को स्वतंत्र कर दिया जाए।

मैंने नम्र स्वर में कहा था, "असम स्वतंत्र जीवन तो न बिता पाएगा, बांग्लादेश के चंगुल में अपनी गर्दन फँसा देगा।"

वे बहुत उग्र होकर बोल रहे थे। भारत सरकार को विदेशी सरकार मानकर उसकी आलोचना कर रहे थे। भारतीय सैनिकों के अमानुषिक अत्याचारों का उल्लेख कर वे बोले थे, "दीज़ इण्डियन डॉग्स।" चूँकि विमान ढाई घण्टे लेट था हमें विभाग की ओर से भोजन दिया गया। फ्लाइट की सूचना मिली। मेरी सीट पहली थी-- ए-1. ये लोग पीछे जाकर बैठ गये। और बातें न हो पायीं। शर्मा जी की बातें कितनी व्यक्तिगत थीं और कितनी जनमानस से सम्बद्ध, कहा नहीं जा सकता। मुझे लगा इनका दृष्टिकोण एकांगी है। शायद ये उल्फा के प्रति सहानुभूति रखते थे।

असमीया बन्धुओं ने मुझ तिकड़म-हीन व्यक्ति को केवल इसलिए सम्मान दिया कि मैंने असमीया साहित्य और संस्कृति पर कार्य किया है। यदि मैं असम और शेष भारत के मध्य बनने वाले सेतु का एक कण हो सकूँ तो मैं अपने को धन्य मानूँगा।

इस कार्यक्रम ने असम में मुझे प्रचुर ख्याति दी। कई असमीया लेखक अपनी रचनाएँ भेजकर मेरी सम्मति माँगने लगे। **'हिन्दी सेण्टिनल'** नामक समाचार-पत्र ने मेरी डी.लिट्. उपाधि के शोध प्रबन्ध-'रामचरित मानस और पूर्वांचलीय रामकाव्य' का तीन चौथाई भाग धारावाहिक रूप में छाप दिया और मानदेय भी दिया। गौहाटी विश्वविद्यालय ने लेक्चरर की नियुक्ति के लिए मुझे एक्सपर्ट के रूप में आमंत्रित कर वहाँ की एक और हवाई यात्रा करा दी। असमीया भाषा में लिखित पी-एच॰डी॰ का शोध-प्रबन्ध मूल्यांकन के लिए मेरे पास आया। असमीया लोक साहित्य-विभाग के लगभग दस शोधकार्यों का परीक्षण मुझसे कराया गया।

वाह रे मैं। कौन है ऐसा हिन्दी का विद्वान् जिसने ओड़िया, असमीया और बांग्ला की उच्च परीक्षाओं के लिए परीक्षक का काम किया हो? और वाह रे मेरे दिल्ली विश्वविद्यालय.........।

परिषद् के नवनियुक्ति प्रभारी जी बोले, "आप ऐसा दिखाइए कि यह हस्ताक्षर-अभियान परिषद् की ओर से चलाया गया है।"

"ऐसा दो कारणों से नहीं हो सकता, 1. यह अभियान परिषद् के नाम से नहीं चलाया गया। हस्ताक्षरकर्ताओं को आपत्ति हो सकती है। 2. यह सभी बुद्धिजीवियों की ओर से है, वे किसी भी विचारधारा के क्यों न हों। इस अभियान से यह सन्देश जाएगा कि प्रायः बुद्धिजीवी छद्म धर्मनिरपेक्षिता के विरोध में हैं। तब इसका व्यापक प्रभाव पड़ेगा।"

विजय जी कक्ष में आये। वे इतने सारे हस्ताक्षर देखकर बहुत प्रसन्न हुए थे। वे जानते हैं कि मैं जो कुछ भी करता हूँ राष्ट्रप्रेम से प्रेरित होकर करता हूँ।

वक्तव्य के साथ पूरे 450 नाम नहीं जा सकते थे। मैंने उनमें से कुछ नाम चुनकर वक्तव्य छपने के लिए भेज दिया। अधिकांश संचार माध्यमों में वामपन्थी घुसे बैठे हैं। उन्होंने इसे नहीं छापा। और तो और संघ की विचारधारा वाली पत्रिकाओं ने इसकी उपेक्षा की। तथापि कुछ प्रसिद्ध दैनिक पत्रों और कुछ लघु पत्रिकाओं में वक्तव्य छप गया। भोपाल के दैनिक भास्कर और साप्ताहिक जनधर्म (सं. श्री कैलाशचन्द्र पन्त) ने इसे प्रमुखता देकर छापा था।

बुद्धिजीवियों की अपील

12-13 भाषाओं से सम्बद्ध साहित्यकार, कलाकार, पत्रकार, एडवोकेट आदि तथा 16-17 विश्वविद्यालयों से सम्बद्ध डीन, प्रोफ़ेसर, विभागाध्यक्ष, प्राचार्य, रीडर और प्राध्यापकगण ने निम्न वक्तव्य प्रसारित किया है-

हम समस्त देश के बुद्धिजीवी और साहित्यकार उस रुग्ण मानसिकता का घोर विरोध करते हैं जो बहुसंख्यक समाज की नाहक निन्दा और अल्पसंख्यकों का अनुचित पक्षपात करती है। पक्षपात-पूर्ण धर्म-निरपेक्षता सत्ता हथियाने का एक हथकण्डा है, इससे देश खण्ड-खण्ड हो जाएगा। हम उन बुद्धिजीवियों, साहित्यकारों, कलाकारों और रंगकर्मियों से भी संयम और विवेक से काम लेने का अनुरोध करते हैं जो बिना सोचे-समझे हस्ताक्षरित विज्ञप्ति जारी कर देते हैं। हम उस सर्वधर्म-समभाव का स्वागत करते हैं जो सभी भारतीयों को समान दृष्टि से देखता है। वक्तव्य पर हस्ताक्षर करने वाले 450 बुद्धिजीवियों में उल्लेखनीय नाम-

डॉ॰ रमानाथ त्रिपाठी (दिल्ली), प्रो॰ सूर्यप्रसाद दीक्षित (लखनऊ), प्रो॰ विश्वनाथ शुक्ल (अलीगढ़), डॉ॰ मृत्युंजय उपाध्याय (बिहार), अर्धेन्दु बनर्जी (गुवाहाटी), प्रो॰ धनंजय दत्त (कोलकता), डॉ॰ आर.बी. तिवारी (शान्ति निकेतन), डॉ॰ महात्मा सिंह (मणिपुर), श्री के.पी. सिंह (नगालैण्ड), प्रो॰ एस.सी. पाणिग्राही (उत्कल), डॉ॰ अजय कुमार पटनायक (कटक), श्री सुरेन्द्र सामल (आकाशवाणी, कटक), श्री श्यामलाल शर्मा (जम्मू), डॉ॰ हिम्मत सिंह सिन्हा (कुरुक्षेत्र) डॉ॰ मनमोहन सहगल (पटियाला), डॉ॰ इन्दुबाला त्रिपाठी (सागर), श्री राजाराम (चित्रकार, भोपाल), डॉ॰ हरिदत्त शर्मा, सुधांशु जी, डॉ॰ अर्जुन प्रसाद मिश्र (अलवर), डॉ॰ किशोर काबरा (अहमदाबाद), डॉ॰ गिरिजा शंकर त्रिवेदी (मुम्बई), डॉ॰ के. नारायण राव (डीन),

डॉ॰ टी. राजेश्वरानन्द शर्मा (तिरुपति), श्री रसिग पुत्तिगे (कर्नाटक), डॉ॰ रवीन्द्रनाथ सिंह (चेन्नै), डॉ॰ एस. तंकमणि अम्मा (तिरुअनन्तपुरम्), डॉ॰ प्रतीक मिश्र, इरशादजी कानपुरी (कानपुर), श्री॰ आशारानी व्होरा (नोएडा), श्री आर.डी. वेंकटरमन (सुप्रीम कोर्ट), प्रो॰ मृणालिनी खाण्डेकर (संगीत), प्रो॰ केवलकृष्ण (बौद्धदर्शन), प्रो॰ कृष्णलाल (संस्कृत), डॉ॰ मदन मोहन सांख्यधर (राजनीति॰), प्राचार्य नित्यानन्द शर्मा, डॉ॰ रमेश गौतम, (हिन्दी), डॉ॰ पूरनचन्द टण्डन (हिन्दी), डॉ॰ रामप्रसाद मिश्र (हिन्दी), डॉ॰ रुक्मिणी (हिन्दी), प्रो॰ नन्द किशोर त्रिखा (सभी दिल्ली), श्रीमती मनीषा कनेजिचेक और प्रो॰ वी.डेन्वी (नौटिंघम) आदि।

दिल्ली विश्वविद्यालय में नियुक्ति से लेकर सेवा-निवृत्ति (1964 से 1991 ई॰) तक की आत्मकथा यहीं शेष होती है। यदि जीवित रहा तो भारत भवन (भोपाल) में प्रवेश से लेकर आगे तक की आत्मकथा अन्तिम खण्ड में समाविष्ट होगी।

×××

परिशिष्ट

मैं निम्न सज्जनों और पत्रिकाओं के प्रति आभारी हूँ–

'वनफूल' आत्मकथा के समीक्षक– प्रो॰ सियाराम तिवारी, डॉ॰ सीतेश आलोक, डॉ॰ श्यामसुन्दर व्यास, आ॰ रघुनाथ भट्ट, प्रो॰ राम निवास शर्मा, प्रो॰ सदानन्द प्रसाद गुप्त, डॉ॰ सुन्दरलाल कथूरिया, डॉ॰ राहुल, डॉ॰ शकुन्तला कालरा, डॉ॰ रमेशचन्द्र शर्मा, डॉ॰ रामशरण गौड़, डॉ॰ हरिसिंह पाल, डॉ॰ रामसनेही लाल शर्मा, 'यायावर', डॉ॰ कन्हैयालाल अवस्थी, डॉ॰ हरगुलाल गुप्त, श्री राधेश्याम, डॉ॰ रुक्मिणी, डॉ॰ उमा शंकर शुक्ल उमेश, आदि।

आत्मकथा के प्रशंसक– प्रो॰ एन.ई. विश्वनाथ अय्यर, प्रो॰ सुधेश, प्रो॰ तंकमणि अम्मा, प्राचार्य डॉ॰ रामेश्वर प्रसाद द्विवेदी, प्राचार्य राधाकान्त पाण्डेय, प्राचार्य रामलाल दीक्षित, प्राचार्य रमेशचन्द्र त्रिपाठी, श्री शिवनाथ पाण्डेय शास्त्री, डॉ॰ मीना शर्मा, डॉ॰ रश्मि बहल, डॉ॰ सचिन शर्मा, डॉ॰ भूपिन्दर कौर, माधवी कपूर, उषा श्रीवास्तव आदि।

आत्मकथा की समीक्षा या अंश छापने वाली पत्रिकाएँ– नई धारा, नवभारत टाइम्स, इण्डिया टुडे, अक्षरम् संगोष्ठी, साहित्य अमृत, वीणा, गुर्जर राष्ट्रवीणा, पांचजन्य साप्ताहिक, राष्ट्रधर्म, इस्पात भाषा भारती, साक्षात्कार, तुलसी मानस भारती, मानस चन्दन, नारायणीयम्, तुलसी प्रभा, अयोध्या संवाद, नवोदित स्वर, केरल ज्योति, राष्ट्र सेवक (द्विभाषी), संचेतना, चक्रवाक्, गौरवघोष, समन्वय, अभिनव प्रत्यक्ष, आसपास, स्रवन्ति, संयोग साहित्य, हिन्दी ज्योति बिम्ब, कोमा, कथाचक्र, भाषा सेतु, साहित्य परिक्रमा, यू.एस.एम. पत्रिका, वसन्त (मारिशस) साहित्य पारिजात, हरसिंगार, कल्पान्त, जयतु हिन्दू विश्व, नवनिकष, सृजन से....., अहल्या, वार्त्तावाहक, आदि।